Day 01 기초 문법

8품사와 문장 성분

학습 목표

영어의 품사와 문장 성분은 무엇일까요? 학창 시절에 각각의 개념에 대해 배웠지만 헷갈리는 부분이기도 한데요. 우선 8품사는 '명사, 대명사, 동사, 형용사, 부사, 전치사, 접속사, 감탄사'이고, 영어 문장을 구성하는 문장 성분은 '주어, 서술어, 목적어, 보어, 수식어'로 구성 돼요. 그럼 각각의 정의와 역할에 대해 알아볼까요?

 시원펜으로 모든 예문을 들으면서 말하기 연습을 해 보세요.

1 8품사

> **핵심 포인트!** 영어의 품사는 총 8개(명사, 대명사, 동사, 형용사, 부사, 전치사, 접속사, 감탄사)

영어의 단어는 각각 하는 일이 있고, 하는 일을 기준으로 해서 '품사'로 구분해 줍니다. 즉, 이러한 품사를 활용하여 영어 문장을 만들어요. 영어의 품사 종류로는 '명사, 대명사, 동사, 형용사, 부사, 전치사, 접속사, 감탄사'가 있는데, 이를 8품사라고 합니다. 각 품사에 대해 알아볼까요?

품사	설명	예시
명사	사람, 사물, 장소 등의 이름을 나타내는 단어	Brad Pitt(브래드 피트), water(물), menu(메뉴), book(책), park(공원), Seoul(서울)
대명사	명사를 대신하는 단어 (인칭대명사, 지시대명사 등)	I(나는), you(너는), he(그는), she(그녀는), they(그들은), we(우리는), this(이것), these(이것들), that(저것), those(저것들), it(그것)
동사	주어의 동작, 상태를 나타내는 단어 (be동사, 일반동사, 조동사)	am, are, is(~이다) / was, were(~였다) go(가다), need(필요하다), meet(만나다) can(~할 수 있다), will(~할 것이다), should (~해야 한다)
형용사	성질, 모양, 상태를 나타내거나 명사를 꾸며주는 단어	busy(바쁜), pretty(예쁜), hungry(배고픈), strong(강한), smart(똑똑한)
부사	동사, 형용사, 부사, 문장 전체를 꾸며주는 단어	quickly(빠르게), easily(쉽게), happily(행복하게), early(일찍), hard(열심히)
전치사	시간, 장소 등의 명사 앞에 오는 단어	at(~에서, ~에), in(~에, ~안에), on(~위에), by(~옆에, ~까지), until(~까지), for(~를 위해), to(~쪽으로), about(~에 대한)
접속사	단어와 단어, 구와 구, 절과 절을 연결하는 단어	and(그리고), but(그러나), or(또는), because(~때문에), when(~때에)
감탄사	감탄을 표현하는 단어	Wow(우와, 와), Oops(이런, 아이고), Ouch(아야), Oh my(이런)

* 구: 2개 이상의 단어가 모여서 이루어진 것 (주어와 동사가 없는 형태)
* 절: 2개 이상의 단어가 모여서 이루어진 것 ('주어+동사'의 형태)

2 문장 성분

핵심 포인트! 영어의 문장 성분 '주어, 서술어, 목적어, 보어, 수식어'

문장은 보통 '나 커피 마셔'처럼 '누가 무엇을 한다'와 같은 형태로 이루어져 있어요. 이렇게 문장의 형태를 구성하는 성분이 '주어, 서술어, 목적어, 보어, 수식어'이고, 이러한 문장 성분은 문장 안에서 각 단어가 하는 역할을 의미합니다.

문장 성분	설명	예시
주어	- '누가, 무엇이'에 해당되며 동작이나 상태의 주체가 되는 말 - '-은, -는, -이, -가'로 해석 - 문장의 제일 첫 자리에 위치 - 주어 역할을 하는 품사: 명사와 대명사	• 우리 아빠는 저녁을 만드세요. **My father** makes dinner. • 그 영화는 재미있어. **The movie** is interesting. • 난 학생이야. **I** am a student.
서술어 (동사)	- 주어의 움직이나 상태를 설명하는 말 - '-하다, -이다'로 해석 - 주어 다음에 위치 - 서술어 역할을 하는 품사: 동사(be동사, 일반동사, 조동사)	• 난 선생님이야. I **am** a teacher. • 난 펜이 필요해. I **need** a pen. • 난 수영할 수 있어. I **can** swim.
목적어	- 서술어가 나타내는 행위나 동작의 대상 - '-을/를, -에게'로 해석 - 서술어 다음에 위치 - 목적어 역할을 하는 품사: 명사와 대명사	• 난 영화를 좋아해. I like **movies**. • 그녀는 나에게 차를 줬어. She gave **me a car**.
보어	- 주어와 서술어로만으로는 뜻이 완전하지 못한 문장의 의미를 보충해 주는 말 - 주격보어(주어를 보충해 주는 말), 목적격보어(목적어를 보충해 주는 말)로 구성 - 주격보어일 때는 be동사, 일반동사 뒤에 위치 - 목적격보어일 때는 목적어 뒤에 위치 - 보어 역할을 하는 품사: 명사와 형용사	• 그는 똑똑해. He is **smart**. (주격보어) • 그들은 나를 행복하게 만들어. They make me **happy**. (목적격보어)
수식어	- 주어, 서술어, 목적어, 보어와 같이 필수 성분은 아니지만 의미를 풍부하게 해 주는 역할	• 그는 매우 열심히 일해. He works **very hard**. • 우리는 주말마다 만나. We meet **every weekend**.

Day 01 오늘의 문제

제한 시간 15분 (30문항)
SCORE / 100

1-5 학습한 내용을 빈칸을 채우며 확인해 보세요. (문제당 2점)

1 문장을 구성하는 5가지 성분에는 _____, _____, _____, _____, _____ 가 있어요.

2 _____는 문장의 제일 첫 자리에 오고, '누가/무엇이'라고 해석돼요.

3 _____는 주어의 움직임이나 상태를 설명하고, 주어 뒤에 위치해요.

4 성질, 모양, 상태를 나타내고 명사를 꾸며주는 것은 _____예요.

5 시간, 장소 등의 명사 앞에는 _____를 써야 해요.

6-10 다음 우리말에 맞게 주어진 단어를 품사에 맞춰 빈칸에 써 보세요. (문제당 2점)

> cloudy   have   and   is   early   chilly

6 난 정오에 점심을 먹어. ▶ I (동사) _____ lunch at noon.

7 우리는 주말에 일찍 일어나. ▶ We get up (부사) _____ on weekends.

8 이 애피타이저 정말 맛있어. ▶ This appetizer (동사) _____ really good.

9 오늘 날씨가 흐리고 쌀쌀해. ▶ It is (형용사) _____ and (형용사) _____ today.

10 난 배고프고 목말라. ▶ I am hungry (접속사) _____ thirsty.

11-12 다음 중 명사가 아닌 것을 고르세요. (문제당 2.5점)

11 ① student ② hungry ③ movie ④ Seoul

12 ① coffee ② dinner ③ be ④ breakfast

13-17 다음 문장에서 괄호 안의 역할을 하는 말을 찾아 O표 하세요. (문제당 3점)

13 He is busy. (동사)

14 She can play the piano. (조동사)

15 The TV program is interesting. (주어)

16 She loves her brother. (목적어)

17 We are tired and sleepy. (보어)

18-22 아래 문장에서 밑줄 친 부분에 해당하는 문장 성분과 품사를 쓰세요. (문제당 4점)

	문장 성분	품사
18 나 요새 바빠. I am <u>busy</u> these days.		
19 우리는 레스토랑에 있어. <u>We</u> are in the restaurant.		
20 그들은 매주 토요일에 만나. They <u>meet</u> every Saturday.		
21 그들은 공부를 열심히 해. They study <u>hard</u>.		
22 나는 물을 마셔. I drink <u>water</u>.		

23-30 다음 우리말에 맞게 품사에 맞춰 빈칸에 단어를 써 보세요. (문제당 5점)

23 난 항상 일찍 일어나.
▶ I always get up _____(부사)_____ .

24 Brad와 나는 배고파.
▶ Brad _(접속사)_____ I are _(형용사)_____ .

25 내 친구들은 나를 행복하게 만들어.
▶ My friends _(동사)_____ _(대명사)_____ happy.

26 우리는 공원에 있어.
▶ We _(동사)_____ _(전치사)_____ the park.

27 이것들은 예쁜 헤어핀이야.
▶ _(대명사)_____ are _(형용사)_____ hairpins.

28 미안하지만 난 바빠.
▶ I'm sorry _(접속사)_____ I'm _(형용사)_____ .

29 와! 넌 정말 열심히 일하네.
▶ _(감탄사)_____ ! You work so _(부사)_____ .

30 난 8시에 학교에 가.
▶ I _(동사)_____ to school _(전치사)_____ 8 o'clock.

기초 문법

Day 02 문장의 1형식

DATE 20 . .

학습 목표

영어를 공부할 때, 한 번쯤은 문장의 1~5형식에 대해 들어보셨죠? 우리에게 익숙하지 않은 언어인 영어의 문장 구조이다 보니 어렵게 느껴지는 것이 사실인데요. 하지만 영어 문장을 만들기 위해 필요한 기본뼈대인 만큼 이번 시간부터 차근차근 학습하신다면 어렵지 않게 익히실 수 있을 거예요. 그럼 1형식부터 시작해 볼까요?

 시원펜으로 모든 예문을 들으면서 말하기 연습을 해 보세요.

핵심 포인트! 1형식 문장: '주어 + 동사'

1. 1형식 문장 구조

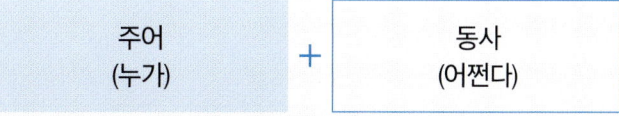

주어 (누가) + 동사 (어쩐다)

1형식은 주어와 동사로 이루어진 문장으로, 간단히 '누가 어쩐다'로 해석해요. 동사 뒤에 다른 말이 없어도 의미 전달을 할 수 있는 문장의 형태인데, 이런 동사를 자동사라고 해요. 1형식은 'I work.(나는 일해.)'와 같이 주어와 동사만으로도 완전한 문장이 되지만, 시간이나 장소 등 부가적인 설명을 해 주는 표현들과 얼마든지 함께 쓰일 수 있어요.

- 난 일해.   I **work**.
- 난 은행에서 일해.   I **work** in a bank.
- 난 일어나.   I **get** up.
- 난 일찍 일어나.   I **get up** early.

2. 대표적인 1형식 동사들

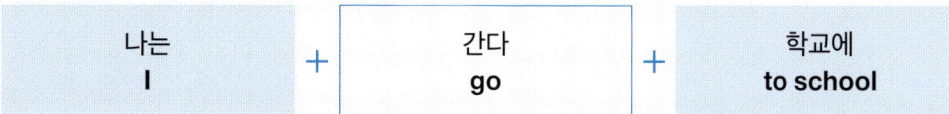

나는 I + 간다 go + 학교에 to school

1형식 문장에서 자주 쓰는 대표적인 동사들이 있어요. 위의 예문에 쓰인 '가다'의 go는 대표적인 1형식 동사예요. '나는 간다'만으로 문장의 의미가 완성되는데, go 뒤에 '학교에(to school)'라는 장소를 부가적으로 설명한 문장 형태예요. 이외에 자주 쓰이는 1형식 동사로는 come(오다), work(일하다, 작동하다), sleep(자다), arrive(도착하다), depart(출발하다), rise(오르다), happen(발생하다), exercise(운동하다), live(살다) 등이 있어요.

- 그것은 효과적으로 작동해.   It **works** effectively.
- 아기가 자요.   A baby **sleeps**.
- 그녀는 어제 서울에 도착했어. She **arrived** in Seoul yesterday.
- 그는 한국에서 출발했어.   He **departed** from Korea.

시원펜으로 모든 예문을 들으면서 말하기 연습을 해 보세요.

- 그녀는 일하러 와.　　　　She **comes** to work.
- 우리는 서울에 살아.　　　We **live** in Seoul.

다음은 1형식 문장에 자주 쓰이는 대표적인 동사들이니 익혀두세요.

go 가다	come 오다	work 일하다, 작동하다	get up 일어나다
arrive 도착하다	depart 출발하다	rise 오르다	happen 발생하다
exercise 운동하다	live 살다	sleep 자다	laugh 웃다
stay 머무르다	wait 기다리다	listen 듣다, 귀 기울이다	walk 걷다, 산책하다
run 달리다	stand 서 있다	cry 울다	talk 말하다

Day 02 오늘의 문제

제한 시간: 15분 (30문항)
SCORE: / 100

1-5
학습한 내용을 빈칸을 채우며 확인해 보세요. (문제당 2점)

1 1형식은 _____, _____ 로 이루어진 문장이에요.

2 1형식 문장의 동사는 뒤에 다른 말 없이, 동사 자체로 의미가 완성되는 _____ 예요.

3 자주 쓰는 1형식 동사로 '가다'를 뜻하는 _____ 와 '오다'를 뜻하는 _____ 이 있어요.

4 '출발하다'를 뜻하는 _____ 와 '도착하다'를 뜻하는 _____ 도 1형식 동사예요.

5 1형식 동사인 work는 _____, _____ 라는 뜻이에요.

6-10
다음 우리말에 맞게 주어진 단어를 빈칸에 써 보세요. (문제당 2점)

> arrived   go   get up   come   works   worked

6 나는 주말에 늦잠을 자. ▶ I _____ late on weekends.

7 내 여동생은 병원에서 일했어. ▶ My sister _____ in a hospital.

8 우리 1시간 전에 여기 도착했어. ▶ We _____ here 1 hour ago.

9 저는 회사에 일찍 가요. ▶ I _____ to work early.

10 새로운 컴퓨터가 잘 작동해요. ▶ The new computer _____ well.

11-12
다음 중 1형식 동사를 모두 골라 O표 하세요. (문제당 2점)

11 give   work   use   know   laugh   cry

12 get up   buy   happen   need   bring   go

13-15
다음 중 1형식 문장을 고르세요. (문제당 2점)

13 ① I exercise a lot.   ② John became a doctor.
   ③ I want to go to New York.   ④ I meet my friend every Sunday.

14 ① She gives it to me.   ② I finished my homework.
   ③ My family lives in Canada.   ④ I have a job interview.

15 ① I will buy you lunch.   ② I want some ice cream.
   ③ He cooks dinner.   ④ The sun rises in the east.

16-20
주어진 단어를 알맞게 배열하여 문장을 완성하세요. (문제당 4점)

16 우리는 15분 동안 버스를 기다렸어.
   (for 15 minutes / we / for / waited / a bus)
   ▶ _____

17 그들은 그 호텔에 머물렀어.

(at the hotel / they / stayed)

▶ _____

18 해는 요즘 6시에 떠.

(these days / the sun / at 6 / rises)

▶ _____

19 우리 부모님은 1시간 전에 한국에 도착하셨어.

(my parents / 1 hour ago / arrived / in Korea)

▶ _____

20 나는 잠을 잘 자.

(well / sleep / I)

▶ _____

21-30 문장 어순에 유의하며, 다음 우리말에 맞게 영어로 문장을 쓰고 말해 보세요. (문제당 5점)

21 난 학교에 걸어가. (Hint! to school)

▶ _____

22 엄마가 내 방에 들어오셨어. (Hint! came into)

▶ _____

23 내 친구는 내 말을 잘 들어줘. (Hint! to me, carefully)

▶ _____

24 기차가 역에 늦게 도착했어. (Hint! late, at the station)

▶ _____

25 그는 열심히 일해. (Hint! hard)

▶ _____

26 그 일은 어제 일어났어. (Hint! happened, yesterday)

▶ _____

27 그녀는 말을 많이 해. (Hint! talks, a lot)

▶ _____

28 우리는 매일 웃어. (Hint! laugh, every day)

▶ _____

29 그는 매우 빠르게 달려. (Hint! runs, very fast)

▶ _____

30 나는 열심히 운동을 해. (Hint! exercise, hard)

▶ _____

Day 03 문장의 2형식

기초 문법

DATE 20 . .

 학습 목표

지난 시간에 배운 1형식(주어 + 동사) 문장에 이어, 이번 시간에는 '보어'라는 개념이 등장하는 2형식의 문장 구조에 대해 배워보겠습니다. 2형식 문장에서도 마찬가지로 자주 쓰이는 대표 동사들이 있으니 함께 알아두세요.

 시원펜으로 모든 예문을 들으면서 말하기 연습을 해 보세요.

핵심 포인트! 2형식 문장: '주어 + 동사 + 주격보어(명사, 형용사)'

1. 2형식 문장 구조

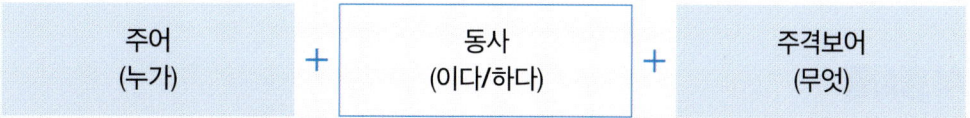

주어 (누가) + 동사 (이다/하다) + 주격보어 (무엇)

2형식은 '주어 + 동사 + 보어'로 이루어진 문장입니다. 보어는 보충 설명하는 말이고, 2형식 문장에서의 보어는 '주격보어'로서, 주어를 보충해 주는 말이에요. 이러한 주격보어 자리에는 형용사와 명사를 쓸 수 있어요.

2. 주격보어가 형용사일 때

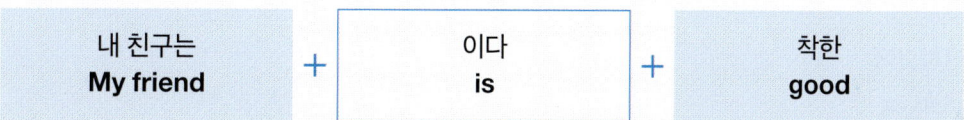

내 친구는 My friend + 이다 is + 착한 good

'내 친구는 착해.'처럼 누군가의 성격이나 특징에 대해 말할 때 쓰는 My friend is good.과 같은 문장이 2형식입니다. 순서대로 해석해 보면, '내 친구는 / 이다 / 착한'이에요. 여기서 '착한(good)'이 주어인 내 친구를 보충 설명해 주는 형태임을 알 수 있어요. 즉, 2형식 문장에서 주격보어 자리에 쓰인 형용사는 동사 뒤에서 주어의 상태를 설명합니다.

- 그녀는 아름다워.   She is **beautiful**.
- 이 차는 너무 비싸.   This car is too **expensive**.
- 너는 똑똑해 보여.   You look **smart**.
- 이 영화는 흥미로워 보여.   This movie looks **interesting**.
- 이거 냄새 좋다.   It smells **good**.

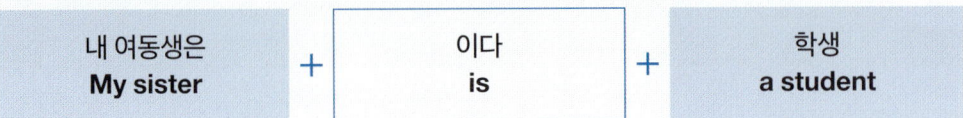 시원펜으로 모든 예문을 들으면서 말하기 연습을 해 보세요.

3 주격보어가 명사일 때

| 내 여동생은
My sister | + | 이다
is | + | 학생
a student |

'내 여동생은 학생이야.'처럼 누군가의 직업이나 이름 또는 신분을 말하는 My sister is a student.와 같은 문장도 2형식으로 주격보어 자리에 명사를 사용한 형태입니다. 순서대로 해석해 보면 '내 여동생 / 이다 / 학생'인데, 학생(a student)이 주어인 '내 여동생'을 보충 설명해 주고 있어요. 즉, 주격보어 자리에 명사가 쓰인 2형식 문장에서는 항상 '주어=주격보어'의 관계가 성립합니다.

- 그는 내 남동생이야.　　　　　He is **my brother**.
- 나는 집순이가 됐어.　　　　　I became **a homebody**.
- 내 고향은 부산이야.　　　　　My hometown is **Busan**.

4 2형식 동사들

2형식 문장의 특징은 보어가 주어를 보충해 주는 형태입니다. 이러한 주격보어가 필요한 대표적인 2형식 동사들을 알아두세요.

[상태 동사]
be(~이다, 주어에 따라 am/are/is로 사용), become(~이 되다), remain(~한 상태로 남아있다), stay(~한 상태이다), seem(~처럼 보이다)

- 너 얌전히 있어.　　　　　　　You **remain** calm.
- 그녀는 건강해.　　　　　　　She **stays** healthy.
- 너 피곤한 것 같아.　　　　　　You **seem** tired.

[감각 동사]
look(~처럼 보이다), smell(~한 냄새가 나다), taste(~한 맛이 나다), sound(~하게 들리다), feel(~하게 느끼다)

- 너 피곤해 보여.　　　　　　　You **look** tired.
- 이 커피는 신 맛이 나.　　　　　This coffee **tastes** sour.
- 그녀의 목소리가 이상하게 들려.　Her voice **sounds** strange.

이와 같이 2형식에 잘 쓰이는 대표적인 동사들을 아래의 표를 보면서 다시 한번 정리해 보세요.

be ~이다	keep ~한 상태를 유지하다	become ~이 되다	remain ~한 상태로 남아있다
stay ~한 상태이다	seem ~처럼 보이다	turn 변화하여 ~한 상태가 되다	look ~처럼 보이다
smell ~한 냄새가 나다	taste ~한 맛이 나다	sound ~하게 들리다	feel ~하게 느껴지다

Day 03 오늘의 문제

제한 시간 15분 (30문항)
SCORE   / 100

1-5 학습한 내용을 빈칸을 채우며 확인해 보세요. (문제당 2점)

1. 2형식 문장에서 _____는 주어를 보충 설명해 주는 말이에요.
2. 주격보어 자리에 _____가 쓰이면 주어의 상태를 설명해 줘요.
3. 주격보어 자리에 _____가 쓰이면 주어의 이름, 신분, 직업 등을 나타내요.
4. 대표적인 2형식 동사로 '~이다'를 뜻하고 주어에 따라 am/are/is로 변하는 _____ 동사가 있어요.
5. 2형식 동사에는 '보이다, 냄새가 나다, 맛이 나다, 들리다, 느끼다'와 같이 오감을 나타내는 _____가 있어요.

6-10 다음 우리말에 맞게 주어진 단어를 빈칸에 써 보세요. (문제당 2점)

| tastes   are   is   looks   became   look |

6. Tom과 Julie는 선생님이에요. ▶ Tom and Julie _____ teachers.
7. 이 주스는 단 맛이 나. ▶ This juice _____ sweet.
8. 너희 오늘 신나 보인다. ▶ You _____ excited today.
9. 그는 영리해 보여. ▶ He _____ smart.
10. 내 친구는 뮤지션이 되었어. ▶ My friend _____ a musician.

11-12 다음 중 2형식 동사를 모두 골라 O표 하세요. (문제당 2점)

11. go   am   remain   have   eat   know
12. seem   take   are   drink   feel   order

13-14 다음 중 2형식 문장을 고르세요. (문제당 2.5점)

13. ① I go to work.   ② They work at a hotel.
    ③ This book looks boring.   ④ I listen to music.

14. ① I hear her voice.   ② My sister became a teacher.
    ③ I like movies.   ④ They go to school.

15-16 다음 중 성격이 다른 2형식 문장을 고르세요. (문제당 2.5점)

15. ① This chocolate tastes bitter.   ② We are happy.
    ③ This pie smells sweet.   ④ They are my parents.

16. ① Jim and Tom are students.   ② She became a manager.
    ③ This coffee is sweet.   ④ Seoul is a big city.

17-20 주어진 단어를 알맞게 배열하여 문장을 완성하세요. (문제당 4점)

17 내 여동생은 영어 선생님이 되었어. (became / my sister / teacher / an / English)
▶ _____

18 이 코트는 부드러워. (soft / coat / this / feels)
▶ _____

19 이 음식은 매운맛이 나. (spicy / food / this / tastes)
▶ _____

20 그녀의 얼굴이 빨개졌어. (red / her face / turned)
▶ _____

21-30 문장 어순에 유의하며, 다음 우리말에 맞게 영어로 문장을 쓰고 말해 보세요. (문제당 5점)

21 그는 매우 만족한 것처럼 보여. (Hint! seems, very satisfied)
▶ _____

22 나뭇잎들이 붉게 물들었어. (Hint! turned)
▶ _____

23 이 음식 맛있어. (Hint! tastes, good)
▶ _____

24 우리는 여전히 친한 친구로 지내. (Hint! still, stay, close)
▶ _____

25 이 커피 냄새 정말 좋다. (Hint! smells, really, good)
▶ _____

26 내 남동생은 축구선수가 되었어. (Hint! became, a soccer player)
▶ _____

27 이거 정말 부드럽다. (Hint! feels, soft)
▶ _____

28 그거 재밌겠다! (Hint! sounds, fun)
▶ _____

29 그들은 키가 아주 커. (Hint! tall)
▶ _____

30 이 문제는 어려워 보여. (Hint! problem, looks)
▶ _____

기초 문법

Day 04 문장의 3형식

DATE 20 . .

학습목표

지난 시간에는 동사 뒤에 주격보어로 명사를 써서 주어의 신분, 직업, 상태를 나타내는 2형식에 대해 배웠습니다. 이번 시간에는 동사 뒤에 똑같이 명사를 쓰지만 주격보어가 아닌 목적어 역할을 하는 3형식 문장에 대해 알아보겠습니다. 3형식도 마찬가지로 자주 사용되는 대표 동사들이 있으니 함께 알아두세요.

 시원펜으로 모든 예문을 들으면서 말하기 연습을 해 보세요.

핵심 포인트! 3형식 문장: '주어 + 동사 + 목적어(명사, to부정사, 동명사)'

1 3형식 문장 구조

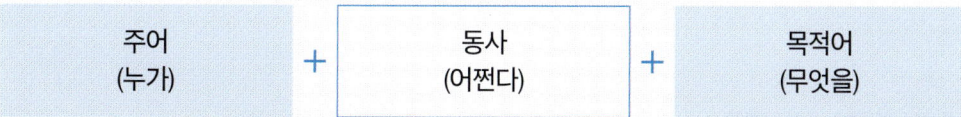

주어 (누가) + 동사 (어쩐다) + 목적어 (무엇을)

'주어 + 동사 + 목적어'로 이루어진 3형식 문장은 목적어를 필요로 하는 타동사를 사용한 문장이에요. 지난 시간에 배운 '주어 + 동사'만으로 문장의 의미가 완성되는 1형식 문장 기억하시나요? 이렇게 뒤에 보어나 목적어가 없어도 되는 동사를 자동사라고 배웠습니다. 1형식과는 달리 3형식에서는 동사 뒤에 목적어가 필요한 타동사가 쓰이고, 동사에 따라 목적어의 형태도 명사, to부정사, 동명사로 달라집니다.

2 목적어가 명사일 때

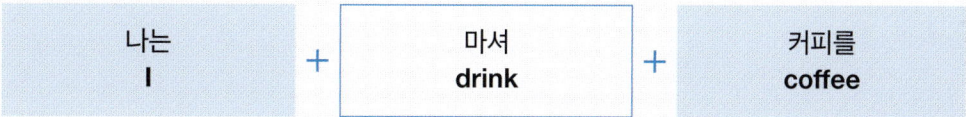

나는 I + 마셔 drink + 커피를 coffee

'나는 커피를 마셔.'와 같이 명사가 목적어 자리에 쓰이는 형태가 3형식 문장의 가장 기본 구성이에요. 그러면 I love you.(난 너를 사랑해.)의 you(너를)와 같이 명사를 대신해서 쓸 수 있는 대명사도 목적어 자리에 쓸 수 있겠죠? 여기서 한 가지 정리할 점은 2, 3형식 모두 동사 뒤에 명사가 쓰이지만, 2형식에서는 '주어=주격보어'의 관계가 성립하여 주어와 주격보어가 의미상 같다는 것이에요. 하지만 3형식에서는 주어와 동사 뒤에 오는 명사가 의미상 같을 수 없고, '-을/를'로 해석되는 동작의 대상을 의미한다는 것을 기억해 주세요.

- 난 그를 좋아해.   I like **him**.
- 나 그거 정말 좋아해.   I love **it**.
- 우리는 그것을 토론할 거야. We will discuss **it**.

- 나는 영어를 공부해요.   I study **English**.
- 저 질문 있어요.   I have **a question**.
- 우리는 영화를 봤어.   We saw **a movie**.
- 그는 질문에 대답했어.   He answered **the question**.

3 목적어가 to부정사일 때

| 나는 I | + | 원해 want | + | 커피 마시기를 to drink coffee |

위의 문장처럼 목적어 자리에 to부정사를 써서 나타낼 수 있어요. to부정사는 동사 앞에 to를 써서 문장에서 명사 역할을 할 수 있게 해 줘요. to 뒤에는 꼭 동사원형을 써야 하고, '~하는 것을, ~하기를'로 해석됩니다. 이러한 to부정사를 목적어로 사용하는 대표적인 동사에는 want(원하다), need(필요로 하다, ~해야 한다), wish(바라다), hope(바라다, 희망하다), decide(결정하다, 결심하다) 등이 있어요.

- 난 널 만나야 해. I need **to see you**.
- 나 해외여행을 가고 싶어. I wish **to travel abroad**.
- 난 널 다시 보길 바라. I hope **to see you again**.
- 난 외국에서 공부하기로 결심했어. I decided **to study abroad**.

4 목적어가 동명사일 때

| 나는 I | + | 즐겨 enjoy | + | 커피 마시는 걸 drinking coffee |

동명사도 목적어 자리에 쓸 수 있어요. 동명사는 동사에 ~ing를 붙여서 명사 형태로 만들어 준 것이고, '~하는 것을, ~하는 걸'로 해석됩니다. 동명사를 목적어로 사용하는 대표적인 동사에는 enjoy(즐기다), finish(끝내다), give up(포기하다), postpone(연기하다), delay(연기하다), suggest(제안하다) 등이 있어요.

- 나는 숙제하는 것을 끝냈어. I finished **doing my homework**.
- 그는 책 쓰는 걸 포기했어. He gave up **writing a book**.
- 우리는 체육관 가는 걸 미뤘어. We postponed **going to the gym**.
- 우리는 결정을 미뤄야 해. We should delay **making a decision**.
- 그는 일찍 떠나는 것을 제안했어. He suggested **leaving early**.

이와 같이 to부정사와 동명사를 목적어로 쓰는 대표적인 동사들을 아래의 표를 보면서 다시 한 번 정리해 보세요.

to부정사를 목적어로 사용하는 동사	want 원하다	need 필요로 하다	wish 바라다	hope 바라다, 희망하다
	plan 계획하다	decide 결정하다, 결심하다	aim 목표하다	fail 실패하다
동명사를 목적어로 사용하는 동사	enjoy 즐기다	finish 끝내다	give up 포기하다	stop 멈추다
	mind 언짢아 하다	postpone 연기하다	delay 연기하다	suggest 제안하다

Day 04 오늘의 문제

제한 시간 15분 (30문항)
SCORE   / 100

1-5 학습한 내용을 빈칸을 채우며 확인해 보세요. (문제당 2점)

1 3형식은 _____, _____, _____ 로 이루어진 문장이에요.

2 _____ 는 목적어 자리에 쓰이는 가장 기본 형태에요.

3 _____ 는 '-을/를'로 해석되고, 문장에서 어떠한 동작의 대상을 나타내요.

4 대표적인 3형식 동사로 '원하다'를 뜻하고 목적어로 to부정사를 사용하는 동사로 _____ 가 있어요.

5 동명사를 목적어로 사용하는 동사로 '즐기다'를 뜻하는 _____ 가 있어요.

6-10 다음 우리말에 맞게 주어진 단어를 빈칸에 써 보세요. (문제당 2점)

> decided   ate   finished   study   discussed   need

6 우리는 스페인어를 공부해요. ▶ We _____ Spanish.

7 우리 가족은 서울로 이사가기로 결정했어요. ▶ My family _____ to move to Seoul.

8 마케팅팀은 그 이슈에 대해 토론했어요. ▶ The marketing team _____ the issue.

9 나는 보고서 작성을 끝냈어. ▶ I _____ writing a report.

10 나는 샌드위치를 먹었어. ▶ I _____ a sandwich.

11-12 다음 괄호 안의 형태를 목적어로 사용하는 동사에 O표 하세요. (문제당 2점)

11 (to부정사)   take   want   plan   discuss   eat   wish

12 (동명사)   answer   give up   postpone   need   have   mind

13-15 다음 중 3형식 문장이 아닌 것을 고르세요. (문제당 2점)

13 ① I like playing the piano.   ② John became a doctor.
   ③ I ate a hamburger for lunch.   ④ I meet my friend every Sunday.

14 ① We go to work by subway.   ② I finished my homework.
   ③ My friend and I saw the movie.   ④ I have a job interview.

15 ① Ellen enjoys drinking tea.   ② I want to go to Europe.
   ③ I gave up going to England.   ④ You look good.

16-20 다음 문장에서 틀린 부분을 고쳐 문장을 다시 써 보세요. (문제당 4점)

16 그녀는 영어를 가르쳐요. She teaches to English.
▶ _____

17 우리 가족은 미국에 가는 걸 연기했어요. My family postponed to go to the U.S.
▶ _____

18 나 그 뮤지컬 보고 싶어. I want seeing to the musical.
▶ _____

19 우리는 그 미팅을 연기했어. We postponed to the meeting.
▶ _____

20 내 남동생은 여가 시간에 기타 치는 것을 즐겨. My brother enjoys to play the guitar in his free time.
▶ _____

21-30 문장 어순에 유의하며, 다음 우리말에 맞게 영어로 문장을 쓰고 말해 보세요. (문제당 5점)

21 난 그를 다시 보길 바라. (Hint! hope, see)
▶ _____

22 난 규칙적으로 운동을 할 필요가 있어. (Hint! exercise, regularly)
▶ _____

23 우리는 그 영화를 같이 봤어. (Hint! watched, together)
▶ _____

24 내 친구는 제주도에서 살고 싶어 해. (Hint! live in, Jeju)
▶ _____

25 우리는 살을 빼기로 결심했어. (Hint! lose weight)
▶ _____

26 나는 이걸 끝낼 계획이야. (Hint! plan, finish)
▶ _____

27 그녀는 해외여행을 가길 바라. (Hint! wishes, travel abroad)
▶ _____

28 그들은 달리기를 포기했어. (Hint! gave up, run)
▶ _____

29 우리 엄마는 야채를 먹는 걸 제안하셨어. (Hint! suggested, vegetables)
▶ _____

30 그녀는 금연을 했어. (Hint! stopped, smoking)
▶ _____

Day 05 문장의 4형식

기초 문법

학습 목표: 지난 시간에 배운 3형식 문장은 목적어가 한 개였죠? 이번 시간에 배울 4형식은 목적어가 두 개인 문장을 말하는데 동사 뒤에 '누구에게'와 '무엇을'을 나타내는 명사 두 개를 이어서 씁니다. 4형식 문장에 자주 쓰이는 대표 동사들을 중심으로 문장의 형태를 자세히 알아볼까요?

시원펜으로 모든 예문을 들으면서 말하기 연습을 해 보세요.

핵심 포인트! 4형식 문장: '주어 + 동사 + 간접목적어(명사, 대명사) + 직접목적어(명사)'

1 4형식 문장 구조

| 주어 (누가) | + | 동사 (어쩐다) | + | 간접목적어 (누구에게) | + | 직접목적어 (무엇을) |

4형식에 쓰이는 동사도 목적어가 필요한 타동사인데, 3형식과 다르게 두 개의 목적어를 가집니다. 동사 뒤에 '누구에게'를 나타내는 간접목적어와, '무엇을'을 나타내는 직접목적어를 연결해 쓰면 돼요. 간접목적어와 직접목적어 자리에는 명사를 쓸 수 있는데, 간접목적어 자리에 사람을 쓸 때는 인칭대명사의 목적격인 me, you, her, him, us, them을 주로 사용해요.

- 난 너한테 편지를 보냈어.　　　I sent **you** a letter.
- 그는 나에게 책을 줬어.　　　　He gave **me** a book.
- 그는 그녀에게 커피를 만들어줬어.　He made **her** coffee.

2 4형식 문장에 자주 쓰이는 동사

다음은 4형식 문장에 자주 쓰이는 대표적인 동사들이니 익혀두세요.

| lend 빌려주다 | send 보내다 | teach 가르치다 | show 보여주다 | buy 사다 |
| give 주다 | bring 가져오다 | make 만들다 | pass 건네주다 | find 찾다 |

- 그는 나에게 문자를 보냈어.　　He sent **me** a text.
- 난 그에게 영어를 가르쳐줘.　　I teach **him** English.
- 그녀는 나에게 그림을 보여줬어.　She showed **me** some pictures.
- 그녀는 나에게 돈을 줬어.　　　She gave **me** some money.

3   4형식 문장을 3형식 문장으로 전환

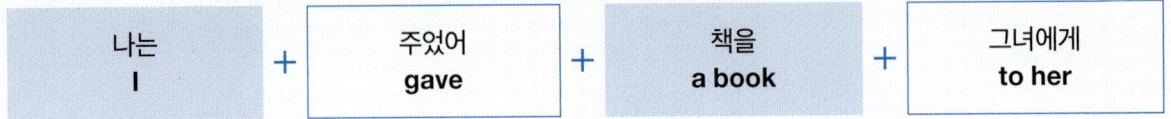

4형식 문장은 3형식 문장으로 바꿔 쓸 수 있어요. 동사 뒤에 '무엇을'에 해당하는 직접목적어를 쓰고 그 뒤에 간접목적어를 쓰는데 앞에 전치사를 붙여야 합니다. 특히 직접목적어가 it, them과 같은 대명사일 때는 4형식 형태로 쓰지 않고 이렇게 3형식으로 전환해서 씁니다.

내가 그녀에게 그것을 보냈어.
I sent **her it**. (X) → I sent **it to her**. (O)

4형식 문장을 3형식 문장으로 바꿔 쓸 때 간접목적어 앞에는 동사에 따라 전치사 to 또는 for를 쓰면 됩니다.

「to + 간접목적어」를 쓰는 동사	send, bring, give, pass, teach, show
「for + 간접목적어」를 쓰는 동사	make, find, buy

- 그는 나에게 카드를 보냈어.   He sent **a card to me**.
- 나한테 소금 좀 건네줄래?   Can you pass **the salt to me**?
- 그녀는 나에게 목걸이를 만들어줬어.   She made **a necklace for me**.
- 그는 그녀에게 그 돈을 찾아줬어.   He found **the money for her**.
- Jenny가 나에게 선물을 사줬어.   Jenny bought **a gift for me**.

Day 05 오늘의 문제

제한 시간 15분 (30문항)
SCORE   / 100

1-5 학습한 내용을 빈칸을 채우며 확인해 보세요. (문제당 2점)

1. 4형식은 주어, 동사와 목적어 _____ 개로 이루어진 문장이에요.
2. 4형식은 동사 뒤에 '누구에게'를 나타내는 _____ 와 '무엇을'을 나타내는 _____ 를 써요.
3. 목적어 자리에 _____ 또는 _____ 를 쓸 수 있어요.
4. 대표적인 4형식 동사로는 _____ (주다), _____ (보내다), _____ (보여주다) 등이 있어요.
5. 4형식 문장을 3형식으로 만들 때 간접목적어 앞에 전치사 _____ 또는 _____ 를 써요.

6-10 다음 우리말에 맞게 주어진 단어를 빈칸에 써 보세요. (문제당 2점)

| sent   passed   bought   made   showed   taught |

6. 내 친구가 나에게 저녁을 사줬어. ▶ My friend _____ me dinner.
7. 그는 나에게 문자를 보냈어. ▶ He _____ me a text.
8. 난 그녀에게 그의 사진을 보여줬어. ▶ I _____ her his photos.
9. 그가 우리에게 쿠키를 만들어줬어. ▶ He _____ us cookies.
10. Amy가 나에게 영어를 가르쳐줬어. ▶ Amy _____ me English.

11-13 다음 중 4형식 문장을 고르세요. (문제당 4점)

11. ① I like swimming in the pool.　② Mark brought an umbrella to me.
    ③ He lent me some money.　④ Do I look tired today?

12. ① She teaches English at school.　② I don't want to stay here.
    ③ He didn't send anything to me.　④ She showed me a new laptop.

13. ① She finally became a doctor.　② I don't exercise every day.
    ③ I made coffee for her.　④ Will you pass me the pepper?

14-16 다음 우리말에 맞게 괄호 안에서 알맞은 것을 고르세요. (문제당 4점)

14. 제 가방 좀 찾아 주실래요? ▶ Will you find my bag (to / for) me?
15. 우리 엄마는 제게 새 원피스를 사 주셨어요. ▶ My mom bought (me a new dress / a new dress me).
16. 그녀가 내 생일 선물로 그걸 줬어. ▶ She gave it (to me / me) for my birthday.

17-19 다음 주어진 단어를 우리말에 맞게 배열해 보세요. (문제당 4점)

17 그는 나에게 물을 가져다줬어.

He _____. (me, brought, some water)

18 그녀는 나에게 멋진 목걸이를 만들어줬어.

She _____. (made, a nice necklace, me)

19 그들은 그녀에게 소포를 보냈어.

They _____. (a parcel, her, sent)

20-22 다음 4형식 문장을 3형식으로 고쳐 써 보세요. (문제당 4점)

20 그녀는 우리에게 수학을 가르쳐. She teaches us math.

▶ _____

21 그는 우리에게 좋은 호텔을 찾아줬어. He found us a good hotel.

▶ _____

22 이 메모를 Smith 씨에게 전해 주실래요? Will you pass Mr. Smith this note?

▶ _____

23-30 다음 우리말에 맞게 영어로 4형식 문장을 쓰고 말해 보세요. (문제당 4점)

23 그는 그녀에게 그 돈을 찾아줬어. (Hint! the money)

▶ _____

24 그 책 좀 나에게 건네줄래? (Hint! can you, the book)

▶ _____

25 내 친구가 나에게 손목시계를 사줬어. (Hint! my friend, a watch)

▶ _____

26 그 아이는 나에게 강아지 한 마리를 보여줬어. (Hint! showed, a puppy)

▶ _____

27 나의 고양이는 나에게 쥐 한 마리를 갖다줬어. (Hint! brought, a mouse)

▶ _____

28 나는 내 친구에게 책을 한 권 보냈어. (Hint! sent, a book)

▶ _____

29 그녀는 내게 파스타를 만들어줬어. (Hint! pasta)

▶ _____

30 그들은 내게 현금을 빌려줬어. (Hint! cash)

▶ _____

Day 06 문장의 5형식

기초 문법

DATE 20 . .

 학습 목표

5형식 문장은 동사 뒤에 목적어와 그 목적어를 설명해 주는 목적격보어를 이어서 씁니다. 목적격보어의 자리에는 명사, 형용사, 동사원형, to부정사 등 다양한 형태가 올 수 있는데, 동사에 따라 목적격보어의 형태가 결정됩니다. 5형식에 어떤 동사가 쓰이며 그 동사에 따라 어떤 형태의 목적격보어가 오는지 잘 파악하면서 학습해 볼까요?

 시원펜으로 모든 예문을 들으면서 말하기 연습을 해 보세요.

핵심 포인트! 5형식 문장: '주어 + 동사 + 목적어 + 목적격보어(명사, 형용사, 동사원형, to부정사)'

1 5형식 문장 구조

| 주어 (누가) | + | 동사 (어쩐다) | + | 목적어 (-을/를, -에게) | + | 목적격보어 (무엇, 무엇하게) |

5형식 문장에서는 동사 뒤에 목적어와 목적격보어를 이어서 써요. 2형식에서 주어를 설명해 준다고 배웠던 주격보어 기억하시죠? 목적격보어는 말 그대로 목적어를 설명해 주는 말이라서 주어에는 영향을 미치지 않아요. 목적격보어는 명사, 형용사, 동사원형, to부정사와 같이 다양한 형태가 될 수 있는데, 어떤 동사를 썼는지에 따라 이 목적격보어의 형태가 달라져요.

- 그녀는 나를 행복하게 만들어.   She makes **me happy**. (목적격보어: 형용사)
- 그는 날 그의 가장 친한 친구라고 생각해.   He considers **me his best friend**. (목적격보어: 명사)
- 그는 나를 한 시간 동안 기다리게 했어.   He made **me wait** for an hour. (목적격보어: 동사원형)
- 나는 그에게 조용히 하라고 말했어.   I told **him to be** quiet. (목적격보어: to부정사)

2 목적격보어가 명사일 때

다음과 같은 5형식 동사는 목적어 다음에 목적격보어로 명사를 사용합니다.

call	name	consider	elect
부르다	이름을 지어주다	여기다	선출하다

- 우리는 그녀를 왕비라고 불러.   We call **her queen**.
- 그녀는 아기에게 Alex라고 이름을 지어주었어.   She named **her baby Alex**.
- 그들은 그를 영웅으로 여겨.   They consider **him a hero**.
- 우리는 그를 의장으로 선출했어.   We elected **him chairman**.

3. 목적격보어가 형용사일 때

다음과 같은 5형식 동사는 목적어 다음에 목적격보어로 형용사를 사용합니다.

make	keep	find	consider
만들다	유지하다	알게 되다	여기다, 생각하다

- 그는 나를 너무 긴장시켜. He makes **me** so **nervous**.
- 그들은 나를 깨어 있게 했어. They kept **me awake**.
- 우리는 그 문제가 어렵다는 걸 알게 되었어. We found **the problem difficult**.
- 그녀는 그가 정직하다고 생각했어. She considered **him honest**.

4. 목적격보어가 동사원형일 때

다음과 같은 5형식 동사는 목적어 다음에 목적격보어로 동사원형을 사용합니다. 이 동사들은 목적어를 어떻게 되게끔 시킨다고 해서 '사역동사'라고도 불러요.

have, make, let
~하게 하다, ~하게 시키다

- 내가 도와줄게요. Let **me help** you.
- 우리 부모님은 나에게 방 청소를 시키셨어. My parents made **me clean** the room.
- 그녀는 나에게 설거지를 시켰어. She had **me do** the dishes.

5. 목적격보어가 to부정사일 때

다음과 같은 5형식 동사는 목적어 다음에 목적격보어로 to부정사를 사용합니다.

tell	want	expect	ask
말하다	바라다	기대하다	부탁하다, 요청하다

- 그는 나에게 나중에 다시 오라고 했어. He told **me to come** back later.
- 넌 내가 도와주길 바라니? Do you want **me to help** you?
- 난 그가 우승할 거라 기대해. I expect **him to win**.
- 난 그녀에게 다시 전화해 달라고 요청했어. I asked **her to call** me back.

Day 06 오늘의 문제

제한 시간: 15분 (30문항)
SCORE: / 100

1-5 학습한 내용을 빈칸을 채우며 확인해 보세요. (문제당 2점)

1. 5형식은 주어, 동사, _____, _____ 로 이루어진 문장이에요.
2. 5형식 동사로 call, name을 쓸 때는 목적격보어로 _____ 를 써요.
3. 5형식 동사로 make, keep, find를 쓸 때는 목적격보어로 _____ 를 써요.
4. 5형식 동사로 let, make, have를 쓸 때는 목적격보어로 _____ 을 써요.
5. 5형식 동사로 tell, want, expect를 쓸 때는 목적격보어로 _____ 를 써요.

6-10 다음 우리말에 맞게 주어진 단어를 빈칸에 써 보세요. (문제당 2점)

> made   told   kept   called   asked   found

6. 그는 나를 화나게 만들었어. ▶ He _____ me angry.
7. 그 소음은 날 계속 깨어 있게 했어. ▶ The noise _____ me awake.
8. 난 그녀에게 다시 전화해 달라고 요청했어. ▶ I _____ her to call me back.
9. 우린 그를 거짓말쟁이라고 불렀어. ▶ We _____ him a liar.
10. 그녀는 나에게 앉으라고 말했어. ▶ She _____ me to sit down.

11-15 다음 주어진 문장의 형식을 괄호 안에 써 보세요. (문제당 4점)

11. We found the problem difficult. ▶ (   )형식
12. Josh made me a sandwich. ▶ (   )형식
13. I wanted to quit my job. ▶ (   )형식
14. She became an actress in her teens. ▶ (   )형식
15. I usually go to work by bike. ▶ (   )형식

16-18 다음 우리말에 맞게 괄호 안에서 알맞은 것을 고르세요. (문제당 4점)

16. 내가 널 도와주길 바라니? ▶ Do you want me (to help / help) you?
17. 그는 나를 너무 긴장시켜. ▶ He makes me so (nervously / nervous).
18. 우리 부모님은 나에게 방 청소를 시키셨어. ▶ My parents made me (to clean / clean) the room.

19-22 다음 주어진 단어를 우리말에 맞게 배열해 보세요. (문제당 4점)

19 제 소개를 하겠습니다.

▶ _____ (me, let, myself, introduce)

20 그녀는 아기에게 Alex라고 이름을 지어주었어.

▶ She _____. (her baby, named, Alex)

21 우리는 그 문제가 어렵다는 걸 알게 되었어.

▶ We _____. (found, difficult, the problem)

22 그는 나를 밖에서 기다리게 했어.

▶ He _____. (made, me, outside, wait)

23-30 문장 어순에 유의하며, 다음 우리말에 맞게 영어로 문장을 쓰고 말해 보세요. (문제당 4점)

23 그는 나에게 설거지를 시켰어. (Hint! had, do the dishes)

▶ _____

24 그녀는 그가 정직하다고 생각해. (Hint! considers, honest)

▶ _____

25 난 그녀에게 다시 전화해 달라고 요청했어. (Hint! asked, call)

▶ _____

26 우리 엄마는 내가 내 방을 청소하게 하셨어. (Hint! made, clean)

▶ _____

27 우리는 그가 용감하다고 생각해. (Hint! consider, brave)

▶ _____

28 나는 내 아들이 매일 공부를 열심히 하게 해. (Hint! have, study)

▶ _____

29 나는 이 장소가 시끄럽다는 걸 알게 되었어. (Hint! found, noisy)

▶ _____

30 그는 문을 닫아놨어. (Hint! kept, closed)

▶ _____

Day 07 기초 문법

명사의 정의

DATE 20 . .

학습목표

명사는 사람이나 사물을 부르는 이름이나 명칭을 말합니다. 우리말에는 명사의 수 개념이 명확하지 않지만 영어에서는 명사를 말할 때 셀 수 있는지 없는지를 구분해요. 특히 셀 수 있는 명사는 단수와 복수일 때 각각 표기하는 방법이 다르니 잘 익혀서 정확하게 구사하는 연습이 필요합니다. 그럼 함께 학습해 볼까요?

 시원펜으로 모든 예문을 들으면서 말하기 연습을 해 보세요.

핵심 포인트! 명사란? 사람이나 사물의 이름이나 명칭

1. 명사란?

> woman(여자), man(남자), teacher(선생님), student(학생),
> desk(책상), room(방), door(문), pencil(연필) ...

명사는 위의 예시와 같이 사람이나 사물의 이름 또는 명칭을 말하며 문장에서 주어, 목적어, 주격보어, 목적격보어의 역할을 합니다. 명사는 셀 수 있는 명사와 셀 수 없는 명사로 나눌 수 있는데 셀 수 있는 명사는 단수와 복수를 구분해서 사용해요.

apple	water
사과	물
셀 수 있는 명사	셀 수 없는 명사
단수와 복수를 구분해서 사용	단수와 복수를 구분하지 않음

2. 단수 명사

셀 수 있는 명사가 한 개 또는 한 명일 때 단수라고 해요. 단수 명사 앞에는 첫 발음에 따라 a 또는 an을 붙여 말합니다.

a + 첫 발음이 자음	a book(책), a table(탁자), a cat(고양이), a university(대학교), a woman(여성)
an + 첫 발음이 모음	an apple(사과), an uncle(삼촌), an orange(오렌지), an hour(시간)

* university는 u가 모음이지만 발음이 자음인 [j]로 시작하기 때문에 a를 붙여요.
* hour는 h가 자음이지만 묵음이라 발음이 되지 않고 [a]로 시작하기 때문에 an을 붙여요.
* 형용사가 명사를 꾸며줄 때 형용사의 첫 발음에 따라 a나 an을 붙여요. 예) a big apple 큰 사과

3 복수 명사

셀 수 있는 명사가 두 개 이상일 때 복수라고 해요. 복수 명사는 앞에 a나 an을 붙일 수 없어요. 대신 뒤에 뒤에 -s나 -es를 붙이는 복수형으로 사용해야 합니다. 하지만 불규칙적으로 변하는 복수형도 있으니 나올 때마다 잘 익혀 둬야 해요. 복수 명사의 형태를 규칙형과 불규칙형으로 알아볼까요?

❶ 규칙형: 명사 끝에 -s나 -es를 붙임

대부분의 명사	-s	car → cars(자동차), book → books(책), tree → trees(나무), sock → socks(양말)
-s, -x, -ch, -sh, -o로 끝나는 명사	-es	bus → buses(버스), fox → foxes(여우), dish → dishes(접시), bench → benches(벤치), potato → potatoes(감자)
'자음 + y'로 끝나는 명사	y를 i로 바꾸고 -es	baby → babies(아기), city → cities(도시)
-f, -fe로 끝나는 명사	f, fe를 v로 바꾸고 -es	leaf → leaves(나뭇잎), knife → knives(칼)

* '모음 + o'로 끝나는 명사는 -s만 붙여요. 예) piano → pianos, studio → studios

❷ 불규칙형

child → children(어린이)	man → men(남자)	woman → women(여자)
foot → feet(발)	tooth → teeth(치아)	person → people(사람)

4 관사(a/an/the)

명사 앞에는 관사 a나 an 또는 the를 쓸 수 있어요. a나 an은 명사가 불특정한 하나라는 걸 의미하고 the는 명사가 이미 앞에서 언급되었거나 특정하다는 걸 의미해요. a나 an은 앞서 학습한 것처럼 셀 수 있는 단수 명사 앞에만 쓸 수 있지만 the는 모든 명사 앞에 사용할 수 있습니다.

관사	단수 명사	복수 명사	셀 수 없는 명사
a	O	X	X
an	O	X	X
the	O	O	O

Day 07 오늘의 문제

제한 시간: 15분 (30문항)
SCORE: / 100

1-5 학습한 내용을 빈칸을 채우며 확인해 보세요. (문제당 2점)

1. 첫 발음이 자음인 셀 수 있는 단수 명사 앞에는 _____를 붙여요.
2. 첫 발음이 모음인 셀 수 있는 단수 명사 앞에는 _____을 붙여요.
3. 대부분의 셀 수 있는 복수 명사 뒤에는 _____나 _____를 붙여요.
4. child의 복수형은 _____, tooth의 복수형은 _____예요.
5. 셀 수 있는 명사와 셀 수 없는 명사 앞에 모두 쓸 수 있는 관사는 _____예요.

6-12 다음 괄호 안에 명사의 복수형을 써 보세요. (문제당 2.5점)

6. dish ▶ ( )
7. fox ▶ ( )
8. potato ▶ ( )
9. knife ▶ ( )
10. woman ▶ ( )
11. piano ▶ ( )
12. person ▶ ( )

13-17 다음 우리말에 맞게 괄호 안에서 알맞은 것을 고르세요. (문제당 2.5점)

13. 그는 나에게 우산 하나를 갖다 줬어. ▶ He brought me (an / a) umbrella.
14. 아기들은 두 살에 말을 시작해. ▶ (Babies / Babys) start to speak at two.
15. 우리는 물 속으로 뛰어들었어. ▶ We jumped into (a / the) water.
16. 그녀는 아주 유명한 배우야. ▶ She is (a / an) famous actress.
17. Josh는 작년에 대학교에 입학했어. ▶ Josh entered (a / an) university last year.

18-22 다음 주어진 단어를 알맞은 자리에 써 보세요. (문제당 4점)

18 the ▶ I ( ) sat ( ) in ( ) backseat.

19 a ▶ She ( ) had ( ) very ( ) busy ( ) day.

20 people ▶ I ( ) enjoy ( ) meeting ( ) new ( ).

21 books ▶ His ( ) are ( ) very ( ) popular ( ) these days.

22 an ▶ He ( ) learned ( ) important ( ) lesson.

23-30 다음 우리말에 맞게 주어진 단어를 적절히 변형하여 빈칸을 채우고 말해 보세요. (문제당 5점)

23 그녀는 나에게 목걸이를 사줬어. (necklace)

▶ She bought me _____.

24 난 아이들과 함께 시간을 보내는 걸 좋아해. (child)

▶ I like spending time with my _____.

25 난 하루에 세 번 양치를 해. (tooth)

▶ I brush my _____ three times a day.

26 나는 세 시간밖에 없어. (hour)

▶ I only have three _____.

27 테이블 위에 책 다섯 권이 있어. (book)

▶ There are five _____ on the table.

28 그녀는 스카프 두 개를 샀어. (scarf)

▶ She bought two _____.

29 우리 엄마는 설거지를 하셔. (dish)

▶ My mom washes the _____.

30 공원에 사람들이 아주 많아. (person)

▶ There are a lot of _____ in the park.

Day 08 · 가산 명사, 불가산 명사

 명사는 셀 수 있는 것과 셀 수 없는 것으로 나눈다는 저번 시간 내용 기억하시나요? 셀 수 있는 명사를 '가산 명사', 셀 수 없는 명사를 '불가산 명사'라고 합니다. 오늘은 이 가산 명사와 불가산 명사의 종류는 어떤 것이 있고 어떤 점에 주의해서 사용해야 하는지 한번 익혀볼까요?

 시원펜으로 모든 예문을 들으면서 말하기 연습을 해 보세요.

핵심 포인트! 가산 명사: 셀 수 있는 명사 / 불가산 명사: 셀 수 없는 명사

1 가산 명사

가산 명사는 한 명, 두 명 또는 한 개, 두 개 이렇게 숫자를 헤아릴 수 있는 명사를 말해요. 저번 시간에 학습했듯이 가산 명사는 단수일 때 앞에 a(n)을 붙여서 나타내고, 복수일 때는 뒤에 -s 또는 -es를 붙여서 나타냅니다.

단수 명사	**a/an + 명사** a dog(개), a hat(모자), a writer(작가), an actor(배우), an author(작가), a chair(의자)
복수 명사	**명사 + -s/-es** friends(친구들), bathrooms(화장실들), shoes(신발들), boxes(상자들), buildings(건물들)

- 의자 좀 주세요.　　　　　Give me **a chair**.
- 난 새 신발들 좀 샀어.　　　I bought some new **shoes**.
- 우린 항상 건물들을 봐.　　We always see **buildings**.

2 불가산 명사

money(돈), love(사랑), water(물), sugar(설탕), salt(소금), pepper(후추), furniture(가구),
luggage(짐), information(정보), advice(충고), coffee(커피), milk(우유), cheese(치즈)

위의 예와 같이 불가산 명사는 나누어 셀 수 없는 물질 또는 추상적인 개념을 나타내는 명사를 말해요. 이 불가산 명사는 앞에 a나 an을 붙일 수 없고 복수형도 없습니다.

- 그 짐은 무거워요.　　　　The **luggage** is heavy.
- 소금과 후추로 양념해.　　Season with **salt** and **pepper**.
- 난 충분한 돈이 있어.　　　I have enough **money**.

3 가산 명사와 불가산 명사 비교

❶ 관사

관사 a나 an은 '불특정한 하나의'라는 의미가 있기 때문에 가산 명사가 단수일 때 앞에 붙여 쓸 수 있어요. 하지만 불가산 명사 앞에는 쓸 수 없습니다. the는 가산 명사와 불가산 명사 앞에 모두 사용할 수 있어요.

관사	가산 명사	불가산 명사
a / an	O	X
the	O	O

- 난 아침으로 바나나 한 개를 먹었어. I ate **a banana** for breakfast. (가산 명사)
- 그 바나나 네가 먹었어? Did you eat **the banana**? (가산 명사)
- 난 그 우유를 마셨어. I drank **the milk**. (불가산 명사)

*가산 명사가 복수형일 때는 앞에 a/an을 쓸 수 없어요. I ate a bananas for breakfast. (X)

❷ many, much

'많은'이란 뜻을 나타내는 형용사인 many는 가산 명사와, much는 불가산 명사와 사용할 수 있습니다. 단 many가 앞에 올 때 가산 명사는 복수 형태로 써야 한다는 점에 주의하세요.

수량 형용사	가산 명사(복수형)	불가산 명사
many	O	X
much	X	O

- 난 사진을 많이 찍었어. I took **many pictures**.
- 우린 너무 많은 돈을 썼어. We spent too **much money**.

❸ some, any

'약간의, 어떤'이라는 뜻을 나타내는 형용사인 some과 any는 가산 명사와 불가산 명사 앞에 모두 쓸 수 있어요. 대신 가산 명사는 복수 형태로 써야 한다는 점에 주의하세요.

수량 형용사	가산 명사(복수형)	불가산 명사
some	O	O
any	O	O

*some은 주로 긍정문에, any는 주로 의문문과 부정문에 사용해요.

- Jenny는 약간의 버터와 사과를 샀어. Jenny bought **some butter** and **some apples**.
- 그는 나에게 어떤 조언도 해 주지 않았어. He didn't give me **any advice**.
- 이 근처에 괜찮은 식당들이 좀 있나요? Are there **any good restaurants** around here?

Day 08 오늘의 문제

제한 시간 15분 (30문항)
SCORE　　　／100

1-5 학습한 내용을 빈칸을 채우며 확인해 보세요. (문제당 2점)

1. 셀 수 있는 명사를 _____, 셀 수 없는 명사를 _____라고 해요.
2. dog, friend, bag은 _____ 예요.
3. love, water, advice는 _____ 예요.
4. many와 much 중 가산 명사와 쓸 수 있는 것은 _____ 예요.
5. 불가산 명사는 앞에 a나 an을 붙일 수 없고 _____ 도 없어요.

6-7 다음 주어진 명사들을 가산 명사와 불가산 명사로 나눠 보세요. (문제당 2.5점)

money　car　water　doctor　salt　camera　chair

6. 가산 명사 ▶ _____
7. 불가산 명사 ▶ _____

8-12 다음 우리말에 맞게 괄호 안에서 알맞은 것을 고르세요. (문제당 2점)

8. 의자 좀 가져와. ▶ Bring me some (chair / chairs).
9. 난 돈 필요 없어. ▶ I don't need (a money / money).
10. 난 아침으로 사과를 먹었어. ▶ I ate (apple / an apple) for breakfast.
11. 우리는 사진을 많이 찍었어. ▶ I took (much / many) pictures.
12. 그는 나에게 어떤 조언도 해 주지 않았어. ▶ He didn't give me any (advices / advice).

13-17 다음 문장에서 틀린 부분을 고쳐 문장을 다시 써 보세요. (문제당 3점)

13. 넌 집에서 개를 기르니? Do you keep dog at home?
▶ _____

14. 넌 계란 몇 개가 필요해? How much eggs do you need?
▶ _____

15. 난 우유를 안 마셔. I don't drink a milk.
▶ _____

16. 이 근처에는 괜찮은 식당들이 없어. There are not any good restaurant around here.
▶ _____

17. 난 감자를 많이 샀어. I bought much potatoes.
▶ _____

18-22 다음 우리말에 맞게 주어진 단어를 올바르게 배열하세요. (문제당 4점)

18 우린 너무 많은 돈을 썼어. (too, spent, much, money)
▶ We _____.

19 Jamie는 새 신발을 샀어. (shoes, bought, new)
▶ Jamie _____.

20 난 버터가 좀 필요해. (need, I, butter, some)
▶ _____.

21 나 소금 좀 건네줄래? (pass, me, the salt, you)
▶ Can _____?

22 그 콘서트에 얼마나 많은 사람이 있었어? (people, many, there, were)
▶ How _____ at the concert?

23-30 다음 우리말에 맞게 힌트를 이용해 영어로 문장을 완성하고 말해 보세요. (문제당 5점)

23 그는 파티에 많은 친구들을 초대했어. (Hint! invited, many, friend)
▶ _____ to the party.

24 물 좀 갖다주실 수 있을까요? (Hint! bring, some)
▶ Can you _____?

25 Nancy는 수프에 많은 버터를 넣었어. (Hint! put, butter)
▶ Nancy _____ in the soup.

26 그는 나에게 돈을 조금 빌려줬어. (Hint! money)
▶ He lent me _____.

27 나의 부모님은 나에게 많은 사랑을 주셨어. (Hint! love)
▶ My parents gave me _____.

28 우리 언니는 강아지를 여러 마리 키워. (Hint! has, dog)
▶ My sister _____.

29 이 피자는 치즈가 너무 많아! (Hint! has, too, cheese)
▶ This pizza _____.

30 그 건물에 화장실이 하나 있어. (Hint! bathroom)
▶ There is _____ in the building.

기초 문법

Day 09 형용사

DATE 20 . .

학습 목표
형용사는 명사를 꾸며주는 말로, 그 명사의 성질이나 상태를 나타냅니다. 그래서 형용사는 명사의 앞이나 주격보어 또는 목적격보어 자리에 주로 위치합니다. 오늘은 이 형용사의 역할과 특징을 중심으로 학습해 볼까요?

 시원펜으로 모든 예문을 들으면서 말하기 연습을 해 보세요.

핵심 포인트! 형용사: 명사를 꾸며주는 말로 명사의 앞이나 주격보어, 목적격보어 자리에 위치

1 형용사란?

형용사는 명사를 꾸며주는 말로 우리말로는 '-한', '-인', '-하는'의 의미를 가져요. 주로 -ous, -ful, -ble, -ible, -ive로 끝나는 형태를 하고 있는데 그 외에도 다양한 형태가 있으니 나올 때마다 익혀 두셔야 합니다.

> fam**ous**(유명한), beauti**ful**(아름다운), use**ful**(유용한), comforta**ble**(편안한),
> possi**ble**(가능한), posit**ive**(긍정적인)

- 그녀는 유명한 배우야.   She is a **famous** actress.
- 그는 나에게 유용한 충고를 해 줬어.   He gave me some **useful** advice.
- 이 의자는 아주 편안해.   This chair is very **comfortable**.

다음은 사람을 묘사할 때 자주 사용하는 형용사입니다.

> picky(까다로운), talkative(말이 많은), shy(수줍음을 타는), polite(예의가 바른),
> selfish(이기적인), mature(성숙한), kind(친절한), friendly(친절한, 다정한)

2 형용사의 위치

❶ 명사 앞

형용사는 주로 꾸며주는 명사 앞에 위치합니다. 관사나 부사가 있을 경우 「관사 + 부사 + 형용사 + 명사」 순으로 말해요.

- Jenny는 친절한 사람이야.   Jenny is a **kind** person.
- 난 정중한 남자가 좋아.   I like a **polite** man.
- 그거 정말 좋은 생각이야.   That is a very **good** idea.

시원펜으로 모든 예문을 들으면서 말하기 연습을 해 보세요.

❷ 명사 뒤

명사가 -thing, -body, -one으로 끝나는 형태일 때는 형용사가 뒤에서 명사를 꾸며줍니다.

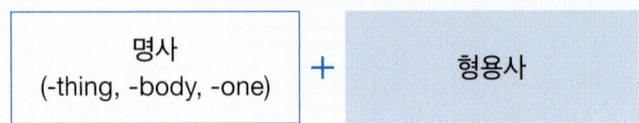

- 뭐 재밌는 거 있어?　　　　　Is there anything **interesting**?
- 우린 새로운 누군가가 필요해.　We need someone **new**.

❸ 주격보어

2형식에서 학습했던 주격보어의 자리에 형용사를 쓸 수 있습니다. 이때 형용사는 명사인 주어를 꾸며주는 역할을 합니다.

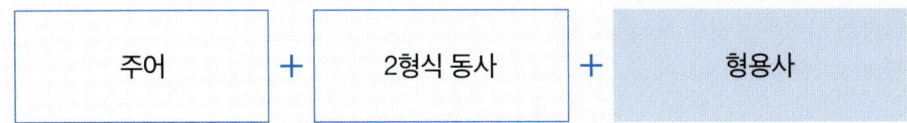

- 내 친구들은 매우 친절해.　　　My friends are very **friendly**.
- 그녀는 가수로 성공했어.　　　She became **successful** as a singer.
- 그는 강인해 보여.　　　　　　He looks **strong**.

❹ 목적격보어

5형식에서 학습했던 목적격보어 자리에 형용사를 쓸 수 있습니다. 이때 형용사는 명사인 목적어를 꾸며주는 역할을 합니다.

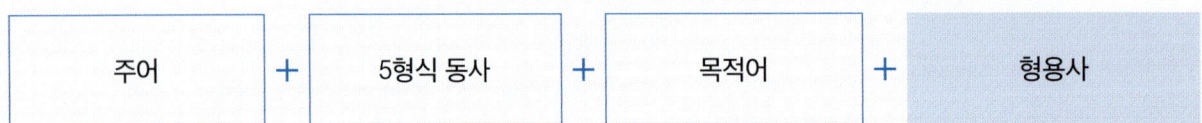

- 그녀는 날 긴장하게 만들었어.　　　She made me **nervous**.
- 그 영화는 사람들을 행복하게 만들어.　The movie makes people **happy**.
- 우린 그가 매우 영리하다고 생각해.　We consider him very **clever**.

Day 09 오늘의 문제

제한 시간: 15분 (30문항)
SCORE: / 100

1-5 학습한 내용을 빈칸을 채우며 확인해 보세요. (문제당 2점)

1. 형용사는 _____를 꾸며주는 말이에요.
2. 형용사는 주로 _____ 앞에 위치해요.
3. -thing, -body, -one으로 끝나는 말은 형용사가 _____에서 꾸며줘요.
4. 2형식 문장에서 _____ 자리에 형용사를 쓸 수 있어요.
5. 5형식 문장에서 _____ 자리에 형용사를 쓸 수 있어요.

6-8 다음 중 형용사가 아닌 것을 고르세요. (문제당 3점)

6. ① interesting ② famous ③ friendly ④ remain
7. ① impossible ② information ③ effective ④ curious
8. ① selfish ② kind ③ advice ④ polite

9-13 다음 우리말에 맞게 괄호 안에서 알맞은 것을 고르세요. (문제당 2점)

9. 이 침대는 아주 편안해. ▶ This bed is (comfortable very / very comfortable).
10. 그거 정말 좋은 생각이야. ▶ That is a very (well / good) idea.
11. 뭐 특별한 거 있어? ▶ Is there (special anything / anything special)?
12. 그녀는 가수로 성공했어. ▶ She became (success / successful) as a singer.
13. 난 그가 매우 영리하다고 생각해. ▶ I consider him very (cleverly / clever).

14-18 다음 주어진 형용사를 알맞은 자리에 써 보세요. (문제당 3점)

14. new ▶ We ( ) need ( ) someone ( ).
15. friendly ▶ My ( ) friends ( ) are ( ) very ( ).
16. difficult ▶ I ( ) found ( ) the problem ( ).
17. nervous ▶ She ( ) made ( ) me ( ).
18. expensive ▶ Mark ( ) drives ( ) an ( ) car.

19-22 다음 우리말에 맞게 주어진 단어를 올바르게 배열하세요. (문제당 4점)

19 그는 멋있어 보여. (looks, he, handsome)
▶ _____

20 Jenny는 친절한 사람이야. (a, person, kind, Jenny, is)
▶ _____

21 그는 나에게 유용한 충고를 해 줬어. (some, gave, he, me, advice, useful)
▶ _____

22 그는 나를 화나게 만들었어. (made, me, he, angry)
▶ _____

23-30 다음 우리말에 맞게 힌트를 이용해 영어로 문장을 완성하고 말해 보세요. (문제당 5점)

23 우리는 뭔가 새로운 게 필요해. (Hint! need, something)
▶ _____

24 그 사람들은 매우 친절해. (Hint! the people, friendly)
▶ _____

25 그 소식은 나를 행복하게 만들었어. (Hint! the news, made, happy)
▶ _____

26 그녀는 긴장돼 보여. (Hint! looks)
▶ _____

27 나는 긍정적인 사람들이 좋아. (Hint! people)
▶ _____

28 아무것도 잘못된 게 없어. (Hint! there, nothing)
▶ _____

29 나는 편안한 방에서 공부해. (Hint! study, room)
▶ _____

30 그는 이기적인 사람이야. (Hint! person)
▶ _____

기초 문법

Day 10 일반동사와 be동사

DATE 20 . .

 동사는 일반동사와 be동사로 구분해서 사용할 수 있어요. 일반동사는 주어의 동작이나 상태를 나타내는 말로 종류가 무수히 많습니다. be동사는 주어의 상태를 나타내는 말로 주어에 따라 am, are, is 이렇게 세 가지를 사용합니다. 오늘은 일반동사와 be동사의 차이점과 특징을 중심으로 학습해 볼까요?

 시원펜으로 모든 예문을 들으면서 말하기 연습을 해 보세요.

핵심 포인트!
일반동사: 주어의 동작이나 상태를 나타내며 그 수가 무수히 많음
be동사: 주어의 상태를 나타내며 주어에 따라 am, are, is를 사용

1 일반동사

일반동사는 주어의 동작이나 상태를 나타내는 말입니다. '누가 어쩐다'라고 말할 때 '어쩐다'에 해당하는 말로 그 수가 무수히 많습니다. 일반동사는 크게 뒤에 목적어가 필요 없는 자동사와 목적어를 필요로 하는 타동사로 나눌 수 있어요.

> study(공부하다), play(놀다, 연주하다), run(달리다), explain(설명하다),
> watch(보다), meet(만나다), drink(마시다), make(만들다)

- 나는 버스를 타.   I **take** the bus.
- 난 오전 7시에 일어나.   I **get up** at 7 A.M.
- 난 커피를 만들어.   I **make** coffee.

❶ 부정문

일반동사의 부정문은 동사 앞에 don't를 붙여 씁니다.

| 주어 | + | don't | + | 일반동사 |

- 난 너를 좋아하지 않아.   I **don't like** you.
- 난 피아노를 치지 않아.   I **don't play** the piano.

❷ 의문문

일반동사의 의문문은 문장의 맨 앞에 Do를 붙여 씁니다.

| Do | + | 주어 | + | 일반동사 ~? |

- 넌 커피를 마시니?   **Do** you **drink** coffee?
- 넌 그를 좋아하니?   **Do** you **like** him?

2 be동사

be동사는 주어의 상태를 나타내는 말로 '~이다'라는 뜻입니다. be동사는 주어에 따라 am, are, is로 모양이 변합니다. be동사 뒤에는 주격보어인 명사나 형용사를 주로 씁니다.

주어	be동사 모양
1인칭 단수	am
2인칭 단수&복수 / 1인칭 복수 / 3인칭 복수	are
3인칭 단수	is

- 난 준비됐어. I **am** ready.
- 그는 회사원이야. He **is** an office worker.
- 그것들은 아름다워. They **are** beautiful.

❶ 부정문
be동사의 부정문은 be동사 뒤에 not을 붙여 씁니다.

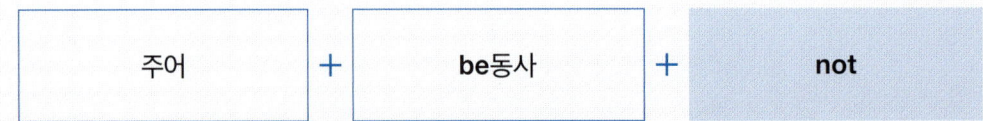

- 그는 친절하지 않아. He **is not**(= isn't) nice.
- 난 똑똑하지 않아. I **am not** smart.
- 너는 학생이 아니야. You **are not**(= aren't) a student.

❷ 의문문
be동사의 의문문은 주어와 be동사의 자리를 바꿔 be동사를 문장의 맨 앞에 씁니다.

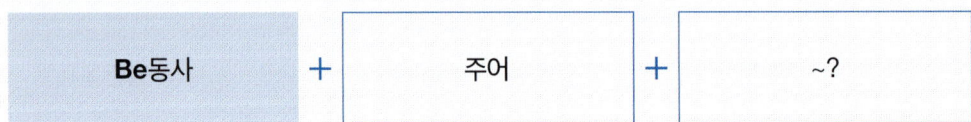

- 너 배고파? **Are** you hungry?
- 그녀는 네가 제일 좋아하는 선생님이니? **Is** she your favorite teacher?

Day 10 오늘의 문제

제한 시간 15분 (30문항)
SCORE / 100

1-5 학습한 내용을 빈칸을 채우며 확인해 보세요. (문제당 2점)

1 동사는 크게 _____ 와 _____ 로 나눌 수 있어요.
2 일반동사는 _____ 의 유무에 따라 자동사와 타동사로 나눠요.
3 be동사는 _____ 에 따라 모양이 _____ , _____ , _____ 로 바뀌어요.
4 일반동사의 부정문은 동사 앞에 _____ 을 붙여요.
5 be동사의 부정문은 be동사 뒤에 _____ 을 붙여요.

6-9 다음 우리말에 맞게 주어진 단어를 빈칸에 써 보세요. (문제당 2점)

> study   don't   drink   make   watch   is   am   isn't

6 난 매일 영어를 공부해.   ▶ I _____ English every day.
7 그녀는 아직 준비가 안 됐어.   ▶ She _____ ready yet.
8 그는 내가 제일 좋아하는 배우야.   ▶ He _____ my favorite actor.
9 나는 저녁에 TV를 보지 않아.   ▶ I don't _____ TV in the evening.

10-12 다음 중 틀린 문장을 고르세요. (문제당 2점)

10 ① I don't go to school now.   ② This is not special.
   ③ She don't is a singer.   ④ Do you need water?

11 ① We are classmates.   ② I am an office worker.
   ③ He is not my brother.   ④ Are you like this movie?

12 ① We don't play golf.   ② Is he a good singer?
   ③ They is very rude to me.   ④ I am not that hungry.

13-16 다음 우리말에 맞게 괄호 안에서 알맞은 것을 고르세요. (문제당 3점)

13 이 꽃들은 아름다워.   ▶ These flowers (are / is) beautiful.
14 넌 아침에 커피를 마시니?   ▶ (Are / Do) you drink coffee in the morning?
15 난 그의 이름을 몰라.   ▶ I (don't know / know not) his name.
16 Jenny는 게으르지 않아.   ▶ Jenny (is not / not is) lazy.

17-19 다음 주어진 문장을 지시에 맞게 바꿔 써 보세요. (문제당 4점)

17 I take the subway. (부정문)
▸ _____

18 She is a nice person. (의문문)
▸ _____

19 They are very difficult problems. (부정문)
▸ _____

20-22 다음 우리말에 맞게 주어진 단어를 올바르게 배열하세요. (문제당 4점)

20 그는 친절한 사람이 아니야. (is, he, not, kind, a, person)
▸ _____

21 너는 맥주를 마시니? (you, beer, drink, do)
▸ _____

22 그 영화는 지루하지 않아. (the movie, not, is, boring)
▸ _____

23-30 다음 우리말에 맞게 힌트를 이용해 영어로 문장을 완성하고 말해 보세요. (문제당 5점)

23 우리는 회사원이야. (Hint! office workers)
▸ _____

24 난 그녀의 이름이 기억나지 않아. (Hint! remember)
▸ _____

25 그녀는 재미있는 사람이니? (Hint! a funny person)
▸ _____

26 그들은 정직한 사람들이 아니야. (Hint! honest people)
▸ _____

27 넌 아침에 조깅을 하니? (Hint! go jogging)
▸ _____

28 난 커피를 마시지 않아. (Hint! drink)
▸ _____

29 이것들은 네 사진들이니? (Hint! these, pictures)
▸ _____

30 이 영화는 인기가 많아? (Hint! movie, popular)
▸ _____

Day 11 일반동사의 수 일치

학습 목표

일반동사는 주어가 3인칭 단수일 때 단수 동사를 써야 합니다. 단수 동사는 주로 동사원형 끝에 -s나 -es를 붙이는데 규칙이 있으므로 이를 응용하면 더 쉽게 단수 동사를 만들 수 있습니다. 주어가 복수일 때는 동사 원형 그대로 사용하면 됩니다. 그럼 일반동사의 수 일치에 대해 자세히 학습해 볼까요?

 시원펜으로 모든 예문을 들으면서 말하기 연습을 해 보세요.

핵심 포인트! 단수 주어 + 단수 동사(동사원형 + -s/-es) / 복수 주어 + 복수 동사(동사원형)

1 일반동사의 3인칭 단수형

주어가 3인칭 단수일 때 일반동사의 현재형은 동사원형 뒤에 -s 또는 -es를 붙여요. 앞서 학습한 명사는 복수형일 때 뒤에 -s나 -es를 붙였기 때문에 헷갈릴 수 있으니 잘 구분해서 익혀야 합니다.

예) 복수 명사: book(책) → book**s**(책들)
　　단수 동사: I work.(나는 일한다.) → She work**s**.(그녀는 일한다.)

일반동사의 3인칭 단수형은 다음과 같은 규칙이 있습니다.

	3인칭 단수동사	예시
대부분	+ -s	run → runs, work → works
-o, -s, -x, -sh, -ch로 끝나는 동사	+ -es	go → goes, pass → passes, fix → fixes, wash → washes, watch → watches
자음 + y로 끝나는 동사	-y를 i로 고치고 + -es	study → studies, fly → flies, rely → relies
모음 + y로 끝나는 동사	+ -s	play → plays, stay → stays
have		have → has

- 남자가 옷을 삽니다.　　　　　　A man (buy / **buys**) some clothes.
- 학생들이 열심히 공부해요　　　Students (**study** / studies) hard.

*s질량의 보존의 법칙: 주어에 s가 있으면 동사에는 X, 주어에 s가 없으면 동사에 O

시원펜으로 모든 예문을 들으면서 말하기 연습을 해 보세요.

2 긍정문

일반동사 현재시제의 긍정문은 앞서 학습한대로 주어가 3인칭 단수일 때 동사의 3인칭 단수형을 씁니다.

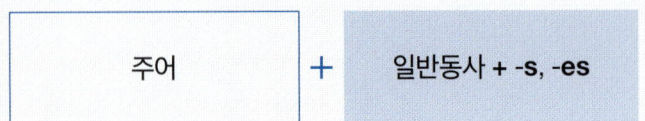

- 한 남자가 커피를 주문해.   A man **orders** coffee.
- 내 친구가 선물을 사.   My friend **buys** a present.
- 그는 책을 읽어.   He **reads** a book.

3 부정문

일반동사 현재시제의 부정문은 주어가 3인칭 단수일 때 동사 앞에 doesn't를 쓰고 동사는 원형으로 씁니다. 주어가 3인칭 단수가 아닌 나머지 문장은 동사 앞에 don't를 씁니다.

- 그는 나에게 편지를 보내지 않아.   He **doesn't send** me letters.
- 내 여동생은 티켓을 예약하지 않아.   My sister **doesn't book** tickets.
- 남자아이들이 장난감을 가지고 놀지 않아.   The boys **don't play** with toys.

4 의문문

일반동사 현재시제의 의문문은 주어가 3인칭 단수일 때 Does를 문장의 맨 앞에 씁니다. 부정문과 마찬가지로 동사는 원형 그대로 써야 합니다. 주어가 3인칭 단수가 아닌 나머지 문장은 문장 앞에 Do를 씁니다.

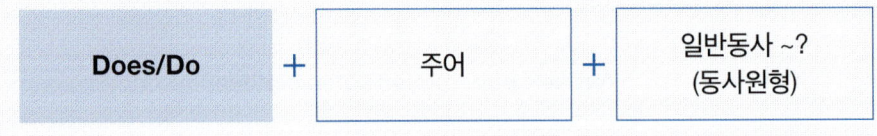

- 넌 낚시하러 가는 걸 좋아하니?   **Do** you **like** going fishing?
- 그녀는 감기에 쉽게 걸리니?   **Does** she **catch** a cold easily?
- David은 비 오는 날에 지하철을 타니?   **Does** David **take** the subway on a rainy day?

Day 11 오늘의 문제

제한 시간 15분 (30문항)
SCORE   / 100

1-5 학습한 내용을 빈칸을 채우며 확인해 보세요. (문제당 2점)

1 3인칭 단수 동사 현재형은 대부분 끝에 _____ 를 붙여요.

2 3인칭 단수 동사 현재형은 -o, -s, -x, -sh, -ch로 끝나는 경우 끝에 _____ 를 붙여요.

3 「자음 + y」로 끝나는 3인칭 단수 동사 현재형은 y를 _____ 로 고치고 _____ 를 붙여요.

4 have의 3인칭 단수 동사 현재형은 _____ 예요.

5 3인칭 단수 동사 현재형의 부정문은 동사 앞에 _____ 를 써요.

6-9 다음 우리말에 맞게 주어진 단어를 빈칸에 써 보세요. (필요시 변형) (문제당 2점)

| go   play   wash   work   have |

6 우린 같은 사무실에서 근무해. ▶ We _____ at the same office.

7 Julie는 기타를 연주해. ▶ Julie _____ the guitar.

8 난 여동생이 두 명이야. ▶ I _____ two sisters.

9 그녀는 버스를 타고 출근해. ▶ She _____ to work by bus.

10-12 다음 중 틀린 문장을 고르세요. (문제당 2점)

10 ① My brother catches a cold easily.　② He doesn't reads a book.
　　③ She studies Spanish after work.　④ I don't like those people.

11 ① People doesn't want to talk about it.　② She goes jogging every day.
　　③ I don't have any problem.　④ Does he wear glasses?

12 ① Do you like online shopping?　② A man orders coffee every morning.
　　③ My son plays with a toy.　④ Mina watchs TV in the evening.

13-16 다음 우리말에 맞게 괄호 안에서 알맞은 것을 고르세요. (문제당 3점)

13 그 학생들은 열심히 공부해요. ▶ The (student / students) study hard.

14 그녀는 건강하게 먹지 않아. ▶ She (don't / doesn't) eat healthy.

15 그는 가족들에게 의지해. ▶ He (relys / relies) on his family.

16 Tina는 하루 종일 집에 있어. ▶ Tina (stays / staies) at home all day long.

17-19 다음 주어진 문장을 지시에 맞게 바꿔 써 보세요. (문제당 4점)

17 She likes going fishing. (부정문)
▶ _____

18 David rides a bike to school. (의문문)
▶ _____

19 I take a nap after lunch. (부정문)
▶ _____

20-22 다음 우리말에 맞게 주어진 단어를 올바르게 배열하세요. (문제당 4점)

20 그녀는 매일 아침 물을 마셔. (drinks, she, water, every morning)
▶ _____

21 Jenny는 그들을 믿지 않아. (trust, Jenny, doesn't, them)
▶ _____

22 Mark는 피아노를 아주 잘 연주해. (the piano, plays, very well, Mark)
▶ _____

23-30 다음 우리말에 맞게 힌트를 이용해 영어로 문장을 완성하고 말해 보세요. (문제당 5점)

23 그는 어떤 옷도 사지 않아. (Hint! buy, any clothes)
▶ _____

24 Nancy는 저녁을 먹은 후 설거지를 해. (Hint! wash the dishes, after dinner)
▶ _____

25 넌 규칙적으로 운동을 하니? (Hint! work out, regularly)
▶ _____

26 그 카페는 치즈케이크를 팔아. (Hint! sell, cheesecake)
▶ _____

27 그 학생들은 중국어를 배우지 않아. (Hint! learn, Chinese)
▶ _____

28 그 가수는 기타를 잘 쳐. (Hint! the guitar, well)
▶ _____

29 너 시간 있어? (Hint! have)
▶ _____

30 네 여동생 학교 다녀? (Hint! go, school)
▶ _____

Day 12 기초 문법

be동사의 수 일치

 학습 목표

be동사도 일반동사와 마찬가지로 주어에 따라 모양이 바뀌기 때문에 주어에 알맞은 be동사를 사용하는 것이 중요합니다. be동사의 현재형과 과거형을 중심으로 be동사와 주어의 수 일치를 학습해 볼까요?

 시원펜으로 모든 예문을 들으면서 말하기 연습을 해 보세요.

핵심 포인트! be동사의 현재형: am, are, is / be동사의 과거형: was, were

1 be동사의 현재형

be동사는 주어에 따라 모양이 am, are, is로 변합니다.

주어	be동사 모양
1인칭 단수	am
2인칭 단수&복수 / 1인칭 복수 / 3인칭 복수	are
3인칭 단수	is

- 난 긍정적이야.   I **am** positive.
- 그녀는 자신만만해.   She **is** confident.
- 그들은 밝아.   They **are** bright.

2 be동사의 과거형

be동사의 과거형은 주어에 따라 was나 were를 씁니다.

주어	현재형	과거형
1인칭, 3인칭 단수	am, is	was
2인칭 단수&복수/ 1인칭 복수 / 3인칭 복수	are	were

- 그 상품은 비쌌어.   The item **was** expensive.
- 두 남자 아이는 행복했어. Two boys **were** happy.
- 그 소설은 너무 흥미로웠어. The novel **was** so interesting.

*s질량 보존의 법칙: 주어에 s가 있으면(복수) be동사에는 s 없음(are, were), 주어에 s가 없으면(단수) be동사에 s 있음(is, was)

3 부정문

be동사 문장의 부정문은 am, are, is 또는 was, were 뒤에 not을 붙여 씁니다. 축약해서 aren't, isn't, wasn't, weren't 형태로 쓸 수 있는데 am은 not과 축약해서 쓰지 않는다는 점을 주의하세요.

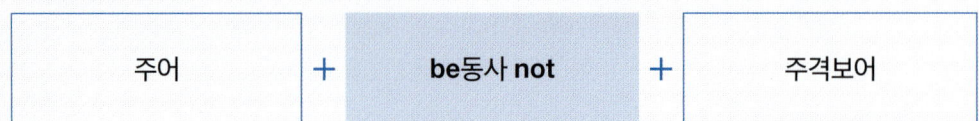

| 주어 | + | be동사 not | + | 주격보어 |

- 이 프로젝트는 중요하지 않아.   This project **isn't** important.
- 그 집은 비싸지 않아.   The house **isn't** expensive.
- 그녀는 놀라지 않았어.   She **wasn't** surprised.
- 그들은 관심이 없었어.   They **weren't** interested.

 4 의문문

be동사 문장의 의문문은 주어와 시제에 맞는 be동사를 문장의 맨 앞에 씁니다.

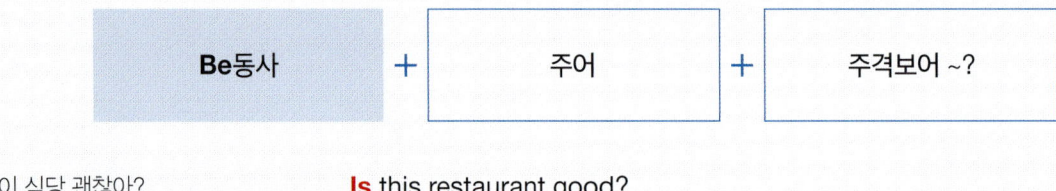

- 이 식당 괜찮아?   **Is** this restaurant good?
- 넌 그녀가 걱정되니?   **Are** you worried about her?
- 그는 소방관이었어?   **Was** he a firefighter?
- 그들은 호텔 방에 있었어?   **Were** they in the hotel room?

Day 12 오늘의 문제

제한 시간 15분 (30문항)
SCORE   / 100

1-5 학습한 내용을 빈칸을 채우며 확인해 보세요. (문제당 2점)

1. 현재시제 문장에서 주어가 3인칭 단수인 경우 be동사는 _____ 로 모양이 변해요.
2. 현재시제 문장에서 주어가 I인 경우 be동사는 _____ 으로 모양이 변해요.
3. 현재시제 문장에서 주어가 You 또는 복수형인 경우 be동사는 _____ 로 모양이 변해요.
4. be동사의 과거형은 is, am은 _____ 로, are는 _____ 로 써요.
5. 부정문은 be동사 뒤에 _____ 을 쓰고, 의문문은 문장의 맨 앞에 _____ 를 써요.

6-10 다음 우리말에 맞게 주어진 be동사를 빈칸에 써 보세요. (문제당 2점)

> am   are   is   was   were

6. 전 채식주의자예요. ▶ I _____ a vegetarian.
7. 그 문제에 대해 죄송합니다. ▶ We _____ sorry about the matter.
8. 그의 연설은 훌륭했어. ▶ His speech _____ excellent.
9. 우리는 어제 회의에 늦었어. ▶ We _____ late for the meeting yesterday.
10. 그녀는 우리에게 친절해. ▶ She _____ nice to us.

11-13 다음 중 틀린 문장을 고르세요. (문제당 3점)

11. ① Was the product expensive?   ② My mom was surprised by the news.
    ③ He is a very positive person.   ④ Many people was excited about the event.

12. ① Are you serious about it?   ② Mary is a good singer.
    ③ The restaurant wasn't that good.   ④ Was you at the office at that time?

13. ① We are confident of our success.   ② A man orders coffee every morning.
    ③ They were very friendly people.   ④ I amn't happy about the result.

14-18 다음 우리말에 맞게 괄호 안에서 알맞은 것을 고르세요. (문제당 3점)

14. Amy와 Jenny는 내 가장 친한 친구야. ▶ Amy and Jenny (is / are) my best friends.
15. Jake는 이야기를 잘 들어줘. ▶ Jake (are / is) a good listener.
16. 넌 개를 좋아하니? ▶ (Are / Do) you a dog person?
17. 우리는 그 프로젝트에 관심이 없어. ▶ We (are not / don't are) interested in that project.
18. 그 영화는 정말 지루했어. ▶ The movie (is / was) so boring.

19-22 다음 주어진 문장을 지시에 맞게 바꿔 써 보세요. (문제당 4점)

19 They were in the hotel room. (부정문)
▶ _____

20 The project is important for him. (의문문)
▶ _____

21 He was late for the meeting. (부정문)
▶ _____

22 The food there is expensive. (의문문)
▶ _____

23-30 다음 우리말에 맞게 주어진 힌트를 이용하여 문장을 쓰고 말해 보세요. (문제당 5점)

23 그 상자들은 너무 무거웠어. (Hint! too heavy)
▶ _____

24 Mike는 정직하지 않아. (Hint! honest)
▶ _____

25 그 식당 괜찮아? (Hint! good)
▶ _____

26 그는 요즘 바빠? (Hint! busy, these days)
▶ _____

27 난 어제 매우 피곤했어. (Hint! tired, yesterday)
▶ _____

28 그녀는 좋은 교사가 아니었어. (Hint! a good teacher)
▶ _____

29 저 가방들 새 거야? (Hint! thoes bag, new)
▶ _____

30 내 친구는 아프리카에 있어. (Hint! in, Africa)
▶ _____

기초 문법

Day 13 동사의 과거형

DATE 20 . .

 **학습 목표**
지금까지는 '어쩐다', '~이다' 등의 현재를 이야기하는 법을 배웠습니다. 이번에는 '누가 어쨌다'라는 과거에 대해 말하는 방법을 배워 볼게요. 우선 과거에 대해 말하려면 현재형 동사를 과거형으로 바꿔 줘야 합니다. 이때 규칙이 필요한데, 그 규칙이 적용되는 것(규칙형)과 적용되지 않는 것(불규칙형)이 있어요. 지금부터 알아보겠습니다.

 시원펜으로 모든 예문을 들으면서 말하기 연습을 해 보세요.

1 규칙형

핵심 포인트! 과거 동사 규칙형: -ed 또는 -d를 붙여서 완성

동사의 과거형을 만드는 가장 쉬운 방법은 -ed나 -d를 붙이는 방법입니다. 하지만 그 안에서도 동사에 따라 조금씩 변화되는 규칙이 있기 때문에 잘 알아 두어야 해요. 그리고 영어에는 '과거형' 외에 '과거분사'라는 것이 존재합니다. 그 쓰임은 다음에 배우기로 하고, 아래 표의 규칙을 꼭 외워 두세요.

규칙	원형-과거형-과거분사	예문
동사 + ed : 대부분의 동사	want-wanted-wanted play-played-played help-helped-helped	• 나는 캠핑 가고 싶었어. I **wanted** to go camping. • 그녀는 피아노를 연주했어. She **played** the piano. • 그는 나를 많이 도와줬어. He **helped** me a lot.
동사 + d : 끝이 e로 끝나는 동사	like-liked-liked live-lived-lived move-moved-moved	• 나는 너의 아이디어가 좋았어. I **liked** your idea. • 그녀는 시애틀에 살았었어. She **lived** in Seattle. • 그는 뉴욕으로 이사갔어. He **moved** to New York.
y를 i로 고치고 + ed : '자음 + y'로 끝나는 동사	study-studied-studied try-tried-tried cry-cried-cried	• 그녀는 무용을 공부했다. She **studied** dance. • 나는 그걸 먹어 봤다. I **tried** it. • 그들은 영화를 보고 나서 울었다. They **cried** after watching a movie.
마지막 자음 1번 더 쓰고 + ed : '모음 + 자음'으로 끝나는 동사	stop-stopped-stopped plan-planned-planned shop-shopped-shopped	• 음악이 멈췄어. The music **stopped**. • 그녀는 영화보는 것을 계획했어. She **planned** to watch a movie. • 우리는 그 쇼핑몰에서 쇼핑했어. We **shopped** at the mall.

2 불규칙형

핵심 포인트! 과거 동사 불규칙형: 규칙이 적용되지 않아 모두 암기 필요

동사의 과거형을 만들 때 규칙이 적용되지 않는 동사들이 있습니다. 불규칙형이라고 부르는 이 동사의 과거형은 말 그대로 불규칙한 동사들이므로 모두 외워야 해요. 아래 표의 동사들은 기본 중의 기본이라고 생각하고 꼭 외워 두세요.

유형	원형-과거형-과거분사		예문
A-A-A	hit-hit-hit	• 차가 나무를 들이 받았어.	A car **hit** a tree.
	put-put-put	• 그는 그의 가방에 모두 넣었다.	He **put** everything in his bag.
	read-read*-read*	• 그녀는 어제 소설을 읽었어.	She **read** a novel yesterday.
	*read의 과거형은 [red]로 발음해요.		
A-B-A	come-came-come	• 나는 학교에서 돌아왔다.	I **came back** from school.
	run-ran-run	• 그들은 도망갔다.	They **ran away**.
	become-became-become	• 날이 추워졌다.	The weather **became** colder.
A-B-B	make-made-made	• 내가 실수했다.	I **made** a mistake.
	buy-bought-bought	• Paul이 치즈를 샀다.	Paul **bought** some cheese.
	send-sent-sent	• Amy가 나에게 이메일을 보냈다.	Amy **sent** me an e-mail.
A-B-C	eat-ate-eaten	• 그녀는 식사를 천천히 했다.	She **ate** her meal slowly.
	write-wrote-written	• Mark는 시를 썼다.	Mark **wrote** poems.
	take-took-taken	• 나는 개를 산책 시키러 갔다.	I **took** my dog for a walk.

3 부정문

핵심 포인트! 과거 동사 부정문: didn't + 동사원형

과거형의 부정문을 만들 때는 동사 앞에 didn't를 사용합니다. 이때 과거 동사는 동사원형으로 바꿔야 한다는 점을 기억하세요.

	긍정문	부정문
didn't + 동사원형	• 나는 캠핑을 가고 싶었어. I **wanted** to go camping.	• 나는 캠핑을 가고 싶지 않았어. I **didn't want** to go camping.
	• 나는 너의 아이디어가 좋았어. I **liked** your idea.	• 나는 너의 아이디어가 좋지 않았어. I **didn't like** your idea.
	• 내가 실수했다. I **made** a mistake.	• 내가 실수하지 않았다. I **didn't make** a mistake.

Day 13 오늘의 문제

제한 시간 15분 (30문항)
SCORE   / 100

1-5 학습한 내용을 빈칸을 채우며 확인해 보세요. (문제당 2점)

1. 동사의 과거형은 규칙이 적용되는 _____ 과 외워야 하는 _____ 이 있어요.
2. 대부분의 동사에는 _____ 를 붙여서 과거 동사를 만들어요.
3. 동사 make는 _____ 유형으로 변화하는 불규칙형 동사예요.
4. '자음+y'로 끝나는 동사는 y를 _____ 로 고치고 ed를 붙여 줘요.
5. 과거형의 부정문은 동사 앞에 _____ 를 붙여서 만들어요.

6-10 다음 우리말에 맞게 주어진 단어를 빈칸에 써 보세요. (문제당 2점)

| ate   played   putted   plaied   liked   put   eated   didn't |

6. 나는 바이올린을 연주했어. ▶ I _____ the violin.
7. 나는 너의 의견이 좋았어. ▶ I _____ your opinion.
8. 그는 그의 지갑에 모두 넣었다. ▶ He _____ everything in his wallet.
9. 그녀는 식사를 빨리 했다. ▶ She _____ her meal fast.
10. 나는 수영을 가고 싶지 않았어. ▶ I _____ want to go swimming.

11-12 다음 불규칙 동사 중 괄호 안의 유형으로 변화하는 동사에 모두 O표 하세요. (문제당 2점)

11. (A-B-A)   eat   come   hit   send   begin   run
12. (A-B-C)   read   meet   take   become   write   buy

13-15 다음 중 과거형 동사가 맞게 쓰이지 않은 문장을 고르세요. (문제당 2점)

13. ① He made a mistake.   ② She run away.
    ③ They wrote reports.   ④ The music stopped.

14. ① We lived in Seoul.   ② He cried after graduation.
    ③ I beginned to lose weight.   ④ She bought some bread.

15. ① A truck hit a tree.   ② He liked my idea.
    ③ My mom took my dog for a walk.   ④ I sended you an e-mail.

16-20 다음 문장에서 틀린 부분을 고쳐 문장을 다시 써 보세요. (문제당 4점)

16 그는 내 여동생을 많이 도와줬어. He helped my sister a lot.
▶ _____

17 날씨가 더욱 더워졌다. The weather become hotter.
▶ _____

18 우리는 부산으로 이사갔어. We moveed to Busan.
▶ _____

19 그는 그 시를 읽지 않았어. He read didn't the poem.
▶ _____

20 내 남동생이 그의 방을 정리하지 않았어. My brother didn't cleaned his room.
▶ _____

21-30 과거형 동사 변형에 유의하며, 다음 우리말에 맞게 영어로 문장을 쓰고 말해 보세요. (문제당 5점)

21 난 소풍을 가고 싶었어. (Hint! on a picnic)
▶ _____

22 그녀는 내 드레스를 좋아했어. (Hint! my dress)
▶ _____

23 우리는 수학을 공부했어. (Hint! math)
▶ _____

24 그 음악이 멈추지 않았어. (Hint! music)
▶ _____

25 그가 실수하지 않았어. (Hint! mistake)
▶ _____

26 나는 내 차를 주차했어. (Hint! park)
▶ _____

27 그 고양이들은 도망갔어. (Hint! run away)
▶ _____

28 그 학생은 숙제를 끝내지 않았어. (Hint! finish, homework)
▶ _____

29 난 그 영화를 좋아하지 않았어. (Hint! like, movie)
▶ _____

30 그녀는 어제 열심히 운동했어. (Hint! exercise, yesterday)
▶ _____

기초 문법

Day 14 시간과 장소의 전치사 (at, on, in)

DATE 20 . .

 **학습 목표**

'무엇이 어디에 있다'라는 말을 하거나 '언제 무엇을 한다'라고 말을 할 때, 장소나 시간을 나타내는 명사와 함께 전치사를 사용해야 합니다. 그중 at, on, in이 대표적인데, 이 세 전치사는 시간과 장소 모두에 사용할 수 있습니다. 어떻게 쓰이는지 활용법을 배워볼게요.

 시원펜으로 모든 예문을 들으면서 말하기 연습을 해 보세요.

1 전치사 at

핵심 포인트! 전치사 at: 정확한 시각 / 구체적인 위치

전치사 at은 정확한 시각이나 구체적인 위치에 사용하는 전치사예요. "7시에 만나자."라고 말하거나 "카페에서 커피를 마셔."라고 말할 때 at을 사용해서 그 뒤에 시간이나 위치를 나타내는 명사를 붙여 말해요.

전치사	시간에 사용할 때	장소에 사용할 때
at	• 나는 아침 7시에 일어나. I get up **at** 7 A.M. • 우리는 9시에 파티를 했어. We had a party **at** nine. • 그녀는 오후 3시에 집에 갈 거야. She will go home **at** 3 P.M. • 그는 밤에 일을 한다. He works **at** night. • 그녀는 서울에 4시에 도착할 거야. She will arrive in Seoul **at** 4 o'clock.	• David과 나는 도서관에서 만났다. David and I met **at** the library. • 카페에 사람들이 많이 있다. There are a lot of people **at** a café. • 나는 버스 정류장에 있었어. I was **at** the bus stop. • 그는 서점에서 책을 읽었어. He read a book **at** the bookstore. • 공항에서 만나자. Let's meet **at** the airport. • 학생들은 지금 학교에 있어. Students are **at** school right now.

2 전치사 on

> **핵심 포인트!** 전치사 on: 날짜, -day / 접촉되어 있는 위치

전치사 on은 특정한 날짜나 -day가 붙은 단어에 사용하고, 접촉되어 있는 위치에 사용하는 전치사예요. "나는 수요일에 쉴 거야."라고 말하거나 "그거 테이블 위에 있어."라고 말할 때 on을 사용할 수 있어요.

전치사	시간에 사용할 때	장소에 사용할 때
on	• 내 생일은 월요일이야. My birthday is **on** Monday. • 11월 2일에 난 내 가족을 만날 거야. **On** November 2nd, I will meet my family. • 나는 수요일에 하루 쉴 거야. I'll take a day off **on** Wednesday. • 밸런타인데이에 뭐 할 거야? What are you going to do **on** Valentine's Day? • 내 여동생의 생일은 7월 15일이야. My sister's birthday is **on** July 15th.	• 책상 위에 책이 있다. There is a book **on** a desk. • 벽에 그림이 걸려 있다. There is a painting **on** a wall. • 아이들이 바닥에 누워 있었다. Kids lay **on** the floor. • 가방은 테이블 위에 올려 놔. Put the bag **on** the table. • 나는 지금 버스에 타고 있어. I am **on** a bus right now.

3 전치사 in

> **핵심 포인트!** 전치사 in: 월, 계절, 년도 / 공간 내 장소, 도시, 나라

전치사 in은 앞의 at, on보다 조금 더 넓은 시간이나 공간을 나타냅니다. 월, 계절, 년도 등의 시간 단위나 어떤 공간 내의 장소를 폭넓게 표현할 때 그리고 도시나 나라 이름 앞에 in을 사용해요. "그는 3월에 승진할 거야."나 "나는 서울에 살아."와 같이 말할 때 in을 사용할 수 있습니다.

전치사	시간에 사용할 때	장소에 사용할 때
in	• 여름에는 비가 많이 내린다. It rains heavily **in** summer. • 나는 9월에 태어났어. I was born **in** September. • 나는 봄에 캠핑을 갈 거야. I will go camping **in** spring. • 8월에는 엄청 더워. It is so hot **in** August. • 2027년에 다시 만나자. Let's meet again **in** 2027. • 그는 저녁에 산책을 한다. He takes a walk **in** the evening.	• 공원에 나무들이 많이 있다. There are many trees **in** a park. • 서울에는 차가 많다. There are many cars **in** Seoul. • 커피는 내 차 안에 있어. The coffee is **in** my car. • 한국에는 사계절이 있다. There are four seasons **in** Korea. • 빌딩에는 많은 방들이 있다. There are many rooms **in** a building. • 나는 제주도에 캠핑 가고 싶었어. I wanted to go camping **in** Jeju.

Day 14 오늘의 문제

1-4 학습한 내용을 빈칸을 채우며 확인해 보세요. (문제당 2점)

1. at, on, in은 _____ 과 _____ 를 나타내는 전치사예요.
2. 전치사 _____ 은 정확한 시각이나 구체적인 위치를 나타낼 때 사용해요.
3. 전치사 _____ 은 날짜, -day나 접촉되어 있는 위치를 나타낼 때 사용해요.
4. 전치사 _____ 은 월, 계절, 년도나 도시와 나라 이름 앞, 공간 내 장소를 나타낼 때 사용해요.

5-10 다음 우리말에 맞게 정확한 전치사를 골라 빈칸에 써 보세요. (문제당 2점)

at   on   in

5. 나는 12시에 점심을 먹어. ▶ I have lunch _____ 12 o'clock.
6. 그는 1990년에 태어났어. ▶ He was born _____ 1990.
7. 나는 공항에서 그를 봤어. ▶ I saw him _____ the airport.
8. 수요일에 뭐 할 거니? ▶ What are you going to do _____ Wednesday?
9. 그녀의 가방은 방 안에 있어. ▶ Her bag is _____ the room.
10. 책상 위에 컵이 있다. ▶ There is a cup _____ the desk.

11-12 다음 괄호 안의 내용에 맞는 전치사를 골라 O표 하세요. (문제당 2점)

11. (공간 내 장소)   at   on   in
12. (구체적인 위치)   at   on   in

13-15 다음 중 전치사가 맞게 쓰이지 않은 문장을 고르세요. (문제당 2점)

13. ① It snows in winter.　② He will come back at 3 P.M.
    ③ I will wait at the bus stop.　④ They will meet in June 15th.

14. ① He is still on school.　② I will eat out on Saturday.
    ③ She is on a plane to Madrid.　④ I don't go out alone at night.

15. ① We were at a café.　② We will go on a picnic at Sunday.
    ③ I live in Busan.　④ She is on the bus to Gangnam.

16-20 다음 문장에서 틀린 부분을 고쳐 문장을 다시 써 보세요. (문제당 4점)

16 공원에 아이들이 많이 있다. There are many children on the park.
▶ _____

17 우리 엄마의 생일은 5월 10일이야. My mom's birthday is at May 10th.
▶ _____

18 난 이걸 스페인에서 샀어. I bought this on Spain.
▶ _____

19 그는 아침에 등산을 가. He goes hiking on the morning.
▶ _____

20 나는 밸런타인데이에 그를 만날 거야. I will meet him at Valentine's Day.
▶ _____

21-30 다음 우리말에 맞게 올바른 전치사를 사용해서 영어로 문장을 쓰고 말해 보세요. (문제당 5점)

21 벽에 스티커들이 붙어 있어. (Hint! stickers, wall)
▶ _____

22 그는 그의 방에서 잤어. (Hint! slept, room)
▶ _____

23 나는 8월에 캠핑 가고 싶어. (Hint! camping, August)
▶ _____

24 4시에 그 카페에서 만나자. (Hint! let's, o'clock)
▶ _____

25 나는 월요일에 부산에 있을 거야. (Hint! be, Busan, Monday)
▶ _____

26 우린 7시 반에 만났어. (Hint! met)
▶ _____

27 그 문에는 영화 포스터가 붙어있었어. (Hint! movie poster, door)
▶ _____

28 꽃들은 3월에 펴. (Hint! bloom, March)
▶ _____

29 새들은 그 나무 위에 앉았어. (Hint! bird, tree)
▶ _____

30 너 월요일에 시간 있어? (Hint! Monday)
▶ _____

기초 문법

Day 15
시간의 전치사 (by, until / for, during)

DATE 20 . .

 학습 목표

"이거 내일까지 끝내야 해."라는 말이나 "난 3일 동안 여기 머물렀어."라는 말을 할 때 '~까지', '~ 동안' 같은 시간과 관련된 전치사가 필요합니다. 이때 쓰이는 전치사가 by, until, for, during이 있는데, 각각 쓰는 방법이나 의미가 조금씩 달라요. 그 차이를 지금부터 배워 보겠습니다.

시원펜으로 모든 예문을 들으면서 말하기 연습을 해 보세요.

1 '~까지'를 의미하는 전치사

핵심 포인트! '~까지'를 의미하는 전치사: by, until

'~까지'를 의미하는 전치사는 by와 until이 있습니다. by는 일회성의 의미가 있고, until은 지속성의 의미가 있어요. by는 어떤 일을 마쳐야 하는 마감일이나 그때까지 해결되어야 하는 일의 기한을 말할 때 주로 사용해요. 반면 until은 해당 날짜나 시간까지 그 행동이 계속해서 이루어진다는 의미로 사용합니다.

전치사	의미와 쓰임	예문
by	- 일회성의 의미의 '~까지' - 어떤 행동이나 일이 해당 시기까지 끝나야 한다는 기한을 말할 때 사용 - 자주 함께 쓰이는 동사: submit(제출하다), complete(마치다), finish(끝내다), send(보내다) 등	• 다음 주까지 그거 끝낼 수 있어. I can finish it **by** next week. • 그녀는 내일까지 메일을 보낼 거야. She will send an e-mail **by** tomorrow. • 난 2시까지는 체크인 해야 해. I have to check in **by** 2 o'clock. • 그는 10시까지 집에 올 거야. He will be home **by** 10 P.M.
until	- 지속성의 의미의 '~까지' - 어떤 행동이나 일이 해당 시기까지 계속해서 이루어진다고 말할 때 사용 - 자주 함께 쓰이는 동사: delay(미루다), postpone(연기하다), wait(기다리다), stay(머물다) 등	• 나는 오후 1시까지 잤어. I slept **until** 1 P.M. • 우리는 다음 달까지 휴가를 미뤄야 해요. We should delay our vacation **until** next month. • 우리는 오후 3시까지 호텔에 있었어. We were at the hotel **until** 3 P.M. • Bill은 이 책을 10월 1일까지 가지고 있어야 해. Bill needs to keep this book **until** October 1st.

2. '~하는 동안'을 의미하는 전치사

핵심 포인트! '~하는 동안'을 의미하는 전치사: for, during

'~하는 동안'을 의미하는 전치사는 for와 during이 있어요. 이 두 전치사는 의미는 같은데 뒤에 사용하는 명사가 달라요. for 뒤에는 '한 달', '3년' 등과 같이 숫자가 포함된 기간을 붙여야 하고, during 뒤에는 '여름 방학', '휴가' 등과 같이 특정 기간의 명사를 붙여야 해요.

전치사	의미와 쓰임	예문

for	- '~하는 동안'
	- for + 숫자가 포함된 기간:
	  for 3 hours/10 days/5 years 등
	- for는 '기간'을 나타내기 때문에 '진행형, 현재완료형, 현재완료 진행형'과 잘 쓰여요.
	*진행형, 현재완료형, 현재완료 진행형은 '영어 문법'편 Day 21, 62, 66에서 확인하실 수 있습니다.
		• 나는 10년 동안 영어를 공부해 왔어.
		  I have been studying English **for** 10 years.
		• 나는 제주에서 10달 동안 살았어.
		  I have lived in Jeju **for** 10 months.
		• 난 그녀를 2년 동안 알아 왔어.
		  I have known her **for** 2 years.
		• 우린 보스턴에 5개월 동안 머무를 거야.
		  We are going to stay in Boston **for** 5 months.

during	- '~하는 동안'
	- during + 특정 기간의 명사:
	  during a winter vacation/holidays/flight/
	  a meeting 등
		• 그녀는 이번 여름 방학 동안 캠핑을 갈 거야.
		  She will go camping **during** this summer vacation.
		• 그는 휴가 동안 책을 많이 읽었어.
		  He read books a lot **during** the holidays.
		• 내 친구들은 쉬는 시간 동안 축구를 했어.
		  My friends played soccer **during** the break time.
		• 회의를 하는 동안에는 전화를 못 받아.
		  I cannot answer the phone **during** my meeting.

Day 15 오늘의 문제

제한 시간: 15분 (30문항)
SCORE: / 100

1-4 학습한 내용을 빈칸을 채우며 확인해 보세요. (문제당 2점)

1. 전치사 _____ 는 일회성의 의미로 '~까지'를 의미해요.
2. 전치사 _____ 은 지속성의 의미로 '~까지'를 의미해요.
3. 전치사 _____ 는 '~하는 동안'이라는 의미이고, 뒤에 숫자가 포함된 기간이 함께 쓰여요.
4. 전치사 _____ 은 '~하는 동안'이라는 의미이고, 뒤에 특정 기간의 명사가 함께 쓰여요.

5-10 다음 우리말에 맞게 정확한 전치사를 골라 빈칸에 써 보세요. (문제당 2점)

> by   until   for   during

5. 나는 내일까지 이거 끝내야 해. ▶ I have to finish this _____ tomorrow.
6. 나는 3시간 동안 기다려 왔어. ▶ I have been waiting _____ 3 hours.
7. 그들은 회의 동안에 그것에 대해 말했어. ▶ They talked about it _____ the meeting.
8. 우리는 일요일까지 여기에 머물 거야. ▶ We will stay here _____ Sunday.
9. 그녀는 11시까지 체크아웃을 해야 해. ▶ She has to check out _____ 11 o'clock.
10. 그는 겨울 방학 동안 스키 타러 갈 거야. ▶ He will go skiing _____ the winter vacation.

11-12 다음 괄호 안의 내용에 맞는 전치사를 골라 O표 하세요. (문제당 2점)

11. (일회성의 의미의 '~까지')   by   until
12. (특정 기간의 명사와 함께 나오는 '~하는 동안')   for   during

13-15 다음 중 전치사가 맞게 쓰이지 않은 문장을 고르세요. (문제당 2점)

13. ① They played the game during the break time.   ② I was at the café until 2 P.M.
    ③ We will send the package during tomorrow.   ④ We can wait until the end of the day.

14. ① He watched a lot of movies for holidays.   ② They have to submit it by next week.
    ③ I have worked for this company for 10 years.   ④ My dad will be home by 8 P.M.

15. ① We have to complete this until tomorrow.   ② They have dated for 2 years.
    ③ I will study English during the vacation.   ④ I can send it by next Monday.

16-20 다음 문장에서 틀린 부분을 고쳐 문장을 다시 써 보세요. (문제당 4점)

16 그는 3시간 동안 노래를 부르고 있어. He has been singing during 3 hours.
▶ _____

17 그녀는 이 숙제를 3시까지 끝내야 해. She has to finish this homework until 3 P.M.
▶ _____

18 그는 여행 동안 감기에 걸렸어. He got a cold for the trip.
▶ _____

19 우리는 이 프로젝트를 올해 말까지 완료할 거야. We will complete this project until the end of this year.
▶ _____

20 나는 내일 오후 2시까지 잘 거야. I will sleep by 2 P.M. tomorrow.
▶ _____

21-30 다음 우리말에 맞게 올바른 전치사를 사용해서 영어로 문장을 쓰고 말해 보세요. (문제당 5점)

21 그들은 내일까지 그거 끝낼 수 있어. (Hint! finish, tomorrow)
▶ _____

22 나는 오후 1시까지 도서관에 있었어. (Hint! library)
▶ _____

23 그녀는 서울에서 3년 동안 살았어. (Hint! has lived, years)
▶ _____

24 그는 여름 방학 동안 집에 있을 거야. (Hint! stay at home, summer vacation)
▶ _____

25 너 내일까지 이 책을 가지고 있어야 해. (Hint! need, keep)
▶ _____

26 그들은 내년까지 집을 지을 거야. (Hint! build, next year)
▶ _____

27 나는 영화 상영 중에 잠을 잤어. (Hint! slept, movie)
▶ _____

28 그녀는 일주일 동안 여기 없을 거야. (Hint! here, week)
▶ _____

29 내 딸은 자정까지 공부했어. (Hint! midnight)
▶ _____

30 너 2시까지 올 수 있어? (Hint! come)
▶ _____

기초 문법

Day 16 — 시간의 전치사(before, after)

DATE 20 . .

 **학습 목표**

'~ 전에', '~ 후에'라는 말은 어떻게 할까요? 앞서 배운 시간의 전치사로는 해결되지 않는 의미입니다. 이때는 before와 after를 사용하는데요. 이 두 전치사는 뒤에 명사뿐 아니라 동명사(-ing)도 올 수 있는 활용법이 다양한 전치사입니다. 어떻게 사용하는지 자세히 알아볼게요.

 시원펜으로 모든 예문을 들으면서 말하기 연습을 해 보세요.

1 '~ 전에'를 의미하는 before

핵심 포인트! '~ 전에'를 의미하는 before: 명사, 동명사와 결합

'~ 전에'를 의미하는 전치사로 before를 사용합니다. before 뒤에는 명사나 동명사가 올 수 있는데 문장 앞에 콤마(,)와 함께 위치할 수도 있고, 문장 뒤에 위치할 수도 있어요.

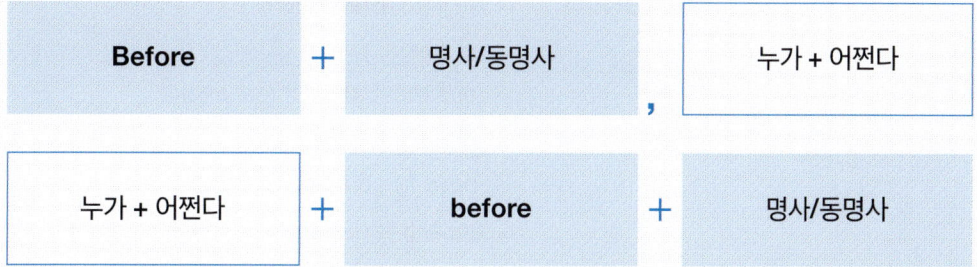

전치사	활용법	예문
before	before + 명사	• 나는 어두워지기 **전에** 집에 왔어. I came home **before** dark. • 5시 **전에** 전화 주세요. Please call me **before** 5 o'clock. • 수업 **전에** 도착해야 해. You should arrive **before** the class. • 쇼 **전에** 휴대폰을 꺼주세요. Please turn off your cell phone **before** the show. • 정오 **전에는** 시간 있어. I am free **before** noon.
	before + 동명사	• 문에 페인트를 칠하기 **전에** 오래된 티셔츠를 입어야 해. You should put on an old T-shirt **before** painting the door. • 쇼를 보기 **전에** 저녁 먹자. Let's have dinner **before** watching the show. • 잠자러 가기 **전에**, 이를 닦아야 해. **Before** going to bed, you need to brush your teeth.

2. '~ 후에'를 의미하는 after

핵심 포인트! '~ 후에'를 의미하는 after: 명사, 동명사와 결합

'~ 후에'를 의미하는 전치사로 after를 사용합니다. after 뒤에는 명사나 동명사를 사용할 수 있는데 문장 앞에 콤마(,)와 함께 위치할 수도 있고, 문장 뒤에 위치할 수도 있어요.

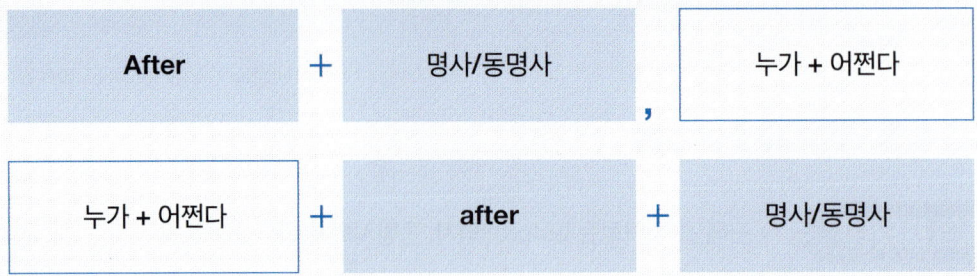

전치사	활용법	예문
after	after + 명사	• 우린 점심 먹고 갈 거야. We'll go **after** lunch. • 3주 후에 만나요. Let's meet **after** three weeks. • 나 그 수업 후에 가야 해. I have to go **after** the class. • 저녁 먹고 양치해야 해. You should brush your teeth **after** dinner.
	after + 동명사	• 매일 운동하고 난 후에 나는 건강해졌어. I became healthy **after** exercising every day. • 쇼 보고 나서 집에 갈 거야. I'll go home **after** watching the show. • 저녁을 먹고 나서 우리는 보통 과일을 먹어. **After** having dinner, we usually have some fruit. • 영화를 보고 나서 난 너무 행복했어. **After** watching the movie, I felt so happy.

Day 16 오늘의 문제

제한 시간 15분 (30문항)
SCORE / 100

1-4 학습한 내용을 빈칸을 채우며 확인해 보세요. (문제당 2점)

1 전치사 _____ 는 '~ 전에'를 의미해요.

2 전치사 _____ 는 '~ 후에'를 의미해요.

3 전치사 before는 명사나 _____ 와 결합해요.

4 전치사 after는 명사나 _____ 와 결합해요.

5-10 다음 우리말에 맞게 정확한 전치사를 골라 빈칸에 써 보세요. (문제당 2점)

before   after

5 점심 식사 전에 손 씻자. ▶ Let's wash our hands _____ lunch.

6 회의 후에 저에게 전화 주세요. ▶ Please call me _____ the meeting.

7 난 어두워지기 전에 이걸 끝내야 해. ▶ I have to finish this _____ dark.

8 그는 집에 가기 전에 그녀를 만났어. ▶ He met her _____ going home.

9 그녀는 점심 먹고 커피를 마실 거야. ▶ She will drink coffee _____ lunch.

10 수영하고 나서 따뜻한 차를 마셔. ▶ Drink hot tea _____ swimming.

11-12 다음 괄호 안의 의미에 맞는 전치사를 골라 O표 하세요. (문제당 2점)

11 (~ 전에)   before   after

12 (~ 후에)   before   after

13-15 다음 중 의미상 전치사가 맞게 쓰이지 않은 문장을 고르세요. (문제당 2점)

13 ① I will be back after the meeting.   ② After exercising, he took a shower.
   ③ After leaving, check the bus schedule.   ④ We will go to the café after lunch.

14 ① Clean your room before noon.   ② Before dinner, I always brush my teeth.
   ③ Before coming in, take off your shoes.   ④ Wash your hands before cooking.

15 ① Please turn off your cell phone before the movie.
   ② I should put on glasses before reading a book.
   ③ He will call you after exercising.
   ④ I will buy a movie ticket after watching the movie.

16-20 다음 문장에서 틀린 부분을 고쳐 문장을 다시 써 보세요. (문제당 4점)

16 그는 열심히 공부한 후 시험에 통과했어. He passed the exam before studying hard.
▶ _____

17 이거 끝내고 나서 나는 집에 갈 거야. Before finishing this, I will go home.
▶ _____

18 나는 떠나기 전에 전화를 받았어. I got a call after leaving.
▶ _____

19 우리 어두워지기 전에 운동하자. Let's exercise after dark.
▶ _____

20 그녀는 여행 후에 감기에 걸렸어. She got a cold before the trip.
▶ _____

21-30 다음 우리말에 맞게 올바른 전치사를 사용해서 영어로 문장을 쓰고 말해 보세요. (문제당 5점)

21 그거 끝내기 전에 나에게 전화해. (Hint! call, finish)
▶ _____

22 나는 도서관에 가기 전에 책을 샀어. (Hint! bought, go, library)
▶ _____

23 나는 점심 먹고 나서 케이크를 먹을 거야. (Hint! eat, cake)
▶ _____

24 그들은 영화 끝나고 저녁을 먹을 거야. (전치사로 문장 시작) (Hint! the movie, have)
▶ _____

25 잠자러 가기 전에 너 숙제해야 해. (전치사로 문장 시작) (Hint! bed, should, do, homework)
▶ _____

26 9시 전에 돌아와. (Hint! back)
▶ _____

27 나는 자기 전에 노래를 들어. (Hint! listen to music, sleep)
▶ _____

28 우리 수업 끝나고 만나자. (Hint! class)
▶ _____

29 그들은 운동하기 전에 달리기를 해. (Hint! run, exercise)
▶ _____

30 나는 샤워를 한 후에 우유를 마셔. (Hint! drink, take a shower)
▶ _____

Day 17 기타 전치사 (to, from, of, about)

DATE 20 . .

 **학습 목표**

"나는 월요일부터 금요일까지 일을 해."라는 말이나 "그것에 대해 얘기해 보자."라는 표현을 하려면 '~부터', '~까지', '~에 대한' 등의 전치사가 필요합니다. 이런 전치사는 어떤 것이 있고 문장에서 어떻게 활용되는지 알아볼게요.

 시원펜으로 모든 예문을 들으면서 말하기 연습을 해 보세요.

1 '~로'를 의미하는 to, '~부터'를 의미하는 from

핵심 포인트! to: '~로', '~쪽으로' / from: '~에서', '~부터'

to는 '~로', '~쪽으로'를 의미하고 from은 '~에서', '~부터'를 의미합니다. to는 어느 쪽으로 향한다는 방향성을 나타내고 from은 어디로부터 시작된다는 출발지를 나타내요. 위치나 사람을 말할 때도 사용하고, 날짜를 말할 때도 사용할 수 있어요.

전치사	예문
to (~로, ~쪽으로)	• 해변에 가자! Let's go **to** the beach! • 난 어제 카페에 갔어. I went **to** a café yesterday. • (네) 생일 축하해. Happy birthday **to** you. • 나는 호수에 갔어. I went **to** a lake. • 나는 매일 학교에 가. I go **to** school every day.
from (~에서, ~부터)	• 그는 학교에서 돌아왔어. He came back **from** his school. • 나는 우리 언니한테 이 가방을 받았어. I got this bag **from** my sister. • 그녀로부터 무슨 소식 있었어? Do you have any news **from** her? • 나는 어제 가족 여행에서 돌아왔어. I returned **from** my family trip yesterday.
from A to B (A에서 B까지)	• 나는 보통 9시에서 6시까지 일해. I usually work **from** 9 **to** 6. • 나는 처음부터 끝까지 이 책을 읽었어. I read this book **from** beginning **to** end. • 이 식당은 월요일에서 금요일까지 영업해. This restaurant is open **from** Monday **to** Friday. • 나는 하나에서 열까지 다 알아. I know it **from** A **to** Z.

시원펜으로 모든 예문을 들으면서 말하기 연습을 해 보세요.

2. '~의', '~ 중에'를 의미하는 of

핵심 포인트! of: '~의', '~ 중에'

of는 '~의', '~ 중에'를 의미하는데, 여러 가지 중에 어떤 것을 나타내거나, 소유되어 있다는 의미를 나타낼 때 사용할 수 있어요.

전치사	예문
of (~의, ~ 중에)	• 한국**의** 수도는 어디인가요? Where is the capital **of** Korea? • 내가 가장 좋아하는 색 **중** 하나는 초록색이야. One **of** my favorite colors is green. • 그녀는 그 회사**의** CEO예요. She is the CEO **of** the company. • 이유 **중** 하나는 너야. One **of** the reasons is you. • 제주도는 한국에서 가장 인기 있는 지역 **중에** 하나다. Jeju Island is one **of** the most popular areas in Korea. • 저 컴퓨터**의** 가격은 괜찮았어. The price **of** that computer was good.

3. '~에 관해서', '~에 대한'을 의미하는 about

핵심 포인트! about: '~에 관해서', '~에 대한'

about은 '~에 관해서', '~에 대한'을 의미하는데, 어떤 주제에 대해 이야기할 때 사용할 수 있어요.

전치사	예문
about (~에 관해서, ~에 대한)	• 나는 음악**에 관한** 영화들을 좋아해. I like some movies **about** music. • 그녀는 그 뉴스**에 대해** 신경 쓰지 않아. She doesn't care **about** the news. • 이건 내가 아니라 그**에 관한** 거야. This is **about** him, not me. • 우리가 그 뉴스**에 대해** 얘기해야 하나? Should we talk **about** the news? • 우린 많은 것들**에 대해서** 얘기했어. We talked **about** many things. • 음식**에 대해** 불평하지 마. Don't complain **about** the food.

Day 17 오늘의 문제

제한 시간 15분 (30문항)
SCORE / 100

1-4 학습한 내용을 빈칸을 채우며 확인해 보세요. (문제당 2점)

1 전치사 _____ 는 '~로', '~쪽으로'를 의미해요.
2 전치사 _____ 은 '~에서', '~부터'를 의미해요.
3 전치사 _____ 는 '~의', '~ 중에'를 의미해요.
4 전치사 _____ 은 '~에 관해서', '~에 대해'를 의미해요.

5-10 다음 우리말에 맞게 정확한 전치사를 골라 빈칸에 써 보세요. (문제당 2점)

> to   from   of   about

5 우리는 학교에 가야 해. ▶ We have to go _____ school.
6 그는 그녀로부터 이메일을 받았어. ▶ He received an e-mail _____ her.
7 나는 1시부터 3시까지 여기 없었어. ▶ I wasn't here _____ 1 _____ 3.
8 이 가방의 가격은 괜찮았어. ▶ The price _____ this bag was good.
9 그 소식에 대해 알고 있었어? ▶ Did you know _____ the news?
10 그녀는 내 친구 중 하나야. ▶ She is one _____ my friends.

11-12 다음 괄호 안의 의미에 맞는 전치사를 골라 O표 하세요. (문제당 2점)

11 (~의, ~ 중에)   to   from   of   about
12 (~로, ~쪽으로)   to   from   of   about

13-15 다음 중 의미상 전치사가 맞게 쓰이지 않은 문장을 고르세요. (문제당 2점)

13 ① I went to the library.   ② They heard about him.
   ③ We came back from London.   ④ I don't know to her.

14 ① What did you get from him?   ② Where is the capital of the U.S.?
   ③ When will you go about the park?   ④ Why are you going to the theater?

15 ① I got the ticket from my friend.   ② I want to know from him.
   ③ I heard many things from her.   ④ I went to the museum yesterday.

16-20 다음 문장에서 틀린 부분을 고쳐 문장을 다시 써 보세요. (문제당 4점)

16 나는 그 레스토랑에 가고 싶어. I want to go from the restaurant.
▶ _____

17 그는 언제 뉴욕에서 돌아올 거래? When will he come back of New York?
▶ _____

18 그는 그녀의 친구 중 하나야. He is one about her friends.
▶ _____

19 그는 음식에 대해 불평을 했어. He complained from the food.
▶ _____

20 나는 매일 2시부터 10시까지 일해. I work from 2 of 10 every day.
▶ _____

21-30 다음 우리말에 맞게 올바른 전치사를 사용해서 영어로 문장을 쓰고 말해 보세요. (문제당 5점)

21 그녀는 그에 대해 하나부터 열까지 모든 걸 다 알아. (Hint! knows, everything, A, Z)
▶ _____

22 나는 오늘 학교에 가지 않을 거야. (Hint! will not, school, today)
▶ _____

23 나는 그에 대해 몰랐어. (Hint! know)
▶ _____

24 이유 중 하나는 그녀야. (Hint! the reasons)
▶ _____

25 그는 오늘 여행에서 돌아올 거야. (Hint! return, his trip, today)
▶ _____

26 나는 학교부터 집까지 걸었어. (Hint! walked)
▶ _____

27 그 비밀에 대해 얘기하지 마. (Hint! talk, secret)
▶ _____

28 이것들 중 하나를 골라. (Hint! pick, these)
▶ _____

29 그는 한국으로 이사를 갔어. (Hint! moved)
▶ _____

30 이건 우리 엄마로부터 받은 거야. (Hint! mom)
▶ _____

기초 문법

Day 18 등위접속사(and, but, or, so)

DATE 20 . .

학습 목표

우리가 말을 하다 보면 하나의 문장으로만 끝나지 않고 '~하고, …한다'라거나 '~했지만 …하지는 않다'처럼 두 문장을 연결해서 말하는 경우가 있어요. 이럴 때는 두 문장을 연결해 주는 접착제 같은 역할이 필요한데, 이럴 때 쓰는 것을 '접속사'라고 합니다. 그중 같은 품사나 구, 절 등을 이어주는 것을 '등위접속사'라고 해요. 이번 시간은 '등위접속사'를 배워 보겠습니다.

시원펜으로 모든 예문을 들으면서 말하기 연습을 해 보세요.

1 등위접속사 and

핵심 포인트! and: '그리고'라는 의미로 같은 품사의 단어, 구-구, 절-절을 연결

등위접속사 and는 '그리고'라는 의미의 접속사입니다. 같은 품사의 단어(명사-명사, 형용사-형용사)끼리 연결할 수도 있고 구-구를 연결하거나 절-절을 연결할 수도 있어요. 세 개 이상의 단어를 연결할 때는 모두 나열하고 제일 마지막 단어 앞에서 한 번만 and를 넣어 주면 돼요.

접속사	의미	예문
and	그리고	• 나는 행복하고 여유로웠다. I was happy **and** relaxed. • 그녀는 벌써 읽고 쓸 줄 알아. She can read **and** write already. • 나는 6월, 7월 그리고 8월을 좋아해. I like June, July, **and** August. • 난 비 오는 날과 천둥을 좋아해. I like rainy days **and** thunder. • 나는 어제 카페에서 그를 봤고 인사를 했어. I saw him yesterday in a café **and** I said hello to him.

2 등위접속사 but

핵심 포인트! but: '그러나'라는 의미로 같은 품사의 단어, 구-구, 절-절을 연결

등위접속사 but은 '그러나'라는 의미의 접속사로, 앞과 뒤가 반대되는 내용일 때 사용합니다. 같은 품사의 단어끼리 연결할 수도 있고, 구-구를 연결하거나 절-절을 연결할 수도 있어요. 해석은 '~하지만 …하다'라고 해요.

접속사	의미	예문
but	그러나	• 이 차는 비싸지만 좋다. This car is expensive **but** good. • 그는 긴장했었지만 잘 했다. He was nervous **but** he did a great job. • 이 향수는 유명하지는 않지만 향이 좋아요. This perfume is not popular, **but** it smells good. • 이 신발은 예쁘지만 불편해. These shoes are pretty **but** uncomfortable.

3 등위접속사 or

핵심 포인트! or: '혹은', '아니면'이라는 의미로 같은 품사의 단어, 구-구, 절-절을 연결

등위접속사 or은 '혹은', '아니면'이라는 의미의 접속사입니다. 여러 가지 중에 선택을 하는 경우, 또는 앞 내용에 대한 반대 결과를 말할 때 사용해요. 같은 품사의 단어끼리 연결할 수도 있고 구-구를 연결하거나 절-절을 연결할 수도 있어요. 세 개 이상의 단어를 연결할 때는 모두 나열하고 제일 마지막 단어 앞에서 한 번만 or를 넣어 주면 돼요.

접속사	의미	예문
or	혹은, 아니면	• 물을 마실거야 **아니면** 커피를 마실거야? Do you want water **or** coffee? • 넌 버스, 지하철, **또는** 차 중에 뭐 타? Do you ride a bus, a subway, **or** a car? • 저는 9월 1일**이나** 2일이 좋아요. I prefer September 1st **or** 2nd. • 조심해, **그렇지 않으면** 돈을 잃을 거야. Be careful, **or** you will lose your money. • 전화해, **아니면** 내가 할게. Call me, **or** I'll call you. • 너 지금 가고 싶어, **아니면** 더 있을래? Do you want to go now, **or** do you want to stay longer?

4 등위접속사 so

핵심 포인트! so: '그래서', '그 결과'라는 의미로 절-절만 연결

등위접속사 so는 '그래서', '그 결과'라는 의미의 접속사입니다. 앞의 내용의 결과가 so 뒤에 나오는데, 원인과 결과를 얘기해야 하기 때문에 so는 다른 등위접속사와 달리 오직 절-절만 연결할 수 있어요.

접속사	의미	예문
so	그래서, 그 결과	• 그는 매우 친절해서 모두가 그를 존경한다. He is very nice, **so** everyone respects him. • 바람이 너무 세서 우리 파티를 취소했어. The wind was so strong, **so** we canceled our party. • 그를 만나서 행복했어. I met him, **so** I was happy. • 나는 복권에 당첨돼서 일을 그만 뒀어. I won the lottery, **so** I quit my job. • 그녀는 목이 말라서 물을 마셨어. She was thirsty, **so** she drank some water.

Day 18 오늘의 문제

제한 시간: 15분 (30문항)
SCORE: / 100

1-4 학습한 내용을 빈칸을 채우며 확인해 보세요. (문제당 2점)

1. 접속사 _____는 '그리고'를 의미해요.
2. 접속사 _____은 '그러나'를 의미해요.
3. 접속사 _____은 '혹은', '아니면'을 의미해요.
4. 접속사 _____는 '그래서', '그 결과'를 의미해요.

5-10 다음 우리말에 맞게 정확한 접속사를 골라 빈칸에 써 보세요. (문제당 2점)

and   or   but   so

5. 그 아기는 작고 귀여워. ▶ The baby is small _____ cute.
6. 나는 스테이크 아니면 파스타를 먹을래. ▶ I will have steak _____ pasta.
7. 그녀는 발목을 다쳐서 울었어. ▶ She hurt her ankle, _____ she cried.
8. 이 커피는 비싸지만 맛있어. ▶ This coffee is expensive _____ good.
9. 그는 노래를 하고 춤을 출 수 있어. ▶ He can sing _____ dance.
10. 그녀는 어리지만 돈이 많아. ▶ She is young, _____ she has a lot of money.

11-12 다음 괄호 안의 내용에 맞는 접속사를 골라 O표 하세요. (문제당 2점)

11. (같은 품사의 단어, 구-구를 연결)   but   so
12. (절-절만 연결)   but   so

13-15 다음 중 접속사가 맞게 쓰이지 않은 문장을 고르세요. (문제당 2점)

13. ① I bought a pen, scissors, and a ruler.   ② We can take a bus or a taxi or a subway.
    ③ He was tired, so he went home early.   ④ They went to a theater, but they couldn't get tickets.

14. ① Study hard, and you'll fail the exam.   ② She is a good actress, so everybody likes her.
    ③ I have met her, but I don't remember.   ④ We can meet on Monday or Tuesday.

15. ① I will go and get it.   ② It was raining a lot, so she didn't go to the park.
    ③ You should work hard or give up a bonus.   ④ The movie was fun but exciting.

16-20 다음 문장에서 틀린 부분을 고쳐 문장을 다시 써 보세요. (문제당 4점)

16 빨강, 노랑, 파란색 중에 고를 수 있어요. You can choose red, yellow, and blue.
▶ _____

17 그는 매우 잘생겨서 인기가 많아. He is very handsome, but he is popular.
▶ _____

18 재킷 입어, 아니면 너 감기 걸릴 거야. Put on your jacket, so you'll get a cold.
▶ _____

19 그녀는 커피를 마시고 케이크를 먹었어. She drank coffee or ate cake.
▶ _____

20 이 소설은 훌륭하지만 지루해. This novel is great and boring.
▶ _____

21-30 다음 우리말에 맞게 올바른 접속사를 사용해서 영어로 문장을 쓰고 말해 보세요. (문제당 5점)

21 그녀는 신발을 신고 밖으로 나갔어. (Hint! put on, went out)
▶ _____

22 날씨가 좋아서 우리는 소풍을 갔어. (Hint! sunny, on a picnic)
▶ _____

23 택시를 타자, 아니면 우리 늦을 거야. (Hint! take a taxi, be late)
▶ _____

24 이 주스는 달지만 신선하진 않아. (Hint! juice, sweet, fresh)
▶ _____

25 나는 쿠키나 비스킷을 살 거야. (Hint! buy, cookies, biscuits)
▶ _____

26 난 피곤해서 밖에 나가지 않았어. (Hint! tired, go out)
▶ _____

27 그 학생은 학교에 갔지만 공부를 하지 않았어. (Hint! went to school, didn't study)
▶ _____

28 나는 케이크와 빵을 살 거야. (Hint! cake, bread)
▶ _____

29 이 드레스는 예쁘지만 비싸. (Hint! pretty, expensive)
▶ _____

30 난 요리를 했고 Tom은 설거지를 했어. (Hint! cooked, did the dishes)
▶ _____

기초 문법
Day 19 부사절 접속사 (because, if, when)

DATE 20 . .

학습 목표

"네가 좋으면 나도 좋아."라고 말을 하려면 어떻게 할 수 있을까요? 앞에서 배운 등위접속사는 동등한 단어나 구, 절을 연결하는 것이므로 이런 말을 하기에는 부족해요. 이때 사용하는 것이 부사절 접속사인데, 이유를 말하는 because, 조건을 말하는 if, 시간을 말하는 when 등으로 이런 다양한 말을 할 수 있게 된답니다.

 시원펜으로 모든 예문을 들으면서 말하기 연습을 해 보세요.

1 부사절 접속사의 위치

핵심 포인트! 부사절 접속사는 문장 사이 또는 문장 앞에 위치

부사절 접속사는 문장과 문장을 연결하는 것이기 때문에 기본적으로 문장 사이에 위치할 수 있어요. 그리고 문장 맨 앞에 위치할 수도 있는데, 맨 앞에 올 때는 앞문장과 뒷문장 사이에 콤마(,)를 꼭 넣어야 한다는 점에 유의하세요.

[누가 + 어쩐다] + [부사절 접속사] + [누가 + 어쩐다]

[부사절 접속사] + [누가 + 어쩐다] , [누가 + 어쩐다]

2 부사절 접속사 because

핵심 포인트! because: '~ 때문에'라는 의미

부사절 접속사 because는 '~ 때문에'라는 의미로, 이유를 말하는 접속사예요. 여기에서 주의해야 할 점은, because of 라고 하면 전치사가 되어서 뒤에 명사가 온다는 점입니다. 문장과 문장을 연결할 때는 꼭 because를 사용해야 해요.

접속사	의미	예문
because	~ 때문에	• 나는 너무 피곤했기 **때문에** 침대에 일찍 갔어. I went to bed early **because** I was so tired. • 나는 너무 바빴기 **때문에** 모든 식사를 다 걸렀어. **Because** I was too busy, I skipped all my meals. • 난 약속이 있어**서** 지금 가야 해. I have to go now **because** I have an appointment. • 몸이 좋지 않아**서** 집에 가고 싶어. **Because** I am not feeling well, I want to go home. • 나는 네가 매우 친절해**서** 널 좋아해. I like you **because** you are very kind.

시원펜으로 모든 예문을 들으면서 말하기 연습을 해 보세요.

3 부사절 접속사 if

핵심 포인트! if: '만약 ~라면'이라는 의미

부사절 접속사 if는 '만약 ~라면'이라는 뜻의 접속사입니다. 어떤 것을 가정하거나 조건에 대해 말할 때 사용해요. 이 부사절을 쓸 때는 미래 내용이라고 해도 현재 시제를 써요.

접속사	의미	예문
if	만약 ~라면	• 만약에 작동하지 않으면 알려주세요. Please let me know **if** it doesn't work. • 내일 비가 오면 난 집에 있을 거야. **If** it rains tomorrow, I will stay at home. • 네가 아프면, 휴식을 취해야 해. **If** you are sick, you should rest. • 그게 너무 비싸면 사지 않을 거야. I will not buy it **if** it is too expensive. • 다시 돌아갈 수 있다면, 난 열심히 공부할 거야. **If** I can go back, I will study hard.

4 부사절 접속사 when

핵심 포인트! when: '~할 때'라는 의미

부사절 접속사 when은 '~할 때'라는 뜻의 접속사입니다. 어떤 일이 일어나는 시기를 말하거나 조건에 대해 말할 때 사용해요. 이 부사절을 쓸 때는 미래 내용이라고 해도 현재 시제를 써요.

접속사	의미	예문
when	~할 때	• 네가 한가할 때 나한테 전화해 줘. **When** you are free, call me. • 너가 서울에 도착하면 나는 공항에 있을게. I will be at the airport **when** you arrive in Seoul. • 네가 준비되면 내게 알려줘. Let me know **when** you are ready. • 우리가 모이면 우린 보통 재미있게 놀아. **When** we get together, we usually have fun. • 우리가 어렸을 때 우린 함께 놀러다니곤 했어. **When** we were young, we used to hang out together.

Day 19 오늘의 문제

제한 시간 15분 (30문항)
SCORE / 100

1-4 학습한 내용을 빈칸을 채우며 확인해 보세요. (문제당 2점)

1 부사절 접속사는 문장 _____ 또는 문장 _____ 에 위치해요.
2 접속사 _____ 는 '~ 때문에'를 의미해요.
3 접속사 _____ 는 '만약 ~라면'을 의미해요.
4 접속사 _____ 은 '~할 때'를 의미해요.

5-10 다음 우리말에 맞게 정확한 접속사를 골라 빈칸에 써 보세요. (문제당 2점)

because   if   when

5 그가 너무 바빠서 난 그를 못 만났어. ▶ _____ he was too busy, I couldn't meet him.
6 네가 그게 좋으면 나도 좋아. ▶ _____ you like it, I like it.
7 그거 끝나면 나에게 전화해 줘. ▶ _____ you finish it, call me.
8 그녀는 친절해서 모두가 그녀를 좋아해. ▶ Everyone likes her _____ she is kind.
9 그거 마음에 안 들면 살 필요 없어. ▶ You don't have to buy it _____ you don't like it.
10 우리는 만나면 항상 영화를 봐. ▶ We always watch a movie _____ we meet.

11-12 다음 괄호 안의 의미에 맞는 접속사를 골라 O표 하세요. (문제당 2점)

11 (가정이나 조건을 말할 때)   because   if   when
12 (어떤 일이 일어나는 시기를 말할 때)   because   if   when

13-15 다음 중 의미상 접속사가 맞게 쓰이지 않은 문장을 고르세요. (문제당 2점)

13 ① If you can't hear the sound, use the earphones.
   ② They couldn't enter because they didn't have tickets.
   ③ Call me because it doesn't work.
   ④ When she arrives at the station, he will pick her up.

14 ① I like him because he always makes me laugh.
   ② If you have any questions, ask me.
   ③ I couldn't call you because my phone was off.
   ④ If I have plans, I have to go now.

15 ① When he lived in London, he was poor.
   ② I bought it if it was very cheap.
   ③ When you have a cold, you should see a doctor.
   ④ If it's sunny tomorrow, I will go camping.

16-20 다음 문장에서 틀린 부분을 고쳐 문장을 다시 써 보세요. (문제당 4점)

16 그녀가 피곤해 보여서 나는 그녀를 보내줬어. I let her go when she looked tired.
▶ _____

17 내가 카페에 갔을 때 그를 만났어. Because I went to the café, I met him.
▶ _____

18 만약에 작동하지 않으면 알려줄게. When it doesn't work, I'll let you know.
▶ _____

19 나는 시간이 없었기 때문에 점심을 걸렀어. If I didn't have time, I skipped lunch.
▶ _____

20 만약에 네가 텐트를 가지고 있으면 가지고 와. Because you have a tent, bring it.
▶ _____

21-30 다음 우리말에 맞게 올바른 접속사를 사용해서 영어로 문장을 쓰고 말해 보세요. (문제당 5점)
(접속사로 시작하도록 문장을 써 보세요.)

21 너 코트 가지고 있으면 지금 입어. (Hint! a coat, put it on)
▶ _____

22 수영하러 갈 때 수영복을 입으세요. (Hint! go swimming, wear, swimsuit)
▶ _____

23 너무 추워서 나는 나가지 않았어. (Hint! too cold, went out)
▶ _____

24 그는 빨리 가고 싶었기 때문에 택시를 탔어. (Hint! go fast, took a taxi)
▶ _____

25 내가 시간이 있으면 네 파티에 갈게. (Hint! have time, your party)
▶ _____

26 네가 우리 집에 왔을 때 나는 도서관에 있었어. (Hint! house, library)
▶ _____

27 난 휴대폰을 잃어버려서 늦었어. (Hint! lost, late)
▶ _____

28 네가 내가 필요하다면 난 널 도와줄거야. (Hint! need, help)
▶ _____

29 네가 10살이었을 때 나는 15살이었어. (Hint! were)
▶ _____

30 나는 늦게 일어났기 때문에 버스를 놓쳤어. (Hint! got up, missed)
▶ _____

기초 문법

Day 20 부사

학습 목표

우리는 이미 명사를 꾸며주는 역할로 '형용사'라는 것이 있다는 것을 배웠습니다. 그런데 '정말 멋지다', '말을 잘한다', '자주 먹는다'와 같이 동사나 문장을 더 화려하게 꾸미려면 형용사로는 부족해요. 이때 사용하는 것이 부사인데, 부사는 어떻게 사용하는지, 생긴 것은 어떤지 한번 알아보겠습니다.

시원펜으로 모든 예문을 들으면서 말하기 연습을 해 보세요.

1 부사란?

핵심 포인트! 형용사, 동사, 다른 부사, 문장 전체를 수식

부사는 있으면 문장을 풍부하게 만들어 주지만, 없어도 문장이 틀리는 것은 아닌 요소입니다. 부사는 명사를 제외한 형용사, 동사, 다른 부사, 문장 전체를 수식할 수 있어요.

2 부사의 형태

핵심 포인트! '형용사 + ly' 또는 형용사와 같은 형태

부사는 형용사에 -ly를 붙이면 되는 경우가 많습니다. 형용사의 형태에 따라 조금씩 다른 규칙이 적용되고, 어떤 것은 형용사와 똑같이 생겨서 문장에서 판단해야 하는 경우도 있어요. 다음 표에 있는 규칙과 부사들은 꼭 외워 두세요.

형태	형용사 → 부사	예문
형용사 + -ly	beautiful → beautifully quick → quickly	• 그녀는 **아름답게** 춤을 춘다. She dances **beautifully**. • 아이들은 **빠르게** 자란다. Kids grow up **quickly**.
y를 i로 바꾸고 + -ly : y로 끝나는 형용사에 적용	easy → easily happy → happily	• 나는 이걸 **쉽게** 끝낼 수 있어. I can finish this **easily**. • 그들은 공원에서 **행복하게** 놀았어. They played **happily** in the park.
ic로 끝나면 -ally를 추가 : ic로 끝나는 형용사에 적용	basic → basically romantic → romantically	• 겨울에는 **기본적으로** 춥다. It's **basically** cold in winter. • 나 사귀고 있는(로맨틱하게 만나는) 사람 있어. I'm seeing someone **romantically**.
형용사와 같은 형태	early fast hard late	• 그녀는 **일찍** 자러 간다. She goes to bed **early**. • 그는 **빠르게** 뛸 수 있어. He can run **fast**. • 나는 공부를 **열심히** 했어. I studied **hard**. • 난 종종 **늦게** 자러 가. I usually go to bed **late**.

시원펜으로 모든 예문을 들으면서 말하기 연습을 해 보세요.

3 부사의 위치

핵심 포인트! 형용사/부사 앞, 동사 앞/뒤, 문장 앞

부사는 형용사와 부사를 꾸밀 때는 그 앞에, 자동사를 꾸밀 때는 동사의 앞/뒤에 위치할 수 있고, 문장 전체를 꾸밀 때는 문장 앞에 위치할 수 있어요. 타동사를 꾸밀 때 부사는 타동사 앞이나 목적어 뒤에 위치해야 한다는 점에 유의하세요.

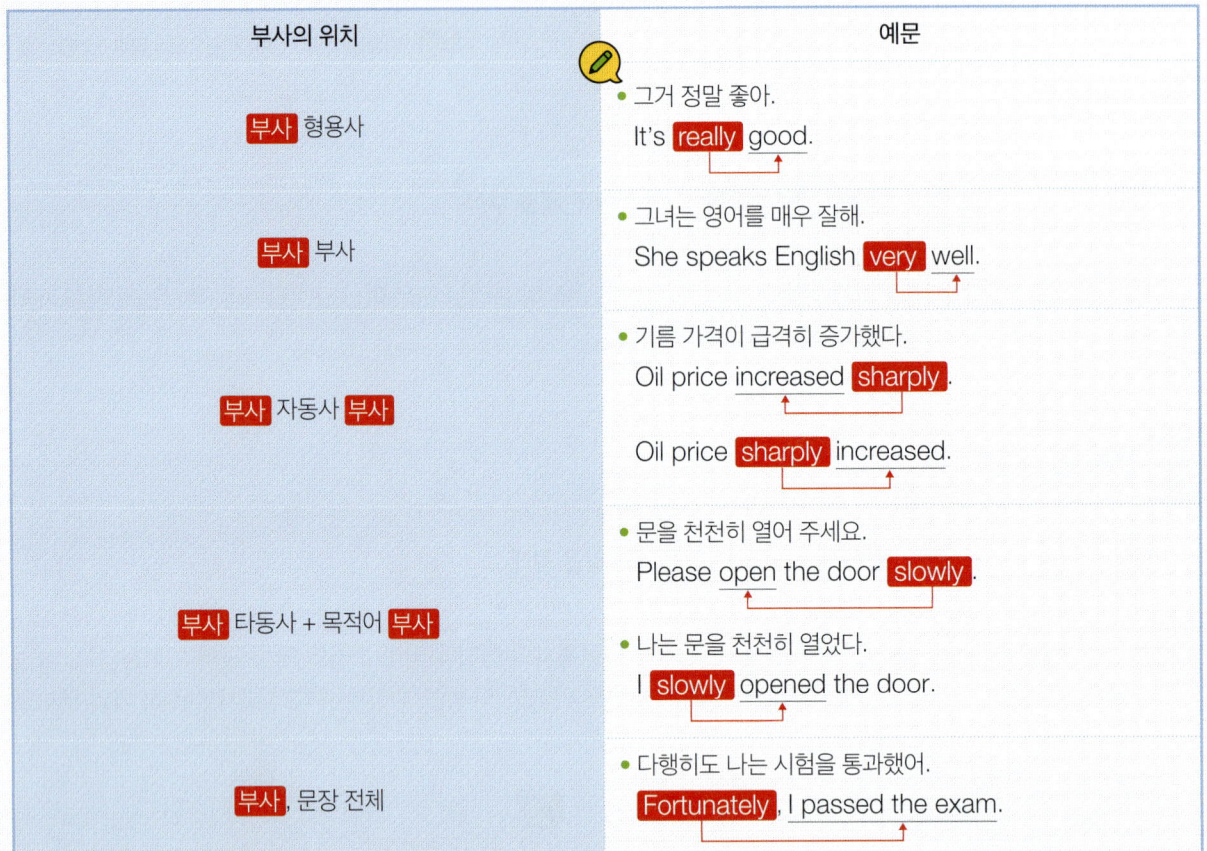

부사의 위치	예문
부사 형용사	• 그거 정말 좋아. It's **really** good.
부사 부사	• 그녀는 영어를 매우 잘해. She speaks English **very** well.
부사 자동사 **부사**	• 기름 가격이 급격히 증가했다. Oil price increased **sharply**. Oil price **sharply** increased.
부사 타동사 + 목적어 **부사**	• 문을 천천히 열어 주세요. Please open the door **slowly**. • 나는 문을 천천히 열었다. I **slowly** opened the door.
부사, 문장 전체	• 다행히도 나는 시험을 통과했어. **Fortunately**, I passed the exam.

4 빈도부사

핵심 포인트! be동사 뒤, 조동사 뒤, 일반동사 앞에 위치

얼마나 자주 일어나는지를 표현하는 부사를 빈도부사라고 해요. 빈도부사는 be동사의 뒤, 조동사의 뒤, 일반동사의 앞에 위치한다는 것을 기억하세요.

빈도부사의 종류	예문
항상 always 보통 usually 자주 often 가끔 sometimes 거의 ~않는 hardly 전혀 ~않는 never	• 나는 **항상** 건강해. I am **always** healthy. • 나는 **절대로** 거기 다시 안 가. I will **never** go there again. • 나는 **보통** 자전거로 출근해. I **usually** go to work by bike.

Day 20 오늘의 문제

제한 시간 15분 (30문항)
SCORE   / 100

1-5 학습한 내용을 빈칸을 채우며 확인해 보세요. (문제당 2점)

1 부사는 _____, _____, 다른 부사, 문장 전체를 수식할 수 있어요.

2 부사는 형용사에 _____ 를 붙이면 되는 경우가 많아요.

3 부사는 형용사/부사의 _____ 에 위치해요.

4 부사는 _____ 와 같은 형태도 있어요.

5 부사 _____ 는 '항상'을 의미해요.

6-10 다음 우리말에 맞는 부사를 골라 빈칸에 써 보세요. (문제당 2점)

| easily   hard   basically   well   really |

6 그는 노래를 잘 불러.   ▶ He sings _____.

7 난 이 문제를 쉽게 풀 수 있어.   ▶ I can solve this question _____.

8 그녀는 일을 열심히 해.   ▶ She works _____.

9 너 정말 바빠 보인다.   ▶ You seem _____ busy.

10 여름에는 기본적으로 더워.   ▶ It's _____ hot in summer.

11-12 다음 괄호 안의 의미에 맞는 부사를 골라 O표 하세요. (문제당 2점)

11 (가끔)   often   very   hard   sometimes

12 (빠르게) quick   slow   fast   fastly

13-15 다음 중 부사가 맞게 쓰이지 않은 문장을 고르세요. (문제당 2점)

13 ① I like this book very much.   ② She hardly exercises.
    ③ He goes always home early.   ④ They run fast.

14 ① He can speak Spanish well.   ② She learns everything quickly.
    ③ Fortunately, I got the ticket. ④ I like really you.

15 ① Listen carefully.   ② He sang romantically.
    ③ I'll never meet him.   ④ She always is kind.

16-20 다음 문장에서 틀린 부분을 고쳐 문장을 다시 써 보세요. (문제당 4점)

16 그들은 일찍 사무실을 떠났어. They left early the office.
▶ _____

17 그는 역에 늦게 도착했어. He late arrived at the station.
▶ _____

18 나는 가끔 영화를 봐. I watch sometimes a movie.
▶ _____

19 여기서는 천천히 운전해야 해. You should drive here slowly.
▶ _____

20 나는 정말로 소풍을 가고 싶어. I want to really go on a picnic.
▶ _____

21-30 다음 우리말에 맞게 올바른 부사를 사용해서 영어로 문장을 쓰고 말해 보세요. (문제당 5점)

21 그는 항상 안경을 끼고 있어. (Hint! wears, glasses)
▶ _____

22 그녀는 자전거를 잘 탈 수 있어. (Hint! ride, bike)
▶ _____

23 나는 학교 끝나고 공부를 열심히 했어. (Hint! after school)
▶ _____

24 난 일찍 자러 가고 싶지 않아. (Hint! want, go to bed)
▶ _____

25 다행히도 나는 그녀를 만날 수 있었어. (Hint! could)
▶ _____

26 그녀는 아름답게 춤을 췄어. (Hint! danced)
▶ _____

27 그는 빠르게 걸었어. (Hint! walked, quickly)
▶ _____

28 나는 보통 11시에 자. (Hint! sleep)
▶ _____

29 여기선 시끄럽게 떠들지 마세요. (Hint! talk, loudly)
▶ _____

30 나는 마침내 내 일을 끝냈어. (Hint! finally, finished)
▶ _____

기초 발음

Day 01

모음 훈련: e
옆에 다른 모음이 추가되면 소리가 바뀌는 e

DATE 20 . .

먼저 발음해 보세요!

egg   eat

이 두 단어는 같은 e가 들어 있지만 서로 다른 소리가 나요. 모음 e는 2개의 소리를 갖고 있기 때문인데요. 크게 두 가지로 분류될 수 있는 알파벳 e의 소리, 한번 살펴볼까요?

 시원펜으로 오늘의 소리를 듣고 연습해 보세요.

STEP 1 오늘의 소리: e
사진을 보고 음원과 함께 오늘의 소리를 확인해 보세요.

🔊 1-1

   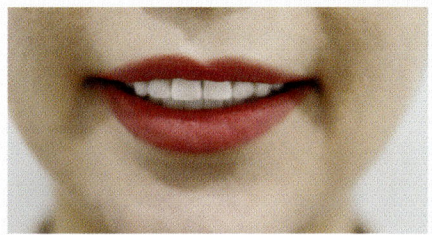

 short vowel e   **long vowel e**

특정한 입 모양을 만들지 않고 가볍게   입을 양 옆으로 쫙 늘린 상태에서 발음해요.
입을 벌린 상태에서 발음해요.

STEP 2 소리의 비밀
소리의 비밀을 보고 정확한 발음법을 익혀 보세요.

short vowel e 시시할 때 '에계~'라고 하듯 '에'라고 소리내요.

- ☑ 특정한 입 모양을 만드는 것이 아니라 입에 힘을 완전히 빼 주세요. 그리고 '에계'라고 말할 때처럼 입을 살짝만 벌린 채 '에' 소리를 툭 뱉어 주세요.
- ☑ 혀는 완전히 힘을 뺐을 때의 위치 그대로! 혀뿌리 부분만 살짝 힘을 줘서 들어 주면 완벽!

long vowel e 치즈가 찌이익 늘어나듯 '이이~'라고 소리내요.

- ☑ 사진 찍을 때 '치즈'라고 말할 때처럼 입을 양 옆으로 쫙 늘려서 '이이~' 소리를 내 주세요. short vowel보다 세 배는 더 길게 발음해야 해요.
- ☑ 노래하듯 '이→이↗이↘' 하고 억양까지 살려 주면 완성!

★ **발음 Tip!** long vowel e는 충분히 길게 소리내 주는 것이 중요해요. 소리의 길이에 따라 발음의 정확도가 달라지니 주의해서 연습해 보세요.

STEP 3 **오늘의 소리 훈련 1** 음원을 잘 듣고 단어를 차근차근 따라 말해 보세요.

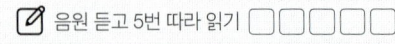 시원펜으로 각 단어를 들으며 발음을 연습해 보세요.

◁)) 1-2

음원 듣고 5번 따라 읽기 ☐☐☐☐☐

short vowel e

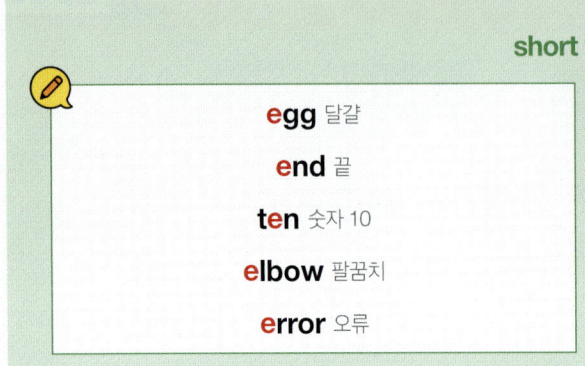

egg 달걀
end 끝
ten 숫자 10
elbow 팔꿈치
error 오류

leg 다리
red 빨간색
net 그물
pen 펜
check 확인하다

long vowel e

eat 먹다
eagle 독수리
seat 좌석
ear 귀
easy 쉬운

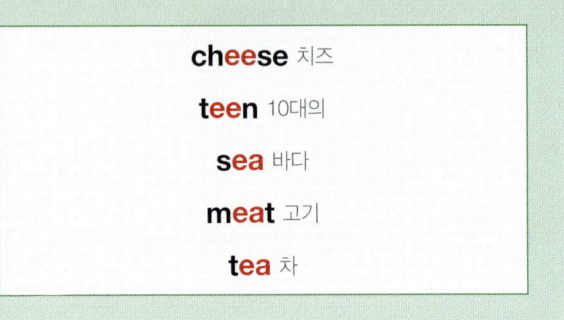

cheese 치즈
teen 10대의
sea 바다
meat 고기
tea 차

STEP 4 **오늘의 소리 훈련 2** 음원을 잘 듣고 short vowel, long vowel이 함께 사용된 단어를 발음해 보세요. ◁)) 1-3

음원 듣고 5번 따라 읽기 ☐☐☐☐☐

eat egg 계란을 먹다
eagle leg 독수리 다리
red meat 붉은 고기
ten seats 10개 좌석
cheese net 치즈 그물

 Tongue Twister(텅 트위스터) 연습 다음 음원을 듣고 발음 연습을 해 보세요. 1-4

 • Eight gray geese in a green field grazing.

Day 01 오늘의 문제

제한 시간 15분 (25문항 각 4점)
SCORE / 100

1-3 다음 문제를 읽고 맞으면 T, 틀리면 F에 체크하세요.

1 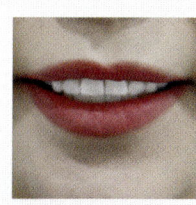 e는 하나의 소리를 갖고 있다.
▶ T ( )   F ( )

2 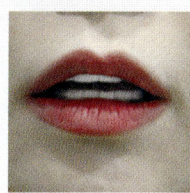 short vowel e는 짧게 '에' 소리가 난다.
▶ T ( )   F ( )

3  long vowel e는 '에에' 소리가 난다.
▶ T ( )   F ( )

4-5 다음 음원을 듣고 제시된 모음에 알맞은 소리를 고르세요.

4 🔊 1-5   ea
① ② ③ ④

5 🔊 1-6   e
① ② ③ ④

6-10 다음 음원을 듣고 알맞은 소리의 단어를 고르세요.

6 🔊 1-7
① leg   ② league

7 🔊 1-8
① igloo   ② eagle

8 🔊 1-9
① Tim   ② team

9 🔊 1-10
① pen   ② pea

10 🔊 1-11
① is   ② easy

11-16 다음 음원을 듣고 단어에 알맞은 소리를 고르세요.

11 🔊 1-12 seat
① ② ③

12 🔊 1-13 cheese
① ② ③

13 🔊 1-14 wet
① ② ③

14 🔊 1-15 elbow
① ② ③

15 🔊 1-16 easy
① ② ③

16 🔊 1-17 team
① ② ③

17-22 다음 음원을 듣고 보기에서 알맞은 단어를 골라 빈칸에 써 보세요.

red   sea   read   teen   tin   eat   it   wet   week   pen

17 🔊 1-18 ▶ _____   **18** 🔊 1-19 ▶ _____
19 🔊 1-20 ▶ _____   **20** 🔊 1-21 ▶ _____
21 🔊 1-22 ▶ _____   **22** 🔊 1-23 ▶ _____

23-25 다음 음원을 듣고 단어를 받아써 보세요.

23 🔊 1-24

 ▶ _____

24 🔊 1-25

 ▶ _____

25 🔊 1-26

 ▶ _____

기초 발음

Day 02 — 모음 훈련: u
'우'라고 생각했던 모음 u의 의외의 소리

DATE 20 . .

먼저 발음해 보세요!

bus   cute

이 두 단어는 모두 u가 들어 있지만 서로 다른 소리가 나요. 대부분 u가 '아에이오우' 중 '우' 소리를 내는 것으로 알고 있지만, 알고 보면 전혀 다른 소리를 갖고 있어요. 어떤 소리인지 한번 살펴볼까요?

 시원펜으로 오늘의 소리를 듣고 연습해 보세요.

STEP 1 오늘의 소리: u
사진을 보고 음원과 함께 오늘의 소리를 확인해 보세요.

🔊 2-1

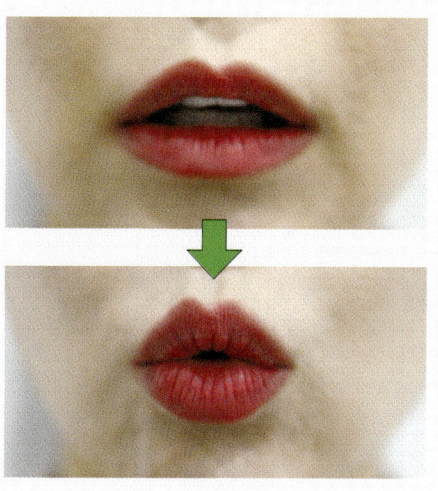

 short vowel u
입꼬리에 힘을 주고 턱을 아래로 내린 상태에서 '어'라고 발음해요.

 long vowel u
입꼬리에 힘을 주지 않은 '이' 모양에서 입을 앞으로 쭉 빼며 '유'라고 연결해서 발음해요.

STEP 2 소리의 비밀
소리의 비밀을 보고 정확한 발음법을 익혀 보세요.

short vowel u 깜짝 놀랐을 때 '어!?'라고 하듯 가볍게 '어'라고 소리내요.

- ☑ 입꼬리에 힘을 주고 '어'라고 말할 때의 입 모양을 만들어 주세요. 이때 입 안쪽에 충분한 공간이 만들어지도록 턱을 아래로 내려주세요.
- ☑ 혀는 따로 힘을 주거나 움직이지 않고 본래 있어야 할 제자리에 그대로!

long vowel u 단어 '이유'를 발음하듯 '이╱유~'라고 소리내요.

- ☑ '이╱유~'라고 할 때 '이'는 살짝 들릴락말락, '유'는 강하게 힘을 주어 발음해요.
- ☑ 처음 '이' 발음은 뚜렷하게 하는 것이 아니므로 입꼬리에 힘을 주지 않아요.
  자연스럽게 힘을 뺀 상태에서 '유' 발음으로 이어갈 때 뽀뽀하듯 입술을 앞으로 내밀어 주세요.
- ☑ 혀는 따로 힘을 주거나 움직이지 않고 본래 있어야 할 제자리에 그대로!

★ **발음 Tip!** u는 흔히 '우' 소리라고 알고 있는 경우가 많은데, 전혀 다른 소리를 갖고 있어요.
short vowel, long vowel 각각의 발음에 주의해서 연습해 보세요.

STEP 3 오늘의 소리 훈련 1
음원을 잘 듣고 단어를 차근차근 따라 말해 보세요. 🔊 2-2

시원펜으로 각 단어를 들으며 발음을 연습해 보세요.

음원 듣고 5번 따라 읽기 ☐☐☐☐☐

short vowel u

uncle 삼촌	bus 버스
under 아래에	cut 자르다
ugly 못생긴	gun 총
up 위에	hug 껴안다
fun 재미있는	luck 행운

long vowel u

use 사용하다	cute 귀여운
usual 평상시의	tube 튜브
university 대학	human 인간
uniform 유니폼	excuse 핑계
the United States 미국	music 음악

STEP 4 오늘의 소리 훈련 2
음원을 잘 듣고 short vowel, long vowel이 함께 사용된 단어를 발음해 보세요. 🔊 2-3

음원 듣고 5번 따라 읽기 ☐☐☐☐☐

- usual bus 평상시의 버스
- fun tube 재미있는 튜브
- fun music 재미있는 음악
- cute uniform 귀여운 유니폼
- ugly excuse 못난 핑계

⭐ Tongue Twister(텅 트위스터) 연습
다음 음원을 듣고 발음 연습을 해 보세요. 🔊 2-4

- Betty bought butter but the butter was bitter.
- U.S. is unanimously universally unique.

Day 02 오늘의 문제

제한 시간 15분 (25문항 각 4점)
SCORE　　/ 100

1-3 다음 문제를 읽고 맞으면 T, 틀리면 F에 체크하세요.

1 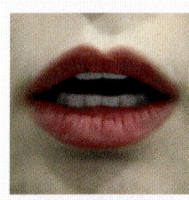 long vowel u는 턱을 밑으로 내려서 내는 소리이다.
▶ T ( )　　　F ( )

2  short vowel u는 길게 '어~' 소리를 낸다.
▶ T ( )　　　F ( )

3 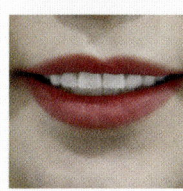 long vowel u는 입의 양 옆을 길게 늘리면서 내는 소리이다.
▶ T ( )　　　F ( )

4-5 다음 음원을 듣고 제시된 소리에 알맞은 소리를 고르세요.

4　🔊 2-5　short vowel u
　① 　② 　③ 　④

5　🔊 2-6　long vowel u
　① 　② 　③ 　④

6-10 다음 음원을 듣고 알맞은 소리의 단어를 고르세요.

6　🔊 2-7
　① use　　　② us

7　🔊 2-8
　① oak　　　② up

8　🔊 2-9
　① ugly　　　② unit

9　🔊 2-10
　① untie　　　② united

10　🔊 2-11
　① excuse　　　② extreme

11-16 다음 음원을 듣고 단어에 알맞은 소리를 고르세요.

11 🔊 2-12 cut
① ② ③

12 🔊 2-13 tube
① ② ③

13 🔊 2-14 luck
① ② ③

14 🔊 2-15 hug
① ② ③

15 🔊 2-16 gun
① ② ③

16 🔊 2-17 bus
① ② ③

17-22 다음 음원을 듣고 보기에서 알맞은 단어를 골라 빈칸에 써 보세요.

> uncle   us   luck   university   cute   human   tube   use   hug   under

17 🔊 2-18 ▶ _____
18 🔊 2-19 ▶ _____
19 🔊 2-20 ▶ _____
20 🔊 2-21 ▶ _____
21 🔊 2-22 ▶ _____
22 🔊 2-23 ▶ _____

23-25 다음 음원을 듣고 단어를 받아써 보세요.

23 🔊 2-24

 ▶ _____

24 🔊 2-25

 ▶ _____

25 🔊 2-26

 ▶ _____

Day 03 기초 발음

모음 훈련: a
'에이'라고 소리낼 수도 있고 아닐 수도 있는 a

DATE 20 . .

먼저 발음해 보세요!

`and` `age`

같은 a가 들어 있더라도 이 두 단어에서 a는 완전히 다른 소리가 나요. a는 단어 안에서 알파벳을 읽을 때와 같이 '에이'라고 소리낼 수도 있고, 또 다른 소리를 낼 수도 있어요. 두 소리에는 어떤 차이가 있는지 익혀 보세요.

 시원펜으로 오늘의 소리를 듣고 연습해 보세요.

STEP 1 오늘의 소리: a
사진을 보고 음원과 함께 오늘의 소리를 확인해 보세요.   🔊 3-1

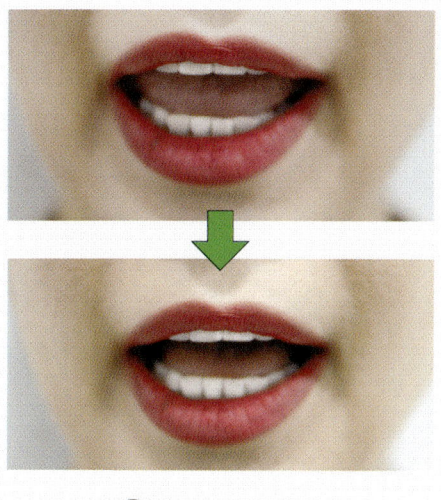

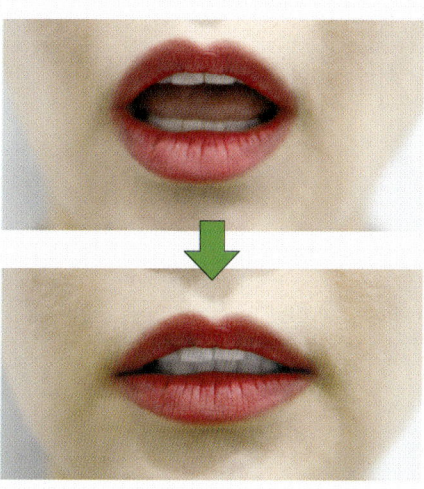

short vowel a
입꼬리를 쭉~ 올려주며 활짝 웃듯이 반원으로 입 모양을 만들고 '애아'라고 발음해요.

long vowel a
특정한 입 모양을 만들지 않고 자연스럽게 '에이'라고 발음해요.

STEP 2 소리의 비밀
소리의 비밀을 보고 정확한 발음법을 익혀 보세요.

short vowel a 입이 귀에 걸리듯 활짝 웃으며 '**애**아'라고 소리내요.

- ☑ 입꼬리를 쭉 올려 주면서 입 모양이 반원이 되게 만들어요.
  활짝 웃는 입 모양 상태로 '**애**아'라고 소리를 내면 완성!
- ☑ 혀는 '애'라고 하면서 뿌리 부분만 살짝 힘을 주어 들어 올렸다가 '아' 하며 힘을 풀어 줘요.

long vowel a 너무 쉬워서 '에이~'라고 하듯 자연스럽게 '**에이**'라고 소리내요.

- ☑ '에이… 설마…'라고 말할 때처럼 특정한 입 모양을 만들지 않고 자연스럽게 '에이~'라고 말해요.
- ☑ '에'는 e의 '에 소리'와 동일한 소리예요. 자연스럽게 '이'와 연결해서 발음하세요.

★ **발음 Tip!** short vowel a는 'short'라고 해서 짧게 발음해 주지 않아요.
오히려 충분히 시간을 들여서 long vowel a보다 더 길게 발음해 주세요.

STEP 3 **오늘의 소리 훈련 1** 음원을 잘 듣고 단어를 차근차근 따라 말해 보세요. 🔊 3-2

음원 듣고 5번 따라 읽기 ☐☐☐☐☐

short vowel a

and 그리고	c**a**t 고양이
ask 묻다	j**a**m 잼
actor 배우	d**a**nce 춤, 춤추다
apple 사과	ban**a**na 바나나
s**a**lad 샐러드	sn**a**ck 간식

long vowel a

ace 에이스, 고수	c**a**se 케이스
age 나이	b**a**ke 굽다
acorn 도토리	d**a**te 날짜
alien 외계인, 외계의	t**a**pe 테이프
agent 요원	c**a**ke 케이크

STEP 4 **오늘의 소리 훈련 2** 음원을 잘 듣고 short vowel, long vowel이 함께 사용된 단어를 발음해 보세요. 🔊 3-3

음원 듣고 5번 따라 읽기 ☐☐☐☐☐

apple c**a**ke 사과 케이크
ask **a**ge 나이를 묻다
b**a**ke **a**corn 도토리를 굽다
ban**a**na s**a**lad 바나나 샐러드
alien c**a**t 외계 고양이

⭐ **Tongue Twister(텅 트위스터) 연습** 다음 음원을 듣고 발음 연습을 해 보세요. 🔊 3-4

• An agile, angry ape addled up the avenue.

Day 03 오늘의 문제

제한 시간 15분 (25문항 각 4점)
SCORE　　　／100

1-3 다음 문제를 읽고 맞으면 T, 틀리면 F에 체크하세요.

1  long vowel a는 입술을 모아 앞으로 쭉 내밀며 내는 소리이다.
▶ T ( )　　　F ( )

2 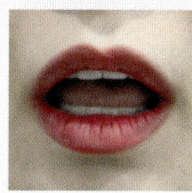 short vowel a는 '에이' 소리가 난다.
▶ T ( )　　　F ( )

3 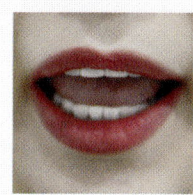 short vowel a는 입을 반원 모양으로 하여 '애아'라고 발음해요.
▶ T ( )　　　F ( )

4-5 다음 음원을 듣고 제시된 소리에 알맞은 소리를 고르세요.

4　🔊 3-5　short vowel a
　①　　②　　③　　④

5　🔊 3-6　long vowel a
　①　　②　　③　　④

6-10 다음 음원을 듣고 알맞은 소리의 단어를 고르세요.

6　🔊 3-7
　① actor　　② ace

7　🔊 3-8
　① daily　　② dance

8　🔊 3-9
　① ask　　② art

9　🔊 3-10
　① cart　　② cake

10　🔊 3-11
　① banana　　② Barbara

11-16 다음 음원을 듣고 단어에 알맞은 소리를 고르세요.

11 🔊 3-12 and
　① 　　② 　　③

12 🔊 3-13 age
　① 　　② 　　③

13 🔊 3-14 case
　① 　　② 　　③

14 🔊 3-15 snack
　① 　　② 　　③

15 🔊 3-16 bake
　① 　　② 　　③

16 🔊 3-17 jam
　① 　　② 　　③

17-22 다음 음원을 듣고 보기에서 알맞은 단어를 골라 빈칸에 써 보세요.

| age　agent　acorn　apple　date　bake　account　ash　able　alien |

17 🔊 3-18 ▶ _____　　18 🔊 3-19 ▶ _____
19 🔊 3-20 ▶ _____　　20 🔊 3-21 ▶ _____
21 🔊 3-22 ▶ _____　　22 🔊 3-23 ▶ _____

23-25 다음 음원을 듣고 단어를 받아써 보세요.

23 🔊 3-24

   ▶ _____

24 🔊 3-25

   ▶ _____

25 🔊 3-26

   ▶ _____

Day 04

기초 발음

모음 훈련: o
'오'라고 발음하면 안 되는 o의 두 가지 소리

DATE 20 . .

먼저 발음해 보세요!

office   **open**

위의 두 단어를 먼저 소리내 보세요. 같은 o라도 다르게 읽으셨나요? 모음 o는 절대 그냥 '오'라고 발음하면 안 되고, '어아'나 '오우'처럼 소리내야 해요. 각각의 소리를 어떻게 발음하면 될지 익혀 보세요.

 시원펜으로 오늘의 소리를 듣고 연습해 보세요.

STEP 1 오늘의 소리: o
사진을 보고 음원과 함께 오늘의 소리를 확인해 보세요.

🔊 4-1

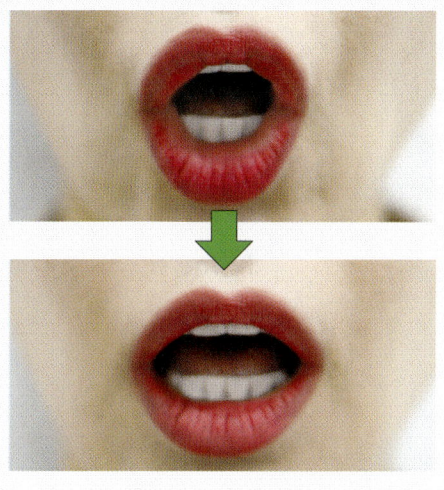

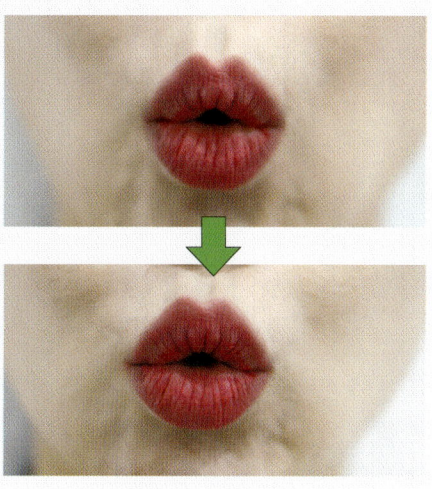

✏️ **short vowel o**

'어' 입 모양에서 자연스럽게 입꼬리에 힘을 빼면서 '어아'라고 발음해요.

✏️ **long vowel o**

'오'를 발음하면서 자연스럽게 '우' 소리로 연결하여 '오우'라고 발음해요.

STEP 2 소리의 비밀
소리의 비밀을 보고 정확한 발음법을 익혀 보세요.

| **short vowel o** | 착각했을 때 '어?!' 했다가 '아…' 하고 힘을 빼는 것처럼 '**어↘아**'라고 소리내요. |

- ☑ '어' 입 모양에서 자연스럽게 입꼬리에 힘을 빼 주세요. 이때 혀는 움직이지 않아요.
- ☑ '어'를 조금 강하게, '아'는 살짝만 발음해서 '**어↘아**'와 같이 소리내요.

| **long vowel o** | '오'가 아닌 오버하는 느낌을 살려 '**오우~**'라고 소리내요. |

- ☑ '오'를 발음하면서 턱을 내려 입 안쪽에 충분히 공간을 만든 후, 자연스럽게 '우' 소리로 연결해 주세요. ('우' 소리로 연결할 때 턱은 자연스럽게 움직여져요.)
- ☑ 입 모양은 뽀뽀하듯이 입술을 내밀어 주세요.
- ☑ 오버하는 느낌을 살려서 '**오↘우~**'의 억양까지 살려주면 완벽!

★ **발음 Tip!** 두 가지의 o 소리는 모두 '어아'와 '오우' 같이 두 개의 소리가 자연스럽게 연결되는 특징을 가지고 있어요. '어/아', '오/우'처럼 소리가 끊어지지 않게 충분히 연습해 보세요.

STEP 3 **오늘의 소리 훈련 1** 음원을 잘 듣고 단어를 차근차근 따라 말해 보세요. 🔊 4-2

시원펜으로 각 단어를 들으며 발음을 연습해 보세요.

음원 듣고 5번 따라 읽기 ☐☐☐☐☐

short vowel o

office 사무실	**po**t 냄비
olive 올리브	d**o**g 개
h**o**t 뜨거운	m**o**m 엄마
c**o**ffee 커피	j**o**b 직업
orange 오렌지, 주황색의	f**o**g 안개

long vowel o

oh 감탄사 '오', '아'	n**o** '아니' 부정의 대답
open 열린	c**oa**t 코트
old 오래된	b**oa**t 배
g**o** 가다	h**o**me 집
d**ou**ghnut 도넛	r**o**se 장미

STEP 4 **오늘의 소리 훈련 2** 음원을 잘 듣고 short vowel, long vowel이 함께 사용된 단어를 발음해 보세요. 🔊 4-3

음원 듣고 5번 따라 읽기 ☐☐☐☐☐

g**o** h**o**me 집에 가다
c**o**ffee and d**ou**ghnut 커피와 도넛
orange r**o**se 주황색 장미
old b**oa**t 오래된 배
open p**o**t 열린 냄비

⭐ **Tongue Twister(텅 트위스터) 연습** 다음 음원을 듣고 발음 연습을 해 보세요. 🔊 4-4

- A proper copper coffee pot.
- Moses supposes his toeses are roses, but Moses supposes erroneously.

Day 04 오늘의 문제

제한 시간 15분 (25문항 각 4점)
SCORE　　　/ 100

1-3 다음 문제를 읽고 맞으면 T, 틀리면 F에 체크하세요.

1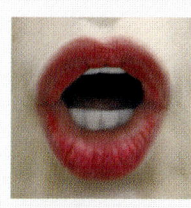
short vowel o는 짧게 '어' 라고만 발음해요.
▶ T (　)　　　F (　)

2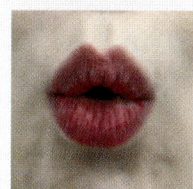
long vowel o는 가볍게 '오우!'라고 발음해요.
▶ T (　)　　　F (　)

3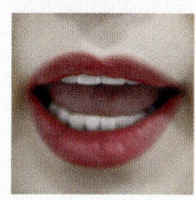
long vowel o를 발음할 때, 입술을 내밀면 안 돼요.
▶ T (　)　　　F (　)

4-5 다음 음원을 듣고 제시된 소리에 알맞은 소리를 고르세요.

4　🔊 4-5　short vowel o
　① 　　② 　　③ 　　④

5　🔊 4-6　long vowel o
　① 　　② 　　③ 　　④

6-10 다음 음원을 듣고 알맞은 소리의 단어를 고르세요.

6　🔊 4-7
　① oh　　　　② ah

7　🔊 4-8
　① held　　　② old

8　🔊 4-9
　① orange　　② change

9　🔊 4-10
　① hot　　　② hat

10　🔊 4-11
　① bottle　　② boat

11-16 다음 음원을 듣고 단어에 알맞은 소리를 고르세요.

11 🔊 4-12 dog
① ② ③

12 🔊 4-13 boat
① ② ③

13 🔊 4-14 fog
① ② ③

14 🔊 4-15 open
① ② ③

15 🔊 4-16 no
① ② ③

16 🔊 4-17 coat
① ② ③

17-22 다음 음원을 듣고 보기에서 알맞은 단어를 골라 빈칸에 써 보세요.

> mom   job   old   dog   olive   rose   home   office   pot   hot

17 🔊 4-18 ▶ _____   18 🔊 4-19 ▶ _____
19 🔊 4-20 ▶ _____   20 🔊 4-21 ▶ _____
21 🔊 4-22 ▶ _____   22 🔊 4-23 ▶ _____

23-25 다음 음원을 듣고 단어를 받아써 보세요.

23 🔊 4-24

 ▶ _____

24 🔊 4-25

 ▶ _____

25 🔊 4-26

 ▶ _____

기초 발음

Day 05 — 모음 훈련: i
'이'도 '에'도 아닌 소리

DATE 20 . .

먼저 발음해 보세요!

it　　item

위의 두 단어 모두 i로 시작하지만, 전혀 다른 발음을 갖고 있어요. 한국어에는 없는 소리를 갖고 있어서 모음 소리 중 가장 어려운 소리예요. 이번 시간에는 모음 i에 대해 배워 볼게요.

 시원펜으로 오늘의 소리를 듣고 연습해 보세요.

STEP 1 오늘의 소리: i
사진을 보고 음원과 함께 오늘의 소리를 확인해 보세요.

🔊 5-1

short vowel i

'에'라고 할 때의 입 모양과 비슷하지만 소리는 한국어에 없는 '이'와 '에'의 중간 소리예요.

long vowel i

우리말 '아이'를 발음할 때처럼 '아'는 강하게 '이' 소리는 힘을 빼고 자연스럽게 연결해 줘요.

STEP 2 소리의 비밀
소리의 비밀을 보고 정확한 발음법을 익혀 보세요.

short vowel i — '이'와 '에'의 **중간**으로 소리내요.

- ☑ '에'라고 할 때와 가장 유사한 입 모양으로, 특정한 입 모양이 만들어지지 않도록 힘을 빼고 릴렉스해 주세요.
- ☑ 혀의 전체가 공중에 떠 있는 느낌으로 혀뿌리의 가장자리 부분에 힘을 주어 윗 어금니를 밀어 주세요.
- ☑ 소리내는 방법 1: '에' 입 모양을 만든 상태에서, 혀 위치만 바꾸어서 '이'라고 라고 발음해요.
- ☑ 소리내는 방법 2: '이'를 발음하고 혀 위치를 그대로 둔 후 입 모양만 바꾸어서 '에'라고 발음해요.

long vowel i — 심플하고 간단하게 '아↘이'라고 소리내요.

- ☑ 입을 상하좌우로 크게 벌릴 필요없이 무언가 떠올랐을 때 '아!'하는 느낌으로 자연스럽게 벌려 준 후, '이' 소리로 연결해요. ('이' 소리로 연결할 때 턱과 입 모양은 자연스럽게 움직여 줍니다.)
- ☑ '아'는 강하게, '이'는 사라지듯 약하게 발음하여 '아↘이'의 억양까지 살려주 면 완성!

★ **발음 Tip!** short vowel i는 우리말에도 없을 뿐만 아니라 깔끔하게 딱 떨어지는 소리가 아니기 때문에 발음하기 상당히 까다로울 수 있어요. 소리를 여러 번 반복해서 듣고 연습해 보세요.

STEP 3 · 오늘의 소리 훈련 1
음원을 잘 듣고 단어를 차근차근 따라 말해 보세요. 🔊 5-2

음원 듣고 5번 따라 읽기 ☐☐☐☐☐

short vowel i

it 그것	**hi**t 때리다
s**i**x 숫자 6	m**i**x 섞다
b**i**t 조금	p**i**n 핀
k**i**ss 키스	s**i**t 앉다
l**i**ttle 작은	b**i**g 큰

long vowel i

ice 얼음	n**i**ce 멋진
idea 아이디어	b**i**ke 자전거
island 섬	t**i**me 시간
I'm 나는 ~이다	p**i**e 파이
item 아이템, 물품	f**i**ne 좋은, 괜찮은

STEP 4 · 오늘의 소리 훈련 2
음원을 잘 듣고 short vowel, long vowel이 함께 사용된 단어를 발음해 보세요. 🔊 5-3

음원 듣고 5번 따라 읽기 ☐☐☐☐☐

I'm fine. 난 괜찮아., 난 잘 지내.
little bit 약간의, 조금의
six kisses 여섯 번의 키스
big island 큰 섬
nice pie 멋진 파이

⭐ Tongue Twister(텅 트위스터) 연습
다음 음원을 듣고 발음 연습을 해 보세요. 🔊 5-4

- Little Mike left his bike like Tike at Spike's.

Day 05 오늘의 문제

제한 시간 15분 (25문항 각 4점)
SCORE / 100

1-3 다음 문제를 읽고 맞으면 T, 틀리면 F에 체크하세요.

1  short vowel i는 짧고 굵게 '에!'라고 발음해요.
▶ T ( )   F ( )

2  long vowel i는 '아'를 강하게, '이'는 약하게 발음해요.
▶ T ( )   F ( )

3 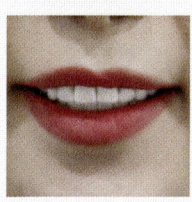 short vowel i는 입꼬리에 힘을 주어 발음해요.
▶ T ( )   F ( )

4-5 다음 음원을 듣고 제시된 소리에 알맞은 소리를 고르세요.

4 🔊 5-5 short vowel i
① ② ③ ④

5 🔊 5-6 long vowel i
① ② ③ ④

6-10 다음 음원을 듣고 알맞은 소리의 단어를 고르세요.

6 🔊 5-7
① it ② eat

7 🔊 5-8
① island ② Islam

8 🔊 5-9
① pine ② pin

9 🔊 5-10
① time ② Tim

10 🔊 5-11
① it ② item

11-16 다음 음원을 듣고 단어에 알맞은 소리를 고르세요.

11 🔊 5-12 mix
① ② ③

12 🔊 5-13 pie
① ② ③

13 🔊 5-14 nice
① ② ③

14 🔊 5-15 bike
① ② ③

15 🔊 5-16 sit
① ② ③

16 🔊 5-17 big
① ② ③

17-22 다음 음원을 듣고 보기에서 알맞은 단어를 골라 빈칸에 써 보세요.

nice　dime　ice　mix　India　kiss　idea　hit　time　site

17 🔊 5-18 ▶ _____   18 🔊 5-19 ▶ _____

19 🔊 5-20 ▶ _____   20 🔊 5-21 ▶ _____

21 🔊 5-22 ▶ _____   22 🔊 5-23 ▶ _____

23-25 다음 음원을 듣고 단어를 받아써 보세요.

23 🔊 5-24

 ▶ _____

24 🔊 5-25

 ▶ _____

25 🔊 5-26

 ▶ _____

Day 06 기초 발음

반모음 훈련: w, y
모음처럼 들리지만 실제로는 모음이 아닌 반모음

DATE 20 . .

먼저 발음해 보세요!

well　　**yell**

w와 y는 모음처럼 들리지만 실제로는 반드시 다른 모음과 함께 쓰여야 해서 '반모음'이라고 해요. 반은 자음, 반은 모음이라는 의미죠. 두 개의 알파벳의 소리를 연결해서 발음해야 한다는 것에 유의하면서 정확한 발음법을 익혀 보세요.

시원펜으로 오늘의 소리를 듣고 연습해 보세요.

STEP 1　오늘의 소리: w, y　사진을 보고 음원과 함께 오늘의 소리를 확인해 보세요.

🔊 6-1

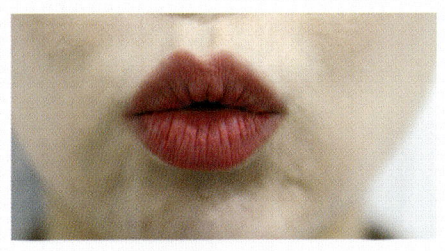

✏️ 반모음 w

우리말의 '우'처럼 발음해요.

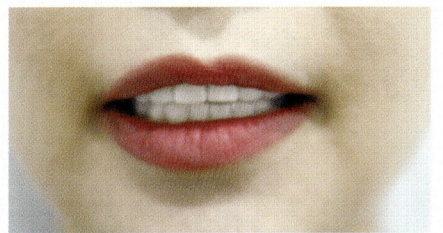

✏️ 반모음 y

우리말의 '이'처럼 발음해요.

STEP 2　소리의 비밀　소리의 비밀을 보고 정확한 발음법을 익혀 보세요.

반모음 w　　**우리말의 '우' 소리와 큰 차이가 없어요.**

- ☑ 우리말 '우'와 큰 차이는 없지만 w 앞과 뒤의 소리들을 천천히 처리하는 것이 중요해요.
- ☑ 모음과 연결할 때: '우' 소리를 살짝 낸 후, 자연스럽게 다음 모음으로 연결해요. 이때 절대 '와', '웨', '워'처럼 한 번에 소리를 내지 않아야 해요. (예. wa = '우↗아', we = '우↗에', wo = '우↗어')
- ☑ 자음과 연결할 때: w 앞에 자음이 나오면, w 발음을 생략하는 경우가 많아요. w 발음을 빼먹지 않도록 신경 쓰면서 발음해야 해요. (예. sweet, twin …)

반모음 y　　**우리말의 '이' 소리와 큰 차이가 없어요.**

- ☑ 앞서 배운 short vowel i의 '이'와 '에'의 중간 소리와 매우 비슷해요. 하지만 바로 다른 모음 소리와 이어서 발음해야 하기 때문에 우리말 '이'와 같이 발음해도 돼요.
- ☑ '이' 소리를 낸 후, 자연스럽게 다음 모음으로 연결해서 발음하는 것이 중요해요. 이때 '야', '예', '요'처럼 한 번에 소리를 내지 않아야 해요. (예. ya = '이↗아', ye = '이↗에', yo = '이↗오')

★ **발음 Tip!** w와 y가 모음과 함께 나오는 경우, 자연스럽게 소리를 연결하는 것이 중요합니다. w나 y가 함께 나오는 모음에 강세가 붙기 때문에 뒤에 오는 모음을 조금 더 또렷하고 정확하게 천천히 연결하여 발음해 주세요.

STEP 3 오늘의 소리 훈련 1
음원을 잘 듣고 단어를 차근차근 따라 말해 보세요. 🔊 6-2

시원펜으로 각 단어를 들으며 발음을 연습해 보세요.

음원 듣고 5번 따라 읽기 ☐☐☐☐☐

반모음 w

wish 소원	wet 젖은
war 전쟁	wave 파도
win 이기다	wow 감탄사 '우와'
wing 날개	wake 깨다, 깨우다
wire 철사	wait 기다리다

반모음 y

yesterday 어제	yet 아직
yogurt 요거트	yard 마당
yacht 요트	you 당신
yoga 요가	your 너의
year 연, 해	yolk 노른자

STEP 4 오늘의 소리 훈련 2
음원을 잘 듣고 반모음 w, y가 함께 사용된 단어를 발음해 보세요. 🔊 6-3

음원 듣고 5번 따라 읽기 ☐☐☐☐☐

- wet yard 젖은 마당
- war year 전쟁의 해
- wait you 너를 기다리다
- your wish 너의 소원
- wake you 당신을 깨우다

⭐ Tongue Twister(텅 트위스터) 연습
다음 음원을 듣고 발음 연습을 해 보세요. 🔊 6-4

- Warm, whispering winds fill woodland waves.
- Yolanda's yellow yogurt yields a yummy yearning yen.

Day 06 오늘의 문제

제한 시간 15분 (25문항 각 4점)
SCORE   / 100

1-3 다음 문제를 읽고 맞으면 T, 틀리면 F에 체크하세요.

1 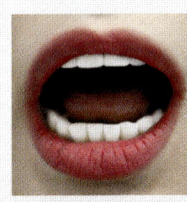 wa는 한 번에 짧게 '와!'라고 발음해요.
▶ T ( )   F ( )

2 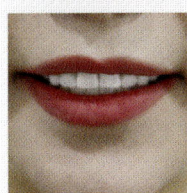 y는 길게 '이이'하고 발음해요.
▶ T ( )   F ( )

3 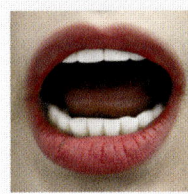 w는 입을 모으지 않고 크게 벌리며 소리내요.
▶ T ( )   F ( )

4-5 다음 음원을 듣고 제시된 소리에 알맞은 소리를 고르세요.

4 🔊 6-5   w
① ② ③ ④

5 🔊 6-6   y
① ② ③ ④

6-10 다음 음원을 듣고 알맞은 소리의 단어를 고르세요.

6 🔊 6-7
① wish   ② yes

7 🔊 6-8
① you've   ② wave

8 🔊 6-9
① wire   ② year

9 🔊 6-10
① yet   ② wet

10 🔊 6-11
① war   ② yard

11-16 다음 음원을 듣고 단어에 알맞은 소리를 고르세요.

11 🔊 6-12 yogurt
① ② ③

12 🔊 6-13 win
① ② ③

13 🔊 6-14 yacht
① ② ③

14 🔊 6-15 you
① ② ③

15 🔊 6-16 wake
① ② ③

16 🔊 6-17 wet
① ② ③

17-22 다음 음원을 듣고 보기에서 알맞은 단어를 골라 빈칸에 써 보세요.

you wing war wire wow wait win yesterday yoga your

17 🔊 6-18 ▶ _____   **18** 🔊 6-19 ▶ _____
19 🔊 6-20 ▶ _____   **20** 🔊 6-21 ▶ _____
21 🔊 6-22 ▶ _____   **22** 🔊 6-23 ▶ _____

23-25 다음 음원을 듣고 단어를 받아써 보세요.

23 🔊 6-24

 ▶ _____

24 🔊 6-25

 ▶ _____

25 🔊 6-26

 ▶ _____

기초 발음

Day 07 기타 모음 훈련: 예외적인 발음
기본 소리와는 다른 예외적인 모음 소리

DATE 20 . .

먼저 발음해 보세요! food full straw stew

지난 시간까지 모음의 발음에 대해 배웠습니다. 하지만 대표적인 모음의 발음 외에 예외적인 발음이 존재하는데요. 이번 시간을 통해 예외적인 발음까지 모두 익혀 모음을 완벽하게 마스터해 보세요.

 시원펜으로 오늘의 소리를 듣고 연습해 보세요.

STEP 1 오늘의 소리: o&u, a&e
사진을 보고 음원과 함께 오늘의 소리를 확인해 보세요. 🔊 7-1

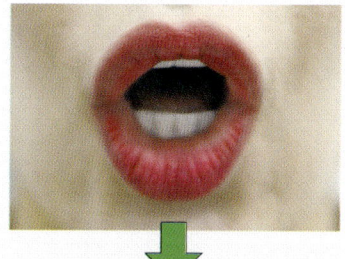
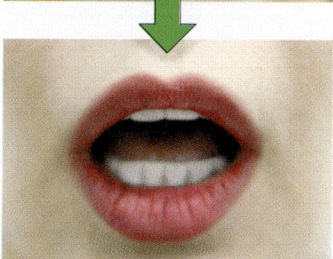
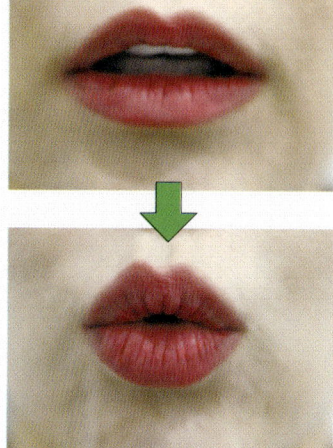

 o & u
입을 앞으로 쭉 내밀어서 '우'라고 발음해요.

 a
'어' 입 모양에서 자연스럽게 입꼬리에 힘을 빼면서 '어아'라고 발음해요.

 e
입꼬리에 힘을 주지 않은 '이' 모양에서 입을 앞으로 쭉 빼며 '유'라고 연결해서 발음해요.

STEP 2 소리의 비밀
소리의 비밀을 보고 정확한 발음법을 익혀 보세요.

o & u — o와 u의 예외 소리로, 우리말 '**우**'와 같은 소리예요.

- ☑ o가 두 개 연속으로 나올 때, 앞서 배웠던 short vowel o의 '**어↘아**', long vowel o의 '**오↘우**' 소리가 아닌 '우' 소리가 나요. 우리말의 '우'를 발음할 때처럼 입을 앞으로 쭉 내밀어 주세요.
- ☑ 이때 o가 두 개 연속이어도 길게 발음해 줄 필요 없이, '웁스~' 하는 것처럼 적당한 길이로 발음해요.
- ☑ u도 '우'로 발음할 때가 있어요. (예. put, push 등)

a & e — 예외적으로 a는 '**어↘아**', e는 '**이↗유**'와 같이 소리낼 때가 있어요.

- ☑ a가 u나 w와 함께 쓰여 au, aw가 되는 경우 short vowel o와 같은 발음인 '**어↘아**' 소리가 나요.
- ☑ e가 w와 함께 쓰여 ew가 되는 경우, long vowel u와 같은 발음인 '**이↗유**' 소리가 나요.

★ **발음 Tip!** 예외적인 소리이긴 해도 앞서 배운 다른 모음과 소리가 비슷해요.
각각의 소리를 가진 다양한 단어들을 익히면서 익숙해지도록 연습해 보세요.

STEP 3 오늘의 소리 훈련 1
음원을 잘 듣고 단어를 차근차근 따라 말해 보세요. 🔊 7-2

시원펜으로 각 단어를 들으며 발음을 연습해 보세요.

음원 듣고 5번 따라 읽기 ☐☐☐☐☐

o & u

oops 아이고, 웁스	put 놓다
good 좋은, 맛있는	pudding 푸딩
book 책	cushion 쿠션
food 음식	full 가득찬
soon 곧	blue 파란색

a & e

sauce 소스	few 약간의
August 8월	new 새로운
daughter 딸	chew 씹다
law 법	stew 스튜
straw 빨대	view 시야, 전망

STEP 4 오늘의 소리 훈련 2
음원을 잘 듣고 o, u, a, e의 예외적인 소리가 함께 사용된 단어를 발음해 보세요. 🔊 7-3

음원 듣고 5번 따라 읽기 ☐☐☐☐☐

good stew 맛있는 스튜
blue view 파란 전망
new law 새로운 법
put straw 빨대를 놓다
few books 약간의 책

⭐ Tongue Twister(텅 트위스터) 연습
다음 음원을 듣고 발음 연습을 해 보세요. 🔊 7-4

• Give papa a cup of proper coffee in a copper coffee cup.

Day 07 오늘의 문제

제한 시간 15분 (25문항 각 4점)
SCORE / 100

1-3 다음 문제를 읽고 맞으면 T, 틀리면 F에 체크하세요.

1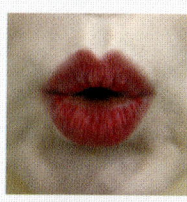
oo는 아주 길게 발음해야 한다.
▶ T ( )　　　F ( )

2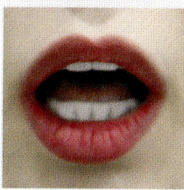
a는 u 또는 w와 만나면 '어아' 소리를 낸다.
▶ T ( )　　　F ( )

3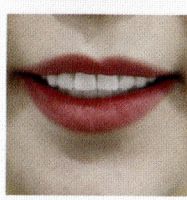
e는 w와 만나면 긴 '이이' 소리를 낸다.
▶ T ( )　　　F ( )

4-5 다음 음원을 듣고 제시된 모음에 알맞은 소리를 고르세요.

4 🔊 7-5　oo
①　　②　　③　　④

5 🔊 7-6　ew
①　　②　　③　　④

6-10 다음 음원을 듣고 알맞은 소리의 단어를 고르세요.

6 🔊 7-7
① soon　　② sun

7 🔊 7-8
① pad　　② pudding

8 🔊 7-9
① sew　　② chew

9 🔊 7-10
① sauce　　② says

10 🔊 7-11
① strong　　② straw

11-16 다음 음원을 듣고 단어에 알맞은 소리를 고르세요.

11 🔊 7-12 put
① ② ③

12 🔊 7-13 full
① ② ③

13 🔊 7-14 good
① ② ③

14 🔊 7-15 August
① ② ③

15 🔊 7-16 new
① ② ③

16 🔊 7-17 blue
① ② ③

17-22 다음 음원을 듣고 보기에서 알맞은 단어를 골라 빈칸에 써 보세요.

| chew   view   mood   law   daughter   few   full   cushion   oops   food |

17 🔊 7-18 ▶ _____   18 🔊 7-19 ▶ _____

19 🔊 7-20 ▶ _____   20 🔊 7-21 ▶ _____

21 🔊 7-22 ▶ _____   22 🔊 7-23 ▶ _____

23-25 다음 음원을 듣고 단어를 받아써 보세요.

23 🔊 7-24

 ▶ _____

24 🔊 7-25

 ▶ _____

25 🔊 7-26

 ▶ _____

기초 발음

Day 08 — 우리말에 없는 영어발음1: r
혀를 굴리지 않는 소리

DATE 20 . .

먼저 발음해 보세요!

red   car

우리가 흔히 '버터 발음'이라고 말하는 영어의 발음은 r에서 오는 경우가 많아요. 우리말 'ㄹ'과는 다르기 때문에 처음엔 r 발음을 많이 어려워 하지만 알고 보면 정말 쉽고 간단한 r 소리를 이번 시간에 확실히 익혀 보세요.

 시원펜으로 오늘의 소리를 듣고 연습해 보세요.

STEP 1 오늘의 소리: r
사진을 보고 음원과 함께 오늘의 소리를 확인해 보세요.

🔊 8-1

 r

입술을 앞으로 쭉 내밀면서 발음해요.

혀는 접은 상태로, 혀 끝의 양 옆 가장자리를 윗 어금니에 붙이고 발음해요.

STEP 2 소리의 비밀
소리의 비밀을 보고 정확한 발음법을 익혀 보세요.

| r | 강아지가 으르렁거리는 것과 같은 소리를 내고, 입 모양과 혀의 위치가 중요한 소리예요. |

- ☑ 입술을 뽀뽀할 때처럼 앞으로 쭉 내밀어 주세요. (끝소리 r은 입을 내밀지 않아요.)
- ☑ 혀는 말지 말고 접어 주세요. 그리고 이 상태에서 혀 끝의 양 옆 가장자리를 윗 어금니에 붙여서 강아지가 으르렁거리는 것처럼 소리를 내보세요.
- ☑ r은 모음 앞에 나오는 첫 소리의 r과 모음 뒤에 나오는 끝소리 r 이렇게 2개의 소리가 있어요.
- ☑ 첫 소리로 r을 발음할 때는 혀의 모양보다 위치가 중요해요. r 발음을 해 준 후에 모음을 발음하기 위해 혀가 움직여야 합니다. 즉, 접혀 있던 혀를 입 안 어디에도 닿지 않게 피면서 혀의 제자리인 아래쪽에 얌전히 위치하게 해 주세요.

★ **발음 Tip!** r을 발음할 때는 혀의 위치가 중요해요. 혀를 접은 상태에서 혀 끝의 양 옆 가장자리가 윗 어금니에 닿은 상태로 발음할 때 정확하고 자연스러운 r 발음이 나옵니다. 이때 입술까지 앞으로 쭉 내밀어 주는 것도 잊지 마세요!

STEP 3 **오늘의 소리 훈련 1** 음원을 잘 듣고 단어를 차근차근 따라 말해 보세요. 🔊 8-2

시원펜으로 각 단어를 들으며 발음을 연습해 보세요.

음원 듣고 5번 따라 읽기 ☐☐☐☐☐

r이 첫소리일 때

run 뛰다	ring 반지, 울리다
red 빨간색	right 옳은, 바로
rabbit 토끼	rope 밧줄
read 읽다	rule 규칙
robot 로봇	round 둥근

r이 끝소리일 때

car 자동차	berry 산딸기류 열매
hair 머리카락	sorry 미안한
bar 술집	care 보살핌
star 별	here 여기에
father 아버지	fire 불

STEP 4 **오늘의 소리 훈련 2** 음원을 잘 듣고 첫소리와 끝소리 r이 함께 사용된 단어를 발음해 보세요. 🔊 8-3

음원 듣고 5번 따라 읽기 ☐☐☐☐☐

mirror 거울
horror 공포
marker 매직펜
right here 바로 여기에서
red hair 빨간 머리카락

⭐ **Tongue Twister(텅 트위스터) 연습** 다음 음원을 듣고 발음 연습을 해 보세요. 🔊 8-4

• Reading alone allows you to really relax.

Day 08 오늘의 문제

제한 시간 15분 (25문항 각 4점)
SCORE　　/ 100

1-3 다음 문제를 읽고 맞으면 T, 틀리면 F에 체크하세요.

1 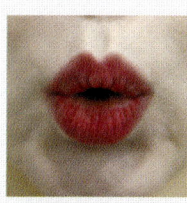 r은 입술을 내밀면서 내는 소리이다.
▶ T ( )　　　F ( )

2  r은 입술을 입 안쪽으로 접으며 내는 소리이다.
▶ T ( )　　　F ( )

3 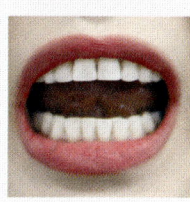 r은 혀의 양 옆 가장자리가 윗 어금니에 닿으며 나는 소리이다.
▶ T ( )　　　F ( )

4 다음 음원을 듣고 제시된 소리에 알맞은 소리를 고르세요.

4　🔊 8-5　r
　① 　② 　③ 　④

5-10 다음 음원을 듣고 알맞은 소리의 단어를 고르세요.

5　🔊 8-6
　① lung　② let　③ learn　④ red

6　🔊 8-7
　① nope　② rope　③ hope　④ rob

7　🔊 8-8
　① stand　② state　③ star　④ stall

8　🔊 8-9
　① fine　② file　③ find　④ fire

9　🔊 8-10
　① care　② car　③ cheer　④ cure

10　🔊 8-11
　① light　② right　③ might　④ fight

11-16 다음 음원을 듣고 단어에 알맞은 소리를 고르세요.

11 🔊 8-12　read
　① ② ③

12 🔊 8-13　rule
　① ② ③

13 🔊 8-14　car
　① ② ③

14 🔊 8-15　berry
　① ② ③

15 🔊 8-16　here
　① ② ③

16 🔊 8-17　mirror
　① ② ③

17-22 다음 음원을 듣고 보기에서 알맞은 단어를 골라 빈칸에 써 보세요.

rope　robot　lounge　father　round　right　proud　play　light　rabbit

17 🔊 8-18 ▶ _____　　18 🔊 8-19 ▶ _____
19 🔊 8-20 ▶ _____　　20 🔊 8-21 ▶ _____
21 🔊 8-22 ▶ _____　　22 🔊 8-23 ▶ _____

23-25 다음 음원을 듣고 단어를 받아써 보세요.

23 🔊 8-24

 ▶ _____

24 🔊 8-25

 ▶ _____

25 🔊 8-26

 ▶ _____

기초 발음

Day 09

우리말에 없는 영어발음2: l
ㄹ이 연달아 소리나는 듯한 발음

DATE 20 . .

먼저 발음해 보세요!

like   call

지난 시간에 배운 r과 마찬가지로 l도 모음 앞의 첫 소리로 올 때와 모음 뒤의 끝 소리로 올 때 발음이 달라져요. l을 자연스럽게 발음할 수 있도록 입과 혀의 모양, 혀 위치에 유의하면서 소리내는 법을 익혀 보세요.

 시원펜으로 오늘의 소리를 듣고 연습해 보세요.

STEP 1 오늘의 소리: l
사진을 보고 음원과 함께 오늘의 소리를 확인해 보세요.

 9-1

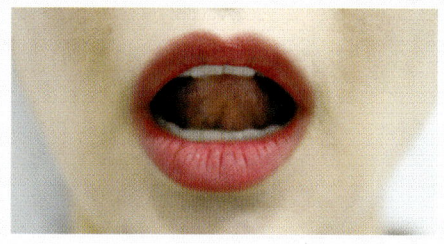

 기본 l

혀끝을 뾰족하게 만들어서
윗 앞니에 대고 발음해요.

'어' 모양에 가깝도록 턱을 떨어뜨려 주세요.
입술 모양은 크게 의식하지 않아도 돼요.

STEP 2 소리의 비밀
소리의 비밀을 보고 정확한 발음법을 익혀 보세요.

첫소리 l | 모음 앞에 나오는 첫소리일 때 우리말의 **ㄹ이 연달아** 소리나는 것처럼 들려요.

☐ 기본 l 발음을 한 후 자연스럽게 모음으로 소리를 이어 줘요.

☐ 모음으로 소리를 이어 줄 때 입 모양과 혀의 위치가 바뀌어요. 이때 자연스럽게 ㄹ이 연달아 소리나는 것처럼 들린다는 것을 확인할 수 있어요.

끝소리 l | 모음 뒤에 나오는 끝소리일 때 '**어얼~**'처럼 소리내요.

☐ 기본 l 발음과 큰 차이는 없지만, 모음 소리와 자연스럽게 버무려 주는 것이 포인트!

☐ 대부분 '어얼~'과 같은 소리로 연결되지만, 모음과 함께 섞여서 소리가 변하는 경우도 있어요.

★ **발음 Tip!** 기본적인 l 발음을 확실히 연습하면, 첫소리 l과 끝소리 l은 자연스럽게 발음할 수 있게 되니 기본 발음을 많이 연습하세요.

STEP 3 오늘의 소리 훈련 1 음원을 잘 듣고 단어를 차근차근 따라 말해 보세요. 🔊 9-2

음원 듣고 5번 따라 읽기 ☐☐☐☐☐

l이 첫소리일 때

like 좋아하다	liver 간
lovely 사랑스러운	load 싣다
light 가벼운	clean 깨끗한
lock 자물쇠	alarm 경고음
lip 입술	clock 시계

l이 끝소리일 때

bell 종	shell 조개 껍데기
mail 우편	cool 멋진
table 식탁	doll 인형
call 부르다	purple 보라색
pool 수영장	real 진짜의

STEP 4 오늘의 소리 훈련 2 음원을 잘 듣고 첫소리와 끝소리 l이 함께 사용된 단어를 발음해 보세요. 🔊 9-3

음원 듣고 5번 따라 읽기 ☐☐☐☐☐

lovely doll 사랑스러운 인형
light shell 가벼운 조개 껍데기
cool lock 멋진 자물쇠
alarm clock 자명종
clean table 깨끗한 식탁

⭐ **Tongue Twister(텅 트위스터) 연습** 다음 음원을 듣고 발음 연습을 해 보세요. 🔊 9-4

• Lucy and Lacy love lemon lollipops.

Day 09 오늘의 문제

제한 시간 15분 (25문항 각 4점)
SCORE   / 100

1-3 다음 문제를 읽고 맞으면 T, 틀리면 F에 체크하세요.

1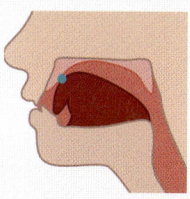

l 발음은 혀를 뾰족하게 만들어서 아랫니에 대야 한다.
▶ T ( )   F ( )

2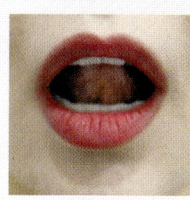

모음 앞에 나오는 첫소리 l은 ㄹ 발음이 가볍게 소리 난다.
▶ T ( )   F ( )

3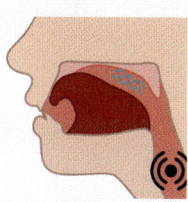

모음 뒤에 나오는 끝소리 l은 '어얼~'하는 소리가 난다.
▶ T ( )   F ( )

4-5 다음 음원을 듣고 제시된 소리에 알맞은 소리를 고르세요.

4 🔊 9-5   첫소리 l
 ①   ②   ③   ④

5 🔊 9-6   끝소리 l
 ①   ②   ③   ④

6-10 다음 음원을 듣고 알맞은 소리의 단어를 고르세요.

6 🔊 9-7
 ① liver   ② river

7 🔊 9-8
 ① lock   ② rock

8 🔊 9-9
 ① car   ② cool

9 🔊 9-10
 ① pool   ② poor

10 🔊 9-11
 ① right   ② light

11-16 다음 음원을 듣고 단어에 알맞은 소리를 고르세요.

11 🔊 9-12 lip
① ② ③

12 🔊 9-13 light
① ② ③

13 🔊 9-14 bell
① ② ③

14 🔊 9-15 shell
① ② ③

15 🔊 9-16 purple
① ② ③

16 🔊 9-17 real
① ② ③

17-22 다음 음원을 듣고 보기에서 알맞은 단어를 골라 빈칸에 써 보세요.

like   lock   doll   light   rail   liver   right   mail   live   lake

17 🔊 9-18 ▶ _____   **18** 🔊 9-19 ▶ _____

19 🔊 9-20 ▶ _____   **20** 🔊 9-21 ▶ _____

21 🔊 9-22 ▶ _____   **22** 🔊 9-23 ▶ _____

23-25 다음 음원을 듣고 단어를 받아써 보세요.

23 🔊 9-24
 ▶ _____

24 🔊 9-25
 ▶ _____

25 🔊 9-26
 ▶ _____

기초 발음

Day 10 우리말에 없는 영어발음3: f
생각보다 강하지 않은 f 소리

DATE 20 . .

먼저 발음해 보세요!

`fun` `safe`

우리는 보통 f 발음은 윗니로 아랫입술을 물면서 강하게 내는 소리라고 알고 있는 경우가 많아요. 하지만 이번 시간에 f 발음에 대해 배우고 나면 생각보다 센 소리가 아니라는 것을 알게 될 거예요. 그럼 어떤 소리인지 살펴볼까요?

 시원펜으로 오늘의 소리를 듣고 연습해 보세요.

STEP 1 오늘의 소리: f
사진을 보고 음원과 함께 오늘의 소리를 확인해 보세요.

🔊 10-1

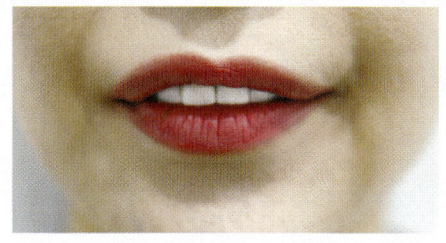   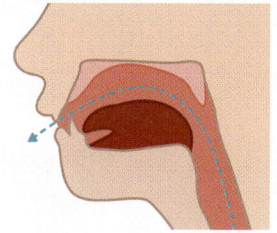

 기본 f

아랫입술에 윗니를 살짝 얹은
상태에서 바람을 훅~ 불어 주면서 발음해요.

바람이 입술과 치아 사이로 빠져나갈 때
입술이 간지러운 느낌이 들어요.

STEP 2 소리의 비밀
소리의 비밀을 보고 정확한 발음법을 익혀 보세요.

첫소리 f | 생각보다 강하지 않고, 우리말 'ㅎ'과 비슷하게 들려요.

- ☑ 기본 f 발음을 한 후 이어지는 모음 발음을 처리해 주기 위해 입 모양이 살짝 바뀌면서 f 소리가 조금 강해질 수 있지만, 절대 '빠' 소리까지는 내지 않아요.
- ☑ f 소리를 낼 때 우리말 'ㅍ'발음과 비슷하게 느껴질 수 있지만 치아와 입술 사이로 바람이 훅 빠져나가는 소리예요.
- ☑ 우리말에서 이렇게 인위적이지 않고 가장 힘이 없는 소리는 바로 'ㅎ' 발음이에요. 그래서 f 발음을 한글로 쓸 때 'ㅎ'로 표기하는 경우도 많아요. (예. file 화일, facial 훼이셜)
그 정도로 f는 강한 소리가 아니라는 점을 알 수 있어요.

끝소리 f | 바람 소리를 충분히 내는 것이 중요해요.

- ☑ 기본 f 발음과 큰 차이는 나지 않지만, f의 바람 소리가 충분히 날 수 있도록 해 주면 완벽!

★ **발음 Tip!** f 발음을 낼 때 토끼 입 모양을 만든다는 느낌으로 앞니를 아랫입술에 살짝 얹어 주세요.
아랫입술을 꽉 무는 것이 아니라 살짝 얹는 것이 포인트이기 때문에 주의해서 연습해 보세요.

STEP 3 오늘의 소리 훈련 1
음원을 잘 듣고 단어를 차근차근 따라 말해 보세요.

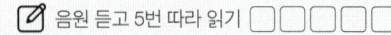

🔊 10-2

📝 음원 듣고 5번 따라 읽기 ☐☐☐☐☐

f가 첫소리일 때

fun 재미있는	**f**acial 얼굴의
fine 좋은	**f**ork 포크
fan 선풍기	**f**irst 첫번째의
face 얼굴	**f**inger 손가락
file 파일, 서류철	**f**ast 빠른

f가 끝소리일 때

of**f** 공간상 멀리, 할인된	wol**f** 늑대
lea**f** 나뭇잎	sur**f** 파도
sta**ff** 직원	kni**f**e 칼
sa**f**e 안전한	o**ff**ice 사무실
hal**f** 절반	per**f**ect 완벽한

STEP 4 오늘의 소리 훈련 2
음원을 잘 듣고 첫소리와 끝소리 f가 함께 사용된 단어를 발음해 보세요.

🔊 10-3

📝 음원 듣고 5번 따라 읽기 ☐☐☐☐☐

- **f**un sta**ff** 재미있는 직원
- per**f**ect **f**ace 완벽한 얼굴
- **f**ork and kni**f**e 포크와 칼
- **f**irst **f**inger 첫번째 손가락
- **f**ine o**ff**ice 좋은 사무실

⭐ **Tongue Twister(텅 트위스터) 연습** 다음 음원을 듣고 발음 연습을 해 보세요.   🔊 10-4

- Freshly fried flying fish.

Day 10 오늘의 문제

1-3 다음 문제를 읽고 맞으면 T, 틀리면 F에 체크하세요.

1 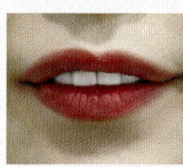 f 발음은 아랫입술에 윗니를 살짝 얹어 준다.
　▶ T (　)　　　　F (　)

2 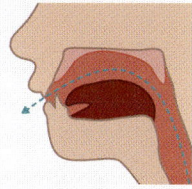 f 발음은 'ㅎ' 발음과 가장 유사하다.
　▶ T (　)　　　　F (　)

3 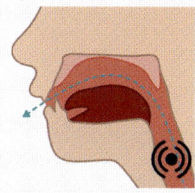 모음 뒤에 나오는 끝소리 f는 바람소리가 나지 않는다.
　▶ T (　)　　　　F (　)

4-5 다음 음원을 듣고 제시된 소리에 알맞은 소리를 고르세요.

4　🔊 10-5　첫소리 f
　① 　　② 　　③ 　　④

5　🔊 10-6　끝소리 f
　① 　　② 　　③ 　　④

6-10 다음 음원을 듣고 알맞은 소리의 단어를 고르세요.

6　🔊 10-7
　① phone　　　② fun

7　🔊 10-8
　① have　　　② half

8　🔊 10-9
　① safe　　　② save

9　🔊 10-10
　① serve　　　② surf

10　🔊 10-11
　① off　　　② fog

11-16 다음 음원을 듣고 단어에 알맞은 소리를 고르세요.

11 🔊 10-12 perfect
① ② ③

12 🔊 10-13 fine
① ② ③

13 🔊 10-14 first
① ② ③

14 🔊 10-15 leaf
① ② ③

15 🔊 10-16 off
① ② ③

16 🔊 10-17 fan
① ② ③

17-22 다음 음원을 듣고 보기에서 알맞은 단어를 골라 빈칸에 써 보세요.

| pan   fun   help   facial   half   surf   wolf   perfect   face   feet |

17 🔊 10-18 ▶ _____   **18** 🔊 10-19 ▶ _____
19 🔊 10-20 ▶ _____   **20** 🔊 10-21 ▶ _____
21 🔊 10-22 ▶ _____   **22** 🔊 10-23 ▶ _____

23-25 다음 음원을 듣고 단어를 받아써 보세요.

23 🔊 10-24

▶ _____

24 🔊 10-25

▶ _____

25 🔊 10-26

▶ _____

기초 발음

Day 11 우리말에 없는 영어발음4: v
f와 비슷한 듯 다른 v 소리

DATE 20 . .

먼저 발음해 보세요!

very   have

이번에 배울 소리는 f와 짝꿍 발음인 v입니다. f와 동일하게 v도 우리말에 없기 때문에 주의해야 하는 발음임에도, 상대적으로 f에 비해 덜 신경 쓰는 경향이 있어요. 하지만 v는 생각보다 신경 써서 발음해야 하는 소리예요. 이번 시간을 통해 정확하게 발음하는 법을 익혀 보세요.

 시원펜으로 오늘의 소리를 듣고 연습해 보세요.

STEP 1 오늘의 소리: v
사진을 보고 음원과 함께 오늘의 소리를 확인해 보세요.

🔊 11-1

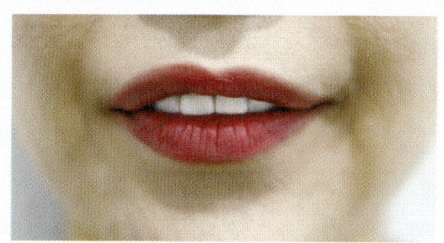

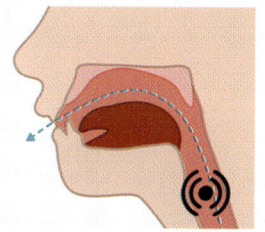

✏️ 기본 v

f 발음과 동일하게 아랫입술에 윗니를
살짝 얹어 주세요.

v 는 유성음으로, 성대를 울리는 소리이기 때문에
목을 울려서 발음해 주세요.

STEP 2 소리의 비밀
소리의 비밀을 보고 정확한 발음법을 익혀 보세요.

첫소리 v 목을 울려 소리를 내고, '으v'와 같은 소리가 나요.

- ☑ 성대가 울리는 소리이기 때문에 소리를 내기 전에 '으'와 '어'의 중간 소리로 목을 울려 시동을 걸어 주면 유성음을 잘 낼 수 있어요.
- ☑ 목을 울려 준비한 후, '으v'의 느낌이 나도록 발음해요. 이어지는 모음 발음을 처리하기 위해 입 모양이 바뀌면서 v 소리가 조금 강해질 수 있지만 절대 일부러 강하게 내지 않아요.

끝소리 v f 소리처럼 **바람 소리에 목소리가 더해진** 진동 소리가 나요.

- ☑ 기본 v 발음에서 바람 소리가 충분히 나는 소리인 f 소리로 부드럽게 이어지도록 발음해요.

★ **발음 Tip!** v 발음을 할 때 목이 울리면서 그 진동이 목과 턱 그리고 치아까지 타고 올라와서 입술까지 간지러운 진동이 느껴진다면, 완벽하게 v 발음을 냈다는 증거예요.

STEP 3 · 오늘의 소리 훈련 1
음원을 잘 듣고 단어를 차근차근 따라 말해 보세요. 🔊 11-2

음원 듣고 5번 따라 읽기 ☐☐☐☐☐

v가 첫소리일 때

very 매우	**v**an 화물차, 밴
video 비디오	**v**est 조끼
violin 바이올린	**v**anilla 바닐라
voice 목소리	**v**accine 백신
vote 투표하다	**v**elvet 벨벳

v가 끝소리일 때

ha**v**e 소유하다	hea**v**y 무거운
gi**v**e 주다	glo**v**e 장갑
sa**v**e 구하다	fla**v**or 맛
mo**v**e 움직이다	fi**v**e 숫자 5
belie**v**e 믿다	lo**v**e 사랑

STEP 4 · 오늘의 소리 훈련 2
음원을 잘 듣고 첫소리와 끝소리 v가 함께 사용된 단어를 발음해 보세요. 🔊 11-3

음원 듣고 5번 따라 읽기 ☐☐☐☐☐

hea**v**y **v**iolin 무거운 바이올린
vel**v**et glo**v**e 벨벳 장갑
ha**v**e **v**accine 백신을 갖고 있다
fi**v**e **v**ideos 5개의 비디오
vanilla fla**v**or 바닐라 맛

Tongue Twister(텅 트위스터) 연습
다음 음원을 듣고 발음 연습을 해 보세요. 🔊 11-4

- Victor's friend Vincent rinsed his vests in vinegar.

Day 11 오늘의 문제

제한 시간 15분 (25문항 각 4점)
SCORE　　　　/ 100

1-3 다음 문제를 읽고 맞으면 T, 틀리면 F에 체크하세요.

1 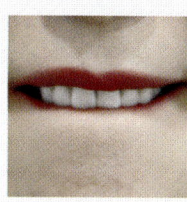 v 소리를 내기 위해서는 윗니로 아랫입술을 강하게 문다.
▶ T ( )　　　F ( )

2 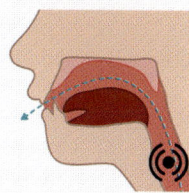 v는 유성음이다.
▶ T ( )　　　F ( )

3 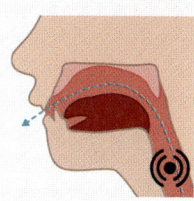 모음 앞에 나오는 첫소리 v는 충분한 준비 소리가 필요하다.
▶ T ( )　　　F ( )

4-5 다음 음원을 듣고 제시된 소리에 알맞은 소리를 고르세요.

4 🔊 11-5　첫소리 v
① ② ③ ④

5 🔊 11-6　끝소리 v
① ② ③ ④

6-10 다음 음원을 듣고 알맞은 소리의 단어를 고르세요.

6 🔊 11-7
① van　　　② fan

7 🔊 11-8
① vest　　　② best

8 🔊 11-9
① berry　　② very

9 🔊 11-10
① belief　　② believe

10 🔊 11-11
① flavor　　② play

11-16 다음 음원을 듣고 단어에 알맞은 소리를 고르세요.

11 🔊 11-12 move
　① 　　② 　　③

12 🔊 11-13 video
　① 　　② 　　③

13 🔊 11-14 love
　① 　　② 　　③

14 🔊 11-15 voice
　① 　　② 　　③

15 🔊 11-16 give
　① 　　② 　　③

16 🔊 11-17 have
　① 　　② 　　③

17-22 다음 음원을 듣고 보기에서 알맞은 단어를 골라 빈칸에 써 보세요.

five　very　velvet　cave　vote　glove　vary　verb　flavor　save

17 🔊 11-18 ▶ _____　　**18** 🔊 11-19 ▶ _____
19 🔊 11-20 ▶ _____　　**20** 🔊 11-21 ▶ _____
21 🔊 11-22 ▶ _____　　**22** 🔊 11-23 ▶ _____

23-25 다음 음원을 듣고 단어를 받아써 보세요.

23 🔊 11-24

 ▶ _____

24 🔊 11-25

 ▶ _____

25 🔊 11-26

 ▶ _____

Day 12 자음 훈련: p, b
p&f, b&v 헷갈리지 않기

먼저 발음해 보세요!

pine fine berry very

위 단어들의 발음에는 어떤 차이가 있을까요? 보통 우리말의 'ㅍ' 발음은 영어의 p와 f, 그리고 우리말의 'ㅂ' 발음은 영어의 b와 v라고 알고 있는데요, p, f, b, v는 우리말과도 다를 뿐만 아니라 각각의 소리에도 차이가 있습니다. 이번 시간에 그 차이를 정확하게 익혀 보세요.

 시원펜으로 오늘의 소리를 듣고 연습해 보세요.

STEP 1 오늘의 소리: p, b
사진을 보고 음원과 함께 오늘의 소리를 확인해 보세요.   🔊 12-1

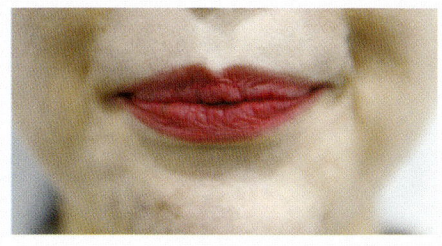

 p

입술에 힘을 준 상태로 바람을 훅 불어 주면서 풍선이 터지듯이 팡! 소리가 나요.

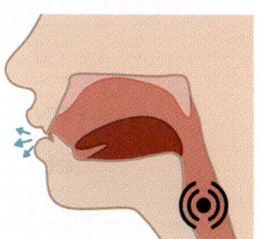

 b

p 발음과 마찬가지로 입술에 힘을 준 상태로 바람을 훅 불어 주는 방식은 동일하지만, 유성음이므로 목소리까지 함께 울려 줘야 해요.

STEP 2 소리의 비밀
소리의 비밀을 보고 정확한 발음법을 익혀 보세요.

p 풍선이 '팡'하고 터지는 것 같이 소리내요.

- ☑ 입술에 힘을 준 상태로 바람을 훅 불어 주세요. 풍선이 터지는 것처럼 입술이 팡! 터지는 소리예요. 단순히 입술을 붙였다 떼며 발음하는 우리말 'ㅍ' 발음과 살짝 차이가 있어요.
- ☑ 아랫입술 위에 윗니를 얹고 바람을 훅 불어서 소리가 나는 f 발음과는 확연한 차이가 있어요.

b 입을 막을 때 나는 '읍'과 같은 준비 소리가 필요해요.

- ☑ p처럼 입술에 힘을 준 상태로 바람을 훅 불어 주세요. b는 성대가 울리는 유성음이므로 목소리도 함께 울려 줘야 해요.
- ☑ 유성음을 잘 내기 위해 준비 소리로 '읍~' 하고 소리를 모아 두었다가 한 번에 팡 터트리는 느낌으로 '읍**b**'과 같이 발음해요.
- ☑ v 발음도 유성음으로 비슷하지만 소리가 터져 나가는 b와 달리 v는 공기가 새는 느낌이에요.

★ **발음 Tip!** 목소리가 울리느냐 아니냐의 차이가 있지만 p와 b는 동일하게 소리가 터져 나가면서 나는 소리임을 기억하세요.

STEP 3 **오늘의 소리 훈련 1** 음원을 잘 듣고 단어를 차근차근 따라 말해 보세요. 🔊 12-2

음원 듣고 5번 따라 읽기 ☐☐☐☐☐

p & f

pine 소나무	**f**ine 좋은
peel 껍질을 벗기다	**f**eel 느끼다
past 지난	**f**ast 빠른
wi**p**e 닦다	wi**f**e 아내
pale 창백한	**f**ail 실패하다

b & v

berry 열매	**v**ery 매우
bet 내기	**v**et 수의사
best 최고의	**v**est 조끼
base 기초, 토대	**v**ase 꽃병
glo**b**e 지구본	glo**v**e 장갑

STEP 4 **오늘의 소리 훈련 2** 음원을 잘 듣고 p&f, b&v가 함께 사용된 단어를 발음해 보세요. 🔊 12-3

음원 듣고 5번 따라 읽기 ☐☐☐☐☐

fine **v**est	좋은 조끼
feel **b**est	기분이 좋다
pale **v**et	창백한 수의사
past **b**et	지난 내기
wi**p**e glo**b**e	지구본을 닦다

★ **Tongue Twister(텅 트위스터) 연습** 다음 음원을 듣고 발음 연습을 해 보세요. 🔊 12-4

- Peter piper picked a pack of pickled peppers.
- A big black bear bit a big black bug.

Day 12　오늘의 문제

제한 시간 15분 (25문항 각 4점)
SCORE / 100

1-3　다음 문제를 읽고 맞으면 T, 틀리면 F에 체크하세요.

1 　p는 두 입술을 붙여서 발음하지 않는다.
　▶ T (　)　　　F (　)

2 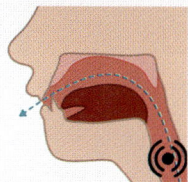　v는 성대를 울리면서 나는 소리이다.
　▶ T (　)　　　F (　)

3 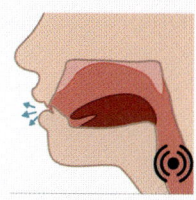　b는 v처럼 성대를 울리면서 나는 소리이다.
　▶ T (　)　　　F (　)

4-5　다음 음원을 듣고 제시된 자음에 알맞은 소리를 고르세요.

4　🔊 12-5　p
　① 　　② 　　③ 　　④

5　🔊 12-6　b
　① 　　② 　　③ 　　④

6-10　다음 음원을 듣고 알맞은 소리의 단어를 고르세요.

6　🔊 12-7
　① base　　　② vase

7　🔊 12-8
　① wife　　　② wipe

8　🔊 12-9
　① feel　　　② peel

9　🔊 12-10
　① bet　　　② vet

10　🔊 12-11
　① berry　　　② very

11-16 다음 음원을 듣고 단어에 알맞은 소리를 고르세요.

11 🔊 12-12 fine
　　① 　　　② 　　　③

12 🔊 12-13 pan
　　① 　　　② 　　　③

13 🔊 12-14 fast
　　① 　　　② 　　　③

14 🔊 12-15 vest
　　① 　　　② 　　　③

15 🔊 12-16 base
　　① 　　　② 　　　③

16 🔊 12-17 glove
　　① 　　　② 　　　③

17-22 다음 음원을 듣고 보기에서 알맞은 단어를 골라 빈칸에 써 보세요.

| wipe　peel　bet　pale　feel　wife　past　vet　very　fine |

17 🔊 12-18 ▶ _____　　18 🔊 12-19 ▶ _____
19 🔊 12-20 ▶ _____　　20 🔊 12-21 ▶ _____
21 🔊 12-22 ▶ _____　　22 🔊 12-23 ▶ _____

23-25 다음 음원을 듣고 단어를 받아써 보세요.

23 🔊 12-24
　▶ _____

24 🔊 12-25
　▶ _____

25 🔊 12-26
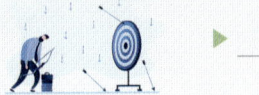　▶ _____

Day 13 기초 발음

우리말에 없는 영어발음5: th[θ]
혀 짧은 소리 th[θ]

DATE 20 . .

먼저 발음해 보세요!

three   mouth

흔히 혀 짧은 소리라고 하는 소리가 있죠? 우리말에도 ㅅ을 잘못 발음하면 '떼떼'와 같은 소리가 나서 혀 짧은 소리라고 하는데요, 바로 그 혀 짧은 소리와 일치하는 소리가 오늘 배울 th[θ] 발음입니다. 어떤 소리인지 한번 살펴볼까요?

 시원펜으로 오늘의 소리를 듣고 연습해 보세요.

STEP 1 오늘의 소리: th[θ]
사진을 보고 음원과 함께 오늘의 소리를 확인해 보세요.

🔊 13-1

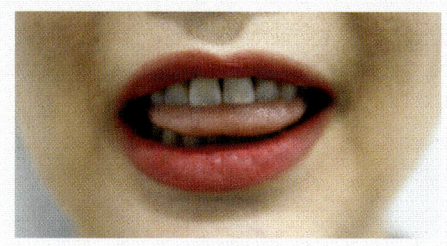

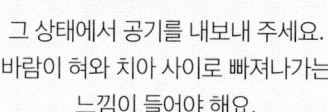

✏️ 기본 th[θ]

혀에 윗니와 아랫니를 살짝 갖다 댄다는 느낌으로 혀를 살짝 물어 주세요.

그 상태에서 공기를 내보내 주세요. 바람이 혀와 치아 사이로 빠져나가는 느낌이 들어야 해요.

STEP 2 소리의 비밀
소리의 비밀을 보고 정확한 발음법을 익혀 보세요.

첫소리 th[θ] | 한국어 'ㅅ' 발음을 잘못했을 때 나는 '떼'와 비슷한 혀 짧은 소리예요.

☑ 기본 th 발음을 해 준 후 모음 소리를 처리하기 위해 치아 사이에 살짝 물고 있던 혀의 위치가 자연스럽게 바뀌면서 '쓰-뜨'하는 소리가 나요.

☑ 이때, 혀를 움직이면서 입을 다물거나 오므리지 말고 자연스럽게 모음으로 연결하면 완벽!

끝소리 th[θ] | 바람 소리를 충분히 내는 것이 중요해요.

☑ 기본 th 발음과 큰 차이는 없지만, 바람 소리가 충분히 날 수 있도록 해 주세요.

★ **발음 Tip!** 발음 기호가 번데기 모양이라 '번데기 발음'이라고도 불리는 이 혀 짧은 th[θ] 발음은 한국어로 표기하면 ㅅ, ㅆ, ㄸ 등으로 다양하게 표기돼요. 셋 다 틀린 발음은 아니지만 가장 정확하게는 ㄸ와 ㅆ의 중간 발음으로, ㅅ처럼 힘을 빼는 게 포인트예요.

STEP 3 **오늘의 소리 훈련 1** 음원을 잘 듣고 단어를 차근차근 따라 말해 보세요.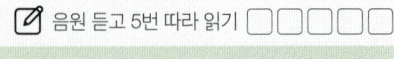

음원 듣고 5번 따라 읽기 ☐☐☐☐☐

th[θ]가 첫소리일때

think 생각하다	throw 던지다
thank 고마워하다	thirty 숫자 30
thick 두꺼운	thumb 엄지
thing 물건	three 숫자 3
theme 주제	thief 도둑

th[θ]가 끝소리일 때

both 둘 다	cloth 옷감, 천
math 수학	depth 깊이
month 월, 달	bath 욕조
teeth 치아	mouth 입
health 건강	breath 숨, 입김

STEP 4 **오늘의 소리 훈련 2** 음원을 잘 듣고 첫소리와 끝소리 th[θ]가 함께 사용된 단어를 발음해 보세요. 🔊 13-3

음원 듣고 5번 따라 읽기 ☐☐☐☐☐

thirty three 숫자 33
throw teeth 이빨을 던지다
thick thumb 두꺼운 엄지
think health 건강을 생각하다
thick mouth 두꺼운 입

⭐ **Tongue Twister(텅 트위스터) 연습** 다음 음원을 듣고 발음 연습을 해 보세요. 🔊 13-4

• Three thousand spears were thrown at the throne.

Day 13 오늘의 문제

제한 시간 15분 (25문항 각 4점)
SCORE   / 100

1-3 다음 문제를 읽고 맞으면 T, 틀리면 F에 체크하세요.

1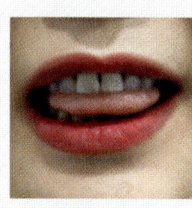
기본 th[θ] 발음은 혀를 살짝 물어 준 상태에서 발음한다
▶ T ( )   F ( )

2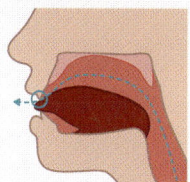
모음 앞에 나오는 첫소리 th[θ]는 혀의 위치가 고정된 상태에서 발음한다.
▶ T ( )   F ( )

3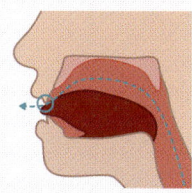
모음 뒤에 나오는 끝소리 th[θ]는 바람 소리가 충분히 나야 한다.
▶ T ( )   F ( )

4-5 다음 음원을 듣고 제시된 소리에 알맞은 소리를 고르세요.

4 🔊 13-5   첫소리 th[θ]
   ①   ②   ③   ④

5 🔊 13-6   끝소리 th[θ]
   ①   ②   ③   ④

6-10 다음 음원을 듣고 알맞은 소리의 단어를 고르세요.

6 🔊 13-7
   ① thing   ② sing

7 🔊 13-8
   ① help   ② health

8 🔊 13-9
   ① blink   ② think

9 🔊 13-10
   ① math   ② mass

10 🔊 13-11
   ① mouse   ② month

11-16 다음 음원을 듣고 단어에 알맞은 소리를 고르세요.

11 🔊 13-12 thank
  ①   ②   ③

12 🔊 13-13 both
  ①   ②   ③

13 🔊 13-14 three
  ①   ②   ③

14 🔊 13-15 thumb
  ①   ②   ③

15 🔊 13-16 mouth
  ①   ②   ③

16 🔊 13-17 bath
  ①   ②   ③

17-22 다음 음원을 듣고 보기에서 알맞은 단어를 골라 빈칸에 써 보세요.

| throw   thick   true   thirty   teeth   think   thesis   third   cloth   thief |

17 🔊 13-18 ▶ _____   18 🔊 13-19 ▶ _____
19 🔊 13-20 ▶ _____   20 🔊 13-21 ▶ _____
21 🔊 13-22 ▶ _____   22 🔊 13-23 ▶ _____

23-25 다음 음원을 듣고 단어를 받아써 보세요.

23 🔊 13-24

24 🔊 13-25
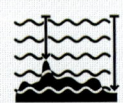 

25 🔊 13-26

기초 발음

Day 14 우리말에 없는 영어발음6: th[ð]
바람이 새는 'ㄷ' 소리

DATE 20 . .

먼저 발음해 보세요!

this   clothe

발음 기호가 돼지의 꼬리 모양과 닮아서 '돼지 꼬리' 발음이라고 불리는 th[ð] 발음은 우리말에는 없는 발음이지만, 얼핏 들으면 'ㄷ' 발음과 큰 차이가 없어서 많이 실수하게 되는 소리예요. 이번 시간에 th[ð] 발음이 어떤 소리인지 정확하게 익혀 보세요.

 시원펜으로 오늘의 소리를 듣고 연습해 보세요.

STEP 1 오늘의 소리: th[ð] 사진을 보고 음원과 함께 오늘의 소리를 확인해 보세요.   14-1

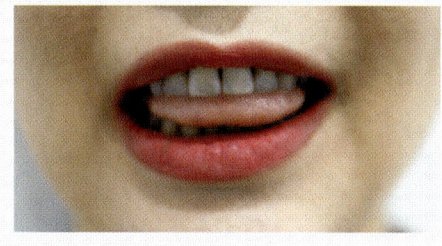
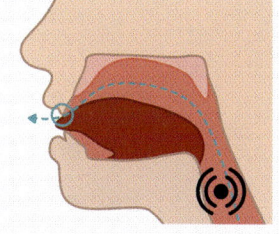

 기본 th[ð]

혀에 윗니와 아랫니를 살짝 갖다 댄다는
느낌으로 혀를 살짝 물어 주세요.
(번데기 발음 th[θ]와 동일)

th[ð] 발음은 유성음으로 성대를 울리는 소리이기
때문에 목을 울려서 발음해 주세요.

STEP 2 소리의 비밀 소리의 비밀을 보고 정확한 발음법을 익혀 보세요.

| 첫소리 th[ð] | 목을 울려서 내는 '으th' 와 같은 소리이고, 바람이 새는 소리가 함께 나요. |

- ☑ 성대가 울리는 소리이기 때문에 소리를 내기 전에 '으'와 '어'의 중간 소리로 목을 울려 시동을 걸어 주면 유성음을 잘 낼 수 있어요.
- ☑ 목을 울려 준비한 후, '으th'의 느낌이 나도록 발음해요. 이어지는 모음 발음을 처리하기 위해 혀를 자연스럽게 움직이는 과정에서 ㄷ과 비슷한 소리가 나지만, 일부러 내는 소리는 아니에요. 이때, 혀를 단단하게 물고 소리를 내는 것이 아니기 때문에 바람이 새어 나가는 소리도 함께 나게 돼요.

| 끝소리 th[ð] | 기본 th[ð] 발음에서 힘을 살짝 빼 주세요. |

- ☑ 기본 th[ð] 발음과 비슷하지만 소리를 마무리하며 혀를 움직이는 과정에서 '으' 발음이 나오지 않도록 힘을 살짝 빼 주세요.

★ **발음 Tip!** th[ð] 발음은 한국어의 ㄷ과 비슷하지만 바람이 샌다는 것이 중요한 차이예요.
발음할 때 준비 소리에서 시작된 진동이 목과 턱 그리고 치아를 타고 올라와서 혀까지 간지러운 진동이 느껴진다면 완벽해요.

STEP 3 오늘의 소리 훈련 1 음원을 잘 듣고 단어를 차근차근 따라 말해 보세요.

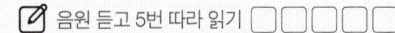 14-2

음원 듣고 5번 따라 읽기 ☐☐☐☐☐

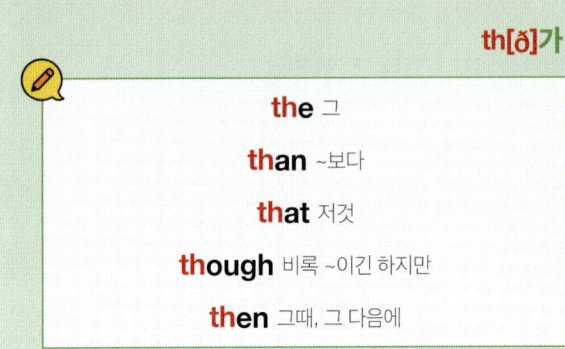

th[ð]가 첫소리일 때

- **the** 그
- **than** ~보다
- **that** 저것
- **though** 비록 ~이긴 하지만
- **then** 그때, 그 다음에

- **they** 그들
- **them** 그들을, 그들에게
- **this** 이것
- **there** 거기에
- **those** 그것들

th[ð]가 끝소리일 때

- **smooth** 매끄러운
- **soothe** 진정시키다
- **bathe** 목욕하다
- **breathe** 숨을 쉬다
- **teethe** 이가 나기 시작하다

- **clothe** 옷을 입히다
- **with** ~와 함께
- **mother** 엄마
- **father** 아빠
- **feather** 깃털

STEP 4 오늘의 소리 훈련 2 음원을 잘 듣고 첫소리와 끝소리 th[ð]가 함께 사용된 단어를 발음해 보세요.

🔊 14-3

음원 듣고 5번 따라 읽기 ☐☐☐☐☐

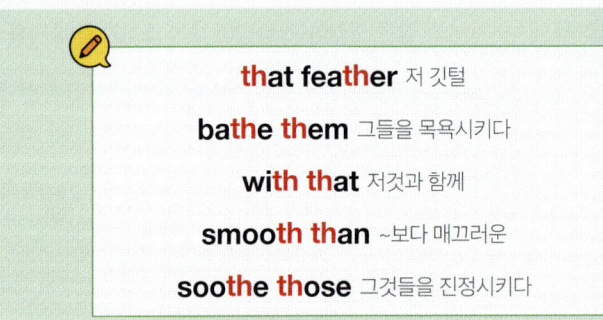

- **that feather** 저 깃털
- **bathe them** 그들을 목욕시키다
- **with that** 저것과 함께
- **smooth than** ~보다 매끄러운
- **soothe those** 그것들을 진정시키다

Tongue Twister(텅 트위스터) 연습 다음 음원을 듣고 발음 연습을 해 보세요.

🔊 14-4

- These things finish sooner than you think.

Day 14 오늘의 문제

제한 시간 15분 (25문항 각 4점)
SCORE　　　/ 100

1-3　다음 문제를 읽고 맞으면 T, 틀리면 F에 체크하세요.

1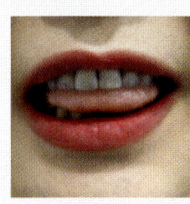
th[ð] 발음은 th[θ] 발음과 유사하지 않다.
▶ T ( )　　　F ( )

2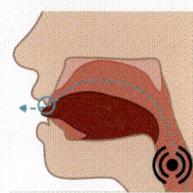
모음 앞에 나오는 첫소리 th[ð]는 바람이 새어 나가는 소리를 들을 수 없다.
▶ T ( )　　　F ( )

3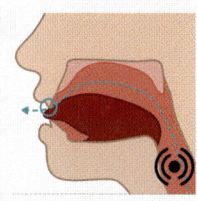
모음 뒤에 나오는 끝소리 th[ð]는 '으' 발음이 들어가지 않도록 힘을 빼야 한다.
▶ T ( )　　　F ( )

4-5　다음 음원을 듣고 제시된 소리에 알맞은 소리를 고르세요.

4　🔊 14-5　첫소리 th[ð]
　①　　②　　③　　④

5　🔊 14-6　끝소리 th[ð]
　① 　　②　　③　　④

6-10　다음 음원을 듣고 알맞은 소리의 단어를 고르세요.

6　🔊 14-7
　① then　　② dance

7　🔊 14-8
　① mood　　② smooth

8　🔊 14-9
　① does　　② those

9　🔊 14-10
　① clothe　　② cloth

10　🔊 14-11
　① tooth　　② teethe

11-16 다음 음원을 듣고 단어에 알맞은 소리를 고르세요.

11 🔊 14-12 the
① ② ③

12 🔊 14-13 breathe
① ② ③

13 🔊 14-14 bathe
① ② ③

14 🔊 14-15 there
① ② ③

15 🔊 14-16 this
① ② ③

16 🔊 14-17 with
① ② ③

17-22 다음 음원을 듣고 보기에서 알맞은 단어를 골라 빈칸에 써 보세요.

| teethe   this   that   soothe   then   though   than   there   them   smooth |

17 🔊 14-18 ▶ _____   18 🔊 14-19 ▶ _____
19 🔊 14-20 ▶ _____   20 🔊 14-21 ▶ _____
21 🔊 14-22 ▶ _____   22 🔊 14-23 ▶ _____

23-25 다음 음원을 듣고 단어를 받아써 보세요.

23 🔊 14-24

 ▶ _____

24 🔊 14-25

 ▶ _____

25 🔊 14-26

 ▶ _____

기초 발음

Day 15 자음 훈련: s, d
th 발음 [θ], [ð]와 헷갈리지 않기

DATE 20 . .

먼저 발음해 보세요!

sick   thick   day   they

지난 시간에 배운 두 개의 th 발음 기억하시나요? 번데기 발음과 돼지꼬리 발음으로 서로 다른 소리를 갖고 있었어요. 이러한 각각의 th 소리가 s와 d 발음과 헷갈리는 경우가 많은데요, 이번 시간에는 그 차이를 알아보려고 합니다.

 시원펜으로 오늘의 소리를 듣고 연습해 보세요.

STEP 1 오늘의 소리: s, d
사진을 보고 음원과 함께 오늘의 소리를 확인해 보세요.   15-1

 s

혀를 치아 뒤쪽에 붙여 바람을
훅 내뿜어 발음해요.

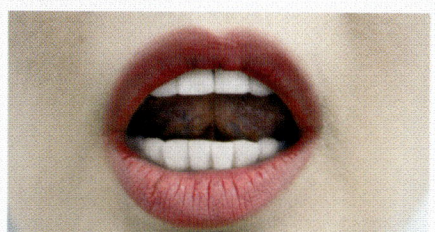

 d

혀를 윗니 뒤쪽에 댄 상태로 준비 소리로
'은~'하고 소리를 모아 두었다가 한 번에
팡 터트리는 느낌으로 발음해요.

STEP 2 소리의 비밀
소리의 비밀을 보고 정확한 발음법을 익혀 보세요.

s 우리말 'ㅆ' 발음처럼 바람 소리와 같은 소리가 나요.

- ☑ 이를 앙 물고 혀를 치아 뒤쪽에 붙여서 바람을 훅 내뿜어 발음해요. 우리말 'ㅆ' 발음과 같은 소리가 나요.
- ☑ 혀 짧은 th[θ] 발음을 s로 잘못하는 경우가 많은데, 그러면 뜻이 달라지는 단어가 많이 있어 주의해야 해요.

d 목을 울려서 내는 '은d'와 같은 소리예요.

- ☑ 혀를 윗니 뒤쪽에 댄 상태로 '은~'하고 소리를 모아 주세요. 충분한 준비 소리 후에 한 번에 팡 터트리는 느낌으로 '은d'라고 발음을 해주면 완벽해요.
- ☑ 돼지꼬리 th[ð] 발음은 바람이 함께 새 나가는 것이 d 발음과 구분되는 가장 큰 차이예요.

★ **발음 Tip!** th 발음[θ, ð]은 각각 s와 d 발음과 헷갈리기 쉬워요. th[θ]는 혀 짧은 소리, s는 우리말의 'ㅆ' 발음에 가깝고, th[ð]와 d는 둘 다 유성음이지만 th[ð]는 바람이 새어 나가고, d는 터트리는 소리임을 기억하세요.

STEP 3 오늘의 소리 훈련 1
음원을 잘 듣고 단어를 차근차근 따라 말해 보세요. 🔊 15-2

음원 듣고 5번 따라 읽기 ☐☐☐☐☐

s & th[θ]

sing 노래하다	thing 사물
sin 죄	thin 얇은
sick 아픈	thick 두꺼운
mouse 쥐	mouth 입
pass 통과하다	path 길

d & th[ð]

day 하루	they 그들
dare 감히 ~하다	there 거기에
dough 밀가루 반죽	though 비록 ~이긴 하지만
den (동물이 사는) 굴	then 그때
Dan (남자 이름) 댄	than ~보다

STEP 4 오늘의 소리 훈련 2
음원을 잘 듣고 s, d, th[θ, ð] 소리가 함께 사용된 단어를 발음해 보세요. 🔊 15-3

음원 듣고 5번 따라 읽기 ☐☐☐☐☐

then there 그때 그곳에서
pass path 길을 통과하다
sick mouse 아픈 쥐
they sing 그들은 노래한다
thin thing 얇은 것

Tongue Twister(텅 트위스터) 연습
다음 음원을 듣고 발음 연습을 해 보세요. 🔊 15-4

- She saw Sharif's shoes on the sofa.

Day 15   오늘의 문제

제한 시간: 15분 (25문항 각 4점)
SCORE: / 100

1-3 다음 문제를 읽고 맞으면 T, 틀리면 F에 체크하세요.

1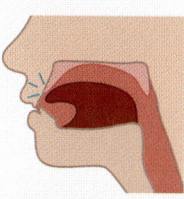
th는 혀를 윗니 뒤에 대고 내는 소리이다.
▶ T ( )   F ( )

2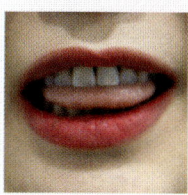
d는 혀를 살짝 깨물며 내는 소리이다.
▶ T ( )   F ( )

3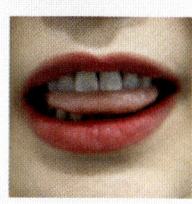
s는 th와 같은 소리가 난다.
▶ T ( )   F ( )

4-5 다음 음원을 듣고 제시된 자음에 알맞은 소리를 고르세요.

4 🔊 15-5   s
① ② ③ ④

5 🔊 15-6   d
① ② ③ ④

6-10 다음 음원을 듣고 알맞은 소리의 단어를 고르세요.

6 🔊 15-7
① sing   ② thing

7 🔊 15-8
① sin   ② thin

8 🔊 15-9
① though   ② dough

9 🔊 15-10
① den   ② then

10 🔊 15-11
① mouse   ② mouth

11-16 다음 음원을 듣고 단어에 알맞은 소리를 고르세요.

11 🔊 15-12 thick
　① 　　② 　　③

12 🔊 15-13 day
　① 　　② 　　③

13 🔊 15-14 sin
　① 　　② 　　③

14 🔊 15-15 pass
　① 　　② 　　③

15 🔊 15-16 dare
　① 　　② 　　③

16 🔊 15-17 dough
　① 　　② 　　③

17-22 다음 음원을 듣고 보기에서 알맞은 단어를 골라 빈칸에 써 보세요.

| there　thin　sin　den　thick　think　then　thing　they　day |

17 🔊 15-18 ▶ _____　　18 🔊 15-19 ▶ _____

19 🔊 15-20 ▶ _____　　20 🔊 15-21 ▶ _____

21 🔊 15-22 ▶ _____　　22 🔊 15-23 ▶ _____

23-25 다음 음원을 듣고 단어를 받아써 보세요.

23 🔊 15-24

▶ _____

24 🔊 15-25

▶ _____

25 🔊 15-26

▶ _____

기초 발음

Day 16

우리말에 없는 영어발음 7: z
지지직! 하고 전기가 통하는 소리

DATE 20 . .

먼저 발음해 보세요!

zero   quiz

휴대폰 진동 소리나 전기가 통하는 소리를 어떻게 표현하나요? 보통 '지이잉~', '지지직'과 같이 표현하는데요, 이러한 소리가 영어에서는 z에 해당합니다. 이번 시간에는 z 소리에 대해 익혀 볼게요.

시원펜으로 오늘의 소리를 듣고 연습해 보세요.

STEP 1 | 오늘의 소리: z
사진을 보고 음원과 함께 오늘의 소리를 확인해 보세요. 🔊 16-1

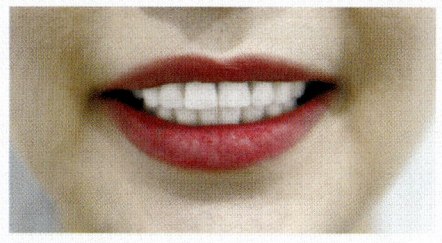

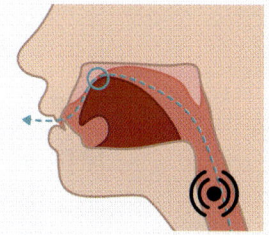

 z

이를 앙 물고 혀를 치아 뒤쪽에 붙여 닿게 해 주세요. (s 발음과 동일)

유성음으로 성대를 울리는 소리이기 때문에 목을 울려서 발음해 주세요.

STEP 2 | 소리의 비밀
소리의 비밀을 보고 정확한 발음법을 익혀 보세요.

| z | 전기가 통할 때 나는 '지지직'과 비슷한 소리예요. |

- ☑ 성대가 울리는 소리이기 때문에 소리를 내기 전에 '으'와 '어'의 중간 소리로 목을 울려 시동을 걸어 주면 유성음을 잘 낼 수 있어요.
- ☑ 목을 울려 준비한 후, s를 발음할 때처럼 치아 전체를 앙 문 상태에서 혀 끝을 치아 뒤쪽에 닿게 해 주세요.
- ☑ s 발음에서 목을 충분히 울려 진동이 목과 턱 그리고 치아까지 타고 올라와서 간질간질한 진동이 느껴지도록 '즥'와 같이 발음해요.

★ **발음 Tip!** z 소리는 s 소리와 아주 유사해요. 혀의 위치와 소리 내는 방법이 모두 동일하지만, z는 성대를 울리는 유성음이고 s는 성대를 울리지 않는 무성음이라는 차이점이 있답니다.

STEP 3 오늘의 소리 훈련 1
음원을 잘 듣고 단어를 차근차근 따라 말해 보세요.

🔊 16-2

시원펜으로 각 단어를 들으며 발음을 연습해 보세요.

음원 듣고 5번 따라 읽기 ☐☐☐☐☐

z가 첫소리일 때

zoo 동물원	**z**one 구역
zip 지퍼를 잠그다	**z**oom in 확대하다
zipper 지퍼	**z**ookeeper 동물원 사육사
zero 숫자 0	**z**ebra 얼룩말
zigzag 지그재그	**z**ombie 좀비

z가 끝소리일 때

si**z**e 크기	pri**z**e 상품
ja**zz** 재즈	ma**z**e 미로
snee**z**e 재채기하다	bree**z**e 산들바람
qui**z** 퀴즈	bu**zz** 윙윙거리다
free**z**e 얼다	fu**zz** 솜털

STEP 4 오늘의 소리 훈련 2
음원을 잘 듣고 z 소리가 여러번 사용된 단어를 발음해 보세요.

🔊 16-3

음원 듣고 5번 따라 읽기 ☐☐☐☐☐

zoo **z**one 동물원 구역
zigzag **z**ebra 지그재그 얼룩말
zombie ma**z**e 좀비 미로
qui**z** pri**z**e 퀴즈 상품
zoom in **z**ookeeper 사육사를 확대하다

⭐ Tongue Twister(텅 트위스터) 연습
다음 음원을 듣고 발음 연습을 해 보세요.

🔊 16-4

• Fuzzy Wuzzy was a bear. Fuzzy Wuzzy had no hair.

Day 16 오늘의 문제

제한 시간 15분 (25문항 각 4점)
SCORE　　/ 100

1-3 다음 문제를 읽고 맞으면 T, 틀리면 F에 체크하세요.

1 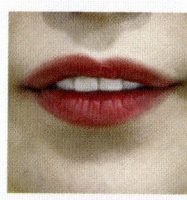 z는 윗니로 아랫입술을 깨물며 진동 소리를 낸다.
▶ T ( )　　　F ( )

2 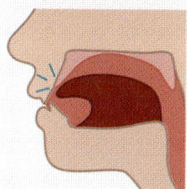 z는 혀로 윗니의 뒷면을 툭 치고 빠지며 내는 소리이다.
▶ T ( )　　　F ( )

3 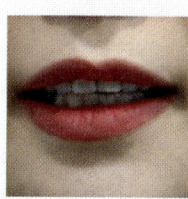 z는 입꼬리를 살짝 올리며 내는 소리이다.
▶ T ( )　　　F ( )

4-5 다음 음원을 듣고 제시된 소리에 알맞은 소리를 고르세요.

4 🔊 16-5　첫소리 z
① ② ③ ④

5 🔊 16-6　끝소리 z
① ② ③ ④

6-10 다음 음원을 듣고 알맞은 소리의 단어를 고르세요.

6 🔊 16-7
① bus　　② buzz

7 🔊 16-8
① maze　　② mate

8 🔊 16-9
① quick　　② quiz

9 🔊 16-10
① fuzz　　② fuss

10 🔊 16-11
① breeze　　② breed

11-16 다음 음원을 듣고 단어에 알맞은 소리를 고르세요.

11 🔊 16-12 zone
   ①   ②   ③

12 🔊 16-13 zero
   ①   ②   ③

13 🔊 16-14 freeze
   ①   ②   ③

14 🔊 16-15 zoo
   ①   ②   ③

15 🔊 16-16 jazz
   ①   ②   ③

16 🔊 16-17 size
   ①   ②   ③

17-22 다음 음원을 듣고 보기에서 알맞은 단어를 골라 빈칸에 써 보세요.

> breeze   zombie   zipper   zero   size   zip   zone   fuzz   freeze   sneeze

17 🔊 16-18 ▶ _____   18 🔊 16-19 ▶ _____
19 🔊 16-20 ▶ _____   20 🔊 16-21 ▶ _____
21 🔊 16-22 ▶ _____   22 🔊 16-23 ▶ _____

23-25 다음 음원을 듣고 단어를 받아써 보세요.

23 🔊 16-24

   ▶ _____

24 🔊 16-25

   ▶ _____

25 🔊 16-26

   ▶ _____

기초 발음

Day 17 우리말에 없는 영어발음8: [dʒ]
느끼하고 걸쭉한 소리

DATE 20 . .

먼저 발음해 보세요!

juice   age

juice는 우리가 평상시에 많이 사용하는 단어죠? 영어 발음과 한국어 발음이 같다고 생각하는 경우가 많은데, 그러기에는 두 언어의 소리 차이가 있어요. 어떤 차이가 있는지 한번 살펴볼까요?

 시원펜으로 오늘의 소리를 듣고 연습해 보세요.

STEP 1 오늘의 소리: [dʒ]
사진을 보고 음원과 함께 오늘의 소리를 확인해 보세요.

🔊 17-1

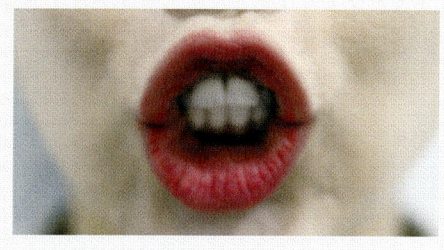
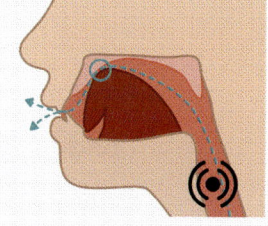

 [dʒ]

입 모양은 뽀뽀하듯이 앞으로 쭉~ 내밀어 주며 'ㅈ'과 'ㅉ' 사이의 발음이에요.

유성음으로 성대를 울리는 소리이기 때문에 목을 울려 발음해 주세요.

STEP 2 소리의 비밀
소리의 비밀을 보고 정확한 발음법을 익혀 보세요.

| [dʒ] | 우리말 'ㅈ'보다 **느끼하고 걸쭉한** 소리가 나요. |

☑ 성대가 울리는 소리이기 때문에 '으'와 '어'의 중간 소리로 목을 울려 시동을 걸어 주세요.

☑ 입술을 뽀뽀하듯이 앞으로 쭉 내밀고, 우리말 'ㅈ'보다는 강하지만 'ㅉ'까지는 아닌 그 사이의 발음으로 길게 늘여서 느끼하고 걸쭉하게 발음해요.

☑ 모음 앞의 첫소리일 때는 '읏**쥬**'라고 발음하고, 모음 뒤의 끝소리일 때는 '읏**취**'라고 발음하는 느낌이에요.

★ **발음 Tip!** [dʒ] 소리는 우리말의 'ㅈ'과 같은 소리를 내는 것 같지만 두 소리의 차이는 커요. 우리말의 'ㅈ'는 가볍고 산뜻한 발음이지만 [dʒ]는 훨씬 더 느끼하고 걸쭉한 발음이에요.

STEP 3 오늘의 소리 훈련 1
음원을 잘 듣고 단어를 차근차근 따라 말해 보세요. 🔊 17-2

시원펜으로 각 단어를 들으며 발음을 연습해 보세요.

음원 듣고 5번 따라 읽기 ☐☐☐☐☐

[dʒ]가 첫소리일 때

juice 주스
jelly 젤리
jacket 재킷
joy 기쁨
joke 농담

gym 체육관
giant 거인
ginger 생강
gender 성별
gel 젤

[dʒ]가 끝소리일 때

judge 판사
bridge 다리
manage 해내다
age 나이
image 이미지

orange 오렌지
large 큰
cage 우리
huge 거대한
stage 무대

STEP 4 오늘의 소리 훈련 2
음원을 잘 듣고 첫소리와 끝소리 [dʒ]가 함께 사용된 단어를 발음해 보세요. 🔊 17-3

음원 듣고 5번 따라 읽기 ☐☐☐☐☐

orange juice 오렌지 주스
huge jelly 거대한 젤리
giant bridge 거대한 다리
huge joy 큰 기쁨
large ginger 큰 생강

⭐ Tongue Twister(텅 트위스터) 연습
다음 음원을 듣고 발음 연습을 해 보세요. 🔊 17-4

- Jean, Joan, George and Gerald judged generally.

Day 17 오늘의 문제

1-3 다음 문제를 읽고 맞으면 T, 틀리면 F에 체크하세요.

1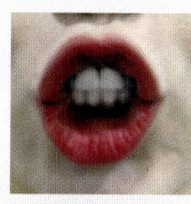
[dʒ]는 입술을 앞으로 내밀어서 발음한다.
▶ T ( )　　　F ( )

2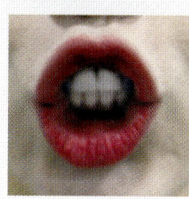
[dʒ]는 우리말 ㅈ과 동일한 발음이다.
▶ T ( )　　　F ( )

3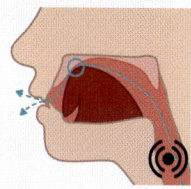
[dʒ]는 성대가 울리는 유성음이다.
▶ T ( )　　　F ( )

4-5 다음 음원을 듣고 제시된 소리에 알맞은 소리를 고르세요.

4　🔊 17-5　끝소리 [dʒ]
　①　　　②　　　③　　　④

5　🔊 17-6　첫소리 [dʒ]
　①　　　②　　　③　　　④

6-10 다음 음원을 듣고 알맞은 소리의 단어를 고르세요.

6　🔊 17-7
　① goose　　　② juice

7　🔊 17-8
　① imagine　　　② image

8　🔊 17-9
　① galley　　　② jelly

9　🔊 17-10
　① orange　　　② organize

10　🔊 17-11
　① toy　　　② joy

11-16 다음 음원을 듣고 단어에 알맞은 소리를 고르세요.

11 🔊 17-12 gel
① ② ③

12 🔊 17-13 joke
① ② ③

13 🔊 17-14 cage
① ② ③

14 🔊 17-15 giant
① ② ③

15 🔊 17-16 age
① ② ③

16 🔊 17-17 judge
① ② ③

17-22 다음 음원을 듣고 보기에서 알맞은 단어를 골라 빈칸에 써 보세요.

> gender   manage   cage   jacket   ginger   huge   juice   large   gym   gel

17 🔊 17-18 ▶ _____   18 🔊 17-19 ▶ _____
19 🔊 17-20 ▶ _____   20 🔊 17-21 ▶ _____
21 🔊 17-22 ▶ _____   22 🔊 17-23 ▶ _____

23-25 다음 음원을 듣고 단어를 받아써 보세요.

23 🔊 17-24

 ▶ _____

24 🔊 17-25

 ▶ _____

25 🔊 17-26

 ▶ _____

기초 발음

Day 18

우리말에 없는 영어발음 9, 10: [ʃ], [ʒ]

'쉬~'와 비슷한 무성음과 유성음

DATE 20 . .

먼저 발음해 보세요!

`cash` `beige`

위 단어 중 beige(베이지색)는 j 발음도 z 발음도 아닌 다른 묘한 발음을 갖고 있어요. 그게 바로 오늘 배울 [ʒ] 발음입니다. 우리말에 없기 때문에 소리내기에 어려운 이 발음은 짝꿍 발음인 [ʃ]를 알아야 해요. 두 개의 소리를 한번 알아볼까요?

 시원펜으로 오늘의 소리를 듣고 연습해 보세요.

STEP 1 오늘의 소리: [ʃ], [ʒ]

사진을 보고 음원과 함께 오늘의 소리를 확인해 보세요.

🔊 18-1

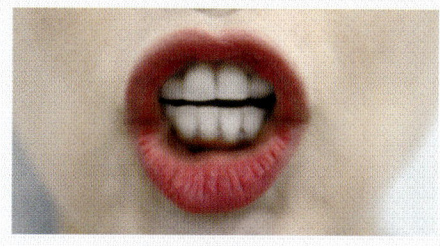

 [ʃ]

입술을 '쉿!' 하는 모양으로 만들고 이는 앙 물지 않은 상태로 치아 사이로 바람을 내뿜어 주세요.

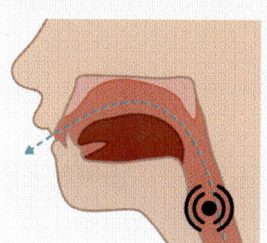

 [ʒ]

[ʃ]와 동일하게 발음하되, 유성음이므로 목을 같이 울려 발음해요.

STEP 2 소리의 비밀

소리의 비밀을 보고 정확한 발음법을 익혀 보세요.

[ʃ] — 우리말 '쉬~'와 아주 비슷한 소리로, 공기 100%의 발음이에요.

- ☑ 입술을 '쉿!' 하는 모양으로 만들어 주고 이는 앙 물지 않은 상태로, 치아 사이로 바람을 '쉬익~' 하고 내뿜어 줘요.
- ☑ 혀뿌리 양쪽으로 어금니를 밀어 주는 느낌이에요. 혀뿌리의 가장자리 양쪽에 힘을 주면 자연스럽게 혀끝에는 힘이 들어가지 않아서 둥글거나 뾰족한 모양이 되지 않고, 중간에 붕 떠있게 돼요.

[ʒ] — [ʃ] 발음에서 준비소리와 울림 소리만 더해 주세요.

- ☑ 성대가 울리는 소리이기 때문에 '으'와 '어'의 중간 소리로 목을 울려 시동을 걸어 주세요.
- ☑ [ʃ] 발음의 입과 혀 모양을 동일하게 해서 발음하되, '소리 반 공기 반'으로 바람을 내뿜으며 목을 같이 울려 주세요.

★ **발음 Tip!** [ʃ]와 [ʒ]는 발음 방법이 유사한 짝꿍 소리예요. 단지 무성음과 유성음이라는 차이만 있으니 잘 구분해 주세요.

STEP 3 오늘의 소리 훈련 1
음원을 잘 듣고 단어를 차근차근 따라 말해 보세요.   🔊 18-2

음원 듣고 5번 따라 읽기 ☐☐☐☐☐

[ʃ]

she 그녀	cash 현금
shy 수줍어하는	push 밀다
show 쇼	dish 접시
sheet 종이 한 장	fish 생선
share 공유하다	wash 씻다

[ʒ]

beige 베이지색	usual 평상시의
garage 차고	casual 격식을 차리지 않는
massage 마사지	visual 시각의
Asia 아시아	pleasure 기쁨
decision 결정	leisure 여가

STEP 4 오늘의 소리 훈련 2
음원을 잘 듣고 [ʃ]와 [ʒ] 소리가 함께 사용된 단어를 발음해 보세요.   🔊 18-3

음원 듣고 5번 따라 읽기 ☐☐☐☐☐

- wash fish 생선을 닦다
- beige dish 베이지색 접시
- usual show 평상시의 쇼
- share pleasure 기쁨을 공유하다
- she shares 그녀는 공유한다

Tongue Twister(텅 트위스터) 연습
다음 음원을 듣고 발음 연습을 해 보세요.   🔊 18-4

- She sells sea shells by the sea shore.
- Usually leisure is measured in massages.

Day 18　오늘의 문제

제한 시간 15분 (25문항 각 4점)
SCORE / 100

1-3 다음 문제를 읽고 맞으면 T, 틀리면 F에 체크하세요.

1 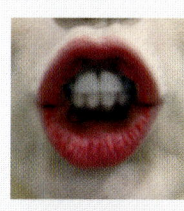 [ʃ]와 [ʒ]는 모두 이를 앙 물고 발음해요.
▶ T (　)　　　F (　)

2 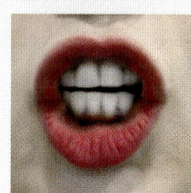 [ʃ]와 [ʒ]는 '쉿!' 이라고 할 때의 입 모양으로 발음해요.
▶ T (　)　　　F (　)

3 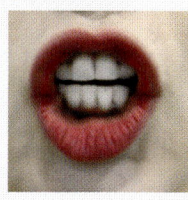 [ʃ]는 공기 반 소리 반, [ʒ]는 공기 100%의 소리예요.
▶ T (　)　　　F (　)

4-5 다음 음원을 듣고 제시된 소리에 알맞은 소리를 고르세요.

4　🔊 18-5　[ʒ]
　① 　　② 　　③ 　　④

5　🔊 18-6　[ʃ]
　① 　　② 　　③ 　　④

6-10 다음 음원을 듣고 알맞은 소리의 단어를 고르세요.

6　🔊 18-7
　① casual　　② visual

7　🔊 18-8
　① massage　　② mash

8　🔊 18-9
　① share　　② care

9　🔊 18-10
　① watch　　② wash

10　🔊 18-11
　① pleasure　　② machine

11-16 다음 음원을 듣고 단어에 알맞은 소리를 고르세요.

11 🔊 18-12 usual
　① 　② 　③

12 🔊 18-13 shy
　① 　② 　③

13 🔊 18-14 beige
　① 　② 　③

14 🔊 18-15 sheet
　① 　② 　③

15 🔊 18-16 dish
　① 　② 　③

16 🔊 18-17 garage
　① 　② 　③

17-22 다음 음원을 듣고 보기에서 알맞은 단어를 골라 빈칸에 써 보세요.

massage　she　push　pleasure　visual　casual　please　decision　message　wash

17 🔊 18-18 ▶ _____　　18 🔊 18-19 ▶ _____

19 🔊 18-20 ▶ _____　　20 🔊 18-21 ▶ _____

21 🔊 18-22 ▶ _____　　22 🔊 18-23 ▶ _____

23-25 다음 음원을 듣고 단어를 받아써 보세요.

23 🔊 18-24

 ▶ _____

24 🔊 18-25

 ▶ _____

25 🔊 18-26

 ▶ _____

기초 발음 Day 19

강세 훈련: 짧은 단어로 강세 익히기
리듬감 있게, 통통 튀듯이!

DATE 20 . .

먼저 발음해 보세요!

cash   English

위의 단어를 읽을 때 어디에 강세를 두어 읽으셨나요? 우리말은 동일한 높낮이로 말하는 언어인 반면, 영어는 강세가 있는 음절만 강하게 읽어 주는 언어이기 때문에 강세를 살려서 읽는 것이 중요합니다. 이번 시간에는 강세와 함께 강세를 이해하기 위해 필요한 음절의 개념에 대해서 알아볼게요.

 시원펜으로 오늘의 소리를 듣고 연습해 보세요.

STEP 1 · 개념 익히기: 강세와 음절

| 강세 | 한 단어 혹은 문장 속에서 어떤 부분을 **강하게 발음**하는 것 |

- ☑ 영어는 강세를 받는 음절만 정확하고 또박또박하게 발음하고, 강세가 없는 나머지 음절은 힘을 빼고 후루룩 흘려 넘기듯 발음해요. 강세는 자음이 아닌 모음에만 올 수 있어요.

| 음절 | 모음을 기준으로 나눈 **소리의 덩어리** |

- ☑ 음절 수는 모음의 소리의 개수를 기준으로 나누고, 자음의 수와는 상관없어요.
  (예. a = 1음절, class = 1음절, banana = 3음절)
- ☑ 한국어는 모음의 수와 음절의 수가 동일하지만 영어는 철자상의 모음의 수가 음절의 수와 일치하지 않는 경우가 많기 때문에 주의해야 해요. (예. cake = 1음절, like = 1음절)
- ☑ 한국어는 모음을 기준으로 초성과 종성 위치에 자음이 한 개씩만 들어갈 수 있지만, 영어는 복수의 자음이 올 수 있기 때문에 영어의 단어를 한국어로 표기할 때와 음절 수가 차이 나는 경우가 많아요.
  (예. fly(1음절) – 플라이(3음절) / drama(2음절) – 드라마(3음절))

STEP 2 · 개념 적용하기: 음절과 강세 연습

● 음절 구분하기
소리의 단위인 음절은 '모음 소리의 수'에 따라 정해져요.

1음절	cash(현금), beach(해변), cup(컵)
2음절	finish(끝내다), English(영어), pretty(예쁜)
3음절	computer(컴퓨터), beautiful(아름다운), camera(카메라)
4음절	interesting(흥미있는), supermarket(슈퍼마켓)

* beach, beautiful의 경우, 알파벳 상으로는 모음의 수가 여러 개이지만 음절은 소리의 수에 따라 정해지므로 하나의 음절이라고 봐요.

● 2음절 단어 강세
두 개의 음절로 이루어진 단어에서는 첫 음절에 강세가 있는 것이 일반적이에요. 하지만 두 번째 음절에도 강세가 있는 경우가 있으니 예외적인 단어는 기억해 두세요.

첫 번째 음절에 강세가 있는 단어	cóffee, síster
두 번째 음절에 강세가 있는 단어	hotél

1

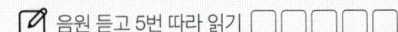

STEP 3 **오늘의 소리 훈련 1** 음원을 잘 듣고 단어를 차근차근 따라 말해 보세요. 🔊 19-1

음원 듣고 5번 따라 읽기 ☐☐☐☐☐

첫 번째 음절에 강세가 있는 2음절 단어

- d**o**ctor 의사
- s**a**lad 샐러드
- c**o**ffee 커피
- h**ea**ter 난방기
- b**a**sket 바구니

- h**a**ppy 행복한
- m**o**ther 어머니
- t**a**ble 테이블
- p**a**nda 판다
- w**a**ter 물

두 번째 음절에 강세가 있는 2음절 단어

- al**a**rm 경보음
- shamp**oo** 샴푸
- contr**o**l 통제력
- ev**e**nt 행사
- beg**i**n 시작하다

- hot**e**l 호텔
- enj**o**y 즐기다
- car**ee**r 직업
- buff**e**t 뷔페
- Jap**a**n 일본

STEP 4 **오늘의 소리 훈련 2** 음원을 잘 듣고 각 단어의 강세를 잘 살려서 발음해 보세요. 🔊 19-2

음원 듣고 5번 따라 읽기 ☐☐☐☐☐

- s**a**lad buff**e**t 샐러드 뷔페
- enj**o**y c**o**ffee 커피를 즐기다
- h**a**ppy car**ee**r 행복한 직업
- shamp**oo** b**a**sket 샴푸 바구니
- hot**e**l t**a**ble 호텔 테이블

⭐ **Tongue Twister(텅 트위스터) 연습** 다음 음원을 듣고 발음 연습을 해 보세요. 🔊 19-3

- Jolly juggling jesters jauntily juggled jingling Jacks.

Day 19 오늘의 문제

제한 시간: 15분 (25문항 각 4점)
SCORE: / 100

1-5 다음 문제를 읽고 맞으면 T, 틀리면 F에 체크하세요.

1. 강세는 한 단어 혹은 문장 속에서 어떤 부분을 강하게 발음하는 것이다.
   ▶ T ( )   F ( )

2. 한 단어에서 강세는 모음 또는 자음에 있다.
   ▶ T ( )   F ( )

3. 음절은 한 단어에서 자음과 모음의 수를 합친 것이다.
   ▶ T ( )   F ( )

4. 단어 banana는 3음절이다.
   ▶ T ( )   F ( )

5. 단어 내에서 강세의 위치는 절대적인 규칙을 따른다.
   ▶ T ( )   F ( )

6-13 다음 단어에서 음절의 개수를 세고, 단어를 음절 단위로 잘라서 써 보세요.

예. sister   [2]   sis / ter

6. happy   ▶ [   ]   _____
7. computer   ▶ [   ]   _____
8. career   ▶ [   ]   _____
9. beach   ▶ [   ]   _____
10. water   ▶ [   ]   _____
11. mother   ▶ [   ]   _____
12. supermarket ▶ [   ]   _____
13. beautiful   ▶ [   ]   _____

14-20 다음 음원을 듣고 알맞은 위치에 강세를 표기해 보세요.

14 🔊 19-4 ☐☐ table

15 🔊 19-5 ☐☐ coffee

16 🔊 19-6 ☐☐ event

17 🔊 19-7 ☐☐ heater

18 🔊 19-8 ☐☐ begin

19 🔊 19-9 ☐☐ hotel

20 🔊 19-10 ☐☐ buffet

21-25 다음 음원을 듣고 단어를 음절 단위로 쓰고, 강세를 표기해 보세요.

예. pré / tty

21 🔊 19-11 ▶ _____

22 🔊 19-12 ▶ _____

23 🔊 19-13 ▶ _____

24 🔊 19-14 ▶ _____

25 🔊 19-15 ▶ _____

Day 20 기초 발음

강세 훈련: 긴 단어로 강세 익히기
쿵짝쿵짝 노래하듯이!

DATE 20 . .

먼저 발음해 보세요!

chocolate   interesting

짧은 단어도 마찬가지지만 단어의 길이가 길어질수록, 강세를 잘 살리는 것이 매우 중요해요. 또박또박 발음한다고 했는데 강세 때문에 원어민이 잘 알아듣지 못하는 경우가 많기 때문이에요. 이번 시간에는 긴 단어로 강세를 연습해 보겠습니다.

 시원펜으로 오늘의 소리를 듣고 연습해 보세요.

STEP 1 긴 단어 강세 연습

● 3음절 단어
3음절 이상의 긴 단어들은 강세 위치가 헷갈리는 경우가 많아요. 한국어처럼 규칙적이면 좋겠지만, 영어는 많은 언어의 영향을 받았기 때문에 강세의 위치가 규칙적이지 않은 편이에요. 그 예로 같은 3음절의 단어여도 강세 위치가 다른 것을 알 수 있어요.

| cámera | banána | violín |

● 4음절 단어
4음절 단어도 강세가 규칙적이지 않기 때문에 그때그때 주의해서 외워야 해요.

| ínteresting | América | informátion |

STEP 2 영어 리듬의 비밀

리듬 강세를 넣어서 발음하다 보면 **영어 특유의 리듬**이 생겨요.

- ☑ 강세가 있는 부분은 강하고 또렷하게 발음해 주니 천천히, 그리고 좀 더 높은 톤으로 발음하게 되는 경우가 많고, 강세가 없는 부분은 흘리면서 약하게 발음하기 때문에 전체적으로 강약의 리듬이 생기게 돼요.
- ☑ 강하게 처리해야 하는 부분은 헤드뱅잉을 하듯 머리를 까딱 까딱 흔들어 주면 강세를 더 쉽게 처리할 수 있어요.
- ☑ 강세가 없는 부분은 약하게 발음하고, 강세를 받지 않는 모음인 schwa를 잘 처리하면 자연스러운 리듬이 생겨요.

★ **발음 Tip!** 음절이 모여서 단어를 만들고, 단어가 모여서 문장을 만들어요. 각 단어에는 강세가 있고, 강세들이 모이면 리듬이 된답니다. 영어의 억양을 살려주는 강세와 리듬을 완벽하게 마스터해 보세요.

STEP 3 **오늘의 소리 훈련 1** 음원을 잘 듣고 단어를 차근차근 따라 말해 보세요.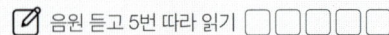

시원펜으로 각 단어를 들으며 발음을 연습해 보세요.

음원 듣고 5번 따라 읽기 ☐☐☐☐☐

3음절 단어

강약약
- cámera 카메라
- chócolate 초콜릿
- célebrate 기념하다
- cátalog 카탈로그
- mánager 관리자

약강약
- banána 바나나
- remémber 기억하다
- compúter 컴퓨터
- apártment 아파트
- piáno 피아노

약약강
- violín 바이올린
- employée 고용인
- enginéer 기술자
- magazíne 잡지
- understánd 이해하다

4음절 단어

- ínteresting 흥미로운
- súpermarket 슈퍼마켓
- télevision 텔레비전
- élevator 엘리베이터
- éscalator 에스컬레이터

- Américа 미국
- technólogy 기술
- presentátion 발표
- combinátion 조합
- informátion 정보

 STEP 4 **오늘의 소리 훈련 2** 음원을 잘 듣고 각 단어의 강세를 잘 살려서 발음해 보세요. 20-2

음원 듣고 5번 따라 읽기 ☐☐☐☐☐

- compúter technólogy 컴퓨터 기술
- violín cátalog 바이올린 카탈로그
- ínteresting magazíne 흥미로운 잡지
- súpermarket mánager 슈퍼마켓 관리자
- remémber informátion 정보를 기억하다

 Tongue Twister(텅 트위스터) 연습 다음 음원을 듣고 발음 연습을 해 보세요. 20-3

 • A good cook could cook as much cookies as a good cook who could cook cookies.

Day 20 오늘의 문제

제한 시간: 15분 (25문항 각 4점)
SCORE: / 100

1-5 다음 문제를 읽고 맞으면 T, 틀리면 F에 체크하세요.

1. 강세가 없는 음절도 또박또박 발음한다.
   ▶ T ( )   F ( )

2. 영어의 강세 규칙은 매우 규칙적이다.
   ▶ T ( )   F ( )

3. banana는 마지막 음절에 강세가 있다.
   ▶ T ( )   F ( )

4. understand는 4음절이다.
   ▶ T ( )   F ( )

5. violin은 2음절이다.
   ▶ T ( )   F ( )

6-13 다음 단어에서 음절의 개수를 세고, 단어를 음절 단위로 잘라서 써 보세요.

| 예. sister | [2] | sis / ter |

6. technology ▶ [ ] _____
7. employee   ▶ [ ] _____
8. chocolate   ▶ [ ] _____
9. escalator   ▶ [ ] _____
10. piano   ▶ [ ] _____
11. interesting ▶ [ ] _____
12. magazine   ▶ [ ] _____
13. violin   ▶ [ ] _____

14-20 다음 음원을 듣고 알맞은 위치에 강세를 표기해 보세요.

14 🔊 20-4   ☐ ☐☐
              America

15 🔊 20-5   ☐ ☐ ☐
              remember

16 🔊 20-6   ☐☐ ☐☐
              presentation

17 🔊 20-7   ☐ ☐ ☐☐
              supermarket

18 🔊 20-8   ☐ ☐ ☐
              manager

19 🔊 20-9   ☐ ☐ ☐
              understand

20 🔊 20-10   ☐ ☐☐
              engineer

21-25 다음 음원을 듣고 단어를 음절 단위로 쓰고, 강세를 표기해 보세요.

> 예.   pré / tty

21 🔊 20-11 ▶ _____

22 🔊 20-12 ▶ _____

23 🔊 20-13 ▶ _____

24 🔊 20-14 ▶ _____

25 🔊 20-15 ▶ _____

진짜학습지
회화편

정답 및 해설

진짜 학습지 - 기초 문법

Day 01　8품사와 문장 성분

정답

1 주어, 서술어(동사), 목적어, 보어, 수식어　2 주어　3 서술어(동사)　4 형용사　5 전치사　6 have　7 early　8 is　9 cloudy, chilly　10 and　11 ②　12 ③　13 is　14 can　15 The TV program　16 her brother　17 tired, sleepy　18 보어, 형용사　19 주어, 대명사　20 서술어(동사), 동사　21 수식어, 부사　22 목적어, 명사　23 early　24 and, hungry　25 make, me　26 are, in　27 These, pretty　28 but, busy　29 Wow, hard　30 go, at

해설

6	have 먹다
7	early 일찍
8	is ~이다
9	cloudy 흐린, chilly 쌀쌀한
10	and 그리고
11	hungry(배고픈)는 형용사예요. student 학생, movie 영화, Seoul 서울
12	be는 '~이다'라는 뜻의 동사예요. coffee 커피, dinner 저녁 식사, breakfast 아침 식사
13	be동사인 is가 동사에 해당해요.
14	'~할 수 있다'라는 뜻의 can이 조동사예요.
15	'무엇이'에 해당하는 The TV program이 주어예요.
16	'그녀의 오빠를'을 뜻하는 her brother가 목적어예요.
17	주어를 보충 설명해주는 tired(피곤한)와 sleepy(졸리운)가 문장에서 보어에 해당돼요.
18	busy(바쁜)는 문장에서 주어의 상태를 설명해주는 '보어' 역할을 하고, 품사는 형용사예요.
19	We(우리는)의 문장 성분은 '주어'이고 품사는 대명사예요.
20	meet(만나다)의 문장 성분은 주어의 움직임을 설명하는 '서술어(동사)'이고, 품사는 동사에 해당해요.
21	hard(열심히)의 문장 성분은 의미를 풍부하게 해주는 '수식어'이고 품사는 부사예요.
22	water(물)의 문장 성분은 '목적어'이고 품사는 명사예요.
23	'일찍'을 뜻하는 부사는 early예요.
24	Brad와 나를 '~와, 그리고'를 뜻하는 and가 연결해주고, '배고픈'이라는 형용사는 hungry예요.
25	'만들다'라는 동사는 make이고, '나를'에 해당하는 대명사는 me예요.
26	주어가 We일 때 '~에 있다'라는 의미의 be동사 are과, '~에'라는 뜻의 장소 앞에 오는 전치사인 in을 써요.
27	'이것들'을 뜻하는 대명사 These와 '예쁜'을 뜻하는 형용사 pretty를 써요.
28	'그러나'를 뜻하는 접속사 but과 '바쁜'을 뜻하는 형용사 busy를 써요.
29	'와, 우와'라는 뜻의 감탄사 Wow와 '열심히'라는 뜻의 부사 hard를 써요.
30	'가다'라는 뜻의 동사 go와 시간 앞에 오는 전치사 at을 써요.

Day 02　문장의 1형식

정답

1 주어, 동사　2 자동사　3 go, come　4 depart, arrive　5 일하다, 작동하다　6 get up　7 worked　8 arrived　9 go　10 works　11 work, laugh, cry　12 get up, happen, go　13 ①　14 ③　15 ④　16 We waited for a bus for 15 minutes.　17 They stayed at the hotel.　18 The sun rises at 6 these days.　19 My parents arrived in Korea 1 hour ago.　20 I sleep well.　21 I walk to school.　22 My mother came into my room.　23 My friend listens to me carefully.　24 The train arrived late at the station.　25 He works hard.　26 It happened yesterday.　27 She talks a lot.　28 We laugh every day.　29 He runs very fast.　30 I exercise hard.

해설

6	get up 일어나다
7	worked 일했다
8	arrived 도착했다
9	go 가다
10	work 작동하다
11	work(일하다, 작동하다), laugh(웃다), cry(울다)가 1형식 동사예요.
12	get up(일어나다), happen(발생하다), go(가다)가 1형식 동사예요.
13	'주어 + 동사' 형태이고, 1형식 동사 exercise(운동하다)가 쓰인 ①번 '나는 운동을 많이 해.'가 정답이에요.
14	'주어 + 동사' 형태이고, 1형식 동사 live(살다)가 쓰인 ③번 '우리 가족은 캐나다에 살아.'가 정답이에요.
15	'주어 + 동사' 형태이고, 1형식 동사 rise(오르다)가 쓰인 ④번 '태양은 동쪽에서 뜬다.'가 정답이에요.
16	waited for ~을 기다렸다
17	stayed at ~에 머물렀다
18	rise 오르다, 뜨다 / these days 요즘
19	arrived 도착했다 / ago ~전에
20	well 잘, 좋게
21	'나는 + 걸어가 + 학교에'의 순서로 써요.
22	'엄마가 + 들어오셨어 + 내 방에'의 순서로 써요.

23	'내 친구는 + 들어줘 + 내 말을 + 잘'의 순서로 써요.
24	'기차가 + 도착했어 + 늦게 + 역에'의 순서로 써요.
25	'그는 + 일해 + 열심히'의 순서로 써요.
26	'그 일은 + 일어났어 + 어제'의 순서로 써요.
27	'그녀는 + 말을 해 + 많이'의 순서로 써요.
28	'우리는 + 웃어 + 매일'의 순서로 써요.
29	'그는 + 달려 + 매우 빠르게'의 순서로 써요.
30	'나는 + 운동을 해 + 열심히'의 순서로 써요.

Day 03 문장의 2형식

정답

1 주격보어 2 형용사 3 명사 4 be 5 감각 동사 6 are 7 tastes 8 look 9 looks 10 became 11 am, remain 12 seem, are, feel 13 ③ 14 ② 15 ④ 16 ③ 17 My sister became an English teacher. 18 This coat feels soft. 19 This food tastes spicy. 20 Her face turned red. 21 He seems very satisfied. 22 The leaves turned red. 23 This food tastes good. 24 We still stay close friends. 25 This coffee smells really good. 26 My brother became a soccer player. 27 This feels really soft. 28 It sounds fun! 29 They are very tall. 30 This problem looks hard.

해설

6	are ~이다
7	taste ~한 맛이 나다
8	look ~처럼 보이다
9	look ~처럼 보이다 / 주어가 3인칭 단수이기 때문에 looks를 써요.
10	became ~이 되었다
11	be동사인 am(~이다), remain(~한 상태로 남아있다)이 2형식 동사예요.
12	seem(~처럼 보이다), be동사인 are(~이다), feel(~하게 느껴지다)이 2형식 동사예요.
13	'주어 + 동사 + 주격보어' 형태이고, 2형식 동사 look(~처럼 보이다)이 쓰인 ③번 '이 책은 지루해 보여.'가 정답이에요.
14	'주어 + 동사 + 주격보어' 형태이고, 2형식 동사 become(~이 되다)이 쓰인 ②번 '내 여동생은 선생님이 되었어.'가 정답이에요.
15	①~③번은 모두 주격보어로 형용사를 사용했지만, ④번은 명사가 사용되었기 때문에 정답이에요.
16	①, ②, ④번은 주격보어로 명사가 사용되었지만 ③번은 형용사가 사용되었기 때문에 정답이에요.
17	became ~이 되었다
18	feel soft 부드럽게 느껴지다
19	taste spicy 매운맛이 나다
20	turned ~한 상태가 되었다
21	2형식 동사 seem(~처럼 보이다) 뒤에 주격보어로 형용사 satisfied(만족한)가 온 형태예요.
22	2형식 동사 turn(~한 상태가 되다) 뒤에 주격보어로 형용사 red(붉은)가 온 형태예요.
23	2형식 동사 taste(~한 맛이 나다) 뒤에 주격보어로 형용사 good(맛있는)이 온 형태예요.
24	2형식 동사 stay(~한 상태이다) 뒤에 주격보어로 명사 friends(친구들)가 온 형태예요.
25	2형식 동사 smell(~한 냄새가 나다) 뒤에 주격보어로 형용사 good(좋은)이 온 형태예요.
26	2형식 동사 become(~이 되다) 뒤에 주격보어로 명사 soccer player(축구선수)가 온 형태예요.
27	2형식 동사 feel(~하게 느껴지다) 뒤에 주격보어로 형용사 soft(부드러운)가 온 형태예요.
28	2형식 동사 sound(~하게 들리다) 뒤에 주격보어로 형용사 fun(재미있는)이 온 형태예요.
29	2형식 동사 be(~이다) 뒤에 주격보어로 형용사 tall(키가 큰)이 온 형태예요.
30	2형식 동사 look(~처럼 보이다) 뒤에 주격보어로 형용사 hard(어려운)가 온 형태예요.

Day 04 문장의 3형식

정답

1 주어, 동사, 목적어 2 명사 3 목적어 4 want 5 enjoy 6 study 7 decided 8 discussed 9 finished 10 ate 11 want, plan, wish 12 give up, postpone, mind 13 ② 14 ① 15 ④ 16 She teaches English. 17 My family postponed going to the U.S. 18 I want to see the musical. 19 We postponed the meeting. 20 My brother enjoys playing the guitar in his free time. 21 I hope to see him again. 22 I need to exercise regularly. 23 We watched the movie together. 24 My friend wants to live in Jeju. 25 We decided to lose weight. 26 I plan to finish this. 27 She wishes to travel abroad. 28 They gave up running. 29 My mom suggested eating vegetables. 30 She stopped smoking.

해설

6	study 공부하다
7	decided 결정했다
8	discussed 토론했다
9	finished 끝냈다

10	ate 먹었다
11	want(원하다), plan(계획하다), wish(바라다)가 to부정사를 목적어로 사용하는 3형식 동사예요.
12	give up(포기하다), postpone(연기하다), mind(언짢아 하다)가 동명사를 목적어로 사용하는 3형식 동사예요.
13	②번 'John은 의사가 되었어.'는 2형식 대표 동사 become(~이 되다)이 사용된 2형식 문장이에요.
14	①번 '우리는 지하철로 출근해.'는 1형식 대표 동사 go(가다)가 사용된 1형식 문장이에요.
15	④번 '너 좋아 보여.'는 2형식 대표 동사 look(~처럼 보이다)이 사용된 2형식 문장이에요.
16	목적어로 명사를 쓸 때는 to부정사의 to를 쓸 필요가 없어요.
17	postpone은 동명사를 목적어로 사용하는 동사이므로 going으로 써야 해요.
18	want는 to부정사를 목적어로 사용하는 동사이므로 want to see로 써야 해요.
19	목적어로 명사를 쓸 때는 to부정사의 to를 쓸 필요가 없어요.
20	enjoy는 동명사를 목적어로 사용하는 동사이므로 playing으로 써야 해요.
21	to부정사를 목적어로 사용하는 동사 hope(바라다)를 사용한 문장이에요.
22	to부정사를 목적어로 사용하는 동사 need(필요로 하다)를 사용한 문장이에요.
23	목적어로 '영화'라는 명사가 온 형태예요.
24	to부정사를 목적어로 사용하는 동사 want(원하다)를 사용한 문장이에요.
25	to부정사를 목적어로 사용하는 동사 decide(결심하다)를 사용한 문장이에요.
26	to부정사를 목적어로 사용하는 동사 plan(계획하다)을 사용한 문장이에요.
27	to부정사를 목적어로 사용하는 동사 wish(바라다)를 사용한 문장이에요.
28	동명사를 목적어로 사용하는 동사 give up(포기하다)을 사용한 문장이에요.
29	동명사를 목적어로 사용하는 동사 suggest(제안하다)를 사용한 문장이에요.
30	동명사를 목적어로 사용하는 동사 stop(멈추다)을 사용한 문장이에요.

Day 05 문장의 4형식

정답

1 두(2) 2 간접목적어, 직접목적어 3 명사, 대명사 4 give, send, show 5 to, for 6 bought 7 sent 8 showed 9 made 10 taught 11 ③ 12 ④ 13 ④ 14 for 15 me a new dress 16 to me 17 brought me some water 18 made me a nice necklace 19 sent her a parcel 20 She teaches math to us. 21 He found a good hotel for us. 22 Will you pass this note to Mr. Smith? 23 He found her the money. 24 Can you pass me the book? 25 My friend bought me a watch. 26 The child showed me a puppy. 27 My cat brought me a mouse. 28 I sent my friend a book. 29 She made me pasta. 30 They lent me cash.

해설

6	bought 사줬다
7	sent 보냈다
8	showed 보여줬다
9	made 만들어줬다
10	taught 가르쳐줬다
11	③번 '그가 나한테 돈을 좀 빌려줬어.'는 4형식 대표 동사 lend(빌려주다)가 사용된 4형식 문장이에요.
12	④번 '그녀는 내게 새 노트북을 보여줬어.'는 4형식 대표 동사 show(보여주다)가 사용된 4형식 문장이에요.
13	④번 '저에게 후추를 건네주시겠어요?'는 4형식 대표 동사 pass(건네주다)가 사용된 4형식 문장이에요.
14	find는 4형식에서 3형식 문장으로 바꿔 쓸 때 전치사 for를 써요.
15	4형식 문장에서 목적어는 '간접목적어 + 직접목적어' 순서이므로 me a new dress가 정답이에요.
16	give는 4형식 문장을 3형식으로 바꿔쓸 때 전치사 to를 써요.
17	brought 가져다줬다
18	made 만들어줬다
19	sent 보냈다
20	teach는 4형식에서 3형식 문장으로 바꿔 쓸 때 전치사 to를 써요.
21	find는 4형식에서 3형식 문장으로 바꿔 쓸 때 전치사 for를 써요.
22	pass는 4형식에서 3형식 문장으로 바꿔 쓸 때 전치사 to를 써요.
23	found 뒤에 간접목적어(her)와 직접목적어(the money) 순서로 쓰면 돼요.
24	pass 뒤에 간접목적어(me)와 직접목적어(the book) 순서로 쓰면 돼요.

25	bought 뒤에 간접목적어(me)와 직접목적어(a watch) 순서로 쓰면 돼요.
26	showed 뒤에 간접목적어(me)와 직접목적어(a puppy) 순서로 쓰면 돼요.
27	brought 뒤에 간접목적어(me)와 직접목적어(a mouse) 순서로 쓰면 돼요.
28	sent 뒤에 간접목적어(my friend)와 직접목적어(a book) 순서로 쓰면 돼요.
29	made 뒤에 간접목적어(me)와 직접목적어(pasta) 순서로 쓰면 돼요.
30	lent 뒤에 간접목적어(me)와 직접목적어(cash) 순서로 쓰면 돼요.

Day 06 문장의 5형식

정답

1 목적어, 목적격보어 2 명사 3 형용사 4 동사원형 5 to부정사 6 made 7 kept 8 asked 9 called 10 told 11 5 12 4 13 3 14 2 15 1 16 to help 17 nervous 18 clean 19 Let me introduce myself. 20 named her baby Alex 21 found the problem difficult 22 made me wait outside 23 He had me do the dishes. 24 She considers him honest. 25 I asked her to call me back. 26 My mom made me clean my room. 27 We consider him brave. 28 I have my son study hard every day. 29 I found this place noisy. 30 He kept the door closed.

해설

6	made 만들었다
7	kept (어떤 상태로) 계속 있게 했다
8	asked 요청했다
9	called 불렀다
10	told 말했다
11	'주어 + 동사 + 목적어 + 목적격보어' 형태의 5형식 문장이에요.
12	'주어 + 동사 + 간접목적어 + 직접목적어' 형태의 4형식 문장이에요.
13	'주어 + 동사 + 목적어' 형태의 3형식 문장이에요.
14	'주어 + 동사 + 주격보어' 형태의 2형식 문장이에요.
15	'주어 + 동사' 형태의 1형식 문장이에요.
16	5형식 동사 want는 목적격보어로 to부정사를 사용해요.
17	'만들다'의 make는 목적격보어로 형용사를 써요.
18	'~하게 시키다'의 make는 목적격보어로 동사원형을 써요.
19	let ~하게 하다 / introduce 소개하다
20	named 이름을 지어주었다
21	found 알게 되었다 / difficult 어려운
22	made ~하게 했다 / wait 기다리다
23	'~하게 시켰다'의 사역동사 had 뒤에 목적어(me)와 동사원형의 목적격보어 do를 쓰면 돼요.
24	'여기다, 생각하다'의 consider 뒤에 목적어(him)와 형용사 목적격보어(honest)를 쓰면 돼요.
25	'요청했다'의 asked 뒤에 목적어(her)와 to부정사 목적격보어(to call)를 쓰면 돼요.
26	'~하게 시키다'의 사역동사 make 뒤에 목적어(me)와 동사원형의 목적격보어 clean을 쓰면 돼요.
27	'여기다, 생각하다'의 consider 뒤에 목적어(him)와 형용사 목적격보어(brave)를 쓰면 돼요.
28	'~하게 시키다'의 사역동사 have 뒤에 목적어(my son)와 동사원형 목적격보어 study를 쓰면 돼요.
29	'알게 되다'라는 뜻의 5형식 동사 find 뒤에 목적어(this place)와 형용사 목적격보어 noisy를 쓰면 돼요.
30	'유지하다'라는 뜻의 5형식 동사 keep 뒤에 목적어(the door)와 형용사 목적격보어 closed를 쓰면 돼요.

Day 07 명사의 정의

정답

1 a 2 an 3 -s, -es 4 children, teeth 5 the 6 dishes 7 foxes 8 potatoes 9 knives 10 women 11 pianos 12 people 13 an 14 Babies 15 the 16 a 17 a 18 I sat in the backseat. 19 She had a very busy day. 20 I enjoy meeting new people. 21 His books are very popular these days. 22 He learned an important lesson. 23 a necklace 24 children 25 teeth 26 hours 27 books 28 scarves 29 dishes 30 people

해설

6	-sh로 끝나는 명사이므로 -es를 붙여 복수형을 만들어요.
7	-x로 끝나는 명사이므로 -es를 붙여 복수형을 만들어요.
8	-o로 끝나는 명사이므로 -es를 붙여 복수형을 만들어요.
9	-fe로 끝나는 명사이므로 -fe를 -v로 바꾸고, -es를 붙여 복수형을 만들어요.
10	불규칙적으로 변하는 명사로 women이 복수형이에요.
11	'모음 + o'로 끝나는 명사이므로 -s만 붙여 복수형을 만들어요.
12	불규칙적으로 변하는 명사로 people이 복수형이에요.
13	umbrella는 첫 발음이 모음이므로 an을 써요.
14	'자음 + -y'로 끝나는 명사이므로 y를 i로 바꾸고 -es를 붙여 복수형을 만들어요.
15	water는 셀 수 없는 명사이므로 앞에 a를 쓸 수 없어요.

16	famous actress는 형용사가 명사를 꾸며주는 형태이므로 famous의 첫 발음으로 인해 a를 써요.
17	university는 u가 모음이지만 발음이 자음인 [j]로 시작하기 때문에 a를 써요.
18	명사 앞에 관사를 써야 하므로 backseat(뒷좌석) 앞에 써요.
19	명사 앞에 관사를 써야 하므로 부사(very)와 형용사(busy)가 꾸며주는 형태인 very busy day(매우 바쁜 하루) 앞에 a를 써요.
20	명사인 people은 형용사의 꾸밈을 받으므로 new 뒤에 써서 '새로운 사람들'이라는 의미가 돼요.
21	문장에 주어가 없기 때문에 his 뒤에 books가 위치하여 '그의 책들'이라는 의미가 돼요.
22	명사 앞에 관사를 써야 하므로 형용사가 꾸며 주는 형태인 important lesson(중요한 과) 앞에 an을 써요.
23	necklace는 셀 수 있는 명사이고, 의미상 불특정한 하나의 목걸이라는 의미이므로 a necklace가 돼요.
24	child는 불규칙적으로 변하는 명사로 children이 복수형이에요.
25	tooth는 불규칙적으로 변하는 명사로 teeth가 복수형이에요.
26	hour는 규칙적으로 변하는 명사로 hours가 복수형이에요.
27	book은 규칙적으로 변하는 명사로 books가 복수형이에요.
28	scarf는 -f를 v로 바꾸고, -es를 붙여 복수형을 만들어요.
29	dish는 -sh로 끝나는 명사이므로 -es를 붙여 복수형을 만들어요.
30	person은 불규칙적으로 변하는 명사로 people이 복수형이에요.

Day 08 가산 명사, 불가산 명사

정답

1 가산 명사, 불가산 명사 **2** 가산 명사 **3** 불가산 명사 **4** many **5** 복수형 **6** car, doctor, camera, chair **7** money, water, salt **8** chairs **9** money **10** an apple **11** many **12** advice **13** Do you keep a dog at home? **14** How many eggs do you need? **15** I don't drink milk. **16** There are not any good restaurants around here. **17** I bought many potatoes. **18** spent too much money **19** bought new shoes **20** I need some butter **21** you pass me the salt **22** many people were there **23** He invited many friends **24** bring me some water **25** put much butter **26** some money **27** much love **28** has many dogs **29** has too much cheese **30** a bathroom

해설

6	'자동차, 의사, 카메라, 의자'는 모두 셀 수 있는 명사예요.
7	'돈, 물, 소금'은 물질이나 추상적인 개념이기 때문에 셀 수 없어요.
8	some 뒤에는 chair와 같은 가산 명사가 올 경우 복수형으로 써야 해요.
9	money는 셀 수 없기 때문에 a를 붙일 수 없어요.
10	apple은 셀 수 있기 때문에 an을 붙여야 해요.
11	picture는 셀 수 있기 때문에 many를 써야 해요.
12	advice는 추상적인 개념이므로 셀 수 없기 때문에 복수형으로 쓰지 않아요.
13	dog는 셀 수 있고, '개들'이 아닌 불특정한 한 마리를 의미하므로 a를 붙여야 해요.
14	egg는 셀 수 있기 때문에 much가 아닌 many로 써야 해요.
15	milk는 셀 수 없기 때문에 a와 함께 쓸 수 없어요.
16	restaurant은 셀 수 있기 때문에 -s 붙여 복수형으로 써야 해요.
17	potato는 셀 수 있기 때문에 much가 아닌 many로 써야 해요.
18	spent (돈을) 썼다, too much money 너무 많은 돈
19	bought 샀다, new shoes 새 신발
20	need 필요하다, some butter 약간의 버터
21	pass A B A에게 B를 건네주다
22	How many ~? 얼마나 많이 ~? / there were ~이 있었다
23	friend는 셀 수 있고, '많은 친구들'이라는 의미이기 때문에 복수형으로 써야 해요.
24	water는 셀 수 없고, '약간의, 좀'을 의미하는 some을 water 앞에 써요.
25	butter는 모양을 한정 지을 수 없기 때문에 셀 수 없고, '많은'이라는 의미는 much를 사용해요.
26	'약간의, 좀'을 의미하는 some을 money 앞에 써요. 이때 money는 셀 수 없는 명사이기 때문에 복수형으로 쓰지 않아요.
27	love는 셀 수 없는 명사이기 때문에 '많은'을 의미하는 much를 앞에 써요.
28	dog는 셀 수 있는 명사이기 때문에 '많은'을 의미하는 many를 앞에 써요. 이때 dog는 복수형으로 고쳐서 써야 해요.
29	cheese는 모양을 한정 지을 수 없기 때문에 셀 수 없는 명사라서 '너무 많은'을 의미하는 too much를 앞에 써요.
30	bathroom은 셀 수 있는 명사이기 때문에 '하나'라는 단수를 의미하는 a를 앞에 써요.

Day 09 형용사

정답

1 명사 2 명사 3 뒤 4 주격보어 5 목적격보어 6 ④ 7 ② 8 ③ 9 very comfortable 10 good 11 anything special 12 successful 13 clever 14 We need someone new. 15 My friends are very friendly. 16 I found the problem difficult. 17 She made me nervous. 18 Mark drives an expensive car. 19 He looks handsome. 20 Jenny is a kind person. 21 He gave me some useful advice. 22 He made me angry. 23 We need something new. 24 The people are very friendly. 25 The news made me happy. 26 She looks nervous. 27 I like positive people. 28 There is nothing wrong. 29 I study in a comfortable room. 30 He is a selfish person.

해설

6 remain은 '계속 ~이다, 남다'라는 의미의 동사예요.
  interesting 흥미 있는, famous 유명한, friendly 친절한

7 information은 '정보'라는 의미의 명사예요.
  impossible 불가능한, effective 효과적인, curious 호기심이 많은

8 advice는 '충고'라는 의미의 명사예요.
  selfish 이기적인, kind 친절한, polite 예의 바른

9 형용사를 꾸며주는 부사 very는 형용사 앞에 위치해요.

10 명사인 idea를 꾸며주는 것은 형용사이므로 good이 정답이에요.

11 -thing으로 끝나는 명사는 형용사가 뒤에서 꾸며주기 때문에 anything special이 정답이에요.

12 2형식 문장의 주격보어 자리이므로 형용사 successful이 정답이에요.

13 5형식 문장의 목적격보어 자리이므로 형용사 clever가 정답이에요.

14 -one으로 끝나는 명사는 형용사가 뒤에서 꾸며주기 때문에 someone new(새로운 누군가)가 정답이에요.

15 형용사 friendly는 부사 very 뒤에 위치해요.

16 5형식 문장이므로 형용사 difficult는 목적격보어 자리인 the problem 뒤에 위치해요.

17 5형식 문장이므로 형용사 nervous는 목적격보어 자리인 me 뒤에 위치해요.

18 형용사 expensive는 명사를 꾸며주므로 관사 an과 명사 car 사이에 위치해요.

19 형용사 handsome(잘생긴)은 동사 looks 뒤에 위치해요.

20 형용사 kind(친절한)는 명사 person 앞에 위치해요.

21 형용사 useful(유용한)은 명사 advice 앞에 위치해요.

22 형용사 angry(화난)는 목적어 me 뒤에 위치해요.

23 -thing으로 끝나는 명사는 형용사가 뒤에서 꾸며주기 때문에 something new라고 써요.

24 형용사 friendly는 부사 very 뒤에 위치해요.

25 '나를 행복하게 만들었다'이므로 5형식 어순에 맞춰 made me happy가 돼요.

26 형용사 nervous는 주격보어 자리인 동사 looks 뒤에 위치해요.

27 형용사 positive는 명사 people 앞에 위치해요.

28 -thing으로 끝나는 명사는 형용사가 뒤에서 꾸며 주기 때문에 nothing wrong이라고 써요.

29 형용사 comfortable은 명사 room 앞에 위치해요.

30 형용사 selfish는 명사 person 앞에 위치해요.

Day 10 일반동사와 be동사

정답

1 일반동사, be동사 2 목적어 3 주어, am, are, is 4 don't 5 not 6 study 7 isn't 8 is 9 watch 10 ③ 11 ④ 12 ③ 13 are 14 Do 15 don't know 16 is not 17 I don't take the subway. 18 Is she a nice person? 19 They are not(= aren't) very difficult problems. 20 He is not(= isn't) a kind person. 21 Do you drink beer? 22 The movie is not(= isn't) boring. 23 We are office workers. 24 I don't remember her name. 25 Is she a funny person? 26 They are not(= aren't) honest people. 27 Do you go jogging in the morning? 28 I don't drink coffee. 29 Are these your pictures? 30 Is this movie popular?

해설

6 study 공부하다

7 isn't ~아니다

8 is ~이다

9 watch 보다

10 be동사의 부정문은 be동사 뒤에 not을 붙여 만들기 때문에 don't is가 아닌 isn't로 써야 해요.

11 일반동사 의문문이므로 문장 앞에 be동사 Are이 아닌 Do를 써야 해요.

12 They는 3인칭 복수 주어이기 때문에 be동사는 are을 써야 해요.

13 '꽃들'이라는 복수형 주어이기 때문에 be동사는 are을 써야 해요.

14 일반동사 의문문이므로 문장 앞에 Do를 써야 해요.

15 일반동사 부정문은 동사 앞에 don't를 써야 해요.

16 be동사 부정문은 be동사 뒤에 not을 써야 해요.

17 일반동사 부정문은 동사 앞에 don't를 써야 해요.

18	be동사 의문문은 주어와 be동사의 자리를 바꿔 be동사를 문장의 맨 앞에 써요.
19	be동사 부정문은 be동사 뒤에 not을 써야 해요.
20	be동사 부정문은 be동사 뒤에 not을 써야 해요.
21	일반동사 의문문이므로 문장 앞에 Do를 써야 해요.
22	be동사 부정문은 be동사 뒤에 not을 써야 해요.
23	'회사원이다'이므로 be동사(~이다)를 써야 하고, '우리(we)'가 문장의 주어이기 때문에 be동사는 are이 돼요.
24	일반동사 remember가 쓰인 문장이므로 부정문은 동사 앞에 don't를 써요.
25	'재미있는 사람이다'이므로 be동사(~이다) is를 써야 하고, 의문문은 주어와 be동사의 자리를 바꿔 be동사를 문장의 맨 앞에 써요.
26	주어가 3인칭 복수인 be동사 부정문이므로 are 뒤에 not을 붙여 are not이라고 써야 해요.
27	주어가 you인 일반동사 의문문이므로 문장 앞에 Do를 써야 해요.
28	일반동사 부정문은 동사 앞에 don't를 써야 해요.
29	주어가 3인칭 복수인 be동사 의문문이므로 are을 문장의 맨 앞에 써요.
30	주어가 3인칭 단수인 be동사 의문문이므로 is를 문장의 맨 앞에 써요.

Day 11   일반동사의 수 일치

정답

1 -s **2** -es **3** i, -es **4** has **5** doesn't **6** work **7** plays **8** have **9** goes **10** ② **11** ① **12** ④ **13** students **14** doesn't **15** relies **16** stays **17** She doesn't like going fishing. **18** Does David ride a bike to school? **19** I don't take a nap after lunch. **20** She drinks water every morning. **21** Jenny doesn't trust them. **22** Mark plays the piano very well. **23** He doesn't buy any clothes. **24** Nancy washes the dishes after dinner. **25** Do you work out regularly? **26** The café sells cheesecake. **27** The students don't learn Chinese. **28** The singer plays the guitar well. **29** Do you have time? **30** Does your sister go to school?

해설

6	work 일하다
7	play 연주하다 / 주어가 3인칭 단수이므로 plays로 써요.
8	have 가지고 있다
9	go to work 출근하다 / 주어가 3인칭 단수이므로 goes로 써요.
10	주어가 he일 때 일반동사 현재시제 부정문은 doesn't를 쓰고 동사는 원형으로 써요.
11	people은 복수형 주어이기 때문에 doesn't가 아닌 don't를 써야 해요.
12	watch와 같이 -ch로 끝나는 동사는 -es를 붙여서 3인칭 단수형으로 만들어요.
13	주어가 '학생들'이므로 복수형 students가 정답이에요.
14	주어가 3인칭 단수이므로 doesn't를 써서 부정해요.
15	rely는 '자음 + y'로 끝나는 동사이므로 -y를 i로 고치고 -es를 붙여서 3인칭 단수형을 만들어요.
16	stay는 '모음 + y'로 끝나는 동사이기 때문에 -s만 붙여서 3인칭 단수형을 만들어요.
17	3인칭 단수 주어일 때 현재시제 부정문은 동사 앞에 doesn't를 쓰고 동사는 원형으로 써요.
18	일반동사 현재시제 문장에서 주어가 3인칭 단수일 때 의문문은 Does를 문장의 맨 앞에 쓰고, 동사는 원형으로 써야 해요.
19	주어가 I인 일반동사 현재시제 문장을 부정문으로 바꿀 때는 동사 앞에 don't를 써요.
20	drink 마시다 / every morning 매일 아침
21	trust 믿다 / 3인칭 단수 주어의 일반동사 현재시제 부정문이므로 동사 앞에 doesn't를 써서 나타내요.
22	play 연주하다
23	3인칭 단수 주어의 일반동사 현재시제 부정문이므로 동사 앞에 doesn't를 써서 나타내요.
24	3인칭 단수 주어의 일반동사 현재시제 긍정문이고, 동사가 -sh로 끝나므로 -es를 붙여야 해요.
25	주어가 you인 일반동사 현재시제 의문문이므로 문장 앞에 Do를 써요.
26	3인칭 단수 주어의 일반동사 현재시제 긍정문이기 때문에 동사에 -s를 붙여야 해요.
27	3인칭 복수 주어의 일반동사 현재시제 부정문이므로 동사 앞에 don't를 써서 나타내요.
28	3인칭 단수 주어의 일반동사 현재시제 긍정문이기 때문에 동사에 -s를 붙여야 해요.
29	주어가 you인 일반동사 현재시제 의문문이므로 문장 앞에 Do를 써요.
30	주어가 3인칭 단수인 일반동사 현재시제 의문문이므로 문장 앞에 Does를 써요.

Day 12   be동사의 수 일치

정답

1 is **2** am **3** are **4** was, were **5** not, be동사 **6** am **7** are **8** was **9** were **10** is **11** ④ **12** ④ **13** ④ **14** are **15** is **16** Are **17** are not **18** was **19** They were not(= weren't) in the hotel room. **20** Is the project important for him? **21** He was not(= wasn't) late for the meeting. **22** Is the food there expensive? **23** The boxes were too heavy. **24** Mike is not(= isn't) honest. **25** Is the restaurant good? **26** Is he busy these days?

27 I was very tired yesterday. **28** She was not(= wasn't) a good teacher. **29** Are those bags new? **30** My friend is in Africa.

해설

6	주어가 I(1인칭 단수)인 현재시제 문장이므로 am을 써요.
7	주어가 We(2인칭 복수)인 현재시제 문장이므로 are을 써요.
8	주어가 His speech(3인칭 단수)인 과거시제 문장이므로 was를 써요.
9	주어가 We(2인칭 복수)인 과거시제 문장이므로 were을 써요.
10	주어가 She(3인칭 단수)인 현재시제 문장이므로 is를 써요.
11	주어가 복수형이므로 was가 아닌 were을 써야 해요.
12	주어가 you(2인칭 단수)이므로 was가 아닌 were을 써야 해요.
13	am은 not과 축약해서 쓸 수 없어요.
14	Amy and Jenny는 복수 주어 이므로 are을 써야 해요.
15	3인칭 단수 주어이므로 is를 써야 해요.
16	dog person은 '개를 좋아하는 사람'이라는 뜻으로 be동사와 함께 쓰기 때문에 Are을 써야 해요.
17	be동사 문장이므로 부정문은 be동사 뒤에 not을 써요.
18	'지루했다'라는 과거시제 문장이므로 be동사의 과거형 was를 써요.
19	be동사 부정문은 be동사 뒤에 not을 써요.
20	be동사 의문문은 be동사를 문장의 맨 앞에 써요.
21	be동사 부정문은 be동사 뒤에 not을 써요.
22	be동사 의문문은 be동사를 문장의 맨 앞에 써요.
23	be동사 과거시제 문장이고, 주어가 복수형이므로 were을 써요.
24	be동사 현재시제 부정문이고, 주어가 3인칭 단수이므로 is not(= isn't)를 써요.
25	be동사 현재시제 의문문이므로 is를 문장의 맨 앞에 써요.
26	3인칭 단수 주어의 be동사 현재시제 의문문이므로 is를 문장의 맨 앞에 써요.
27	1인칭 주어의 be동사 과거시제 문장이므로 was를 써요.
28	3인칭 단수 주어의 be동사 과거 시제 부정문이므로 was not(= wasn't)를 써요.
29	3인칭 복수 주어의 be동사 현재시제 의문문이므로 are을 문장의 맨 앞에 써요.
30	3인칭 단수 주어의 be동사 현재시제 문장이므로 is를 써요.

Day 13 동사의 과거형

정답

1 규칙형, 불규칙형 **2** ed **3** A-B-B **4** i **5** didn't **6** played **7** liked **8** put **9** ate **10** didn't **11** come, run **12** take, write **13** ② **14** ③ **15** ④ **16** He helped my sister a lot. **17** The weather became hotter. **18** We moved to Busan. **19** He didn't read the poem. **20** My brother didn't clean his room. **21** I wanted to go on a picnic. **22** She liked my dress. **23** We studied math. **24** The music didn't stop. **25** He didn't make a mistake. **26** I parked my car. **27** The cats ran away. **28** The student didn't finish his homework. **29** I didn't like the movie. **30** She exercised hard yesterday.

해설

6	played 연주했다
7	liked 좋았다
8	put 넣었다
9	ate 먹었다
10	didn't ~하지 않았다
11	come-came-come, run-ran-run
12	take-took-taken, write-wrote-written
13	run의 과거형은 ran이에요.
14	begin의 과거형은 began이에요.
15	send의 과거형은 sent예요.
16	help의 과거형은 -ed를 붙여 helped예요.
17	become의 과거형은 became이에요.
18	move의 과거형은 -e로 끝나는 동사이기 때문에 -d를 붙여 moved예요.
19	과거 동사 부정문은 동사 앞에 didn't를 써요.
20	과거 동사 부정문은 didn't 뒤에 동사원형을 써야 해요.
21	'~하고 싶다'의 want는 -ed를 붙여 과거형으로 만들어요.
22	'좋아하다'의 like는 -e로 끝나기 때문에 -d를 붙여 과거형으로 만들어요.
23	study는 -y로 끝나는 동사이므로 y를 i로 고치고 -ed를 붙여서 과거형으로 만들어요.
24	과거 동사 부정문은 동사 앞에 didn't를 쓰고 동사는 원형으로 써야 해요.
25	과거 동사 부정문은 동사 앞에 didn't를 쓰고 동사는 원형으로 써야 해요.
26	'주차하다'의 park는 -ed를 붙여 과거형으로 만들어요.
27	'도망가다'의 run away는 run을 ran으로 바꿔 과거형으로 만들어요.

28	과거 동사 부정문은 동사 앞에 didn't를 쓰고 동사는 원형으로 써야 해요.
29	과거 동사 부정문은 동사 앞에 didn't를 쓰고 동사는 원형으로 써야 해요.
30	'운동하다'의 exercise는 -d를 붙여 과거형으로 만들어요.

Day 14 시간과 장소의 전치사 (at, on, in)

정답

1 시간, 장소 **2** at **3** on **4** in **5** at **6** in **7** at **8** on **9** in **10** on **11** in **12** at **13** ④ **14** ① **15** ② **16** There are many children in the park. **17** My mom's birthday is on May 10th. **18** I bought this in Spain. **19** He goes hiking in the morning. **20** I will meet him on Valentine's Day. **21** There are stickers on the wall. **22** He slept in his room. **23** I want to go camping in August. **24** Let's meet at the café at 4 o'clock. **25** I will be in Busan on Monday. **26** We met at 7:30. **27** There was a movie poster on the door. **28** Flowers bloom in March. **29** Birds sat on the tree. **30** Do you have time on Monday?

해설

5	at + 시간
6	in + 년도
7	at + 구체적 위치
8	on + 요일
9	in + 공간 내 장소
10	on + 접촉되어 있는 위치
13	June(6월)과 같은 '월'만 쓰였을 때는 in을 쓰지만 6월 15일이라는 날짜를 말할 때에는 on을 써요.
14	'그는 아직 학교에 있다.'라는 뜻이고, 학교라는 구체적인 위치에 있음을 나타내기 때문에 at을 써요.
15	Sunday와 같은 요일 앞에는 on을 써요.
16	'공원 안'을 나타내기 때문에 in을 써야 해요.
17	5월 10일이라는 날짜를 말하기 때문에 on을 써야 해요.
18	나라 앞에는 in을 써야 해요.
19	'아침에'는 전치사 in을 사용해서 나타내요.
20	밸런타인데이와 같이 -day가 붙은 단어 앞에는 on을 써야 해요.
21	스티커가 벽에 접촉되어 붙어 있다는 의미이므로 on을 써야 해요.
22	방 안에서 잤다는 의미이므로 in을 써야 해요.
23	8월이라는 월 앞에는 in을 써야 해요.
24	구체적인 장소와 4시와 같이 구체적 시각을 나타낼 때는 at을 써요.
25	도시 이름 앞에는 in, 요일 앞에는 on을 써요.
26	7시 반과 같이 구체적 시각을 나타낼 때는 at을 써요.
27	포스터가 벽에 접촉되어 붙어 있다는 의미이므로 on을 써야 해요.
28	3월이라는 월 앞에는 in을 써야 해요.
29	새가 나뭇가지 위에 앉아 있다는 의미이므로 on을 써야 해요.
30	요일 앞에는 on을 써요.

Day 15 시간의 전치사 (by, until / for, during)

정답

1 by **2** until **3** for **4** during **5** by **6** for **7** during **8** until **9** by **10** during **11** by **12** during **13** ③ **14** ① **15** ① **16** He has been singing for 3 hours. **17** She has to finish this homework by 3 P.M. **18** He got a cold during the trip. **19** We will complete this project by the end of this year. **20** I will sleep until 2 P.M. tomorrow. **21** They can finish it by tomorrow. **22** I was at(in) the library until 1 P.M. **23** She has lived in Seoul for 3 years. **24** He will stay at home during the summer vacation. **25** You need to keep this book until tomorrow. **26** They will build a house by next year. **27** I slept during the movie. **28** She will not be here for one week. **29** My daughter studied until midnight. **30** Can you come by 2?

해설

5	내일까지 끝내야 한다는 기한을 의미하므로 by를 써요.
6	3시간이라는 숫자가 포함된 기간이므로 for을 써요.
7	'회의'라는 특정 기간 동안이라는 의미이므로 during을 써요.
8	지속성의 의미의 '~까지'이기 때문에 until을 써요.
9	11시까지 체크아웃이 끝나야 한다는 기한을 의미하므로 by를 써요.
10	'겨울 방학'이라는 특정 기간 동안이라는 의미이므로 during을 써요.
13	'우리는 내일까지 소포를 보낼 거야.'라는 의미가 자연스러우므로 during이 아닌 by를 써야 해요.
14	'휴일'은 특정 기간 동안이라는 의미이므로 for이 아닌 during을 써야 해요.
15	내일까지 끝내야 한다는 기한을 의미하기 때문에 until이 아닌 by를 써야 해요.

16	3시간이라는 숫자가 포함된 기간이므로 for를 써요.
17	3시까지 끝내야 한다는 기한을 의미하므로 until이 아닌 by를 써야 해요.
18	여행이라는 특정 기간 동안이라는 의미이므로 for이 아닌 during을 써야 해요.
19	올해 말까지 끝낼 거라는 기한을 의미하므로 until이 아닌 by를 써야 해요.
20	내일 오후 2시까지 잠을 계속 잔다는 지속성의 의미이므로 by가 아닌 until을 써야 해요.
21	내일까지 끝내야 한다는 의미이므로 by를 써요.
22	오후 1시까지 계속 있었다는 의미이므로 until을 써요.
23	3년이라는 숫자가 포함된 기간이므로 for을 써요.
24	여름 방학이라는 특정 기간 동안이라는 의미이므로 during을 써요.
25	내일까지 계속 가지고 있어야 한다는 의미이므로 until을 써요.
26	내년까지 집을 다 지을 거란 의미이므로 by를 써요.
27	영화가 상영하는 동안이라는 특정 기간을 의미이므로 during을 써요
28	1주라는 숫자가 포함된 기간 동안이므로 for을 써요.
29	자정까지 계속 공부했다는 의미이므로 until을 써요.
30	2시까지 올 수 있냐는 의미이므로 by를 써요

Day 16 시간의 전치사(before, after)

정답

1 before **2** after **3** 동명사 **4** 동명사 **5** before **6** after **7** before **8** before **9** after **10** after **11** before **12** after **13** ③ **14** ② **15** ④ **16** He passed the exam after studying hard. **17** After finishing this, I will go home. **18** I got a call before leaving. **19** Let's exercise before dark. **20** She got a cold after the trip. **21** Call me before finishing it. **22** I bought a book before going to the library. **23** I will eat cake after lunch.(= I will eat cake after eating lunch.) **24** After the movie, they will have dinner. **25** Before going to bed, you should do your homework. **26** Come back before 9. **27** I listen to music before sleeping. **28** Let's meet after class. **29** They run before exercising. **30** I drink milk after taking a shower.

해설

13	'떠나기 전에 버스 스케줄을 확인해.'라는 의미가 자연스러우므로 after가 아닌 before를 써야 해요.
14	'저녁 식사 후에 나는 항상 양치를 해.'라는 의미가 자연스러우므로 before가 아닌 after를 써야 해요.
15	'난 영화를 보기 전에 티켓을 살 거야.'라는 의미가 자연스러우므로 after가 아닌 before를 써야 해요.
16	'열심히 공부한 후에'이므로 before가 아닌 after를 써야 해요.
17	'이거를 끝낸 후에'이므로 before가 아닌 after를 써야 해요.
18	'떠나기 전'이므로 after가 아닌 before를 써야 해요.
19	'어두워지기 전'이므로 after가 아닌 before를 써야 해요.
20	'여행 후'이므로 before가 아닌 after를 써야 해요.
21	'끝내기 전'이므로 before를 쓰고, 뒤에 동명사를 쓴 형태예요.
22	'가기 전'이므로 before를 쓰고, 뒤에 동명사를 쓴 형태예요.
23	'점심 먹고 난 후'이므로 after를 쓰고, 뒤에 명사를 쓴 형태예요.
24	'영화 끝난 후'이므로 after를 쓰고, 뒤에 명사를 쓴 형태예요.
25	'잠자러 가기 전'이므로 before를 쓰고, 뒤에 동명사를 쓴 형태예요.
26	'9시 전'이므로 before를 쓰고, 뒤에는 시간 9시를 써요.
27	'자기 전'이므로 before를 쓰고, 뒤에 동명사를 쓴 형태예요.
28	'수업이 끝난 후'이므로 after를 쓰고, 뒤에 명사를 쓴 형태예요.
29	'운동하기 전'이므로 before를 쓰고, 뒤에 동명사를 쓴 형태예요.
30	'샤워를 한 후'이므로 after를 쓰고, 뒤에 동명사를 쓴 형태예요.

Day 17 기타 전치사 (to, from, of, about)

정답

1 to **2** from **3** of **4** about **5** to **6** from **7** from, to **8** of **9** about **10** of **11** of **12** to **13** ④ **14** ③ **15** ② **16** I want to go to the restaurant. **17** When will he come back from New York? **18** He is one of her friends. **19** He complained about the food. **20** I work from 2 to 10 every day. **21** She knows everything about him from A to Z. **22** I will not go to school today. **23** I didn't know about him. **24** One of the reasons is her. **25** He will return from his trip today. **26** I walked from school to home. **27** Don't talk about the secret. **28** Pick one of these. **29** He moved to Korea. **30** This is from my mom.

해설

5	to ~에, ~로
6	from ~로부터
7	from A to B A에서 B까지
8	of ~의
9	about ~에 대해
10	of ~중에
13	'난 그녀에 대해 잘 몰라.'라는 의미가 자연스러우므로 to가 아닌 about을 써야 해요.
14	'너 언제 공원에 갈 거야?'라는 의미가 자연스러우므로 about이 아닌 to를 써야 해요.
15	'난 그에 대해 알고 싶어.'라는 의미가 자연스러우므로 from이 아닌 about을 써야 해요.
16	'레스토랑에 가다'이므로 from이 아닌 '~로, ~에'를 의미하는 to를 써야 해요.
17	'뉴욕에서 돌아오다'이므로 of가 아닌 '~로부터'의 from을 써야 해요.
18	'그녀의 친구 중 하나'이므로 about이 아닌 '~중에'의 of를 써야 해요.
19	'음식에 대해'이므로 from이 아닌 '~대한'의 about을 써야 해요.
20	'2시부터 10시까지'는 from A to B 형태이므로 of가 아닌 to를 써야 해요.
21	'그에 대해'이므로 about을 쓰고, '하나부터 열까지'는 from A to B 형태를 활용해서 써요.
22	'학교에 가다'이므로 to를 써요.
23	'그에 대해'이므로 about을 써요.
24	'이유 중 하나'이므로 of를 써요.
25	'여행에서'이므로 from을 써요.
26	'학교부터 집까지'는 from A to B 형태를 써요.
27	'그 비밀에 대해'이므로 about을 써요.
28	'이것들 중 하나'이므로 of를 써요.
29	'한국으로'이므로 to를 써요.
30	'엄마로부터'이므로 from을 써요.

Day 18 등위접속사(and, but, or, so)

정답

1 and **2** but **3** or **4** so **5** and **6** or **7** so **8** but **9** and **10** but **11** but **12** so **13** ② **14** ① **15** ④ **16** You can choose red, yellow, or blue. **17** He is very handsome, so he is popular. **18** Put on your jacket, or you'll get a cold. **19** She drank coffee and ate cake. **20** This novel is great but boring. **21** She put on her shoes and went out. **22** It was sunny, so we went on a picnic. **23** Let's take a taxi, or we will be late. **24** This juice is sweet but not fresh. **25** I will buy cookies or biscuits. **26** I was tired, so I didn't go out. **27** The student went to school but didn't study. **28** I will buy cake and bread. **29** This dress is pretty but expensive. **30** I cooked and Tom did the dishes.

해설

5	and 그리고
6	or 아니면
7	so 그래서
8	but 그러나
9	and 그리고
10	but 그러나
13	세 개 이상의 단어를 연결할 때는 모두 나열하고 제일 마지막 단어 앞에서 한 번만 or을 넣어주면 돼요.
14	'열심히 공부해, 그렇지 않으면 너 시험에서 떨어질 거야.'라는 의미가 자연스러우므로 and가 아닌 or을 써야 해요.
15	'그 영화는 재미있고 흥미로웠어.'라는 의미가 자연스러우므로 but이 아닌 and를 써야 해요.
16	빨간색이나 노란색 혹은 파란색 중에서 고를 수 있다는 의미이므로 and가 아닌 or을 써야 해요.
17	잘생겨서 인기가 많다는 '그래서, 그 결과'의 의미이므로 but이 아닌 so를 써야 해요.
18	재킷을 입지 않으면 감기가 걸릴 것이라는 의미이므로 so가 아닌 or을 써야 해요.
19	커피를 마시고 케이크를 먹었다는 의미이므로 or이 아닌 and를 써야 해요.
20	훌륭하지만 지루하다는 의미이므로 and가 아닌 but을 써야 해요.
21	and로 '신발을 신었다'와 '밖으로 나갔다'라는 구와 구를 연결해 준 형태예요.
22	'날씨가 좋았다' 그래서 '소풍을 갔다'는 의미이므로 so로 절과 절을 연결해준 형태예요.
23	or을 사용해서 '택시를 타자'와 '우리는 늦을 거야'라는 절과 절을 연결해준 형태예요.
24	but으로 '(맛이) 단'과 '신선한'이라는 단어와 단어를 연결해준 형태예요.
25	or을 사용해서 '쿠키'와 '비스킷'이라는 단어와 단어를 연결해준 형태예요.
26	'나는 피곤했다'와 '나는 나가지 않았다'라는 두 절을 so로 연결한 형태예요.
27	'학교에 갔다' 하지만 '공부하지 않았다'라는 의미이므로 but으로 구와 구를 연결해준 형태예요.
28	'케이크' 그리고 '빵'이라는 의미이므로 and로 단어와 단어를 연결해준 형태예요.
29	'예쁜'과 '비싼'이라는 단어와 단어를 but으로 연결해준 형태예요.
30	'난 요리를 했어.'와 'Tom은 설거지를 했어.'라는 두 개의 절을 and로 연결해준 형태예요.

Day 19 부사절 접속사 (because, if, when)

정답

1 사이, 앞 **2** because **3** if **4** when **5** Because **6** If **7** When **8** because **9** if **10** when **11** if **12** when **13** ③ **14** ④ **15** ② **16** I let her go because she looked tired. **17** When I went to the café, I met him. **18** If it doesn't work, I'll let you know. **19** Because I didn't have time, I skipped lunch. **20** If you have a tent, bring it. **21** If you have a coat, put it on now. **22** When you go swimming, wear a swimsuit. **23** Because it was too cold, I didn't go out. **24** Because he wanted to go fast, he took a taxi. **25** If I have time, I will go to your party. **26** When you came to my house, I was at the library. **27** Because I lost my phone, I was late. **28** If you need me, I will help you. **29** When you were 10, I was 15. **30** Because I got up late, I missed the bus.

해설

5	because ~때문에
6	if 만약 ~라면
7	when ~할 때
8	because ~때문에
9	if 만약 ~라면
10	when ~할 때
13	'그게 작동하지 않으면 내게 전화해.'라는 의미가 자연스러우므로 because가 아닌 if를 써야 해요.
14	'난 약속이 있기 때문에 지금 가야 해.'라는 의미가 자연스러우므로 if가 아닌 because를 써야 해요.
15	'난 그게 가격이 아주 저렴했기 때문에 샀어.'라는 의미가 자연스러우므로 if가 아닌 because를 써야 해요.
16	피곤해 보였기 때문이라는 의미이므로 when이 아닌 because를 써야 해요.
17	카페에 갔을 때라는 의미이므로 because가 아닌 when을 써야 해요.
18	'만약에 작동하지 않는 다면'이라는 의미이므로 when이 아닌 if를 써야 해요.
19	시간이 없었기 때문이라는 의미이므로 if가 아닌 because를 써야 해요.
20	'만약에 가지고 있다면'이라는 의미이므로 because가 아닌 if를 써야 해요.
21	'만약 가지고 있다면'이라는 의미이므로 if를 써요.
22	'수영하러 갈 때'이므로 when을 써요.
23	'너무 추웠기 때문에'라는 의미이므로 because를 써요.
24	'빨리 가고 싶었기 때문에'이므로 because를 써요.
25	'만약 시간이 있다면'이라는 의미이므로 if를 써요.
26	'우리 집에 왔을 때'이므로 when을 써요.
27	'휴대폰을 잃어버렸기 때문에'라는 의미이므로 because를 써요.
28	'만약 내가 필요하다면'이라는 의미이므로 if를 써요.
29	'10살이었을 때'이므로 when을 써요.
30	'늦게 일어났기 때문에'이므로 because를 써요.

Day 20 부사

정답

1 형용사, 동사 **2** ly **3** 앞 **4** 형용사 **5** always **6** well **7** easily **8** hard **9** really **10** basically **11** sometimes **12** fast **13** ③ **14** ④ **15** ④ **16** They left the office early. **17** He arrived late at the station. **18** I sometimes watch a movie. **19** You should drive slowly here. **20** I really want to go on a picnic. **21** He always wears glasses. **22** She can ride a bike well. **23** I studied hard after school. **24** I don't want to go to bed early. **25** Fortunately, I could meet her. **26** She danced beautifully. **27** He walked quickly. **28** I usually sleep at 11. **29** Do not talk loudly here. **30** I finally finished my work.

해설

6	well 잘
7	easily 쉽게
8	hard 열심히
9	really 정말
10	basically 기본적으로
13	빈도부사 always는 일반동사 앞에 위치해야 해요.
14	'정말 좋아하다'와 같이 부사가 동사를 꾸며주기 때문에 really는 like 앞에 위치해야 해요.
15	빈도부사 always는 be동사 뒤에 위치해야 해요.
16	'사무실을 떠났다'라는 '타동사 + 목적어' 형태를 꾸며주므로 early는 목적어 뒤에 위치해요.
17	부사 late는 arrive(도착하다)라는 자동사를 꾸며주므로 동사 뒤에 위치해야 해요.
18	빈도부사 sometimes는 일반동사 앞에 위치해야 해요.
19	자동사 drive(운전하다)를 부사 slowly(천천히)가 꾸며주므로 동사 뒤에 위치해야 해요.
20	타동사 want(~하고 싶다)를 부사 really(정말)가 꾸며주므로 동사 앞에 위치해야 해요.
21	빈도부사 always는 일반동사 앞에 위치해야 해요.

22	부사 well이 '타동사 + 목적어' 형태의 '자전거를 타다'를 꾸며주므로 문장의 마지막에 오는 것이 자연스러워요.
23	'공부하다'라는 자동사를 부사 hard가 꾸며주는 형태이므로 동사 뒤에 위치해요.
24	'잠자리에 들다'라는 go to bed를 부사 early가 꾸며주는 형태이므로 go to bed 뒤에 위치해요.
25	부사 fortunately가 문장 전체를 꾸며주는 형태이므로 문장 앞에 위치해요.
26	'춤을 췄다'라는 자동사 danced를 부사 beautifully가 뒤에서 꾸며주는 형태예요.
27	'걸었다'라는 자동사 walked를 부사 quickly가 뒤에서 꾸며주는 형태예요.
28	빈도부사 usually는 일반동사 앞에 위치해야 해요.
29	'떠들다'라는 자동사 talk를 부사 loudly가 뒤에서 꾸며주는 형태예요.
30	결과를 나타내는 부사 finally는 일반동사 앞에 위치해야 해요.

진짜 학습지 - 기초 발음

Day 01 모음 훈련: e

옆에 다른 모음이 추가되면 소리가 바뀌는 e

정답

1 F 2 T 3 F 4 ③ 5 ② 6 ① 7 ② 8 ② 9 ① 10 ② 11 ② 12 ② 13 ③ 14 ② 15 ③ 16 ① 17 teen 18 pen 19 sea 20 wet 21 red 22 eat 23 cheese 24 egg 25 sea

해설

1	e는 short vowel과 long vowel 두 개의 소리가 있어요.
2	short vowel e는 '에' 소리가 나요.
3	long vowel e는 '이이~' 소리가 나요.
4	①번은 '이(i)' 소리, ②번은 '에(e)' 소리, ④번은 '애아(a)' 소리이므로 '이이(ea)' 소리인 ③번이 정답이에요.
5	①번은 '우(u)' 소리, ③번은 '이이(ee)' 소리, ④번은 '어아(o)' 소리이므로 '에(e)' 소리인 ②번이 정답이에요.
6	short vowel e의 '에' 소리가 들어간 leg가 정답이에요. league (스포츠 경기의) 리그
7	long vowel e의 '이이' 소리가 들어간 eagle이 정답이에요. igloo 이글루
8	long vowel e의 '이이' 소리가 들어간 team이 정답이에요. Tim 팀 (남자 이름)
9	short vowel e의 '에' 소리가 들어간 pen가 정답이에요. pea 완두콩
10	long vowel e의 '이이' 소리가 들어간 easy가 정답이에요. is be동사의 3인칭 단수형
11	①번은 is(be동사의 3인칭 단수형), ③번은 sit(앉다)으로 long vowel e의 '이이' 소리가 들어간 seat은 ②번이에요.
12	①번은 chess(체스), ③번은 chase(쫓다)로 long vowel e의 '이이' 소리가 들어간 cheese는 ②번이에요.
13	①번은 wait(기다리다), ②번은 wheat(밀)로 short vowel e의 '에' 소리가 들어간 wet은 ③번이에요.
14	①번은 eager(열렬한), ③번은 eight(여덟)으로 short vowel e의 '에' 소리가 들어간 elbow는 ②번이에요.
15	①번은 eight(여덟), ②번은 eager(열렬한)으로 long vowel e의 '이이' 소리가 들어간 easy는 ③번이에요.
16	②번은 tin(깡통), ③번은 term(학기)으로 long vowel e의 '이이' 소리가 들어간 team은 ①번이에요.
17	teen 10대의
18	pen 펜
19	sea 바다
20	wet 젖은
21	red 빨간색
22	eat 먹다

23	cheese 치즈		19	use 사용하다
24	egg 계란		20	tube 튜브
25	sea 바다		21	hug 껴안다
			22	luck 행운
			23	music 음악
			24	university 대학교
			25	bus 버스

Day 02 모음 훈련: u
'우'라고 생각했던 모음 u의 의외의 소리

정답

1 F 2 F 3 F 4 ④ 5 ② 6 ① 7 ② 8 ① 9 ② 10 ① 11 ② 12 ③ 13 ② 14 ③ 15 ② 16 ① 17 uncle 18 human 19 use 20 tube 21 hug 22 luck 23 music 24 university 25 bus

해설

1. 턱을 밑으로 내려서 내는 소리는 long vowel u가 아닌 short vowel u예요.
2. short vowel u는 짧게 '어' 소리를 내요.
3. long vowel u는 입을 양 옆으로 늘리지 않고, 입꼬리에 힘을 주지 않은 '이' 입 모양에서 시작해요.
4. ①번은 '어아(o)' 소리, ②번은 '애아(a)' 소리, ③번은 '이(i)' 소리이므로 '어(u)' 소리인 ④번이 정답이에요.
5. ①번은 '오우(o)' 소리, ③번은 '에(e)' 소리, ④번은 '애아(a)' 소리이므로 '이유' 소리인 ②번이 정답이에요.
6. long vowel u의 '이유' 소리가 들어간 use가 정답이에요.
us 우리
7. short vowel u의 '어' 소리가 들어간 up이 정답이에요.
oak 오크
8. short vowel u의 '어' 소리가 들어간 ugly가 정답이에요.
unit (교재의) 단원
9. long vowel u의 '이유' 소리가 들어간 united가 정답이에요.
untie 매듭을 풀다
10. long vowel u의 '이유' 소리가 들어간 excuse가 정답이에요.
extreme 극도의
11. ①번은 cute(귀여운), ③번은 chop(썰다)으로 short vowel u의 '어' 소리가 들어간 cut는 ②번이에요.
12. ①번은 top(꼭대기), ②번은 tub(뚜껑이 없고 둥근 통)으로 long vowel u의 '이유' 소리가 들어간 tube는 ③번이에요.
13. ①번은 look(보다), ③번은 like(좋아하다)로 short vowel u의 '어' 소리가 들어간 luck는 ②번이에요.
14. ①번은 fog(안개), ②번은 bug(벌레)으로 hug는 ③번이에요.
15. ①번은 gum(껌), ③번은 god(신)으로 gun은 ②번이에요.
16. ②번은 both(둘 다), ③번은 box(상자)로 short vowel u의 '어' 소리가 들어간 bus는 ①번이에요.
17. uncle 삼촌
18. human 인간

Day 03 모음 훈련: a
'에이'라고 소리낼 수도 있고 아닐 수도 있는 a

정답

1 F 2 F 3 T 4 ② 5 ④ 6 ① 7 ② 8 ① 9 ② 10 ① 11 ② 12 ② 13 ③ 14 ② 15 ③ 16 ① 17 apple 18 date 19 agent 20 acorn 21 alien 22 age 23 cake 24 cat 25 tape

해설

1. long vowel a는 특정한 입 모양을 만들지 않고 자연스러운 입 모양으로 발음해요.
2. short vowel a는 '에이'가 아니라 '애아' 소리가 나요.
3. short vowel a는 입꼬리를 쭉 올려주며 입 모양이 반원이 돼요.
4. ①번은 '아이(i)' 소리, ③번은 '아이(y)' 소리, ④번은 '어아(o)' 소리이므로 '애아(a)' 소리인 ②번이 정답이에요.
5. ①번은 '아이(i)' 소리, ②번은 '에(e)' 소리, ③번은 '오우(o)' 소리이므로 '에이(a)' 소리인 ④번이 정답이에요.
6. short vowel a의 '애아' 소리가 들어간 actor가 정답이에요.
ace 고수
7. short vowel a의 '애아' 소리가 들어간 dance가 정답이에요.
daily 나날의
8. short vowel a의 '애아' 소리가 들어간 ask가 정답이에요.
art 예술
9. long vowel a의 '에이' 소리가 들어간 cake가 정답이에요.
cart 카트
10. short vowel a의 '애아' 소리가 들어간 banana가 정답이에요.
Barbara 바바라(여자 이름)
11. ①번은 add(더하다), ③번은 aim(목표)으로 and는 ②번이에요.
12. ①번은 again(다시), ③번은 argue(다투다)로 long vowel a의 '에이' 소리가 들어간 age는 ②번이에요.
13. ①번은 cast(출연자), ②번은 cash(현금)로 long vowel a의 '에이' 소리가 들어간 case는 ③번이에요.
14. ①번은 snake(뱀), ③번은 snail(달팽이)로 short vowel a의 '애아' 소리가 snack은 ②번이에요.

15	①번은 bark(짖다), ②번은 back(등)으로 long vowel a의 '에이' 소리가 들어간 bake은 ③번이에요.
16	②번은 Jane('제인' 여자 이름), ③번은 Jake('제이크' 남자이름)로 short vowel a의 '애아' 소리가 들어간 jam은 ①번이에요.
17	apple 사과
18	date 날짜
19	agent 요원
20	acorn 도토리
21	alien 외계인
22	age 나이
23	cake 케이크
24	cat 고양이
25	tape 테이프

Day 04 모음 훈련: o
'오'라고 발음하면 안 되는 o의 두 가지 소리

정답

1 F 2 F 3 F 4 ③ 5 ① 6 ① 7 ② 8 ① 9 ① 10 ② 11 ① 12 ② 13 ① 14 ③ 15 ② 16 ③ 17 office 18 mom 19 home 20 olive 21 old 22 job 23 rose 24 pot 25 coat

해설

1	short vowel o는 '어' 소리가 아닌 '어아' 소리를 내요.
2	long vowel o는 가벼운 '오우!' 소리가 아닌 무거운 '오우~' 소리를 내요.
3	long vowel o는 입술을 앞으로 쭉 내밀며 발음해요.
4	①번은 '에이(a)' 소리, ②번은 '어(u)' 소리, ④번은 '애아(a)' 소리이므로 '어아(o)' 소리인 ③번이 정답이에요.
5	②번은 '에이(a)' 소리, ③번은 '우(oo)' 소리, ④번은 '어(u)' 소리이므로 '오우' 소리인 ①번이 정답이에요.
6	long vowel o의 '오우' 소리가 들어간 oh가 정답이에요. ah 감탄사 '아'
7	long vowel o의 '오우' 소리가 들어간 old가 정답이에요. held 잡았다
8	short vowel o의 '어아' 소리가 들어간 orange가 정답이에요. change 바꾸다
9	short vowel o의 '어아' 소리가 들어간 hot이 정답이에요. hat 모자
10	long vowel o의 '오우' 소리가 들어간 boat가 정답이에요. bottle 병
11	②번은 dot(점), ③번은 dark(어둠)로 dog는 ①번이에요.
12	①번은 but(하지만), ③번은 bunt(번트를 대다)로 long vowel o의 '오우' 소리가 들어간 boat는 ②번이에요.
13	②번은 pig(돼지), ③번은 fig(무화과)로 short vowel o의 '어아' 소리가 들어간 fog는 ①번이에요.
14	①번은 apart(떨어져), ②번은 of(~의)로 long vowel o의 '오우' 소리가 들어간 open은 ③번이에요.
15	①번은 nut(견과), ③번은 nag(잔소리를 하다)로 long vowel o의 '오우' 소리가 들어간 no는 ②번이에요.
16	①번은 cut(자르다), ②번은 cat(고양이)으로 long vowel o의 '오우' 소리가 들어간 coat는 ③번이에요.
17	office 사무실
18	mom 엄마
19	home 집
20	olive 올리브
21	old 늙은, 오래된
22	job 직업
23	rose 장미
24	pot 냄비
25	coat 코트

Day 05 모음 훈련: i
'이'도 '에'도 아닌 소리

정답

1 F 2 T 3 F 4 ④ 5 ② 6 ① 7 ① 8 ② 9 ① 10 ② 11 ③ 12 ② 13 ③ 14 ① 15 ② 16 ③ 17 time 18 idea 19 mix 20 ice 21 kiss 22 hit 23 fine 24 ice 25 bike

해설

1	short vowel i는 '이'와 '에'의 중간 소리를 내요.
2	long vowel i는 '아'는 강하게, '이'는 사라지듯 약하게 발음해요.
3	short vowel i는 입가 어디에도 힘을 주지 않고 발음해요.
4	①번은 '애아(a)' 소리, ②번은 '어(u)' 소리, ③번은 '에(e)' 소리이므로 '이와 에의 중간(i)' 소리인 ④번이 정답이에요.
5	①번은 '에이(a)' 소리, ③번은 '오우(o)' 소리, ④번은 '이유(u)' 소리이므로 '아이(i)' 소리인 ②번이 정답이에요.
6	short vowel i의 '중간' 소리가 들어간 it이 정답이에요. eat 먹다
7	long vowel i의 '아이' 소리가 들어간 island가 정답이에요. Islam 이슬람교
8	short vowel i의 '중간' 소리가 들어간 pin이 정답이에요. pine 솔
9	long vowel i의 '아이' 소리가 들어간 time이 정답이에요. Tim 팀 (남자 이름)
10	long vowel i의 '아이' 소리가 들어간 item이 정답이에요. it 그것

11	①번은 meet(만나다), ②번은 max(최대)로 short vowel i의 '중간' 소리가 들어간 mix는 ③번이에요.
12	①번은 pay(지불하다), ③번은 pain(고통)으로 long vowel i의 '아이' 소리가 들어간 pie는 ②번이에요.
13	①번은 new(새로운), ②번은 nose(코)로 long vowel i의 '아이' 소리가 들어간 nice는 ③번이에요.
14	②번은 bake(굽다), ③번은 buck(달러)로 long vowel i의 '아이' 소리가 들어간 bike은 ①번이에요.
15	①번은 seed(씨앗), ③번은 suit(정장)으로 short vowel i의 '중간' 소리가 들어간 sit은 ②번이에요.
16	①번은 bed(침대), ②번은 pig(돼지)로 big은 ③번이에요.
17	time 시간
18	idea 아이디어
19	mix 섞다
20	ice 얼음
21	kiss 키스
22	hit 때리다
23	fine 좋은
24	ice 얼음
25	bike 자전거

Day 06 반모음 훈련: w, y
모음처럼 들리지만 실제로는 모음이 아닌 반모음

정답
1 F 2 F 3 F 4 ② 5 ④ 6 ① 7 ② 8 ② 9 ① 10 ① 11 ② 12 ① 13 ③ 14 ③ 15 ① 16 ② 17 wait 18 wire 19 your 20 wing 21 yesterday 22 yoga 23 yolk 24 wave 25 yard

해설

1	반모음 w가 들어간 wa는 '와' 라고 한 번에 소리를 내지 않고 '우/아'와 같이 소리내요.
2	반모음 y는 우리말의 '이'처럼 발음해요.
3	w는 입술을 모아서 앞으로 쭉 빼며 발음해요.
4	①번은 '애아(a)' 소리, ③번은 '어아(o)' 소리, ④번은 '오우(o)' 소리이므로 '우어(w)' 소리인 ②번이 정답이에요.
5	①번은 '아이(i)' 소리, ②번은 '에(e)' 소리, ③번은 '이유(u)' 소리이므로 '이(y)' 소리인 ④번이 정답이에요.
6	반모음 w 소리가 들어간 wish가 정답이에요. yes '네' (긍정의 대답)
7	반모음 w 소리가 들어간 wave가 정답이에요. you've you have의 축약형
8	반모음 y 소리가 들어간 year이 정답이에요. wire 철사

9	반모음 y 소리가 들어간 yet이 정답이에요. wet 젖은
10	반모음 w 소리가 들어간 war이 정답이에요. yard 마당
11	①번은 yoga(요가), ③번은 yacht(요트)로 yogurt는 ②번이에요.
12	②번은 in(~안에), ③번은 him(그)으로 반모음 w 소리가 들어간 win은 ①번이에요.
13	①번은 watch(보다), ②번은 yard(마당)로 yacht는 ③번이에요.
14	①번은 who(누구), ②번은 how(어떻게)로 반모음 y 소리가 들어간 you는 ③번이에요.
15	②번은 yak(야크), ③번은 hate(싫어하다)로 반모음 w 소리가 들어간 wake는 ①번이에요.
16	①번은 yet(아직), ③번은 yacht(요트)로 반모음 w 소리가 들어간 wet은 ②번이에요.
17	wait 기다리다
18	wire 철사
19	your 너의, 당신의
20	wing 날개
21	yesterday 어제
22	yoga 요가
23	yolk 노른자
24	wave 파도
25	yard 마당

Day 07 기타 모음 훈련: 예외적인 발음
기본 소리와는 다른 예외적인 모음 소리

정답
1 F 2 T 3 F 4 ① 5 ④ 6 ① 7 ② 8 ② 9 ① 10 ② 11 ③ 12 ② 13 ③ 14 ① 15 ③ 16 ② 17 daughter 18 few 19 cushion 20 food 21 view 22 law 23 stew 24 pudding 25 book

해설

1	oo는 너무 길지 않게 발음해요.
2	aw와 au는 '어아'소리를 내요.
3	ew는 '이유' 소리를 내요.
4	②번은 '어아(o)' 소리, ③번은 '에이(a)' 소리, ④번은 '이유(u)' 소리이므로 '우(oo)' 소리인 ①번이 정답이에요.
5	①번은 '어(u)' 소리, ②번은 '이이(ea)' 소리, ③번은 '아이(i)' 소리이므로 '이유(ew)' 소리인 ④번이 정답이에요.
6	o의 예외소리인 '우' 소리가 들어간 soon이 정답이에요. sun 태양

7	u의 예외소리인 '우' 소리가 들어간 pudding이 정답이에요. pad 패드
8	e의 예외소리인 '이유' 소리가 들어간 chew가 정답이에요. sew 바느질하다
9	a의 예외소리인 '어아' 소리가 들어간 sauce가 정답이에요. says 말하다
10	a의 예외소리인 '어아' 소리가 들어간 straw가 정답이에요. strong 힘이 센
11	①번은 pet(반려동물), ②번은 pot(냄비)으로 u의 예외소리인 '우' 소리가 들어간 put은 ③번이에요.
12	①번은 fill(채우다), ③번은 fall(떨어지다)로 u의 예외소리인 '우' 소리가 들어간 full은 ②번이에요.
13	①번은 gun(총), ②번은 god(신)으로 o의 예외소리인 '우' 소리가 들어간 good은 ③번이에요.
14	②번은 almost (거의), ③번은 ghost(유령)로 a의 예외소리인 '어아' 소리가 들어간 August는 ①번이에요.
15	①번은 now(지금), ②번은 no('아니' 부정의 대답)로 e의 예외소리인 '이유' 소리가 들어간 new는 ③번이에요.
16	①번은 blow(불다), ③번은 bleed(피가 나다)로 u의 예외소리인 '우' 소리가 들어간 blue는 ②번이에요.
17	daughter 딸
18	few 약간의
19	cushion 쿠션
20	food 음식
21	view 경치
22	law 법
23	stew 스튜
24	pudding 푸딩
25	book 책

Day 08 우리말에 없는 영어발음1: r
혀를 굴리지 않는 소리

정답

1 T 2 F 3 T 4 ② 5 ④ 6 ② 7 ③ 8 ④ 9 ① 10 ② 11 ③ 12 ② 13 ① 14 ③ 15 ② 16 ② 17 rabbit 18 father 19 rope 20 robot 21 round 22 right 23 hair 24 ring 25 bar

해설

1	r은 입술을 뽀뽀할 때처럼 앞으로 쭉 내밀며 소리내요.
2	r은 입술을 입 안쪽으로 접는 것이 아닌 앞으로 쭉 내미는 소리예요.
3	r을 발음할 때 혀의 양 옆 가장자리는 윗 어금니에 닿아요.
4	①번은 'l' 소리, ③번은 '에(e)' 소리, ④번은 '오우(o)' 소리이므로 'r' 소리인 ②번이 정답이에요.
5	r 소리가 처음에 들어간 red가 정답이에요. lung 폐 / let ~하도록 허락하다 / learn 배우다
6	r 소리가 처음에 들어간 rope가 정답이에요. nope '아니' 부정의 비격식 대답 / hope 희망 / rob 도둑질하다
7	r 소리가 끝에 들어간 star가 정답이에요. stand 일어서다 / state 상태 / stall 가판대
8	r 소리가 끝에 들어간 fire이 정답이에요. fine 좋은 / file 파일 / find 찾다
9	r 소리가 끝에 들어간 care이 정답이에요. car 자동차 / cheer 환호하다 / cure 치유하다
10	r 소리가 처음에 들어간 right가 정답이에요. light 빛 / might may의 과거형 / fight 싸우다
11	①번은 red(빨간색), ②번은 lead(이끌다)으로 read는 ③번이에요.
12	①번은 loll(축 늘어지다), ③번은 fool(바보)으로 r 소리가 들어간 rule은 ②번이에요.
13	②번은 care(보살핌), ③번은 corn (옥수수)으로 car는 ①번이에요.
14	①번은 Bali(발리), ②번은 very(매우)로 berry는 ③번이에요.
15	①번은 fear(두려움), ③번은 pair(한 쌍)로 here는 ②번이에요.
16	①번은 real(진짜의), ③번은 horror(공포)로 mirror는 ②번이에요.
17	rabbit 토끼
18	father 아버지
19	rope 밧줄
20	robot 로봇
21	round 둥근
22	right 오른쪽
23	hair 머리카락
24	ring 반지
25	bar 술집

Day 09 우리말에 없는 영어발음2: l
ㄹ이 연달아 소리나는 듯한 발음

정답

1 F 2 F 3 T 4 ③ 5 ② 6 ① 7 ① 8 ② 9 ① 10 ② 11 ② 12 ② 13 ③ 14 ② 15 ② 16 ① 17 like 18 light 19 doll 20 lock 21 liver 22 mail 23 table 24 clean 25 bell

해설

1	l은 혀끝을 뾰족하게 만들어서 윗 앞니에 대고 소리내요.
2	모음 앞에 나오는 첫소리 l은 'ㄹ' 발음이 연달아 나요.
3	모음 뒤에 나오는 끝소리 l은 '어얼' 처럼 소리내요.
4	①번, ②번, ④번은 모두 l의 끝소리이므로 l의 첫소리인 ③번이 정답이에요.
5	①번, ③번, ④번은 모두 l의 첫소리이므로 l의 끝소리인 ②번이 정답이에요.
6	l 소리가 처음에 들어간 liver가 정답이에요. river 강
7	l 소리가 처음에 들어간 lock이 정답이에요. rock 바위
8	l 소리가 끝에 들어간 cool이 정답이에요. car 자동차
9	l 소리가 끝에 들어간 pool이 정답이에요. poor 가난한
10	l 소리가 처음에 들어간 light가 정답이에요. right 옳은, 오른쪽
11	①번은 rip(찢다), ③번은 live(살다)로 lip은 ②번이에요.
12	①번은 right(오른쪽), ③번은 night(밤)으로 l의 첫소리가 들어간 light는 ②번이에요.
13	①번은 very(매우), ②번은 berry(베리 열매)로 l의 끝소리가 들어간 bell은 ③번이에요.
14	①번은 she(그녀), ③번은 share(공유하다)로 l의 끝소리가 들어간 shell은 ②번이에요.
15	①번은 poor (가난한), ③번은 pool(수영장)으로 purple은 ②번이에요.
16	②번은 really(진짜로), ③번은 raw(익히지 않은)로 l의 끝소리가 들어간 real은 ①번이에요.
17	like 좋아하다
18	light 가벼운
19	doll 인형
20	lock 자물쇠
21	liver 간
22	mail 우편
23	table 식탁
24	clean 깨끗한
25	bell 종

Day 10 우리말에 없는 영어발음3: f
생각보다 강하지 않은 f 소리

정답

1 T 2 T 3 F 4 ② 5 ④ 6 ② 7 ② 8 ① 9 ② 10 ① 11 ② 12 ② 13 ③ 14 ② 15 ① 16 ① 17 fun 18 facial 19 surf 20 wolf 21 half 22 perfect 23 fast 24 staff 25 office

해설

1	f는 아랫입술에 윗니를 살짝 얹으며 소리내요.
2	f는 우리말에서 'ㅎ' 발음과 가장 유사해요.
3	모음 뒤에 나오는 끝소리 f도 바람소리가 나요.
4	①번, ③번, ④번은 모두 f의 끝소리이므로 f의 첫소리인 ②번이 정답이에요.
5	①번은, ②번, ③번은 모두 f의 첫소리이므로 f의 끝소리인 ④번이 정답이에요.
6	f 소리가 처음에 들어간 fun이 정답이에요. phone 전화기
7	f 소리가 끝에 들어간 half가 정답이에요. have 가지다
8	f 소리가 끝에 들어간 safe가 정답이에요. save 구하다
9	f 소리가 끝에 들어간 surf가 정답이에요. serve 제공하다
10	f 소리가 끝에 들어간 off가 정답이에요. fog 안개
11	①번은 prefer(선호하다), ③번은 preview(미리보기)로 perfect는 ②번이에요.
12	①번은 find(찾다), ③번은 bind(묶다)로 fine은 ②번이에요.
13	①번은 best(최고의), ②번은 vest(조끼)로 f 소리가 처음에 들어간 first는 ③번이에요.
14	①번은 live(살다), ③번은 leave(떠나다)로 f 소리가 끝에 들어간 leaf는 ②번이에요.
15	②번은 over(~위에), ③번은 above(~보다 위에)로 f 소리가 끝에 들어간 off는 ①번이에요.
16	②번은 van(화물차), ③번은 pan(냄비)으로 f 소리가 처음에 들어간 fan은 ①번이에요.
17	fun 재미있는
18	facial 얼굴의
19	surf 파도
20	wolf 늑대
21	half 절반
22	perfect 완벽한
23	fast 빠른
24	staff 직원
25	office 사무실

Day 11 우리말에 없는 영어발음4: v

f와 비슷한 듯 다른 v소리

정답

1 F 2 T 3 T 4 ② 5 ④ 6 ① 7 ① 8 ② 9 ② 10 ① 11 ③ 12 ① 13 ③ 14 ② 15 ② 16 ① 17 very 18 glove 19 flavor 20 five 21 vote 22 velvet 23 vaccine 24 give 25 flavor

해설

1	v는 윗입술이 아닌 아랫입술에 윗니를 살짝 얹으며 소리내요.
2	v는 성대가 울리는 유성음이에요.
3	모음 앞에 나오는 첫소리 v는 충분한 준비 소리가 필요해요.
4	①번, ③번, ④번은 모두 v의 끝소리이므로 v의 첫소리인 ②번이 정답이에요.
5	①번은, ②번, ③번은 모두 v의 첫소리이므로 v의 끝소리인 ④번이 정답이에요.
6	v 소리가 처음에 들어간 van이 정답이에요. fan 선풍기
7	v 소리가 처음에 들어간 vest가 정답이에요. best 최고의
8	v 소리가 처음에 들어간 very가 정답이에요. berry 베리 열매
9	v 소리가 끝에 들어간 believe가 정답이에요. belief 신념
10	v 소리가 끝에 들어간 flavor이 정답이에요. play 놀다, 놀이를 하다
11	①번은 mood(기분), ②번은 moon(달)으로 v 소리가 끝에 들어간 move는 ③번이에요.
12	②번은 begin(시작하다), ③번은 radio(라디오)로 v 소리가 처음에 들어간 video는 ①번이에요.
13	①번은 rub(비비다), ②번은 leave(떠나다)로 love는 ③번이에요.
14	①번은 boys(소년들), ③번은 voyage(항해)로 voice는 ②번이에요.
15	①번은 gave(줬다), ③번은 gift(선물)로 give는 ②번이에요.
16	②번은 safe(안전한), ③번은 has(가지고있다)로 v 소리가 끝에 들어간 have은 ①번이에요.
17	very 매우
18	glove 장갑
19	flavor 맛
20	five 숫자 5
21	vote 투표하다
22	velvet 벨벳
23	vaccine 백신
24	give 주다
25	flavor 맛

Day 12 자음 훈련: p, b

p&f, b&v 헷갈리지 않기

정답

1 F 2 T 3 T 4 ① 5 ④ 6 ② 7 ② 8 ① 9 ① 10 ② 11 ③ 12 ① 13 ② 14 ② 15 ③ 16 ① 17 very 18 wipe 19 pale 20 bet 21 feel 22 past 23 wipe 24 peel 25 fail

해설

1	p는 두 입술을 붙였다 떼면서 소리내요.
2	v는 유성음이기 때문에 성대가 울려요.
3	b와 v는 모두 유성음이기 때문에 성대가 울려요.
4	②번은 f 소리, ③번은 v 소리, ④번은 [dʒ] 소리이므로 p의 첫소리인 ①번이 정답이에요.
5	①번은 v 소리, ②번은 d 소리, ③번은 s 소리이므로 b의 첫소리인 ④번이 정답이에요.
6	v 소리가 처음에 들어간 vase가 정답이에요. base 기초
7	f 소리가 끝에 들어간 wife가 정답이에요. wipe 닦다
8	p 소리가 처음에 들어간 peel이 정답이에요. feel 느끼다
9	b 소리가 처음에 들어간 bet이 정답이에요. vet 수의사
10	v 소리가 처음에 들어간 very가 정답이에요. berry 베리 열매
11	①번은 pine(소나무), ②번은 dine(식사를 하다)으로 f 소리가 처음에 들어간 fine은 ③번이에요.
12	②번은 fan(선풍기), ③번은 van(화물차)으로 p 소리가 처음에 들어간 pan은 ①번이에요.
13	①번은 past(과거), ③번은 desk(책상)로 f 소리가 처음에 들어간 fast는 ②번이에요.
14	①번은 best(최고의), ③번은 fast(빠른)로 v 소리가 처음에 들어간 vest는 ②번이에요.
15	①번은 daze(현혹시키다), ②번은 vase(꽃병)로 b 소리가 처음에 들어간 base는 ③번이에요.
16	②번은 globe(지구본), ③번은 love(사랑)로 glove는 ①번이에요.
17	very 매우
18	wipe 닦다
19	pale 창백한
20	bet 내기
21	feel 느끼다
22	past 지난
23	wipe 닦다
24	peel 껍질을 벗기다

25	fail 실패하다

Day 13 — 우리말에 없는 영어발음5: th [θ]

혀 짧은 소리 th[θ]

정답

1 T 2 F 3 T 4 ③ 5 ② 6 ① 7 ② 8 ② 9 ① 10 ② 11 ② 12 ② 13 ③ 14 ① 15 ② 16 ① 17 teeth 18 cloth 19 thief 20 thirty 21 throw 22 thick 23 math 24 depth 25 breath

해설

1. th[θ]는 혀를 살짝 물어 준 상태에서 발음해요.
2. 모음 앞에 나오는 첫소리 th[θ]는 혀의 위치가 고정되지 않고 움직여요.
3. 모음 뒤에 나오는 끝소리 th[θ]는 바람 소리를 충분히 내는 것이 중요해요.
4. ①번은 i 소리, ②번은 s 소리, ④번은 t 소리이므로 th[θ]의 첫소리인 ③번이 정답이에요.
5. ①번과 ③번은 d의 끝소리, ④번은 t의 끝소리이므로 th[θ]의 끝소리인 ②번이 정답이에요.
6. th[θ] 소리가 처음에 들어간 thing이 정답이에요.
   sing 노래하다
7. th[θ] 소리가 끝에 들어간 health가 정답이에요.
   help 돕다
8. th[θ] 소리가 처음에 들어간 think가 정답이에요.
   blink 눈을 깜빡거리다
9. th[θ] 소리가 끝에 들어간 math가 정답이에요.
   mass 덩어리
10. th[θ] 소리가 끝에 들어간 month가 정답이에요.
    mouse 쥐
11. ①번은 tank(탱크), ③번은 think(생각하다)로 thank는 ②번이에요.
12. ①번은 moss(이끼), ③번은 horse(말)로 th[θ] 소리가 끝에 들어간 both는 ②번이에요.
13. ①번은 tree(나무), ②번은 train(기차)으로 th[θ] 소리가 처음에 들어간 three는 ③번이에요.
14. ①번은 jump(점프하다), ③번은 bump(부딪치다)로 th[θ] 소리가 처음에 들어간 thumb은 ②번이에요.
15. ①번은 mouse(쥐), ③번은 mice(쥐들)로 th[θ] 소리가 끝에 들어간 mouth는 ②번이에요.
16. ②번은 bed(침대), ③번은 beg(구걸하다)으로 th[θ] 소리가 끝에 들어간 bath는 ①번이에요.
17. teeth 치아
18. cloth 옷감, 천
19. thief 도둑
20. thirty 숫자 30

21	throw 던지다
22	thick 두꺼운
23	math 수학
24	depth 깊이
25	breath 숨, 입김

Day 14 — 우리말에 없는 영어발음6: th [ð]

바람이 새는 'ㄷ' 소리

정답

1 F 2 F 3 T 4 ③ 5 ② 6 ① 7 ② 8 ② 9 ① 10 ② 11 ② 12 ② 13 ③ 14 ② 15 ② 16 ① 17 soothe 18 though 19 then 20 that 21 teethe 22 than 23 feather 24 father 25 clothe

해설

1. th[ð] 발음은 th[θ] 발음과 유사해요.
2. 모음 앞에 나오는 첫소리 th도 바람이 새어 나가는 소리를 들을 수 있어요.
3. 모음 뒤에 나오는 끝소리 th는 '으' 발음이 들어가지 않도록 힘을 빼야 해요.
4. ①번은 th[θ]소리, ②번, ④번은 t 소리이므로 th[ð]의 첫소리인 ③번이 정답이에요.
5. ①번은 b의 첫소리, ③번과 ④번은 th[θ]의 끝소리이므로 th[ð]의 끝소리인 ②번이 정답이에요.
6. th[ð] 소리가 처음에 들어간 then이 정답이에요.
   dance 춤추다
7. th[ð] 소리가 끝에 들어간 smooth가 정답이에요.
   mood 기분
8. th[ð] 소리가 처음에 들어간 those가 정답이에요.
   does do의 3인칭 단수 현재형
9. th[ð] 소리가 끝에 들어간 clothe가 정답이에요.
   cloth 옷감
10. th[ð] 소리가 끝에 들어간 teethe가 정답이에요.
    tooth 치아
11. ①번은 done(완료된), ③번은 them(그들)으로 the는 ②번이에요.
12. ①번은 bring(가져오다), ③번은 breath(숨)로 th[ð] 소리가 끝에 들어간 breathe는 ②번이에요.
13. ①번은 band(밴드), ②번은 bath(욕조)로 th[ð] 소리가 끝에 들어간 bathe는 ③번이에요.
14. ①번은 day(하루), ③번은 dairy(유제품의)로 th[ð] 소리가 처음에 들어간 there는 ②번이에요.
15. ①번은 fix(고치다), ③번은 six(여섯)로 th[ð] 소리가 처음에 들어간 this는 ②번이에요.
16. ②번은 within(~이내에), ③번은 weed(잡초)로 with는 ①번이에요.

17	soothe 진정시키다	
18	though 비록 ~이긴 하지만	
19	then 그때, 그 다음에	
20	that 저것	
21	teethe 이가 나기 시작하다	
22	than ~보다	
23	feather 깃털	
24	father 아빠	
25	clothe 옷을 입히다	

Day 15 자음 훈련: s, d
th발음 [θ], [ð]와 헷갈리지 않기

정답

1 F 2 F 3 F 4 ② 5 ④ 6 ① 7 ② 8 ② 9 ① 10 ② 11 ③ 12 ① 13 ② 14 ③ 15 ① 16 ② 17 den 18 they 19 sin 20 thing 21 thick 22 there 23 mouse 24 path 25 sick

해설

1. th는 혀를 윗니 뒤에 대는 소리가 아닌 혀를 치아로 살짝 무는 소리예요.
2. d는 혀를 무는 것이 아닌 혀를 윗니 뒤쪽에 댄 상태로 준비했다가 떼는 소리예요.
3. s는 우리말의 'ㅆ' 소리에 가깝고 th는 혀 짧은 소리로 다른 소리예요.
4. ①번은 th[ð] 소리, ③번은 th[ð] 소리, ④번은 d 소리이므로 s 소리인 ②번이 정답이에요.
5. ①번은 s 소리, ②번은 th[ð] 소리, ③번은 th[θ] 소리이므로 d 소리인 ④번이 정답이에요.
6. s 소리가 처음에 들어간 sing이 정답이에요.
   thing 사물
7. th[θ] 소리가 처음에 들어간 thin이 정답이에요.
   sin 죄
8. d 소리가 처음에 들어간 dough가 정답이에요.
   though 비록 ~이긴 하지만
9. d 소리가 처음에 들어간 den이 정답이에요.
   then 그때, 그 다음에
10. th[θ] 소리가 끝에 들어간 mouth가 정답이에요.
    mouse 쥐
11. ①번은 sink(가라앉다), ②번은 seed(씨앗)로 th[θ] 소리가 처음에 들어간 thick는 ③번이에요.
12. ②번은 tame(재미없는), ③번은 there(그곳)로 d 소리가 처음에 들어간 day는 ①번이에요.
13. ①번은 thin(얇은), ③번은 sea(바다)로 sin는 ②번이에요.
14. ①번은 past(과거), ②번은 path(길)로 s 소리가 끝에 들어간 pass는 ③번이에요.
15. ②번은 there(그곳), ③번은 they(그들)로 d 소리가 처음에 들어간 dare는 ①번이에요.
16. ①번은 though(~이긴 하지만), ③번은 doll(인형)로 dough는 ②번이에요.
17. den 굴
18. they 그들
19. sin 죄
20. thing 사물
21. thick 두꺼운
22. there 거기에
23. mouse 쥐
24. path 길
25. sick 아픈

Day 16 우리말에 없는 영어발음7: z
지지직! 하고 전기가 통하는 소리

정답

1 F 2 F 3 F 4 ② 5 ③ 6 ② 7 ① 8 ② 9 ① 10 ① 11 ③ 12 ② 13 ② 14 ① 15 ③ 16 ① 17 breeze 18 sneeze 19 zip 20 fuzz 21 zombie 22 zone 23 buzz 24 maze 25 prize

해설

1. z는 윗니로 아랫입술을 깨무는 소리가 아닌 이를 앙 물고 내는 소리예요.
2. z는 혀로 윗니의 뒤를 툭 치고 빠지는 소리가 아닌 혀를 치아 뒤에 대며 내는 소리예요.
3. z는 입꼬리를 올리는 것이 아닌 이를 앙 물고 혀를 치아 뒤쪽에 붙인 후 내는 소리예요.
4. ①번은 s의 첫소리, ③번은 t의 첫소리, ④번은 t의 끝소리이므로 z의 첫소리인 ②번이 정답이에요.
5. ①번은 d의 끝소리, ②번은 f의 첫소리, ④번은 p의 첫소리이므로 z의 끝소리인 ③번이 정답이에요.
6. z 소리가 끝에 들어간 buzz가 정답이에요.
   bus 버스
7. z 소리가 끝에 들어간 maze가 정답이에요.
   mate 친구
8. z 소리가 끝에 들어간 quiz가 정답이에요.
   quick 빠른
9. z 소리가 끝에 들어간 fuzz가 정답이에요.
   fuss 호들갑
10. z 소리가 끝에 들어간 breeze가 정답이에요.
    breed 새끼를 낳다
11. ①번은 done(완료된), ②번은 son(아들)으로 z 소리가 처음에 들어간 zone은 ③번이에요.

12	①번은 syrup(시럽), ③번은 mirror(거울)로 z 소리가 처음에 들어간 zero는 ②번이에요.	11	②번은 girl(소녀), ③번은 yell(소리지르다)로 [dʒ] 소리가 처음에 들어간 gel은 ①번이에요.
13	①번은 friends(친구들), ③번은 fried(튀겨진)로 z 소리가 끝에 들어간 freeze는 ②번이에요.	12	①번은 duck(오리), ②번은 lake(호수)로 [dʒ] 소리가 처음에 들어간 joke는 ③번이에요.
14	②번은 do(하다), ③번은 sew(바느질하다)로 z 소리가 처음에 들어간 zoo는 ①번이에요.	13	①번은 case(케이스), ③번은 cake(케이크)로 [dʒ] 소리가 끝에 들어간 cage는 ②번이에요.
15	①번은 said(말했다), ②번은 chess(체스)로 z 소리가 끝에 들어간 jazz는 ③번이에요.	14	①번은 gain(얻다), ②번은 guy(남자)로 [dʒ] 소리가 처음에 들어간 giant는 ③번이에요.
16	②번은 side(옆면), ③번은 site(현장)로 z 소리가 끝에 들어간 size는 ①번이에요.	15	②번은 maze(미로), ③번은 angel(천사)로 age는 ①번이에요.
17	breeze 산들바람	16	①번은 church(교회), ③번은 touch(만지다)로 [dʒ] 소리가 처음과 끝에 들어간 judge는 ②번이에요.
18	sneeze 재채기하다	17	large 큰
19	zip 지퍼를 잠그다	18	jacket 재킷
20	fuzz 솜털	19	ginger 생강
21	zombie 좀비	20	gender 성별
22	zone 구역	21	gym 체육관
23	buzz 윙윙거리다	22	huge 거대한
24	maze 미로	23	stage 무대
25	prize 상품	24	bridge 다리
		25	jelly 젤리

Day 17 | 우리말에 없는 영어발음8: [dʒ]

느끼하고 걸쭉한 소리

정답

1 T 2 F 3 T 4 ③ 5 ① 6 ② 7 ② 8 ① 9 ① 10 ② 11 ① 12 ③ 13 ② 14 ③ 15 ① 16 ② 17 large 18 jacket 19 ginger 20 gender 21 gym 22 huge 23 stage 24 bridge 25 jelly

해설

1 [dʒ]는 입술을 뽀뽀하듯 앞으로 쭉 내밀어 주며 발음해요.

2 [dʒ]는 우리말의 'ㅈ'와 'ㅉ' 사이의 발음이에요.

3 [dʒ]는 성대가 울리는 유성음이에요.

4 ①번은 첫소리 [dʒ], ②, ④번은 g의 첫소리이므로 끝소리 [dʒ]인 ③번이 정답이에요.

5 ②번, ③번, ④번은 끝소리 [dʒ]이므로 첫소리인 ①번이 정답이에요.

6 [dʒ] 소리가 처음에 들어간 juice가 정답이에요.
  goose 거위

7 [dʒ] 소리가 끝에 들어간 image가 정답이에요.
  imagine 상상하다

8 [dʒ] 소리가 처음에 들어간 jelly가 정답이에요.
  galley 선박, 항공기의 조리실

9 [dʒ] 소리가 끝에 들어간 orange가 정답이에요.
  organize 정리하다

10 [dʒ] 소리가 처음에 들어간 joy가 정답이에요.
  toy 장난감

Day 18 | 우리말에 없는 영어발음 9,10: [ʃ], [ʒ]

'쉬~'와 비슷한 무성음과 유성음

정답

1 F 2 T 3 F 4 ① 5 ③ 6 ② 7 ① 8 ① 9 ② 10 ① 11 ③ 12 ② 13 ③ 14 ① 15 ② 16 ③ 17 visual 18 casual 19 decision 20 pleasure 21 push 22 massage 23 cash 24 leisure 25 show

해설

1 [ʃ]와 [ʒ]는 이를 앙 물지 않은 상태로 발음해요.

2 [ʃ]와 [ʒ]는 '쉿'이라고 할 때의 입 모양을 만들고 발음해요.

3 [ʃ]는 공기 100%, [ʒ]는 공기 반 소리 반의 소리예요.

4 ②번은 [ʃ] 소리, ③번은 d 소리, ④번은 z 소리이므로 [ʒ] 소리인 ①번이 정답이에요.

5 ①번은 z 소리, ②번은 s 소리, ④번은 [ʒ] 소리이므로 [ʃ] 소리인 ③번이 정답이에요.

6 [ʒ] 소리가 들어간 visual이 정답이에요.
  casual 격식을 차리지 않는

7 [ʒ] 소리가 끝에 들어간 massage가 정답이에요.
  mash 으깨다

8 [ʃ] 소리가 처음에 들어간 share가 정답이에요.
  care 보살핌

9	[ʃ] 소리가 끝에 들어간 wash가 정답이에요. watch 보다
10	[ʒ] 소리가 끝에 들어간 pleasure가 정답이에요. machine 기계
11	①번은 use(사용하다), ②번은 visual(시각의)로 usual은 ③번이에요.
12	①번은 try(시도하다), ③번은 cry(울다)로 [ʃ] 소리가 처음에 들어간 shy는 ②번이에요.
13	①번은 bake(굽다), ②번은 age(나이)로 [ʒ] 소리가 끝에 들어간 beige는 ③번이에요.
14	②번은 cheat(속이다), ③번은 sit(앉다)로 [ʃ] 소리가 처음에 들어간 sheet는 ①번이에요.
15	①번은 dizzy(어지러운), ③번은 dice(주사위)로 [ʃ] 소리가 끝에 들어간 dish는 ②번이에요.
16	①번은 grace(우아함), ②번은 grade(성적)로 [ʒ] 소리가 끝에 들어간 garage는 ③번이에요.
17	visual 시각의
18	casual 격식을 차리지 않은
19	decision 결정
20	pleasure 기쁨
21	push 밀다
22	massage 마사지
23	cash 현금
24	leisure 여가
25	show 쇼

Day 19 강세 훈련: 짧은 단어로 강세 익히기

리듬감 있게, 통통 튀듯이!

정답

> **1** T **2** F **3** F **4** T **5** F **6** 2, ha / ppy **7** 3, com / pu / ter **8** 2, ca / reer **9** 1, beach **10** 2, wa / ter **11** 2, mo / ther **12** 4, su / per / mar / ket **13** 3, beau / ti / ful **14** 첫 번째 음절 **15** 첫 번째 음절 **16** 두 번째 음절 **17** 첫 번째 음절 **18** 두 번째 음절 **19** 두 번째 음절 **20** 두 번째 음절 **21** en / jóy, 두 번째 음절 **22** bás / ket, 첫 번째 음절 **23** a / lárm, 두 번째 음절 **24** sá / lad, 첫 번째 음절 **25** sham / póo, 두 번째 음절

해설

1	강세란 한 단어 혹은 문장 속에서 어떤 부분을 강하게 발음하는 것을 말해요.
2	강세는 자음이 아닌 모음에만 위치할 수 있어요.
3	음절의 수는 자음과는 상관 없이 모음 소리의 수에 따라 정해져요.
4	바나나는 ba / na / na 3음절이에요.
5	영어 강세엔 규칙이 있지만 예외가 있기 때문에 절대적이진 않아요.
6	happy는 ha / ppy와 같이 모음 소리가 2개인 2음절이에요.
7	computer는 com / pu / ter와 같이 모음 소리가 3개인 3음절이에요.
8	career는 ca / reer와 같이 모음 소리가 2개인 2음절이에요.
9	beach는 beach와 같이 모음 소리가 1개인 1음절이에요.
10	water는 wa / ter와 같이 모음 소리가 2개인 2음절이에요.
11	mother는 mo / ther와 같이 모음 소리가 2개인 2음절이에요.
12	supermarket은 su / per / mar / ket과 같이 모음 소리가 4개인 4음절이에요.
13	beautiful은 beau / ti / ful과 같이 모음 소리가 3개인 3음절이에요.
14	table은 첫 번째 음절에 강세가 있는 2음절 단어예요.
15	coffee는 첫 번째 음절에 강세가 있는 2음절 단어예요.
16	event는 두 번째 음절에 강세가 있는 2음절 단어예요.
17	heater는 첫 번째 음절에 강세가 있는 2음절 단어예요.
18	begin은 두 번째 음절에 강세가 있는 2음절 단어예요.
19	hotel은 두 번째 음절에 강세가 있는 2음절 단어예요.
20	buffet는 두 번째 음절에 강세가 있는 2음절 단어예요.
21	enjoy는 en / joy와 같이 2음절 단어이며, 두 번째 음절에 강세가 있어요.
22	basket은 bas / ket과 같이 2음절 단어이며, 첫 번째 음절에 강세가 있어요.
23	alarm은 a / larm과 같이 2음절 단어이며, 두 번째 음절에 강세가 있어요.
24	salad는 sa / lad 와 같이 2음절 단어이며, 첫 번째 음절에 강세가 있어요.
25	shampoo는 sham / poo 와 같이 2음절 단어이며, 두 번째 음절에 강세가 있어요.

Day 20 강세 훈련: 긴 단어로 강세 익히기

쿵짝쿵짝 노래하듯이!

정답

1 F **2** F **3** F **4** F **5** F **6** 4, tech / no / lo / gy **7** 3, em / plo / yee **8** 3, cho / co / late **9** 4, es / ca / la / tor **10** 3, pi / a / no **11** 4, in / te / res / ting **12** 3, ma / ga / zine **13** 3, vi / o / lin **14** 두 번째 음절 **15** 두 번째 음절 **16** 세 번째 음절 **17** 첫 번째 음절 **18** 첫 번째 음절 **19** 세 번째 음절 **20** 세 번째 음절 **21** com / bi / ná / tion, 세 번째 음절 **22** re / mém / ber, 두 번째 음절 **23** tél / e / vi / sion, 첫 번째 음절 **24** é / le / va / tor, 첫 번째 음절 **25** cá / me / ra, 첫 번째 음절

해설

1 영어에서 강세를 받지 않는 음절은 흘리듯이 발음해요.

2 영어의 강세 규칙은 예외가 많으며 규칙적이지 않아요.

3 banana는 두 번째 음절에 강세가 있어요.

4 understand는 3음절 단어예요.

5 violin은 3음절 단어예요.

6 technology는 tech / no / lo / gy 와 같이 모음 소리가 4개인 4음절이에요.

7 employee는 em / plo / yee와 같이 모음 소리가 3개인 3음절이에요.

8 chocolate은 cho / co / late와 같이 모음 소리가 3개인 3음절이에요.

9 escalator는 es / ca / la / tor와 같이 모음 소리가 4개인 4음절이에요.

10 piano는 pi / a / no와 같이 모음 소리가 3개인 3음절이에요.

11 interesting은 in / te / res / ting과 같이 모음 소리가 4개인 4음절이에요.

12 magazine은 ma / ga / zine과 같이 모음 소리가 3개인 3음절이에요.

13 violin은 vi / o / lin와 같이 모음 소리가 3개인 3음절이에요.

14 America는 두 번째 음절에 강세가 있는 4음절 단어예요.

15 remember는 두 번째 음절에 강세가 있는 3음절 단어예요.

16 presentation은 세 번째 음절에 강세가 있는 4음절 단어예요.

17 supermarket은 첫 번째 음절에 강세가 있는 4음절 단어예요.

18 manager는 첫 번째 음절에 강세가 있는 3음절 단어예요.

19 understand은 세 번째 음절에 강세가 있는 3음절 단어예요.

20 engineer는 세 번째 음절에 강세가 있는 3음절 단어예요.

21 combination은 com / bi / na / tion과 같이 4음절 단어이며, 세 번째 음절에 강세가 있어요.

22 remember는 re / mem / ber과 같이 3음절 단어이며, 두 번째 음절에 강세가 있어요.

23 television은 tel / e / vi / sion과 같이 4음절 단어이며, 첫 번째 음절에 강세가 있어요.

24 elevator는 e / le / va / tor와 같이 4음절 단어이며, 첫 번째 음절에 강세가 있어요.

25 camera는 ca / me / ra와 같이 3음절 단어이며, 첫 번째 음절에 강세가 있어요.

진짜 학습지 - 입문 회화

Day 01　만날 때 인사하기

정답

> **1** see **2** go well **3** bad **4** so far **5** bring **6** expect **7** How are you **8** Everything is good **9** Look who's here **10** Not much **11** How **12** well **13** Look **14** brings **15** I'm good. **16** I didn't expect to see you here! **17** Not much. **18** Look who's here **19** didn't expect to see you **20** How are you **21** How is it going **22** So far, so good **23** What brings you here? **24** What's up? **25** Everything is good.

해설

1	'보다, 만나다'를 의미하는 영어 단어는 see입니다.
2	'잘 되어가다'를 의미하는 영어 단어는 go well입니다.
3	'나쁜, 안 좋은'을 의미하는 영어 단어는 bad입니다.
4	'지금까지'를 의미하는 영어 단어는 so far입니다.
5	'데려오다, 가져오다'를 의미하는 영어 단어는 bring입니다.
6	'기대하다'를 의미하는 영어 단어는 expect입니다.
7	How are you?는 '잘 지내?'라는 의미로 아는 사람을 만났을 때 가볍게 말할 수 있는 기본적인 인사예요.
8	Everything is good.은 '전부 다 괜찮아.'라는 의미로 How are you?라는 인사에 대답할 수 있는 표현이에요.
9	Look who's here!는 '이게 누구야'라는 의미로 아는 사람을 예상치 못한 장소에서 만났을 때 반가움을 담아 건넬 수 있는 표현이에요.
10	Not much.는 '별일 없어.'라는 의미로 What's up?이라는 인사에 대답할 수 있는 표현이에요.
11	How is it going? 잘 지내?
12	It's going well. 잘 지내.
13	Look who's here! 이게 누구야!
14	Oh, Jake! What brings you here? 오, 제이크! 여기 어쩐 일이야?
15	How is it going?은 '잘 지내?'라는 의미이므로 I'm good. '잘 지내.'가 적절한 대답입니다.
16	Look who's here!는 '이게 누구야'라는 의미이므로 I didn't expect to see you here! '널 여기서 볼 줄 몰랐어!'가 적절한 대답입니다.
17	What's up?은 '어떻게 지내?'라는 의미이므로 Not much. '별일 없어.'가 적절한 대답입니다.
18	Look who's here! 이게 누구야!
19	Mark! I didn't expect to see you here. 마크! 널 여기서 볼 줄 몰랐어.
20	How are you? 잘 지내?
21	I'm good. How is it going? 잘 지내. 넌 어떻게 지내?
22	So far, so good. 지금까진 별일 없어.
23	'여긴 어쩐 일이야?'라는 의미의 표현은 What brings you here?입니다.
24	'잘 지내?'라는 의미의 표현은 What's up?입니다.
25	'전부 다 괜찮아.'라는 의미의 표현은 Everything is good.입니다.

Day 02　헤어질 때 인사하기

정답

> **1** talk to **2** lose track of **3** catch up **4** get going **5** sometime **6** gotta **7** It's time to go **8** I lost track of time **9** Have a good one **10** I gotta go **11** Talk to **12** nice talking **13** get going **14** Take care **15** I lost track of **16** Let's catch up **17** Talk to you **18** I gotta go **19** it's time to go **20** It was nice talking to you **21** I lost track of time **22** Have a good one **23** Talk to you later. **24** I should get going. **25** Let's catch up sometime.

해설

1	'~와 이야기를 나누다'를 의미하는 영어 단어는 talk to입니다.
2	'~을 놓치다'를 의미하는 영어 단어는 lose track of입니다.
3	'못다한 이야기를 나누다'를 의미하는 영어 단어는 catch up입니다.
4	'떠나다, 출발하다'를 의미하는 영어 단어는 get going입니다.
5	'언젠가'를 의미하는 영어 단어는 sometime입니다.
6	'~해야 한다'를 의미하는 영어 단어는 gotta입니다.
7	It's time to go.는 '이제 갈 시간이야.'라는 의미로 먼저 자리를 떠야 할 때 쓸 수 있는 표현이에요.
8	I lost track of time.은 '시간 가는 줄 몰랐어.'라는 의미로 대화를 충분히 나누지 못하고 헤어질 때 건넬 수 있는 인사예요.
9	Have a good one.은 '좋은 하루 보내.'라는 의미로 격식 없이 편하게 하는 인사이며, one은 '시간, 하루'를 의미해요.
10	I gotta go.는 '나 이만 가야 해.'라는 의미로 have got to를 비격식체로 줄여 쓴 표현이에요. 먼저 자리를 떠야 할 때 쓸 수 있을 뿐만 아니라 전화 통화를 하다가 끊어야 한다고 말할 때도 쓸 수 있어요.
11	Talk to you later. 나중에 얘기하자.
12	It was nice talking to you. 대화 즐거웠어.
13	I should get going. 나 가봐야 해.
14	Take care. 잘 있어.

15	I lost track of time.은 '시간 가는 줄 몰랐어.'라는 의미이므로 사진에 적절한 표현입니다.	8	Do you live in this neighborhood?는 '이 근처에 사시나요?'라는 의미로 사는 곳을 물을 때 쓸 수 있는 표현이에요. 여기서 neighborhood는 '근처, 이웃'이라는 뜻이에요.
16	Let's catch up sometime.은 '언제 못다한 얘기나 나누자.'라는 의미이므로 사진에 적절한 표현입니다.	9	Pleased to meet you.는 '만나서 반갑습니다.'라는 의미로 누군가를 처음 만났을 때 말할 수 있는 가장 기본적인 인사예요.
17	Talk to you later.는 '나중에 얘기하자.'라는 의미이므로 사진에 적절한 표현입니다.	10	May I ask your name?은 '성함이 어떻게 되시죠?'라는 의미로 처음 만나는 사람에게 정중하게 이름을 물어볼 때 쓸 수 있는 표현이에요.
18	I gotta go. 나 이만 가야 해.	11	What should I call you? 어떻게 불러드리면 될까요?
19	Yeah, it's time to go. 그래, 이제 갈 시간이네.	12	You can call me Amy. 에이미라고 불러주세요.
20	It was nice talking to you. 대화 즐거웠어.	13	Where are you from originally? 원래 어디 출신이세요?
21	I lost track of time. Take care. 시간 가는 줄 몰랐어. 잘 있어.	14	I'm from New York. 전 뉴욕 출신이에요.
22	Have a good one. 좋은 하루 보내.	15	May I ask your name?은 '성함이 어떻게 되시죠?'라는 의미이므로 You can call me Amy. '에이미라고 불러주세요.'가 적절한 대답입니다.
23	'나중에 얘기하자.'라는 의미의 표현은 Talk to you later.입니다.	16	Where are you from originally?는 '원래 어디 출신이세요?'라는 의미이므로 I'm originally from California. '전 원래 캘리포니아에서 왔어요.'가 적절한 대답입니다.
24	'나 가봐야 해.'라는 의미의 표현은 I should get going.입니다.	17	Nice to meet you.는 '만나서 반갑습니다.'라는 의미이므로 Same here. '저도 마찬가지예요.'가 적절한 대답입니다.
25	'언제 못다한 얘기나 나누자.'라는 의미의 표현은 Let's catch up sometime.입니다.	18	Nice to meet you. 만나서 반갑습니다.

Day 03   처음 만났을 때 인사하기

정답

1 ask 2 honored 3 call 4 originally 5 neighborhood 6 pleased 7 This is my friend, Julie 8 Do you live in this neighborhood 9 Pleased to meet you 10 May I ask your name 11 should 12 call 13 originally 14 I'm from 15 You can call me Amy. 16 I'm originally from California. 17 Same here. 18 Nice to meet you 19 May I ask your name 20 You can call me 21 What should I call you 22 Do you live in this neighborhood 23 Where are you from originally? 24 I'm honored to meet you. 25 This is my friend, Julie.

해설

1	'물어보다'를 의미하는 영어 단어는 ask입니다.
2	'영광스러운'을 의미하는 영어 단어는 honored입니다.
3	'부르다'를 의미하는 영어 단어는 call입니다.
4	'원래'를 의미하는 영어 단어는 originally입니다.
5	'근처, 동네'를 의미하는 영어 단어는 neighborhood입니다.
6	'기쁜, 만족한'을 의미하는 영어 단어는 pleased입니다.
7	This is my friend, Julie.는 '이쪽은 제 친구 줄리예요.'라는 의미로 친구를 소개할 때 쓸 수 있는 표현이에요. 여기서 this는 사람을 가리킬 때 '이쪽, 이 사람, 이분'이라는 뜻이에요.

19	Nice to meet you, too. May I ask your name? 저도 만나서 반갑습니다. 성함이 어떻게 되시죠?
20	You can call me Peter. 피터라고 불러주세요.
21	What should I call you? 어떻게 불러드리면 될까요?
22	Just call me Amy, please. Do you live in this neighborhood? 그냥 에이미라고 불러주세요. 이 근처에 사시나요?
23	'원래 어디 출신이세요?'라는 의미의 표현은 Where are you from originally?입니다.
24	'만나 뵙게 되어 영광입니다.'라는 의미의 표현은 I'm honored to meet you.입니다.
25	'이쪽은 제 친구 줄리예요.'라는 의미의 표현은 This is my friend, Julie.입니다.

Day 04　오랜만에 만났을 때 인사하기

정답

1 often 2 get together 3 a while 4 keep in touch 5 a bit 6 change 7 You haven't changed a bit 8 Let's keep in touch 9 It's been ages 10 How have you been 11 Hit, up 12 haven't seen 13 get together 14 been ages 15 I've been pretty busy. 16 Of course! Hit me up! 17 How have you been? 18 been a while 19 haven't seen you in a long time 20 How have you been 21 keep in touch 22 get together more often 23 What have you been up to? 24 Hit me up! 25 It's been ages!

해설

1 '자주'를 의미하는 영어 단어는 often입니다.

2 '만나다, 모이다'를 의미하는 영어 단어는 get together입니다.

3 '오랫동안, 한참'을 의미하는 영어 단어는 a while입니다.

4 '연락하다'를 의미하는 영어 단어는 keep in touch입니다.

5 '조금, 약간'을 의미하는 영어 단어는 a bit입니다.

6 '변하다'를 의미하는 영어 단어는 change입니다.

7 You haven't changed a bit!은 '너 하나도 안 변했다!'라는 의미로 현재완료형을 이용해서 알고 지내던 사람에게 쓸 수 있는 표현이에요.

8 Let's keep in touch.는 '계속 연락하고 지내자.'라는 의미로 오랜만에 만났다가 헤어질 때 유용하게 쓸 수 있는 표현이에요. 여기서 keep in touch는 '계속 연락하고 지내다'라는 뜻이에요.

9 It's been ages!는 '진짜 오랜만이다!'라는 의미로 못 본 지 얼마간의 시간이 흘렀을 때 반가움을 나타내며 인사하는 표현이에요.

10 How have you been?은 '어떻게 지냈어?'라는 의미로 과거부터 지금까지를 의미하는 현재완료를 사용하여 지금까지 어떻게 지냈는지 묻는 표현이에요. 그렇기 때문에 처음 본 사람에게는 할 수 없는 질문이에요.

11 Hit me up! 연락 줘!

12 I haven't seen you in a long time! 오랜만에 보는구나!

13 We should get together more often. 우리 더 자주 만나자.

14 It's been ages! 진짜 오랜만이다!

15 What have you been up to?는 '어떻게 지냈어?'라는 의미이므로 I've been pretty busy. '난 꽤 바빴어.'가 적절한 대답입니다.

16 Let's keep in touch.는 '계속 연락하고 지내자.'라는 의미이므로 Of course! Hit me up! '당연하지! 연락 줘!'가 적절한 대답입니다.

17 It's been a while!은 '오랜만이다!'라는 의미이므로 How have you been? '어떻게 지냈어?'가 적절한 대답입니다.

18 It's been a while! 오랜만이다!

19 I haven't seen you in a long time! 오랜만에 보는구나!

20 How have you been? 어떻게 지냈어?

21 I've been great. Let's keep in touch. 난 아주 잘 지냈어. 계속 연락하고 지내자.

22 Yeah, we should get together more often. 그래, 우리 더 자주 만나자.

23 '어떻게 지냈어?'라는 의미의 표현은 What have you been up to?입니다.

24 '연락 줘!'라는 의미의 표현은 Hit me up!입니다.

25 '진짜 오랜만이다!'라는 의미의 표현은 It's been ages!입니다.

Day 05　감사 인사하기

정답

1 worry 2 mention 3 grateful 4 pleasure 5 appreciate 6 mean 7 worries 8 grateful 9 means 10 You didn't have to 11 Thank you for helping me 12 Don't mention it 13 No problem 14 appreciate 15 pleasure 16 Thank, for 17 at all 18 I'm grateful to you 19 You didn't have to 20 How thoughtful of you 21 Don't mention it 22 It was my pleasure 23 I really appreciate it. 24 Not at all. 25 This means a lot to me.

해설

1 '걱정, 우려'를 의미하는 영어 단어는 worry입니다.

2 '언급하다'를 의미하는 영어 단어는 mention입니다.

3 '고마워하는'을 의미하는 영어 단어는 grateful입니다.

4 '기쁨'을 의미하는 영어 단어는 pleasure입니다.

5 '고마워하다'를 의미하는 영어 단어는 appreciate입니다.

6 '의미하다'를 의미하는 영어 단어는 mean입니다.

7 No worries.는 '별거 아니에요.'라는 의미로 사소한 일이니 고마워하지 않아도 된다는 의미로 사용할 수 있어요.

8 I'm grateful to you for everything.은 '모든 일에 감사드려요.'라는 의미로 정중한 느낌으로 감사함을 나타낼 수 있는 표현이에요.

9 This means a lot to me.는 '나에겐 의미가 커.'라는 의미로 상대방의 말이나 행동에 고마움을 표현할 때 쓸 수 있어요.

10 You didn't have to!는 '그러지 않아도 되는데!'라는 의미로 상대방이 뭔가 호의를 베풀었을 때 고맙고도 미안한 감정에 '그러지 않았어도 된다'라고 말하는 의미가 됩니다. 여기서 don't have to는 '~하지 않아도 된다'라는 뜻이에요.

11	Thank you for helping me.는 '도와줘서 고마워.'라는 의미로 감사를 나타내는 가장 기본적인 인사인 Thank you 뒤에 for를 붙여 고마운 이유를 함께 말할 수 있어요.	5	'의도하다'를 의미하는 영어 단어는 mean입니다.
12	Don't mention it은 '별말씀을요.'라는 의미이며 mention은 '말하다, 언급하다'라는 뜻으로 직역하면 '그것에 대해 말하지 마.'이기 때문에 고마워하지 않아도 된다는 뜻이에요.	6	'방해하다, 귀찮게 하다'를 의미하는 영어 단어는 bother입니다.
13	No problem.은 '별거 아니에요.'라는 의미이며 비슷한 의미로 not at all, no worries, no problem 등을 사용할 수 있어요.	7	Never mind.는 '신경 쓰지 마.'라는 의미로 상대방이 나에게 사과했을 때 쓸 수 있는 대답이에요.
14	I really appreciate it. 정말 감사드립니다.	8	I didn't mean it.은 '진심이 아니었어.'라는 의미로 간단한 실수를 저질렀을 때 가볍게 사과할 수 있는 표현이에요.
15	It was my pleasure. 제가 좋아서 한 거예요.	9	That's all right.은 '괜찮아요.'라는 의미로 상대방이 나에게 사과했을 때 가장 기본적으로 말할 수 있는 대답이에요. 여기서 all right 대신에 okay도 많이 쓰여요.
16	Thank you for helping me. 도와줘서 고마워.	10	My mistake.은 '내 잘못이야.'라는 의미로 앞에 That's가 생략된 상태로 '내 실수.'라고 말하는 것과 같아요.
17	Not at all. 별거 아니에요.	11	I owe you an apology.는 '사과드릴 게 있습니다.'라는 의미로 I'm sorry.보다 정중한 느낌으로 상대방에게 사과할 수 있는 표현이에요.
18	I'm grateful to you for your time.은 '시간을 내주셔서 감사합니다.'라는 의미이므로 사진에 적절한 표현입니다.	12	I have no excuse for this.는 '이 일에 변명의 여지가 없네.'라는 의미이며 for 뒤에 어떠한 이유로 변명의 여지가 없는지 나타낼 수 있어요.
19	You didn't have to!는 '그러지 않아도 되는데!'라는 의미이므로 사진에 적절한 표현입니다.	13	I apologize for bothering you. 방해해서 미안해.
20	How thoughtful of you! 정말 사려 깊으시네요!	14	That's all right. 괜찮아요.
21	Don't mention it. 별말씀을요.	15	I'm sorry. I didn't mean it. 미안해. 일부러 그런 건 아니야.
22	It was my pleasure. 제가 좋아서 한 거예요.	16	Never mind. 신경 쓰지 마.
23	'정말 감사드립니다.'라는 의미의 표현은 I really appreciate it.입니다.	17	I owe you an apology. I lost your book. 사과드릴 게 있습니다. 당신의 책을 잃어버렸어요.
24	'별거 아니에요.'라는 의미의 표현은 Not at all.입니다.	18	No problem. 괜찮아요.
25	'나에겐 의미가 커.'라는 의미의 표현은 This means a lot to me.입니다.	19	I'm sorry for bothering you, but what's the password for Wi-Fi? 방해해서 미안한데, 와이파이 비밀번호가 뭐야?
		20	That's all right. It's abc1234. 괜찮아. abc1234야.
		21	Oops, my bad. It's abc12345. 이런, 실수. abc12345야.
		22	'일부러 그런 건 아니야.'라는 의미의 표현은 I didn't mean it.입니다.
		23	'사과드릴 게 있습니다.'라는 의미의 표현은 I owe you an apology.입니다.
		24	'방해해서 죄송해요.'라는 의미의 표현은 I apologize for bothering you.입니다.
		25	'이 일에 변명의 여지가 없네.'라는 의미의 표현은 I have no excuse for this.입니다.

Day 06   사과하기

정답

1 apologize 2 mind 3 apology 4 excuse 5 mean 6 bother 7 Never 8 mean 9 all right 10 My mistake 11 I owe you an apology 12 I have no excuse for this 13 apologize for 14 all right 15 didn't mean it 16 Never mind 17 you an apology 18 No problem 19 I'm sorry for bothering you 20 That's all right 21 my bad 22 I didn't mean it. 23 I owe you an apology. 24 I apologize for bothering you. 25 I have no excuse for this.

해설

1	'사과하다'를 의미하는 영어 단어는 apologize입니다.
2	'신경 쓰다'를 의미하는 영어 단어는 mind입니다.
3	'사과'를 의미하는 영어 단어는 apology입니다.
4	'변명'을 의미하는 영어 단어는 excuse입니다.

Day 07 　 직업 묻고 답하기

정답

1 in between **2** commute **3** company **4** publishing **5** kind **6** living **7** commute **8** kind **9** between **10** I work from home these days **11** What do you do for a living **12** What time do you go to work **13** for a living **14** work for **15** What kind of work **16** work as **17** It takes about one hour. **18** For 5 years. **19** I usually go to work at 8. **20** do you do for a living **21** I work for **22** What kind of work **23** I work from home these days. **24** I'm in between jobs. **25** How long have you been working there?

해설

1	'중간에'를 의미하는 영어 단어는 in between입니다.
2	'통근'을 의미하는 영어 단어는 commute입니다.
3	'회사'를 의미하는 영어 단어는 company입니다.
4	'출판'을 의미하는 영어 단어는 publishing입니다.
5	'종류'를 의미하는 영어 단어는 kind입니다.
6	'생계'를 의미하는 영어 단어는 living입니다.
7	How long is your commute?는 '출퇴근하는 데 얼마나 걸려요?'라는 의미로 '얼마나 오래'를 뜻하는 How long을 앞에 넣어 출퇴근 시간이 얼마나 걸리는지 물어볼 수 있어요. 여기서 commute는 '통근'이라는 뜻이에요.
8	What kind of work do you do?는 '어떤 종류의 일을 하세요?'라는 의미로 직업을 물어볼 때 사용하는 표현이에요.
9	I'm in between jobs.는 '취업 준비 중이에요.'라는 의미로 상대방이 직업에 대해 물었을 때 대답할 수 있는 답변 중에 하나예요.
10	I work from home these days.는 '전 재택 근무를 해요.'라는 의미이며, 여기서 work from home은 '재택 근무'라는 뜻이에요.
11	What do you do for a living?은 '어떤 일을 하세요?'라는 의미이며, 뒤에 for a living '생계를 위해'는 붙여도 되고 생략해서 말해도 됩니다.
12	What time do you go to work?은 '몇 시에 출근하세요?'라는 의미이며, go to work은 '출근하다'라는 뜻이에요.
13	What do you do for a living? 어떤 일을 하세요?
14	I work for a publishing company. 전 출판사에서 일해요.
15	What kind of work do you do? 어떤 종류의 일을 하세요?
16	I work as a graphic designer. 전 그래픽 디자이너로 일해요.
17	How long is your commute?은 '출퇴근하는 데 얼마나 걸려요?'라는 의미이므로 It takes about one hour. '한 시간 정도 걸려요.'가 적절한 대답입니다.
18	How long have you been working there?은 '그곳에서 얼마나 오래 일하셨어요?'라는 의미이므로 '5년째예요.'가 적절한 대답입니다.
19	What time do you go to work?은 '몇 시에 출근하세요?'라는 의미이므로 I usually go to work at 8. '전 주로 8시에 출근해요.'가 적절한 대답입니다.
20	What do you do for a living? 어떤 일을 하세요?
21	I work for a publishing company. 전 출판사에서 일해요.
22	What kind of work do you do? 어떤 종류의 일을 하세요?
23	'전 요즘 재택 근무를 해요.'라는 의미의 표현은 I work from home these days.입니다.
24	'취업 준비 중이에요.'라는 의미의 표현은 I'm in between jobs.입니다.
25	'그곳에선 얼마나 오래 일하셨어요?'라는 의미의 표현은 How long have you been working there?입니다.

Day 08 　 가족관계 묻고 대답하기

정답

1 take after **2** brother-in-law **3** niece **4** cousin **5** nephew **6** sibling **7** looks like **8** brothers and sisters **9** live with **10** I take after my mother **11** Do you have any siblings **12** Brown hair runs in my family **13** No, I'm an only child. **14** I have one younger sister. **15** No, I live alone. **16** Niece **17** Brother-in-law **18** Cousin **19** Nephew **20** How many brothers and sisters **21** Do you have any siblings **22** look like each other **23** My older sister looks like my father. **24** I take after my mother. **25** Brown hair runs in my family.

해설

1	'~를 닮다'를 의미하는 영어 단어는 take after입니다.
2	'시아주버니'를 의미하는 영어 단어는 brother-in-law입니다.
3	'여자 조카'를 의미하는 영어 단어는 niece입니다.
4	'사촌'을 의미하는 영어 단어는 cousin입니다.
5	'남자 조카'를 의미하는 영어 단어는 nephew입니다.
6	'형제자매'를 의미하는 영어 단어는 sibling입니다.
7	My older sister looks like my father.는 '우리 언니는 아버지를 닮았어요.'라는 의미이며, 가족들끼리 생김새를 닮았다고 말할 때 look like을 사용해요.
8	Do you have brothers and sisters?는 '형제자매가 어떻게 돼요?'라는 의미로 상대방에게 가족 구성원에 대해 물을 때 쓸 수 있는 표현이에요.

9	Do you live with your parents?는 '부모님과 함께 사시나요?'라는 의미로 상대방에게 가족 구성원과 함께 살고 있는지 물을 때 쓸 수 있는 표현이에요.
10	I take after my mother.는 '전 우리 엄마를 닮았어요.'라는 의미이며, 가족들끼리 외모뿐만 아니라 기질이나 특징을 닮았다고 말할 때 take after '~를 닮다'를 사용해서 나타낼 수 있어요.
11	Do you have any siblings?는 '형제자매가 있나요?'라는 의미이며, Do you have ~? '~가 있나요?'의 구조로 물어볼 수 있어요.
12	Brown hair runs in my family.는 '갈색 머리는 저희 집안 내력이에요.'라는 의미이며, 여기서 run in one's family는 '집안 내력'이라는 뜻이에요.
13	Do you have any siblings?는 '형제자매가 있나요?'라는 의미이므로 No, I'm an only child. '아니요, 전 외동이에요.'가 적절한 대답입니다.
14	How many brothers and sisters do you have?는 '형제자매가 어떻게 돼요?'라는 의미이므로 I have one younger sister. '여동생 한 명 있어요.'가 적절한 대답입니다.
15	Do you live with your parents?는 '부모님과 함께 사시나요?'라는 의미이므로 No, I live alone. '아니요, 저 혼자 살아요.'가 적절한 대답입니다.
16	남자 형제의 딸은 '여자 조카'를 의미하는 Niece입니다.
17	여자 자매의 남편은 '시아주버니'를 의미하는 Brother-in-law입니다.
18	삼촌의 아들은 '사촌'을 의미하는 Cousin입니다.
19	남자 형제의 아들은 '남자 조카'를 의미하는 Nephew입니다.
20	How many brothers and sisters do you have? 형제자매가 어떻게 돼요?
21	I have two older sisters. Do you have any siblings? 전 언니가 두 명이에요. 형제자매가 있나요?
22	Yes, I have one younger brother. But, we don't' look like each other. 네, 남동생 한 명 있어요. 그런데 서로 닮진 않았어요.
23	'우리 언니는 아버지를 닮았어요.'라는 의미의 표현은 My older sister looks like my father.입니다.
24	'전 우리 엄마를 닮았어요.'라는 의미의 표현은 I take after my mother.입니다.
25	'갈색 머리는 저희 집안 내력이에요.'라는 의미의 표현은 Brown hair runs in my family.입니다.

Day 09 취미 묻고 대답하기

정답

1 enjoy 2 love 3 leisure 4 spend 5 spare 6 fun 7 playing 8 swimming 9 climbing 10 What do you do for fun 11 I love cooking 12 How do you spend your leisure time 13 for fun 14 usually go swimming 15 How do you spend 16 going hiking 17 go bowling 18 enjoy going camping 19 like going fishing 20 you do for fun 21 I like watching 22 I usually go swimming 23 How do you spend your leisure time? 24 I love cooking. 25 I usually go climbing in my free time.

해설

1	'즐기다'를 의미하는 영어 단어는 enjoy입니다.
2	'매우 좋아하다'를 의미하는 영어 단어는 love입니다.
3	'여가'를 의미하는 영어 단어는 leisure입니다.
4	'(시간을) 보내다'를 의미하는 영어 단어는 spend입니다.
5	'여가의, 여분의'를 의미하는 영어 단어는 spare입니다.
6	'재미'를 의미하는 영어 단어는 fun입니다.
7	I love playing tennis.는 '전 테니스 치는 걸 정말 좋아해요.'라는 의미이며, like '~를 좋아해요' 보다 love '~를 정말 좋아해요'를 사용하여 의미를 더 강조할 수 있어요.
8	I usually go swimming in my free time.은 '전 시간이 날 때 주로 수영하러 가요.'라는 의미이며, 야외에서 즐기는 활동을 말할 때는 go 뒤에 –ing를 붙여 표현해요.
9	I love going climbing.은 '전 등산 가는 걸 매우 좋아해요.'라는 의미이며, I love going mountain climbing.으로도 나타낼 수 있어요.
10	What do you do for fun?은 '취미가 뭐예요?'라는 의미이며, for fun은 '재미로' 또는 '즐거움을 위하여'라는 뜻을 갖고 있어요. 상대방의 취미를 물어볼 때 hobby '취미'를 사용하지 않고 이렇게 많이 물어봅니다.
11	I love cooking.은 '전 요리하는 걸 정말 좋아해요.'라는 의미로 상대방에게 나의 취미를 말할 때 My hobby is ~ '내 취미는 ~야'라고 말할 수 있지만 like, love, enjoy 등을 사용해 '난 ~를 (정말) 좋아해'라고 자연스럽게 표현할 수 있어요.
12	How do you spend your leisure time?은 '여가 시간을 어떻게 보내세요?'라는 의미이며, spend time은 '시간을 보내다'라는 뜻이에요.
13	What do you do for fun? 취미가 뭐예요?
14	I usually go swimming in my spare time. 전 시간이 날 때 주로 수영하러 가요.
15	How do you spend your leisure time? 여가 시간을 어떻게 보내세요?
16	I enjoy going hiking. 전 하이킹을 가는 걸 좋아해요.
17	I usually go bowling in my free time.은 '전 시간이 날 때 주로 볼링을 치러 가요.'라는 의미이므로 사진에 적절한 표현입니다.

18	I enjoy going camping in my spare time.은 '전 시간이 날 때 캠핑을 가는 걸 좋아해요.'라는 의미이므로 사진에 적절한 표현입니다.
19	I like going fishing for fun.은 '전 재미로 낚시하러 가는 걸 좋아해요.'라는 의미이므로 사진에 적절한 표현입니다.
20	What do you do for fun? 취미가 뭐예요?
21	I like watching Netflix. What do you do in your spare time? 전 넷플릭스 보는 걸 좋아해요. 시간이 날 때 뭐 하세요?
22	I usually go swimming in my free time. 전 시간이 날 때 주로 수영하러 가요.
23	'여가 시간을 어떻게 보내세요?'라는 의미의 표현은 How do you spend your leisure time?입니다.
24	'전 요리하는 걸 정말 좋아해요.'라는 의미의 표현은 I love cooking.입니다.
25	'전 시간이 날 때 주로 등산을 가요.'라는 의미의 표현은 I usually go climbing in my free time.입니다.

Day 10 취향 묻고 답하기

정답

1 kind 2 favorite 3 prefer 4 one's cup of tea 5 reading 6 interested 7 cup 8 interested 9 Reading 10 I'm more of a coffee person 11 Who's your favorite singer 12 It's not for me 13 your favorite singer 14 My favorite singer 15 What kind of music 16 I'm interested in 17 a dog person 18 more of a coffee person 19 not my thing 20 Are you interested in 21 What kind of music do you 22 I'm interested in 23 That movie is not my cup of tea. 24 Which do you prefer, meat or fish? 25 It's not for me.

해설

1	'종류'를 의미하는 영어 단어는 kind입니다.
2	'매우 좋아하는'을 의미하는 영어 단어는 favorite입니다.
3	'선호하다'를 의미하는 영어 단어는 prefer입니다.
4	'~의 취향인'을 의미하는 영어 단어는 one's cup of tea입니다.
5	'독서, 읽기'를 의미하는 영어 단어는 reading입니다.
6	'관심이 있는'을 의미하는 영어 단어는 interested입니다.
7	That movie is not my cup of tea.는 '그 영화는 제 취향이 아니에요.'라는 의미이며, not one's cup of tea는 사람마다 차 마시는 취향이 다르기 때문에 '내 찻잔이 아니다'라는 표현에서 유래되었어요.
8	I'm interested in jazz music.은 '전 재즈 음악에 관심이 있어요.'라는 의미이며, interested in은 '~에 관심이 있다'라는 표현이에요. 어떤 것에 관심이 있어서 더 알고 싶거나 배우고 싶다는 의미로 사용할 수 있어요.
9	Reading is not my thing.은 '독서는 제 취향이 아니에요.'라는 의미이며, not my thing은 어떤 것이 나와 맞지 않는다고 표현할 때 쓸 수 있어요. 주어로 명사 또는 동명사 형태를 사용할 수 있어요.
10	I'm more of a coffee person.은 '전 커피를 더 좋아해요.'라는 의미이며, '명사 + person' 구조로 사용된 문장은 '저는 명사를 좋아하는 사람입니다'라는 뜻이에요.
11	Who's your favorite singer?는 '좋아하는 가수가 누구예요?'라는 의미이며, favorite은 '매우 좋아하는'이란 뜻으로 취향을 말할 때 사용할 수 있는 대표적인 표현이에요. 좋아하는 가수, 영화 장르, 음식 등 다양하게 활용할 수 있어요.
12	It's not for me.는 '그건 저와 맞지 않아요'라는 의미이며, 'not for + 주어' 구조로 사용된 문장은 '주어를 위한 것이 아니다'라는 뜻이에요.
13	Who's your favorite singer? 좋아하는 가수가 누구예요?
14	My favorite singer is Justin Bieber. 제가 좋아하는 가수는 저스틴 비버예요.
15	What kind of music do you like? 어떤 종류의 음악 좋아하세요?
16	I'm interested in Jazz music. 전 재즈 음악에 관심이 있어요.
17	I'm a dog person.은 '전 개를 좋아해요.'라는 의미이므로 사진에 적절한 표현입니다.
18	I'm more of a coffee person.은 '전 커피를 더 좋아해요.'라는 의미이므로 사진에 적절한 표현입니다.
19	Reading is not my thing.은 '독서는 제 취향이 아니에요.'라는 의미이므로 사진에 적절한 표현입니다.
20	Are you interested in K-pop music? K-pop 음악에 관심이 있으신가요?
21	Of course! What kind of music do you like? 물론이죠! 어떤 종류의 음악을 좋아하세요?
22	I'm interested in jazz music. I like reading while listening to jazz music. 전 재즈 음악에 관심이 있어요. 재즈 음악을 들으며 독서하는 걸 좋아해요.
23	'그 영화는 제 취향이 아니에요.'라는 의미의 표현은 That movie is not my cup of tea.입니다.
24	'육류와 생선 중 어느 것을 더 좋아하세요?'라는 의미의 표현은 Which do you prefer, meat or fish?입니다.
25	'그건 저와 맞지 않아요.'라는 의미의 표현은 It's not for me.'입니다.

Day 11　학교 묻고 대답하기

정답

1 literature 2 year 3 economics 4 major 5 senior 6 graduate 7 major in 8 thinking about 9 second year 10 What year are you in 11 How do you go to school 12 My major is economics 13 I go to school by bike. 14 I major in English literature 15 I'm in my second year. 16 2 17 3 18 1 19 4 20 What do you major in 21 I major in English literature 22 My major is economics 23 What school did you graduate from? 24 How do you go to school? 25 I'm thinking about changing my major.

해설

1 '문학'을 의미하는 영어 단어는 literature입니다.

2 '학년'을 의미하는 영어 단어는 year입니다.

3 '경제학'을 의미하는 영어 단어는 economics입니다.

4 '전공, 전공하다'를 의미하는 영어 단어는 major입니다.

5 '4학년'을 의미하는 영어 단어는 senior입니다.

6 '졸업하다'를 의미하는 영어 단어는 graduate입니다.

7 I major in English literature.는 '전 영문학을 전공해요.'라는 의미이며, 여기서 major in은 '~을 전공하다'라는 뜻인데 명사 형태로 '전공'으로 쓰이기도 해요.

8 I'm thinking about changing my major.는 '전 전공을 바꿀까 생각 중이에요.'라는 의미이며, change one's major는 '누군가의 전공을 바꾸다'라는 뜻이에요.

9 I'm in my second year.는 '2학년이에요.'라는 의미이며, year는 '학년'이라는 뜻이에요. 학년을 말할 때는 순서를 나타내는 서수를 사용해서 말해요.

10 What year are you in?은 '몇 학년이에요?'라는 의미로 상대방의 학년을 물을 때 사용하는 대표적인 표현이에요.

11 How do you go to school?은 '어떻게 통학해요?'라는 의미로 상대방에게 무엇을 타고 학교에 가는지 물을 때 사용해요.

12 My major is economics.는 '제 전공은 경제학이에요.'라는 의미이며, 단순하게 economy로 쓰게 되면 '경제'라는 뜻이 되기 때문에 economics '경제학'으로 써야 해요.

13 How do you go to school?은 '어떻게 통학해요?'라는 의미이므로 I go to school by bike. '전 자전거로 통학해요.'가 적절한 대답입니다.

14 What do you major in?은 '전공이 뭐예요?'라는 의미이므로 I major in English literature. '영문학을 전공해요.'가 적절한 대답입니다.

15 What year are you in?은 '몇 학년이에요?'라는 의미이므로 I'm in my second year. '2학년이에요.'가 적절한 대답입니다.

16 sophomore는 '2학년'이라는 뜻이에요.

17 junior는 '3학년'이라는 뜻이에요.

18 freshman은 '1학년'이라는 뜻이에요.

19 senior는 '4학년'이라는 뜻이에요.

20 What do you major in? 전공이 뭐예요?

21 I major in English literature. What about you? 영문학을 전공해요. 그쪽은요?

22 My major is economics. What year are you in? 제 전공은 경제학이에요. 몇 학년이세요?

23 '어느 학교를 졸업했어요?'라는 의미의 표현은 What school did you graduate from?입니다.

24 '어떻게 통학해요?'라는 의미의 표현은 How do you go to school?입니다.

25 '전 전공을 바꿀까 생각 중이에요.'라는 의미의 표현은 I'm thinking about changing my major.가 맞습니다.

Day 12　칭찬하기

정답

1 look 2 gorgeous 3 kind 4 flatter 5 like 6 flattered 7 looks 8 did 9 You made my day 10 That's very kind of you 11 You look gorgeous today 12 kind of you 13 it's nothing 14 look gorgeous 15 made my day 16 3 17 1 18 2 19 You look gorgeous 20 I'm flattered 21 looks good on you 22 I like your hair 23 That's a great idea! 24 You did a good job. 25 You made my day.

해설

1 '~처럼 보이다'를 의미하는 영어 단어는 look입니다.

2 '아주 멋진'을 의미하는 영어 단어는 gorgeous입니다.

3 '친절한'을 의미하는 영어 단어는 kind입니다.

4 '아첨하다'를 의미하는 영어 단어는 flatter입니다.

5 '마음에 들다'를 의미하는 영어 단어는 like입니다.

6 I'm flattered.는 '과찬이세요.'라는 의미로 누군가에게 칭찬을 받았을 때 인사말로 쓸 수 있는 표현이에요.

7 That shirt looks good on you.는 '그 셔츠가 잘 어울리시네요.'라는 의미이며, looks good on ~은 '~에게 어울리다'라는 뜻이에요.

8 You did a good job.은 '정말 잘하셨어요.'라는 의미로 상대방이 어떤 일을 잘 해냈을 때 쓸 수 있는 표현이에요. 간단하게 Good job.이라고도 말할 수 있어요.

9 You made my day.는 '덕분에 기분이 좋네요.'라는 의미로 상대방이 칭찬해줬을 때 자연스럽게 대답할 수 있는 표현이에요.

10 That's very kind of you.는 '정말 친절하시네요.'라는 의미로 상대방이 한 행동에 대해 칭찬할 때 사용할 수 있는 표현이에요.

11 You look gorgeous today.는 '오늘 멋져 보이네요.'라는 의미이며, You look great today 말고도 gorgeous '멋진'이라는 단어를 사용하여 상대방의 외모를 칭찬할 수 있어요.

12 That's very kind of you. 정말 친절하시네요.

13 Oh, it's nothing. 오, 별거 아니에요.

14 You look gorgeous today. 오늘 멋져 보이네요.

15 You made my day. 덕분에 기분이 좋네요.

16 I like your hair.는 '머리스타일이 마음에 들어요.'라는 의미이므로 3번이 사진에 적절한 표현입니다.

17 That hat looks good on you.는 '그 모자가 잘 어울리시네요.'라는 의미이므로 1번이 사진에 적절한 표현입니다.

18 That's very kind of you.는 '정말 친절하시네요.'라는 의미이므로 2번이 사진에 적절한 표현입니다.

19 You look gorgeous today. 오늘 아주 멋지시네요.

20 Oh, I'm flattered. 오, 과찬이세요.

21 That shirt looks good on you. 그 셔츠가 잘 어울려요.

22 I like your hair. 머리스타일이 마음에 들어요.

23 '그거 정말 좋은 생각이네요!'라는 의미의 표현은 That's a great idea!입니다.

24 '정말 잘하셨어요.'라는 의미의 표현은 You did a good job.입니다.

25 '덕분에 기분이 좋네요.'라는 의미의 표현은 You made my day.입니다.

Day 13 성격 묻고 대답하기

정답

1 reliable 2 cheerful 3 selfish 4 personality 5 picky 6 hot-tempered 7 open-minded 8 kind of 9 What's your personality like 10 I'm kind of picky 11 He is down to earth 12 What's, like 13 narrow-minded 14 What kind of person 15 kind of sensitive 16 3 17 1 18 2 19 What's his personality like 20 kind of outgoing 21 a little sensitive 22 he is good-natured 23 What kind of person is she? 24 I'm kind of impatient. 25 She is narrow-minded.

해설

1 '믿음직한'을 의미하는 영어 단어는 reliable입니다.

2 '쾌활한'을 의미하는 영어 단어는 cheerful입니다.

3 '이기적인'을 의미하는 영어 단어는 selfish입니다.

4 '성격'을 의미하는 영어 단어는 personality입니다.

5 '까다로운'을 의미하는 영어 단어는 picky입니다.

6 He is hot-tempered.는 '그는 욱하는 성질이 있어요.'라는 의미로 부정적인 성격을 나타낼 때 사용하는 표현이에요.

7 She is open-minded.는 '그녀는 편견이 없어요.'라는 의미이며, 성격을 말할 때는 주어 뒤에 성격을 묘사하는 형용사를 넣어서 말하면 돼요.

8 I'm kind of impatient.는 '전 성급한 편이에요.'라는 의미이며, kind of를 넣으면 '~한 편이다'라고 표현할 수 있어요.

9 What's your personality like?는 '성격이 어떠세요?'라는 의미이며, personality는 '성격'이라는 뜻이에요. personality를 빼고 What's ~ like?라고 해도 '~는 (성격이) 어때?'라고 묻는 의미가 돼요.

10 I'm kind of picky.는 '전 까다로운 편이에요.'라는 의미이며, 부정적인 성격을 나타낼 때 picky 뿐만 아니라 sensitive, selfish, narrow-minded 등 다양한 형용사를 사용할 수 있어요.

11 He is down to earth.는 '그는 털털해요.'라는 의미이며, 긍정적인 성격을 나타낼 때 outgoing, generous, good-natured 등 다양한 형용사를 사용할 수 있어요.

12 What's he like? 그는 성격이 어때?

13 He is narrow-minded. 그는 속이 좁아.

14 What kind of person is she? 그녀는 성격이 어때요?

15 She is kind of sensitive. 그녀는 예민한 편이에요.

16 She is hot-tempered.는 '그녀는 욱하는 성미가 있어요.'라는 의미이므로 3번이 사진에 적절한 표현입니다.

17 She is cheerful.은 '그녀는 쾌활해요.'라는 의미이므로 1번이 사진에 적절한 표현입니다.

18 She is careless.는 '그녀는 조심성이 없어요.'라는 의미이므로 2번이 사진에 적절한 표현입니다.

19 What's his personality like? 그는 성격이 어때?

20 Um… He is kind of outgoing. 음… 외향적인 편이야.

21 I heard he is a little sensitive. 난 그가 약간 예민하다고 들었는데.

22 Sometimes, but overall he is good-natured. 가끔, 그런데 대체적으로 성격이 좋아.

23 '그녀는 성격이 어때요?'라는 의미의 표현은 What kind of person is she?입니다.

24 '전 성급한 편이에요.'라는 의미의 표현은 I'm kind of impatient.입니다.

25 '그녀는 속이 좁아요.'라는 의미의 표현은 She is narrow-minded.입니다.

Day 14 요일 묻고 대답하기

정답

1 Monday 2 Friday 3 meet 4 week 5 day 6 last 7 Do you know what day it is today 8 It's Monday 9 Let's meet on Friday 10 Sunday 11 Monday 12 Tuesday 13 Wednesday 14 Thursday 15 Friday 16 Saturday 17 this Tuesday 18 every Sunday 19 last Saturday 20 next Monday 21 going camping this Saturday 22 Let's meet on Friday 23 What day of the week is it? 24 Do you know what day it is today? 25 The restaurant didn't open last Sunday.

해설

1. '월요일'을 의미하는 영어 단어는 Monday입니다.
2. '금요일'을 의미하는 영어 단어는 Friday입니다.
3. '만나다'를 의미하는 영어 단어는 meet입니다.
4. '주'를 의미하는 영어 단어는 week입니다.
5. '일, 요일'을 의미하는 영어 단어는 day입니다.
6. '지난'을 의미하는 영어 단어는 last입니다.
7. Do you know what day it is today?는 '오늘 무슨 요일인지 알아?'라는 의미이며, 요일을 물어볼 때는 day를 사용해요.
8. It's Monday.는 '월요일이야.'라는 의미이며, 요일을 말할 때는 주어 자리에 it을 사용하는데 뜻은 따로 없고 형식적으로 쓰는 주어라서 '가주어'라고 불러요. 요일을 말할 때는 첫 글자는 반드시 대문자로 쓴다는 점에 유의하세요.
9. Let's meet on Friday.는 '우리 금요일에 만나자.'라는 의미이며, 어떤 요일에 무엇을 한다고 말할 때는 요일 앞에 on을 써서 표현해요. 하지만 요일 앞에 next, this, last, every 등이 있으면 on을 쓰지 않아요.
10. Sunday는 '일요일'이라는 뜻이에요.
11. Monday는 '월요일'이라는 뜻이에요.
12. Tuesday는 '화요일'이라는 뜻이에요.
13. Wednesday는 '수요일'이라는 뜻이에요.
14. Thursday는 '목요일'이라는 뜻이에요.
15. Friday는 '금요일'이라는 뜻이에요.
16. Saturday는 '토요일'이라는 뜻이에요.
17. I have a meeting this Tuesday.는 '이번 주 화요일에 회의가 있어요.'라는 의미이므로 사진에 적절한 표현입니다.
18. I sleep in every Sunday.는 '전 일요일마다 늦잠을 자요.'라는 의미이므로 사진에 적절한 표현입니다.
19. We played tennis last Saturday.는 '우리는 저번 주 토요일에 테니스를 쳤어요.'라는 의미이므로 사진에 적절한 표현입니다.
20. I have a job interview next Monday.는 '전 다음 주 월요일에 회사 면접이 있어요.'라는 의미이므로 사진에 적절한 표현입니다.
21. I'm going camping this Saturday. 난 이번 주 토요일에 캠핑을 갈 거야.
22. Let's meet on Friday. I'm free on that day. 금요일에 만나자. 나 그날 약속 없어.
23. '오늘 무슨 요일이야?'라는 의미의 표현은 What day of the week is it?입니다.
24. '오늘 무슨 요일인지 알아?'라는 의미의 표현은 Do you know what day it is today?입니다.
25. '그 식당은 지난 일요일에 열지 않았어.'라는 의미의 표현은 The restaurant didn't open last Sunday.입니다.

Day 15 날짜 묻고 대답하기

정답

1 date 2 June 3 go on a vacation 4 be born 5 get married 6 October 7 tenth 8 thirtieth 9 fifth 10 first 11 twentieth 12 January, eighth 13 November, nineteenth 14 April, second 15 September, third 16 July, seventh 17 1, 11 18 9, 15 19 11, 6 20 What's the date today 21 January eighth 22 it's January twelfth 23 I was born on February second. 24 We got married on March fifteenth. 25 I'll go on a vacation in August.

해설

1. '날짜'를 의미하는 영어 단어는 date입니다.
2. '6월'을 의미하는 영어 단어는 June입니다.
3. '휴가를 가다'를 의미하는 영어 단어는 go on a vacation입니다.
4. '태어나다'를 의미하는 영어 단어는 be born입니다.
5. '결혼하다'를 의미하는 영어 단어는 get married입니다.
6. '10월'을 의미하는 영어 단어는 October입니다.
7. tenth는 '10일'이라는 뜻이에요.
8. thirtieth는 '30일'이라는 뜻이에요.
9. fifth는 '5일'이라는 뜻이에요.
10. first는 '1일'이라는 뜻이에요.
11. twentieth는 '20일'이라는 뜻이에요.
12. It's January eighth.는 '1월 8일이야.'라는 의미로 날짜를 말할 때도 요일처럼 가주어 it을 사용합니다. 월과 일을 차례대로 말하면 되는데 며칠인지 말할 때 그 달의 몇 번째 날이라는 의미로 서수를 사용한다는 점에 주의하세요.
13. My birthday is November nineteenth.는 '내 생일은 11월 19일이야.'라는 의미이며, 누군가의 생일을 나타낼 경우에는 전치사 없이 바로 날짜를 말할 수 있어요.

14	She quit her job on April second.는 '그녀는 4월 2일에 직장을 그만뒀어.'라는 의미이며, 특정한 날짜에 무엇을 한다고 말할 때는 날짜 앞에 on을 써서 표현해요. 몇 월인지만 말하려면 in을 씁니다.
15	I met him on September third.은 '난 그를 9월 3일에 만났어.'라는 의미이며, third의 경우 fourth, fifth, sixth 등과 다르게 뒤에 –th가 아닌 –d로 끝나요.
16	We went camping on July seventh.은 '우리는 7월 7일에 캠핑을 갔어.'라는 뜻이에요.
17	I went skiing on January eleventh.는 '전 1월 11일에 스키를 타러 갔어요.'라는 뜻이에요.
18	I went climbing on September fifteenth.는 '전 9월 15일에 등산을 하러 갔어요.'라는 뜻이에요.
19	I had a date on November sixth.는 '전 11월 6일에 데이트가 있었어요.'라는 뜻이에요.
20	What's the date today? 오늘 며칠이야?
21	It's January eighth. 1월 8일이야.
22	I think it's January twelfth. 1월 12일인 거 같아.
23	'난 2월 2일에 태어났어.'라는 의미의 표현은 I was born on February second.입니다.
24	'우린 3월 15일에 결혼했어.'라는 의미의 표현은 We got married on March fifteenth.입니다.
25	'난 8월에 휴가를 갈 거야.'라는 의미의 표현은 I'll go on a vacation in August.입니다.

Day 16 날씨 묻고 대답하기

정답

1 foggy 2 unpredictable 3 humid 4 forecast 5 weather 6 stormy 7 What's the weather like 8 It's getting cold 9 The weather is so unpredictable 10 How's 11 It's cloudy 12 What's, like 13 It's foggy 14 2 15 4 16 1 17 3 18 What's the weather like 19 The forecast says 20 getting cold 21 it was mild 22 The weather is so unpredictable 23 What's the weather forecast for this weekend? 24 It's humid. 25 The forecast says it's going to rain.

해설

1	'안개가 낀'을 의미하는 영어 단어는 foggy입니다.
2	'예측할 수 없는'을 의미하는 영어 단어는 unpredictable입니다.
3	'습한'을 의미하는 영어 단어는 humid입니다.
4	'예보, 예측'을 의미하는 영어 단어는 forecast입니다.
5	'날씨'를 의미하는 영어 단어는 weather입니다.
6	'폭풍우가 몰아치는'을 의미하는 영어 단어는 stormy입니다.
7	What's the weather like?는 '날씨가 어때?'라는 의미이며, like 대신 today '오늘'이나 outside '밖에'를 넣어 말할 수 있어요.
8	It's getting cold.는 '날씨가 추워지고 있어.'라는 의미이며, 날씨가 점점 어떻게 되어 간다고 할 때는 It's getting 뒤에 날씨 상태를 넣으면 돼요.
9	The weather is so unpredictable.은 '날씨가 정말 변덕스러워.'라는 의미이며, 다양한 날씨를 나타내는 표현 중에 하나예요.
10	How's the weather? 날씨가 어때?
11	It's cloudy outside. 바깥 날씨가 흐려.
12	What's the weather like? 날씨가 어때?
13	It's foggy. 안개가 낀 날씨야.
14	It's clear.는 '날씨가 맑아.'라는 의미이므로 2번이 사진에 적절한 표현입니다.
15	It's snowy.는 '눈이 오는 날씨야.'라는 의미이므로 4번이 사진에 적절한 표현입니다.
16	It's freezing.은 '날씨가 몹시 추워.'라는 의미이므로 1번이 사진에 적절한 표현입니다.
17	It's cloudy.는 '날씨가 흐려.'라는 의미이므로 3번이 사진에 적절한 표현입니다.
18	What's the weather like today? 오늘 날씨가 어때?
19	The forecast says it's going to snow. 일기예보에 따르면 눈이 올 거래.
20	I see. It's getting cold. 그렇구나. 날씨가 추워지고 있어.
21	Yeah, but it was mild last week. 응, 그런데 저번 주는 온화했어.
22	The weather is so unpredictable. 날씨가 정말 변덕스럽네.
23	'이번 주말 일기예보가 어때?'라는 의미의 표현은 What's the weather forecast for this weekend?입니다.
24	'(날씨가) 습해.'라는 의미의 표현은 It's humid.입니다.
25	'일기예보에 따르면 비가 올 거래.'라는 의미의 표현은 The forecast says it's going to rain.입니다.

| Day 17 | 위치 묻고 대답하기 |

정답

1 near 2 between 3 wallet 4 into 5 behind 6 beside 7 near 8 behind 9 into 10 between 11 on 12 ② 13 ③ 14 ④ 15 ① 16 Where is 17 behind that building 18 where my wallet is 19 on the table 20 Have you seen 21 in the drawer 22 It's right beside 23 Do you know where my hat is? 24 We were sitting under the tree. 25 The bus station is right in front of the building.

해설

1 '가까이에'를 의미하는 영어 단어는 near입니다.
2 '사이에'를 의미하는 영어 단어는 between입니다.
3 '지갑'을 의미하는 영어 단어는 wallet입니다.
4 '안으로'를 의미하는 영어 단어는 into입니다.
5 '뒤에'를 의미하는 영어 단어는 behind입니다.
6 '옆에'를 의미하는 영어 단어는 beside입니다.
7 고양이가 화분 근처에 있기 때문에 '근처'라는 뜻의 near입니다.
8 고양이가 화분 뒤에 있기 때문에 '뒤에'라는 뜻의 behind입니다.
9 고양이가 화분 안으로 들어가려고 하기 때문에 '안에'라는 뜻의 into입니다.
10 고양이가 화분 사이에 있기 때문에 '사이에'라는 뜻의 between입니다.
11 고양이가 화분 위에 앉아 있기 때문에 '위에'라는 뜻의 on입니다.
12 Where is my cap?은 '제 모자가 어디 있나요?'라는 의미이므로 그림에 적절한 대답은 ② It's on the desk. '책상 위에 있어요.'입니다.
13 Have you seen my laptop?은 '제 노트북을 보신 적 있나요?'라는 의미이므로 그림에 적절한 대답은 ③ It's near the lamp. '램프 근처에 있어요.'입니다.
14 Do you know where my T-shirt is?은 '제 티셔츠가 어디 있는지 아시나요?'라는 의미이므로 그림에 적절한 대답은 ④ It's in the basket. '바구니 안에 있어요.'입니다.
15 Where is my bag?은 '제 가방이 어디 있나요?'라는 의미이므로 그림에 적절한 대답은 ① It's under the chair. '의자 밑에 있어요.'입니다.
16 Where is the bus station? 버스 정류장이 어디 있어?
17 It's behind that building. 저 건물 뒤에 있어.
18 Do you know where my wallet is? 내 지갑 어디에 있는지 알아?
19 It's on the table. 그거 탁자 위에 있어.
20 Oh, thank you. Have you seen my car keys? 아, 고마워. 내 차 키 봤어?
21 They're in the drawer. Where are you going? 서랍 안에 있어. 어디 가?
22 It's right beside the bank. 은행 바로 옆에 있어.
23 '내 모자 어디에 있는지 알아?'라는 의미의 표현은 Do you know where my hat is?입니다.
24 '우린 나무 아래에 앉아 있었어.'라는 의미의 표현은 We were sitting under the tree.입니다.
25 '버스 정류장은 그 건물 바로 앞에 있어.'라는 의미의 표현은 The bus station is right in front of the building.입니다.

| Day 18 | 기분과 상태 말하기 |

정답

1 worried 2 blue 3 mood 4 under the weather 5 feel like 6 eat 7 You look worried 8 I'm feeling great today 9 I couldn't be happier 10 I'm feeling blue 11 feel like 12 eating you 13 How are you feeling 14 feeling great 15 2 16 1 17 3 18 How are you feeling 19 I'm feeling blue 20 What's eating you 21 feel like crying 22 I couldn't be happier. 23 You look worried. 24 I'm feeling under the weather. 25 I'm feeling great today.

해설

1 '걱정하는, 걱정스러워 하는'을 의미하는 영어 단어는 worried입니다.
2 '우울한'을 의미하는 영어 단어는 blue입니다.
3 '기분, 분위기'를 의미하는 영어 단어는 mood입니다.
4 '몸이 안 좋은'을 의미하는 영어 단어는 under the weather입니다.
5 '~하고 싶다'를 의미하는 영어 단어는 feel like입니다.
6 '괴롭히다'를 의미하는 영어 단어는 eat입니다.
7 You look worried.는 '너 걱정 있어 보여.'라는 의미이며, 상대방의 기분이 좋아 보이지 않을 때 쓸 수 있는 표현이에요.
8 I'm feeling great today.는 '난 오늘 기분이 아주 좋아.'라는 의미이며, 기분을 나타낼 때는 feel '~하게 느껴진다' 뒤에 기분이나 상태를 나타내는 표현을 넣어서 말할 수 있어요.
9 I couldn't be happier.는 '더할 나위 없이 좋아.'라는 의미이며, 기분이 좋음을 나타낼 때 사용할 수 있는 표현이에요.
10 I'm feeling blue.는 '난 기분이 우울해.'라는 의미이며, blue는 '파란색' 뿐만 아니라 '우울한'이라는 의미도 갖고 있어요.
11 I feel like crying. 난 울고 싶은 기분이야.
12 What's eating you? 무슨 일이야?

13	How are you feeling today? 오늘 기분이 어때?
14	I'm feeling great today. 난 오늘 기분이 아주 좋아.
15	I'm feeling under the weather.는 '난 컨디션이 안 좋아'라는 의미이므로 2번이 사진에 적절한 표현입니다.
16	I couldn't be happier.는 '더할 나위 없이 좋아.'라는 의미이므로 1번이 사진에 적절한 표현입니다.
17	I'm feeling blue.는 '난 기분이 우울해.'라는 의미이므로 3번이 사진에 적절한 표현입니다.
18	How are you feeling today? You look worried. 오늘 기분이 어때? 너 걱정 있어 보여.
19	I'm feeling blue. 난 기분이 우울해.
20	What's eating you? 무슨 일이야?
21	I feel like crying. 울고 싶은 기분이야.
22	'더할 나위 없이 좋아.'라는 의미의 표현은 I couldn't be happier.입니다.
23	'너 걱정 있어 보여.'라는 의미의 표현은 You look worried.입니다.
24	'난 컨디션이 안 좋아.'라는 의미의 표현은 I'm feeling under the weather.입니다.
25	'난 오늘 기분이 아주 좋아.'라는 의미의 표현은 I'm feeling great today.입니다.

Day 19 기쁨과 안타까움 표현하기

정답

1 shame 2 big deal 3 fault 4 chin 5 sorry 6 glad 7 Good for you 8 What a shame 9 Keep your chin up 10 That's not a big deal 11 too bad 12 That's nice 13 I'm sorry to hear 14 your fault 15 Keep your chin up. 16 It's not your fault. 17 Good for you! 18 That's too bad 19 not your fault 20 Keep your chin up 21 I'm glad to hear that 22 I'm sorry to hear that. 23 That's nice to hear. 24 What a shame. 25 That's not a big deal.

해설

1	'유감스러운 일'을 의미하는 영어 단어는 shame입니다.
2	'대단한 일, 큰 일'을 의미하는 영어 단어는 big deal입니다.
3	'잘못, 책임'을 의미하는 영어 단어는 fault입니다.
4	'턱'을 의미하는 영어 단어는 chin입니다.
5	'유감인, 안타까운'을 의미하는 영어 단어는 sorry입니다.
6	'기쁜, 반가운'을 의미하는 영어 단어는 glad입니다.
7	Good for you!는 '잘됐다!'라는 의미로 상대방에게 어떤 좋은 일이 생겼을 때 기쁜 마음으로 공감해줄 수 있는 표현이에요.
8	What a shame.는 '그거 참 안타깝다.'라는 의미로 안타까운 감정을 표현할 때 쓸 수 있어요.
9	Keep your chin up.은 '기운 내.'라는 의미로 자책하는 상대방에게 위로해 줄 수 있는 표현이에요.
10	That's not a big deal.은 '그거 별거 아니야.'라는 의미로 상대방을 위로해주거나 걱정을 덜어주려고 할 때 쓸 수 있는 표현이에요.
11	That's too bad. 그거 정말 안됐다.
12	That's nice to hear. 듣던 중 반가운 소리예요.
13	I'm sorry to hear that. 그 얘길 들으니 유감이네.
14	It's not your fault. 그건 네 잘못이 아니야.
15	I failed the exam.은 '난 시험에 떨어졌어.'라는 의미이므로 Keep your chin up. '기운 내.'가 적절한 대답입니다.
16	I'm sorry I was wrong.은 '미안해 내가 잘못했어.'라는 의미이므로 It's not your fault. '그건 네 잘못이 아니야.'가 적절한 대답입니다.
17	I got a new job.은 '난 새로운 직장을 구했어.'라는 의미이므로 Good for you! '잘됐다!'가 적절한 대답입니다.
18	That's too bad. What happened? 그거 정말 안됐다. 무슨 일 있었어?
19	It's not your fault. 네 잘못이 아니야.
20	Keep your chin up. 기운 내.
21	I'm glad to hear that. 그 얘길 들으니 기쁘네.
22	'그 얘길 들으니 유감이네.'라는 의미의 표현은 I'm sorry to hear that.입니다.
23	'듣던 중 반가운 소리예요.'라는 의미의 표현은 That's nice to hear.입니다.
24	'그거 참 안타깝다.'라는 의미의 표현은 What a shame.입니다.
25	'그거 별거 아니야.'라는 의미의 표현은 That's not a big deal.입니다.

Day 20 대화 이어나가기

정답

> **1** same **2** know **3** second **4** talk **5** something **6** guess **7** You know what **8** You can say that again **9** No way **10** Tell me about it **11** You know what **12** wouldn't do that **13** tell you something **14** Tell me about it **15** I don't think so. **16** You can say that again. **17** I wouldn't do that. **18** No way **19** We're on the same page **20** Guess what **21** Tell me about it **22** I wouldn't do that **23** Can I talk to you for a second **24** I don't think so **25** You can say that again.

해설

1	'같은'을 의미하는 영어 단어는 same입니다.
2	'알다'를 의미하는 영어 단어는 know입니다.
3	'잠깐, 순간, 초'를 의미하는 영어 단어는 second입니다.
4	'이야기하다'를 의미하는 영어 단어는 talk입니다.
5	'무언가'를 의미하는 영어 단어는 something입니다.
6	'추측하다, 알아맞히다'를 의미하는 영어 단어는 guess입니다.
7	You know what?은 '그거 알아?'라는 의미이며, Guess what!과 동일한 의미를 갖고 있어요.
8	You can say that again!은 '내 말이!'라는 의미이며, 직역하면 '넌 그걸 다시 말할 수 있어.'라는 뜻으로 보이지만 '네 말이 맞아, 나도 동의해.'라는 의미로 상대방의 말에 동의를 나타낼 때 쓸 수 있는 표현이에요.
9	No way!는 '절대 아냐!'라는 의미로 상대방이 한 말에 대해 동의하지 않을 때 쓸 수 있는 표현이에요. 또는 거절을 나타내는 표현으로도 사용할 수 있습니다.
10	Tell me about it.은 '정말 그래.'라는 의미로 상대방의 말에 맞장구를 칠 때 사용할 수 있는 표현이에요.
11	You know what? Jenny quit her job. 그거 알아? 제니가 직장을 그만뒀어.
12	What? I wouldn't do that. 뭐라고? 나라면 그렇게 안 해.
13	Let me tell you something. We need to save money from now on. 내 얘기 좀 들어봐. 우리는 이제부터 돈을 저축해야 해.
14	Tell me about it. 정말 그래.
15	Is he coming to the party?는 '그는 파티에 올 거래?'라는 의미이므로 I don't think so. '난 그렇게 생각하지 않아.'가 적절한 대답입니다.
16	Her last movie was great.은 '그녀의 최근 영화는 굉장했어.'라는 의미이므로 You can say that again. '내 말이.'가 적절한 대답입니다.
17	I want to buy that bag.은 '난 저 가방을 사고 싶어.'라는 의미이므로 I wouldn't do that. '나라면 그렇게 안 해.'가 적절한 대답입니다.
18	'절대 아냐!'라는 의미의 표현은 No way!입니다.
19	'우린 생각이 같구나.'라는 의미의 표현은 We're on the same page.입니다.
20	'그거 알아?'라는 의미의 표현은 Guess what!입니다.
21	'정말 그래.'라는 의미의 표현은 Tell me about it.입니다.
22	'나라면 그렇게 안 해.'라는 의미의 표현은 I wouldn't do that.입니다.
23	Can I talk to you for a second? 잠깐 얘기 좀 할 수 있을까?
24	I don't think so. He is not that kind of person. 난 그렇게 생각 안 해. 그는 그런 사람이 아니야.
25	You can say that again! I don't know what to do. 내 말이! 어떻게 해야 할지 모르겠어.

Day 21 약속잡기

정답

> **1** go see a movie **2** free **3** already **4** take a rain check **5** available **6** plan **7** What are you doing on Friday **8** I already have plans **9** How about having lunch on that day **10** Are you available **11** Why don't we **12** take a rain check **13** I already have plans. **14** Can I take a rain check? **15** I'm free on that day. **16** How about having **17** take a rain check **18** Are you available **19** already have plans **20** do you have any plans for tomorrow **21** I already have plans **22** what are you doing on Friday **23** Are you available this weekend? **24** How about having lunch on that day? **25** I'm free on that day.

해설

1	'영화를 보러 가다'를 의미하는 영어 단어는 go see a movie입니다.
2	'한가한'을 의미하는 영어 단어는 free입니다.
3	'이미'를 의미하는 영어 단어는 already입니다.
4	'다음을 기약하다'를 의미하는 영어 단어는 take a rain check입니다.
5	'시간이 있는'을 의미하는 영어 단어는 available입니다.
6	'계획'을 의미하는 영어 단어는 plan입니다.
7	What are you doing on Friday?는 '너 금요일에 뭐해?'라는 의미이며, 특정 요일에 대한 계획을 물어볼 때 사용할 수 있는 표현이에요.
8	I already have plans.는 '나 이미 약속이 있어.'라는 의미이며, 여기서 plan은 '계획, 약속'이라는 뜻이에요.

9	How about having lunch on that day?는 '그날 점심 먹는 거 어때?'라는 의미로 상대방에게 무언가를 하자고 제안할 때 Let's 뿐만 아니라 How about 동사-ing~? 형태의 문장을 쓸 수 있어요.
10	Are you available this weekend?은 '너 이번 주말에 시간 있어?'라는 의미로 상대방이 특정 기간에 약속이 있는지 물어볼 때 사용할 수 있는 표현이에요. 여기서 available은 '시간이 있는'이라는 뜻이에요.
11	Why don't we go camping?은 '우리 캠핑 가는 거 어때?'라는 의미이며, Why don't we ~? 형태로 '~하는 거 어때?'라는 의미를 전달할 수 있어요.
12	Can I take a rain check?는 '다음으로 미뤄도 될까?'라는 의미로 약속을 잡지 못하는 사정이 있을 때 자연스럽게 사용할 수 있는 표현이에요.
13	Are you available this weekend?는 '너 이번 주말에 시간 있어?'라는 의미이므로 I already have plans. '나 이미 약속이 있어.'가 적절한 대답입니다.
14	Let's go see a movie.는 '우리 영화 보러 가자.'라는 의미이므로 Can I take a rain check? '다음으로 미뤄도 될까?'가 적절한 대답입니다.
15	What are you doing on Friday?는 '너 금요일에 뭐해?'라는 의미이므로 I'm free on that day. '난 그날 한가해.'가 적절한 대답입니다.
16	How about having lunch on that day? 그날 점심 먹는 거 어때?
17	Can I take a rain check? 다음으로 미뤄도 될까?
18	Are you available this weekend? 너 이번 주말에 시간 있어?
19	I already have plans. 나 이미 약속이 있어.
20	Hey, do you have any plans for tomorrow? 저기, 너 내일 약속 있어?
21	Oh, I already have plans. 아, 나 이미 약속이 있어.
22	Then, what are you doing on Friday? Let's go see a movie. 그럼 금요일에 뭐해? 우리 영화 보러 가자.
23	'너 이번 주말에 시간 있어?'라는 의미의 표현은 Are you available this weekend?입니다.
24	'그날 점심 먹는 거 어때?'라는 의미의 표현은 How about having lunch on that day?입니다.
25	'난 그날 한가해.'라는 의미의 표현은 I'm free on that day.입니다.

Day 22   연애하기

정답

1 relationship 2 end 3 crush 4 break up 5 ask out 6 marry 7 I have a crush on you 8 Are you seeing someone 9 He proposed to me 10 fell out of love 11 end this relationship 12 we should break up 13 2 14 3 15 1 16 fell out of love with you 17 end this relationship 18 ask you out for dinner 19 going to tie the knot 20 Are you seeing someone 21 ask you out for dinner 22 broke up with my boyfriend 23 He proposed to me. 24 I have a crush on you. 25 I want to end this relationship.

해설

1	'관계'를 의미하는 영어 단어는 relationship입니다.
2	'끝내다'를 의미하는 영어 단어는 end입니다.
3	'반함, 짝사랑'을 의미하는 영어 단어는 crush입니다.
4	'헤어지다'를 의미하는 영어 단어는 break up입니다.
5	'~에게 데이트를 신청하다'를 의미하는 영어 단어는 ask out입니다.
6	'~와 결혼하다'를 의미하는 영어 단어는 marry입니다.
7	I have a crush on you.는 '난 당신에게 반했어요.'라는 의미이며, 누군가에게 반했다고 할 때는 have a crush on somebody라는 표현을 사용해요.
8	Are you seeing someone?은 '누구 만나는 사람 있어?'라는 의미이며, see는 '보다, 알다'라는 뜻으로 보통 알고 있지만 진행형으로 쓰면 흔히 누군가와 애인 사이로 만난다는 뜻이 돼요.
9	He proposed to me.는 '그가 나에게 청혼했어.'라는 의미이며, propose to는 '누군가에게 청혼하다'라는 의미로 사용할 수 있는 표현이에요.
10	I fell out of love with you.는 '난 너에 대한 사랑이 식었어.'라는 의미로 상대방에 대한 감정이 없어졌다고 말할 때 사용할 수 있는 표현이에요.
11	I want to end this relationship.은 '난 이 관계를 끝내고 싶어.'라는 의미이며, end one's relationship은 '관계를 끝내다'라는 뜻이에요.
12	I think we should break up.은 '우리 헤어져야 할 거 같아.'라는 의미이며, break up은 '헤어지다'라는 뜻이에요. 누구와 헤어진다고 표현할 때는 break up with 뒤에 대상을 넣어서 말해요.
13	Will you marry me?는 '나랑 결혼해 줄래?'라는 의미이므로 2번이 사진에 적절한 표현입니다.
14	I think we should break up.은 '우리 헤어져야 할 거 같아.'라는 의미이므로 3번이 사진에 적절한 표현입니다.
15	I have a crush on you.는 '난 당신에게 반했어요.'라는 의미이므로 1번이 사진에 적절한 표현입니다.
16	I fell out of love with you. 난 너에 대한 사랑이 식었어.

17	I want to end this relationship. 난 이 관계를 끝내고 싶어.	8	I followed you on Twitter.는 '나 트위터에서 너 팔로우했어.'라는 의미이며, follow는 '따라가다'라는 뜻인데 인스타그램 등에서 서로의 게시물을 볼 수 있도록 관계를 맺는 걸 지칭할 때도 사용해요.
18	Can I ask you out for dinner? 저녁 데이트를 신청해도 될까?	9	This is so Instagrammable.은 '여기 정말 인스타그램에 올리기 좋다.'라는 의미이며, 마음에 드는 곳에 갔을 때 상대방에게 말할 수 있는 표현이에요.
19	We're going to tie the knot. 우리는 결혼할 거야.		
20	Are you seeing someone? 너 누구 만나는 사람 있어?	10	I just uploaded my vlog.는 '난 방금 내 브이로그를 업로드했어.'라는 의미로 사진이나 영상을 SNS에 올렸을 때 upload '게시하다, 올리다'라는 단어를 사용해요.
21	I'm just… Can I ask you out for dinner? 난 그냥… 저녁 데이트를 신청해도 될까?		
22	I just broke up with my boyfriend. 난 막 남자친구와 헤어졌어.	11	I'm not on Facebook.은 '난 페이스북 안 해.'라는 의미이며, 만약 페이스북을 한다면 not을 제외한 I'm on Facebook. '난 페이스북 해'로 사용할 수 있어요.
23	'그가 나에게 청혼했어.'라는 의미의 표현은 He proposed to me.입니다.	12	Follow me on Instagram.은 '인스타그램에서 나 팔로우해.'라는 의미이며, 어떤 SNS에 팔로우를 하라고 얘기할 때 전치사 on을 사용한다는 점을 기억해 주세요.
24	'난 당신에게 반했어요.'라는 의미의 표현은 I have a crush on you.입니다.		
25	'난 이 관계를 끝내고 싶어.'라는 의미의 표현은 I want to end this relationship.입니다.	13	Are you on social media?는 '너 SNS하니?'라는 의미이며, 우리가 SNS라고 일컫는 다양한 플랫폼들은 영어로 social media라고 해요.
		14	This is so Instagrammable.은 '여기 정말 인스타그램에 올리기 좋다.'라는 의미이므로 사진에 적절한 표현입니다.
		15	I posted my selfie on Instagram.은 '난 내 사진을 인스타그램에 올렸어.'라는 의미이므로 사진에 적절한 표현입니다.
		16	I'm not on Facebook.은 '난 페이스북 안 해.'라는 의미이므로 사진에 적절한 표현입니다.
		17	I just uploaded my vlog.은 '난 방금 내 브이로그를 업로드했어.'라는 의미이므로 사진에 적절한 표현입니다.
		18	Are you on social media? 너 SNS하니?
		19	Yes! You can look me up on Facebook. 응! 페이스북에서 나 찾을 수 있어.
		20	Uh, I'm not on Facebook. 어, 난 페이스북 안 해.
		21	Then do you have Twitter? 그럼 너 트위터 해?
		22	Okay, I've just followed you on Twitter. 좋아, 방금 트위터에서 너 팔로우했어.
		23	'인스타그램에서 나 팔로우해.'라는 의미의 표현은 Follow me on Instagram.입니다.
		24	'난 내 사진을 인스타그램에 올렸어.'라는 의미의 표현은 I posted my selfie on Instagram.입니다.
		25	'난 방금 내 브이로그를 업로드했어.'라는 의미의 표현은 I just uploaded my vlog.입니다.

Day 23　SNS 사용하기

정답

1 follow **2** post **3** Instagrammable **4** upload **5** selfie **6** look up **7** Do you have Twitter **8** I followed you on Twitter **9** This is so Instagrammable **10** just uploaded my vlog **11** not on Facebook **12** Follow me on **13** on social media **14** so Instagrammable **15** posted my selfie **16** not on Facebook **17** uploaded my vlog **18** Are you on social media **19** You can look me up **20** I'm not on **21** do you have **22** followed you on Twitter **23** Follow me on Instagram. **24** I posted my selfie on Instagram. **25** I just uploaded my vlog.

해설

1	'따라가다, 팔로우하다'를 의미하는 영어 단어는 follow입니다.
2	'게시하다'를 의미하는 영어 단어는 post입니다.
3	'인스타그램에 올릴 법한'을 의미하는 영어 단어는 Instagrammable입니다.
4	'올리다, 업로드하다'를 의미하는 영어 단어는 upload입니다.
5	'셀카'를 의미하는 영어 단어는 selfie입니다.
6	'찾다'를 의미하는 영어 단어는 look up입니다.
7	Do you have Twitter?는 '너 트위터 해?'라는 의미이며, Do you have ~? 표현을 사용해서 SNS 사용 여부를 물을 수 있어요.

Day 24 전화 통화하기

정답

1 call 2 wrong 3 put through 4 hold on 5 number 6 speak 7 May I speak to Mr. James 8 I just called a minute ago 9 You have the wrong number 10 This is Jake speaking. 11 Hold on a second, please. 12 Sorry, I have the wrong number. 13 wrong number 14 I just called 15 put you through 16 by that name 17 this is Jake speaking 18 may I speak to 19 There's no one by that name 20 called a minute ago 21 you have the wrong number 22 Who am I speaking to? 23 Hold on a second, please. 24 This is 1234-5678. 25 You have the wrong number.

해설

1 '전화하다'를 의미하는 영어 단어는 call입니다.
2 '잘못된, 틀린'을 의미하는 영어 단어는 wrong입니다.
3 '연결해주다'를 의미하는 영어 단어는 put through입니다.
4 '기다리다'를 의미하는 영어 단어는 hold on입니다.
5 '(전화)번호'를 의미하는 영어 단어는 number입니다.
6 '이야기를 하다'를 의미하는 영어 단어는 speak입니다.
7 May I speak to Mr. James?는 '제임스 씨와 통화할 수 있을까요?'라는 의미이며, 누군가와 통화하고 싶다고 말할 때는 May I speak to ~ 다음에 통화하고 싶은 사람의 이름을 말하면 돼요.
8 I just called a minute ago.는 '방금 전화했던 사람이에요.'라는 의미이며, 전화로 상대방에게 자신이 누구인지 언급할 때 사용할 수 있는 표현이에요.
9 You have the wrong number.는 '전화 잘못 거셨어요.'라는 의미이며, 잘못 건 전화번호는 wrong number라고 표현합니다. 나에게 전화를 잘못 건 상대에게 말해줄 수 있는 표현이에요.
10 Who am I speaking to?는 '전화 거시는 분 성함이 어떻게 되시나요?'라는 의미이므로 This is Jake speaking. '제이크입니다.'가 적절한 대답입니다.
11 May I speak to Mr. James?는 '제임스 씨와 통화할 수 있을까요?'라는 의미이므로 Hold on a second, please. '잠깐만 기다려주세요.'가 적절한 대답입니다.
12 This is 1234-5678.은 '여긴 1234-5678번입니다.'라는 의미이므로 Sorry, I have the wrong number. '죄송해요, 제가 전화를 잘못 걸었네요.'가 적절한 대답입니다.
13 You've got the wrong number. 전화 잘못 거셨어요.
14 I just called a minute ago. 방금 전화했던 사람이에요.
15 I'll put you through to him right away. 바로 그분에게 연결시켜 드릴게요.
16 There's no one by that name here. 여기 그런 분은 없습니다.
17 Hello, this is Jake speaking. 여보세요, 제이크입니다.
18 Hello, may I speak to Mr. James? 제임스 씨와 통화할 수 있을까요?
19 There's no one by that name here. 여기 그런 분은 없습니다.
20 Hmm, this is Jenny, and I just called a minute ago. 흠, 제 이름은 제니이고, 방금 전화했던 사람이에요.
21 I think you have the wrong number. This is 1234-5678. 전화를 잘못 거신 거 같아요. 여긴 1234-5678번입니다.
22 '전화 거신 분 성함이 어떻게 되시나요?'라는 의미의 표현은 Who am I speaking to?입니다.
23 '잠깐만 기다려주세요.'라는 의미의 표현은 Hold on a second, please.입니다.
24 '여긴 1234-5678번입니다.'라는 의미의 표현은 This is 1234-5678.입니다.
25 '전화 잘못 거셨어요.'라는 의미의 표현은 You have the wrong number.입니다.

Day 25 업무 관련 대화하기

정답

1 half 2 day off 3 hand 4 meet 5 deadline 6 done 7 Are you done with the report 8 We've done about half of it 9 How is the project going 10 meet the deadline 11 hand it in to me 12 ask for two days off 13 took the rest of the afternoon 14 I need to call in sick 15 trying to meet the deadline 16 the rest of the afternoon off 17 Are you done with 18 I've done about half 19 Can you get it done by 20 I'm trying to meet the deadline 21 called in sick 22 Could you hand it in to me by tomorrow? 23 How is the project going? 24 Can I ask for two days off next week? 25 I think I need to call in sick today.

해설

1 '절반'을 의미하는 영어 단어는 half입니다.
2 '쉬는 날'을 의미하는 영어 단어는 day off입니다.
3 '건네주다'를 의미하는 영어 단어는 hand입니다.
4 '(기한을) 지키다'를 의미하는 영어 단어는 meet입니다.
5 '기한, 마감 시간'을 의미하는 영어 단어는 deadline입니다.
6 '다 끝난, 완료된'을 의미하는 영어 단어는 done입니다.

7	Are you done with the report?는 '그 보고서 다 마치셨나요?'라는 의미이며, 누군가에게 지시하거나 부탁한 업무를 마쳤는지 물어볼 때는 Are you done with ~?라는 표현으로 질문할 수 있어요.
8	We've done about half of it.은 '절반 정도 진행되었습니다.'라는 의미이며, half of는 '~의 절반'이라는 뜻이에요. 어떤 일이 절반 정도 진행되었다고 할 때 유용하게 쓸 수 있는 표현이에요.
9	How is the project going?은 '그 프로젝트는 어떻게 되어 가고 있나요?'라는 의미이며, How is ~ going? 표현을 사용해서 상대방에게 업무 진행 상황을 물어볼 수 있어요.
10	We're trying to meet the deadline.은 '마감일에 맞추려 노력하고 있어요.'라는 의미이며, meet는 '만나다' 뿐만 아니라 '(기한에) 맞추다'라는 의미도 갖고 있어요.
11	Could you hand it in to me by tomorrow?는 '그거 내일까지 저에게 주실 수 있나요?'라는 의미이며, hand in은 '제출하다'라는 의미를 갖고 있어요.
12	Can I ask for two days off next week?은 '다음 주에 이틀 휴가를 신청할 수 있을까요?'라는 의미이며, ask for는 '~을 요청하다'라는 뜻으로 휴가를 신청한다고 할 때 사용할 수 있는 표현이에요.
13	I took the rest of the afternoon off.는 '난 오늘 오후 반차를 냈어.'라는 의미이며, rest는 '쉬다'라는 의미 뿐만 아니라 '나머지'라는 의미도 갖고 있어요.
14	I think I need to call in sick today.는 '전 오늘 병가를 내야할 거 같아요.'라는 의미이므로 사진에 적절한 표현입니다.
15	We're trying to meet the deadline.은 '마감일에 맞추려 노력하고 있어요.'라는 의미이므로 사진에 적절한 표현입니다.
16	I took the rest of the afternoon off.는 '난 오늘 오후 반차를 냈어.'라는 의미이므로 사진에 적절한 표현입니다.
17	Are you done with the report? 그 보고서 다 마치셨나요?
18	I've done about half of it. 절반 정도 진행되었습니다.
19	Can you get it done by this Friday? 이번 주 금요일까지는 마칠 수 있나요?
20	Sure! I'm trying to meet the deadline. 물론이죠! 마감일에 맞추려 노력하고 있어요.
21	He called in sick today. 그는 오늘 병가를 냈어요.
22	'그거 내일까지 저에게 주실 수 있나요?'라는 의미의 표현은 Could you hand it in to me by tomorrow?입니다.
23	'그 프로젝트는 어떻게 되어 가고 있나요?'라는 의미의 표현은 How is the project going?입니다.
24	'다음 주에 이틀 휴가를 신청할 수 있을까요?'라는 의미의 표현은 Can I ask for two days off next week?입니다.
25	'전 오늘 병가를 내야 할 거 같아요.'라는 의미의 표현은 I think I need to call in sick today.입니다.

Day 26 축하와 격려하기

정답

1 promotion 2 lose 3 learn 4 deserve 5 effort 6 finally 7 You deserve it 8 Congratulations on your promotion 9 Let's keep up the good work 10 I've learned 11 nothing to lose 12 keep on trying 13 ① 14 ② 15 Show us that 16 keep on trying 17 Congratulations on 18 I've learned a lot from 19 You deserve it 20 couldn't have done it without your help 21 keep up the good work 22 keep on trying my best 23 There's nothing to lose. 24 Thanks to your efforts, we finally made it! 25 Show us that you can do it.

해설

1	'승진'을 의미하는 영어 단어는 promotion입니다.
2	'잃다'를 의미하는 영어 단어는 lose입니다.
3	'배우다'를 의미하는 영어 단어는 learn입니다.
4	'~할 자격이 있다'를 의미하는 영어 단어는 deserve입니다.
5	'노력'을 의미하는 영어 단어는 effort입니다.
6	'마침내'를 의미하는 영어 단어는 finally입니다.
7	You deserve it!은 '당신은 그럴 자격이 있어요!'라는 의미이며, 상대방을 축하할 때 사용할 수 있는 표현이에요.
8	Congratulations on your promotion!은 '승진 축하해요!'라는 의미이며, congratulations 뒤에 on을 붙여 무엇을 축하하는지 말할 수 있어요.
9	Let's keep up the good work!은 '계속 잘 해냅시다!'라는 의미이며, keep up은 무언가를 동일한 정도로 계속한다는 뜻으로 keep up the good work는 계속 하던 대로 잘 하라는 격려의 표현이에요.
10	I've learned a lot from you.는 '당신에게 많은 걸 배웠어요.'라는 의미이며, 직장에서 특히 상사에게 축하를 받을 때 말할 수 있는 겸손한 표현이에요.
11	There's nothing to lose.는 '밑져야 본전이잖아요.'라는 의미이며, 직역하면 '잃을 것이 없잖아요.'이기 때문에 상대방에게 격려할 때 사용할 수 있는 표현이에요.
12	I'll keep on trying my best.는 '계속 열심히 하겠습니다.'라는 의미이며, try one's best는 '최선을 다하다'라는 뜻이에요.
13	Thanks to your efforts, we finally made it!은 '당신의 노력 덕분에, 우리가 마침내 해냈어요!'라는 의미이므로 사진에 적절한 표현입니다.
14	There's nothing to lose.는 '밑져야 본전이잖아요."라는 의미이므로 사진에 적절한 표현입니다.
15	Show us that you can do it.은 '당신의 능력을 보여주세요.'라는 의미이므로 사진에 적절한 표현입니다.
16	I'll keep on trying my best.는 '계속 열심히 하겠습니다.'라는 의미이므로 사진에 적절한 표현입니다.
17	Congratulations on your promotion! 승진 축하해요!

18	Thank you. I've learned a lot from you. 고마워요. 당신에게 많은 걸 배웠어요.
19	Don't mention it. You deserve it. 별말씀을요. 당신은 그럴 자격이 있어요.
20	I couldn't have done it without your help. 당신의 도움이 없었다면 할 수 없었을 거예요.
21	Let's keep up the good work! 계속 잘 해냅시다!
22	I'll keep on trying my best. 계속 열심히 하겠습니다.
23	'밑져야 본전이잖아요.'라는 의미의 표현은 There's nothing to lose.입니다.
24	'당신의 노력 덕분에, 우리가 마침내 해냈어요!'라는 의미의 표현은 Thanks to your efforts, we finally made it!입니다.
25	'당신의 능력을 보여주세요.'라는 의미의 표현은 Show us that you can do it.입니다.

Day 27 회의하기

정답

1 push back 2 agenda 3 discuss 4 take a look 5 conference 6 arrange 7 Did you check the meeting room 8 I'd like to arrange a meeting with you 9 Let's get down to business 10 work for you 11 take a look at the agenda 12 push our meeting back to five 13 We'll be discussing the sales figures from last month. 14 Does Wednesday 10 o'clock work for you? 15 Is there a beam projector in the conference room? 16 Did you check 17 Let's get down to 18 Is there a beam projector 19 I'd like to arrange a meeting 20 work for you 21 I will book a conference room 22 We'll be discussing the sales figures from 23 Can we push our meeting back to five? 24 Let's take a look at the agenda for this meeting. 25 Let's get down to business.

해설

1	'미루다'를 의미하는 영어 단어는 push back입니다.
2	'안건'을 의미하는 영어 단어는 agenda입니다.
3	'논의하다'를 의미하는 영어 단어는 discuss입니다.
4	'보다'를 의미하는 영어 단어는 take a look입니다.
5	'회의'를 의미하는 영어 단어는 conference입니다.
6	'정하다, 마련하다'를 의미하는 영어 단어는 arrange입니다.
7	Did you check the meeting room?은 '회의실 확인했나요?'라는 의미이며, 회의를 하기 전 회의실 상태를 확인했는지 물어볼 때 쓸 수 있는 표현이에요.
8	I'd like to arrange a meeting with you.는 '당신과 회의 일정을 잡고 싶어요.'라는 의미이며, arrange는 '정하다, 마련하다'라는 뜻의 동사로 arrange a meeting이라고 하면 회의 일정을 잡는다는 표현이 돼요.
9	Let's get down to business.는 '본론으로 들어가죠.'라는 의미이며, get down to는 '~을 시작하다, ~에 진지하게 관심을 기울이다'라는 뜻이에요.
10	Does Wednesday 10 o'clock work for you?는 '수요일 10시 괜찮으세요?'라는 의미이며, work for somebody는 '누군가를 위해 일하다' 뿐만 아니라 '누군가에게 괜찮다'라는 뜻도 갖고 있어요.
11	Let's take a look at the agenda for this meeting.은 '이번 회의 안건을 봅시다.'라는 의미이며, agenda는 '안건, 의제'라는 뜻이에요. 회의를 본격적으로 시작하기 전 안건을 확인할 때 쓸 수 있는 표현이에요.
12	Can we push our meeting back to five?는 '저희 회의를 5시로 미룰 수 있을까요?'라는 의미이며, push 뒤에 미루는 대상을 쓰고 back을 써서 회의 시간이나 날짜를 바꿀 수 있어요.
13	Let's take a look at the agenda for this meeting.은 '이번 회의 안건을 봅시다.'라는 의미이므로 We'll be discussing the sales figures from last month. '지난달 매출액에 대해 회의할 거예요.'가 적절한 대답입니다.
14	I'd like to arrange a meeting with you.는 '당신과 회의 일정을 잡고 싶어요.'라는 의미이므로 Does Wednesday 10 o'clock work for you? '수요일 10시 괜찮으세요?'가 적절한 대답입니다.
15	I booked a conference room for the meeting.은 '회의실을 예약했어요.'라는 의미이므로 Is there a beam projector in the conference room? '회의실에 빔 프로젝터가 있나요?'가 적절한 대답입니다.
16	Did you check the meeting room?은 '회의실 확인했나요?'라는 의미이므로 사진에 적절한 표현입니다.
17	Let's get down to business.는 '본론으로 들어가죠.'라는 의미이므로 사진에 적절한 표현입니다.
18	Is there a beam projector in the conference room?은 '회의실에 빔 프로젝터가 있나요?'라는 의미이므로 사진에 적절한 표현입니다.
19	Jane, I'd like to arrange a meeting with you. 제인, 당신과 회의를 잡고 싶어요.
20	Umm... Does Wednesday 10 o'clock work for you? 음... 수요일 10시 괜찮으세요?
21	Sounds good! I will book a conference room for the meeting. 좋아요! 회의실을 예약할게요.
22	We'll be discussing the sales figures from last month. 지난달 매출액에 대해 회의할 거예요.
23	'저희 회의를 5시로 미룰 수 있을까요?'라는 의미의 표현은 Can we push our meeting back to five?입니다.
24	'이번 회의 안건을 봅시다.'라는 의미의 표현은 Let's take a look at the agenda for this meeting.입니다.
25	'본론으로 들어가죠.'라는 의미의 표현은 Let's get down to business.입니다.

Day 28 동료와 대화하기

정답

> 1 client 2 call it a day 3 spicy 4 sleep in 5 get off work 6 work overtime 7 I just want to sleep in 8 What time do you get off work 9 Let's call it a day 10 want something spicy 11 have lunch with my client today 12 What do you want for lunch 13 I want something spicy. 14 I'm planning to travel to a resort. 15 I have to work overtime today. 16 have lunch with my client today 17 want to sleep in 18 have to work overtime 19 going to do during summer vacation 20 want to sleep in 21 I'm planning to travel 22 What do you want for lunch 23 Let's call it a day. 24 What time do you get off work? 25 I'm going to have lunch with my client today.

해설

1	'고객'을 의미하는 영어 단어는 client입니다.
2	'그만하다'를 의미하는 영어 단어는 call it a day입니다.
3	'매운'을 의미하는 영어 단어는 spicy입니다.
4	'늦잠 자다, 푹 자다'를 의미하는 영어 단어는 sleep in입니다.
5	'퇴근하다'를 의미하는 영어 단어는 get off work입니다.
6	'시간외 근무를 하다, 야근하다'를 의미하는 영어 단어는 work overtime입니다.
7	I just want to sleep in.은 '그냥 잠을 푹 자고 싶어요.'라는 의미이며, 휴가 계획에 대해 이야기할 때 쓸 수 있는 표현이에요.
8	What time do you get off work?는 '몇 시에 퇴근하세요?'라는 의미이며, get off work는 '퇴근하다'라는 뜻이에요. get off work 말고도 leave work라고도 말할 수 있어요. 참고로 '출근하다'는 go to work이니 함께 알아두세요.
9	Let's call it a day.는 '그만 퇴근합시다.'라는 의미이며, Let's call it a night.이라고 해도 동일한 의미를 전달해요.
10	I want something spicy.는 '뭔가 매운 걸 원해요.'라는 의미이며, something 뒤에 형용사를 넣어서 먹고 싶은 걸 말할 수 있어요.
11	I'm going to have lunch with my client today.는 '오늘 고객 분과 점심 먹기로 했어요.'라는 의미이며, 저녁을 먹게 될 경우에는 lunch 대신 dinner를 넣어서 말해요.
12	What do you want for lunch today?는 '오늘 점심으로 뭐 먹고 싶어요?'라는 의미이며, 무엇을 먹고 싶은지 물을 때 What do you want ~?를 이용해 표현할 수 있어요.
13	What do you want for lunch today?는 '오늘 점심으로 뭐 먹고 싶어요?'라는 의미이므로 I want something spicy. '뭔가 매운 걸 원해요.'가 적절한 대답입니다.
14	What are you going to do during summer vacation?은 '여름 휴가 동안에 뭘 할 계획이에요?'라는 의미이므로 I'm planning to travel to a resort. '휴양지로 여행을 갈 계획이에요.'가 적절한 대답입니다.
15	What time do you get off work?은 '몇 시에 퇴근하세요?'라는 의미이므로 I have to work overtime today. '오늘 야근을 해야 해요.'가 적절한 대답입니다.
16	I'm going to have lunch with my client today.는 '오늘 고객 분과 점심 먹기로 했어요.'라는 의미이므로 사진에 적절한 표현입니다.
17	I just want to sleep in.은 '그냥 잠을 푹 자고 싶어요.'라는 의미이므로 사진에 적절한 표현입니다.
18	I have to work overtime today. '오늘 야근을 해야 해요.'라는 의미이므로 사진에 적절한 표현입니다.
19	What are you going to do during summer vacation? 여름 휴가 동안에 뭘 할 계획이에요?
20	I just want to sleep in. What about you? 그냥 잠을 푹 자고 싶어요. 당신은요?
21	I'm planning to travel to a resort. 휴양지로 여행을 갈 계획이에요.
22	Oh, that's nice. What do you want for lunch today anyway? 오, 그거 좋네요. 그나저나 오늘 점심으로 뭐 먹고 싶어요?
23	'그만 퇴근합시다.'라는 의미의 표현은 Let's call it a day.입니다.
24	'몇 시에 퇴근하세요?'라는 의미의 표현은 What time do you get off work?입니다.
25	'오늘 고객 분과 점심 먹기로 했어요.'라는 의미의 표현은 I'm going to have lunch with my client today.입니다.

Day 29 식당 이용하기 (1)

정답

> 1 reservation 2 waiting list 3 wait 4 How long 5 party 6 later 7 I have a reservation under Lee 8 Do you have a table for five 9 We'll just come back later 10 put me on the waiting list 11 have a table by the window 12 in your party 13 2 14 3 15 1 16 Can I make a reservation 17 come back later 18 have a reservation under 19 Can I make a reservation tonight 20 we're fully booked 21 put me on the waiting list 22 many people are there in your party 23 I have a reservation under Lee. 24 How long should we wait? 25 Do you have a table for five?

해설

1	'예약'을 의미하는 영어 단어는 reservation입니다.

2	'대기 명단'을 의미하는 영어 단어는 waiting list입니다.
3	'기다리다'를 의미하는 영어 단어는 wait입니다.
4	'얼마나 오래'를 의미하는 영어 단어는 How long입니다.
5	'일행'을 의미하는 영어 단어는 party입니다.
6	'나중에'를 의미하는 영어 단어는 later입니다.
7	I have a reservation under Lee.는 'Lee로 예약했어요.'라는 의미이며, under 뒤에 예약한 사람의 이름을 넣어서 말하면 돼요.
8	Do you have a table for five?는 '다섯 명 자리 있나요?'라는 의미이며, 식당에서 자리를 요청할 때는 a table for 뒤에 일행 수를 넣어서 말해요. Do you have a table for ~?라고 하면 '~명 자리 있나요?'라는 질문이 돼요.
9	We'll just come back later.는 '그냥 나중에 다시 올게요.'라는 의미이며, 대기하지 않고 다시 오겠다는 말을 할 때 사용할 수 있는 표현이에요.
10	Will you put me on the waiting list?는 '저를 대기 명단에 올려 주실래요?'라는 의미이며, '대기 명단'은 waiting list라고 해요. put ~ on the waiting list라는 표현으로 대기 명단에 이름을 올려 달라고 직원에게 부탁할 수 있어요.
11	Can I have a table by the window?는 '창가 쪽 자리에 앉을 수 있나요?'라는 의미이며, 전치사 by를 사용하여 '~쪽, ~옆에'라는 의미를 나타낼 수 있어요.
12	How many people are there in your party?는 '일행이 몇 분이십니까?'라는 의미이며, 여기서 party는 '일행'이라는 뜻이에요.
13	Can I have a table by the window?는 '창가 쪽 자리에 앉을 수 있나요?'라는 의미이므로 2번이 사진에 적절한 표현입니다.
14	Sorry, but we're fully booked tonight.은 '죄송하지만, 오늘 밤은 예약이 다 찼습니다.'라는 의미이므로 3번이 사진에 적절한 표현입니다.
15	How long should we wait?은 '저희 얼마나 기다려야 하나요?'라는 의미이므로 1번이 사진에 적절한 표현입니다.
16	Can I make a reservation for two for tonight?은 '오늘 밤 두 명 예약할 수 있나요?'라는 의미이므로 사진에 적절한 표현입니다.
17	We'll just come back later.는 '그냥 나중에 다시 올게요.'라는 의미이므로 사진에 적절한 표현입니다.
18	I have a reservation under Lee.는 'Lee로 예약했어요.'라는 의미이므로 사진에 적절한 표현입니다.
19	Can I make a reservation tonight? 오늘 밤 예약할 수 있나요?
20	Sorry, but we're fully booked tonight. 죄송하지만, 오늘 밤은 예약이 다 찼습니다.
21	Will you put me on the waiting list? 그럼 저를 대기 명단에 올려 주실래요?
22	Sure. How many people are there in your party? 물론이죠. 일행이 몇 분이십니까?
23	'Lee로 예약했어요.'라는 의미의 표현은 I have a reservation under Lee.입니다.
24	'저희 얼마나 기다려야 하나요?'라는 의미의 표현은 How long should we wait?입니다.
25	'다섯 명 자리 있나요?'라는 의미의 표현은 Do you have a table for five?입니다.

Day 30 식당 이용하기 (2)

정답

1 order 2 decide 3 bill 4 included 5 clear 6 another 7 What would you like to order 8 Could you wrap this up 9 I haven't decided yet 10 have a steak 11 clear the table 12 Is the tip included 13 3 14 1 15 2 16 we have separate bills 17 haven't decided yet 18 clear the table 19 would you like to order 20 I'd like to have 21 wrap this up 22 I haven't decided yet. 23 Could we have separate bills, please? 24 Is the tip included in my total? 25 Can I get another fork?

해설

1	'주문하다'를 의미하는 영어 단어는 order입니다.
2	'결정하다'를 의미하는 영어 단어는 decide입니다.
3	'계산서'를 의미하는 영어 단어는 bill입니다.
4	'포함된'을 의미하는 영어 단어는 included입니다.
5	'치우다'를 의미하는 영어 단어는 clear입니다.
6	'또 다른, 하나 더'를 의미하는 영어 단어는 another입니다.
7	What would you like to order?는 '무엇을 주문하시겠습니까?'라는 의미로 식당에서 음식을 주문할 때 직원에게 들을 수 있는 표현이에요. 그리고 주문할 때 정중한 표현으로 대답할 때도 would like를 사용해 I'd like ~ 뒤에 주문하고 싶은 메뉴를 넣어서 말하면 돼요.
8	Could you wrap this up?은 '이거 포장 좀 해주시겠어요?'라는 의미이며, wrap up은 '싸다, 포장하다'라는 뜻이에요. 미국에서는 기본적으로 제공되는 음식의 양이 많아서 남은 음식을 포장해 가는 걸 흔히 볼 수 있는데, 그럴 때 유용하게 쓸 수 있어요.
9	I haven't decided yet.은 '아직 결정하지 못했어요.'라는 의미이며, 무엇을 먹을지 아직 고르지 못했을 때 상대방에게 사용할 수 있는 표현이에요.
10	I'd like to have a steak.은 '전 스테이크로 할게요.'라는 의미이며, have 없이 I'd like a steak.라고 해도 같은 뜻이에요.
11	Could you clear the table?은 '테이블 좀 치워주시겠어요?'라는 의미이며, 식당에 갔는데 테이블이 더러우면 직원에게 치워달라고 부탁할 때 사용할 수 있는 표현이에요.
12	Is the tip included in my total?은 '총 금액에 팁이 포함되어 있는 건가요?'라는 의미이며, 미국에서는 서비스를 제공한 직원에게 팁을 주는 문화가 있기 때문에 금액에 팁이 포함되어 있는지 물어보고 싶을 때 사용할 수 있는 표현이에요.

13	Can I get another fork?는 '포크 하나 더 주실래요?'라는 의미이므로 3번이 사진에 적절한 표현입니다.
14	I'd like a glass of white wine.은 '화이트 와인 한 잔 주세요.'라는 의미이므로 1번이 사진에 적절한 표현입니다.
15	Could you wrap this up?은 '이거 포장 좀 해주시겠어요?'라는 의미이므로 2번이 사진에 적절한 표현입니다.
16	Could we have separate bills, please?은 '저희 따로 계산할게요.'라는 의미이므로 사진에 적절한 표현입니다.
17	I haven't decided yet.은 '아직 결정하지 못했어요.'라는 의미이므로 사진에 적절한 표현입니다.
18	Could you clear the table?은 '테이블 좀 치워주시겠어요?'라는 의미이므로 사진에 적절한 표현입니다.
19	What would you like to order? 무엇을 주문하시겠습니까?
20	I'd like to have a steak. 전 스테이크로 할게요.
21	Everything's good. Could you wrap this up? 전부 맛있었어요. 이것 좀 포장해주시겠어요?
22	'아직 결정하지 못했어요.'라는 의미의 표현은 I haven't decided yet.입니다.
23	'저희 따로 계산할게요.'라는 의미의 표현은 Could we have separate bills, please?입니다.
24	'총 금액에 팁이 포함되어 있는 건가요?'라는 의미의 표현은 Is the tip included in my total?입니다.
25	'포크 하나 더 주시겠어요?'라는 의미의 표현은 Can I get another fork?입니다.

Day 31 　 카페 이용하기

정답

1 instead 2 straw 3 cup holder tray 4 in cash 5 pay 6 soymilk 7 Where can I get a straw 8 For here or to go 9 No whipped cream, please 10 like to pay in cash 11 get soymilk instead 12 put two sleeves on the cup 13 2 14 3 15 1 16 get a large iced Americano 17 get soymilk instead 18 you like to pay in cash 19 Can I get a large iced Americano 20 For here or to go 21 put two sleeves on the cup 22 that's all 23 Can I get soymilk instead? 24 Can I get a cup holder tray? 25 Would you like to pay in cash?

해설

1	'대신에'를 의미하는 영어 단어는 instead입니다.
2	'빨대'를 의미하는 영어 단어는 straw입니다.
3	'컵 포장용 받침대'를 의미하는 영어 단어는 cup holder tray입니다.
4	'현금으로'를 의미하는 영어 단어는 in cash입니다.
5	'결제하다'를 의미하는 영어 단어는 pay입니다.
6	'두유'를 의미하는 영어 단어는 soymilk입니다.
7	Where can I get a straw?는 '빨대는 어디에 있나요?'라는 의미로 카페에서 빨대의 위치를 물어볼 때 사용할 수 있는 표현이에요.
8	For here or to go?는 '여기서 드시나요, 가지고 가시나요?'라는 의미이며, 계산대에서 카페 직원에게 가장 많이 듣는 말이에요. 매장에서 먹고 간다면 머그잔에, 가지고 나간다면 일회용 잔에 담아주기 때문이에요.
9	No whipped cream, please.는 '휘핑 크림은 빼주세요.'라는 의미이며, 뒤에 please를 붙여서 더욱 예의 바르게 요청할 수 있어요.
10	Would you like to pay in cash?는 '현금으로 결제하시겠어요?'라는 의미이며, 여기서 in cash는 '현금으로'라는 뜻이에요.
11	Can I get soymilk instead?는 '두유로 변경할 수 있을까요?'라는 의미이며, 일반 우유 대신 두유로 변경할 수 있는지 물어볼 때 사용할 수 있는 표현이에요. 여기서 instead는 '대신에'라는 뜻이에요.
12	Can you put two sleeves on the cup?은 '컵 홀더 두 개 끼워 주시겠어요?'라는 의미이며, 우리가 흔히 말하는 컵 홀더는 영어로 sleeve라고 해요.
13	No whipped cream, please.는 '휘핑 크림은 빼주세요.'라는 의미이므로 2번이 사진에 적절한 표현입니다.
14	Where can I get a straw?는 '빨대는 어디에 있나요?'라는 의미이므로 3번이 사진에 적절한 표현입니다.
15	Can I get a cup holder tray?는 '컵 포장용 받침대에 담아 주시겠어요?'라는 의미이므로 1번이 사진에 적절한 표현입니다.
16	Can I get a large iced Americano? '라지 사이즈 아이스 아메리카노 한 잔 주시겠어요?'라는 의미이므로 사진에 적절한 표현입니다.
17	Can I get soymilk instead?는 '두유로 변경할 수 있을까요?'라는 의미이므로 사진에 적절한 표현입니다.
18	Would you like to pay in cash?는 '현금으로 결제하시겠어요?'라는 의미이므로 사진에 적절한 표현입니다.
19	Can I get a large iced Americano? 라지 사이즈 아이스 아메리카노 한 잔 주시겠어요?
20	Sure. For here or to go? 물론이죠. 여기서 드시나요, 가지고 가시나요?
21	To go, please. Can you put two sleeves on the cup? 가지고 갈게요. 컵 홀더 두 개 끼워 주시겠어요?
22	No, that's all. 아니요, 그게 전부예요.
23	'두유로 변경할 수 있을까요?'라는 의미의 표현은 Can I get soymilk instead?입니다.
24	'컵 포장용 받침대에 담아 주시겠어요?'라는 의미의 표현은 Can I get a cup holder tray?입니다.
25	'현금으로 결제하시겠어요?'라는 의미의 표현은 Would you like to pay in cash?입니다.

Day 32 패스트푸드점 이용하기

정답

1 switch 2 refill 3 combo 4 total 5 come to 6 go easy on 7 Go easy on the mayo 8 How much is it in total 9 How would you like to pay 10 Your total comes to 11 get a refill 12 Can I switch the fries 13 Can I have the number 2 combo? 14 Your total comes to $6.50. 15 I'd like to pay in cash. 16 Go easy on the mayo 17 have a cheeseburger meal 18 Hold the onions on the hamburger 19 have the number 2 combo 20 Go easy on the mayo 21 How much is it in total 22 Your total comes to 23 Can I get a refill? 24 Can I have the number 2 combo? 25 Hold the onions on the hamburger, please.

해설

1 '바꾸다'를 의미하는 영어 단어는 switch입니다.

2 '리필'을 의미하는 영어 단어는 refill입니다.

3 '세트 메뉴'를 의미하는 영어 단어는 combo입니다.

4 '합계, 총액'을 의미하는 영어 단어는 total입니다.

5 '~이 되다'를 의미하는 영어 단어는 come to입니다.

6 '~을 너무 많이 쓰지 마라'를 의미하는 영어 단어는 go easy on입니다.

7 Go easy on the mayo, please.는 '마요네즈는 조금만 넣어 주세요.'라는 의미로 무언가를 적게 넣어 달라고 말할 때 유용하게 쓸 수 있는 표현이에요. 아예 넣지 않는 건 아니고 약간만 넣어 달라는 의미예요.

8 How much is it in total?은 '전부 다 해서 얼마죠?'라는 의미이며, 패스트푸드점에서 주문할 때는 사이드 메뉴까지 이것저것 다양하게 시키는 경우가 많기 때문에 그럴 때 전부 다 해서 얼마냐는 이 표현을 유용하게 사용할 수 있어요.

9 How would you like to pay?는 '어떻게 계산하시겠어요?'라는 의미이며, 돈을 지불하기 전에 직원에게 많이 듣는 표현이기 때문에 기억해 주세요.

10 Your total comes to $6.50.는 '총 6.50달러입니다.'라는 의미이며, 여기서 come to something 혹은 comes to something은 '(총계가) ~이 되다'라는 뜻이에요.

11 Can I get a refill?은 '음료수 좀 리필해 주실래요?'라는 의미이며, 직원에게 음료를 리필해 달라고 요청할 때 사용할 수 있는 표현이에요. Can I get ~?는 '~를 받을 수/가 질 수 있을까요?'라는 뜻이에요.

12 Can I switch the fries to a corn salad?는 '감자튀김을 콘샐러드로 바꿀 수 있나요?'라는 의미이며, switch something to ~ 표현을 사용해서 '무언가를 ~로 바꾸다'라는 의미를 나타낼 수 있어요.

13 What can I get for you?는 '무엇을 드릴까요?'라는 의미이므로 Can I have the number 2 combo? '2번 세트 하나 주시겠어요?'가 적절한 대답입니다.

14 How much is it in total?은 '전부 다 해서 얼마죠?'라는 의미이므로 Your total comes to $6.50. '총 6.50달러입니다.'가 적절한 대답입니다.

15 How would you like to pay?는 '어떻게 계산하시겠어요?'라는 의미이므로 I'd like to pay in cash. '현금으로 결제할게요.'가 적절한 대답입니다.

16 Go easy on the mayo, please.는 '마요네즈는 조금만 넣어 주세요.'라는 의미이므로 사진에 적절한 표현입니다.

17 I'll have a cheeseburger meal.은 '치즈버거 세트로 주문할게요.'라는 의미이므로 사진에 적절한 표현입니다.

18 Hold the onions on the hamburger, please.는 '햄버거에서 양파를 빼 주세요.'라는 의미이므로 사진에 적절한 표현입니다.

19 Can I have the number 2 combo? I will switch the fries to a corn salad. 2번 세트 하나 주시겠어요? 감자튀김을 콘샐러드로 바꿀게요.

20 For here. Go easy on the mayo, please. 여기서 먹고 갈게요. 마요네즈는 조금만 넣어 주세요.

21 That's all. How much is it in total? 그게 다예요. 전부 다 해서 얼마죠?

22 Your total comes to $6.50. 총 6.50달러입니다.

23 '음료수 좀 리필해 주실래요?'라는 의미의 표현은 Can I get a refill?입니다.

24 '2번 세트 하나 주시겠어요?'라는 의미의 표현은 Can I have the number 2 combo?입니다.

25 '햄버거에서 양파를 빼 주세요.'라는 의미의 표현은 Hold the onions on the hamburger, please.입니다.

Day 33 쇼핑하기 (1)

정답

1 look for 2 bigger 3 fitting room 4 try on 5 smaller 6 different 7 Do you have this in a different size 8 Where is the fitting room 9 I'm looking for a shirt 10 Can I try this on 11 a little small 12 in a bigger size 13 Where can I find 14 Can you show me 15 2 16 1 17 3 18 I'm looking for a shirt 19 Where can I find one 20 Can I try this on 21 in the fitting room 22 in a bigger size 23 Do you have this in a different color? 24 Can you show me that shirt? 25 I'm just looking around.

해설

1 '~을 찾다'를 의미하는 영어 단어는 look for입니다.

2 '더 큰'을 의미하는 영어 단어는 bigger입니다.

3 '탈의실'을 의미하는 영어 단어는 fitting room입니다.

4 '입어 보다'를 의미하는 영어 단어는 try on입니다.

5	'더 작은'을 의미하는 영어 단어는 smaller입니다.
6	'다른'을 의미하는 영어 단어는 different입니다.
7	Do you have this in a different size?는 '이거 다른 치수로 있어요?'라는 의미로 스타일은 마음에 드는데 다른 치수가 필요할 때 이렇게 물어볼 수 있어요. Do you have ~?는 상대방에게 어떤 것이 있는지 물어볼 때 쓸 수 있는 표현입니다.
8	Where is the fitting room?은 '탈의실은 어디에 있어요?'라는 의미이며, Where is ~? 표현을 사용해서 찾고자 하는 장소를 물어볼 수 있어요.
9	I'm looking for a shirt.는 '셔츠를 찾고 있어요.'라는 의미이며, 직원에게 찾고 있는 물건을 말할 때 쓸 수 있는 표현이에요. I'm looking for 뒤에 내가 사고자 하는 제품을 넣어 말해 보세요.
10	Can I try this on?은 '이거 입어 봐도 돼요?'라는 의미이며, try on은 무언가를 착용해 본다고 말할 때 쓰는 표현이에요. try와 on 사이에 내가 착용해보고 싶은 걸 넣어 말하면 돼요. 의류뿐만 아니라 신발, 액세서리에도 사용할 수 있는 표현이에요.
11	This is a little small for me.는 '이거 저한테 좀 작네요.'라는 의미이며, 여기서 a little은 '조금'이라는 뜻이에요. 만약 착용해 본 옷이 크다면 This is a little big for me.로 나타낼 수 있어요.
12	Do you have this in a bigger size?는 '이거 더 큰 치수로 있어요?'라는 의미이며, 반대로 더 작은 치수의 옷을 찾고 있으면 Do you have this in a smaller size?로 나타낼 수 있어요.
13	Where can I find a shirt?는 '셔츠는 어디에서 찾을 수 있어요?'라는 의미이며, shirt 대신 찾고자 하는 제품을 다양하게 넣어서 말할 수 있어요.
14	Can you show me that shirt?은 '저 셔츠 좀 보여주실래요?'라는 의미이며, 마네킹이 입고 있는 옷을 직접 보여달라고 할 때나 닿지 않는 곳에 옷이 있을 때 직원에게 요청할 수 있는 표현이에요.
15	I'm just looking around.는 '전 그냥 둘러보고 있어요.'라는 의미이므로 2번이 사진에 적절한 표현입니다.
16	This is a little small for me.는 '이거 저한테 좀 작네요.'라는 의미이므로 1번이 사진에 적절한 표현입니다.
17	Where is the fitting room?은 '탈의실은 어디예요?'라는 의미이므로 3번이 사진에 적절한 표현입니다.
18	I'm looking for a shirt. 전 셔츠를 찾고 있어요.
19	Where can I find one? 어디서 찾을 수 있죠?
20	Thank you! (A few moments later.) Can I try this on? 감사합니다! (잠시 후) 이거 입어 봐도 되나요?
21	Sure. You can try it on in the fitting room. 물론이죠. 탈의실에서 입어 보세요.
22	Do you have this in a bigger size? This is a little small for me. 이거 더 큰 치수로 있어요? 저한테 약간 작네요.
23	'이거 다른 색깔로 있어요?'라는 의미의 표현은 Do you have this in a different color?입니다.
24	'저 셔츠 좀 보여주실래요?'라는 의미의 표현은 Can you show me that shirt?입니다.
25	'전 그냥 둘러보고 있어요.'라는 의미의 표현은 I'm just looking around.입니다.

Day 34 쇼핑하기 (2)

정답

1 regular price 2 different 3 installment 4 refund 5 exchange 6 on sale 7 Is this on sale 8 Can I pay in installments 9 I'd like to get a refund 10 pay by credit card 11 the regular price 12 like to exchange this 13 3 14 2 15 1 16 pay by credit card 17 What's the regular price 18 three monthly installments 19 Is this on sale 20 this is buy one get one free 21 pay by credit card 22 Can I pay in installments? 23 I'd like to exchange this. 24 Can I exchange this for a different size? 25 I want to pay in three monthly installments.

해설

1	'정가'를 의미하는 영어 단어는 regular price입니다.
2	'다른'을 의미하는 영어 단어는 different입니다.
3	'할부'를 의미하는 영어 단어는 installment입니다.
4	'환불'을 의미하는 영어 단어는 refund입니다.
5	'교환하다'를 의미하는 영어 단어는 exchange입니다.
6	'할인 중인'을 의미하는 영어 단어는 on sale입니다.
7	Is this on sale?는 '이거 할인 중인가요?'라는 의미이며, on sale은 '할인 중인'이라는 뜻이에요. 마음에 드는 물건이 할인 중인지 궁금할 때 직원에게 물어볼 수 있는 표현이에요.
8	Can I pay in installments?는 '할부되나요?'라는 의미이며, 여기서 pay in은 '~로 결제하다'라는 뜻이에요.
9	I'd like to get a refund.는 '환불하고 싶어요.'라는 의미이며, 물건을 산 후에 환불을 원할 때 사용할 수 있는 표현이에요. get a refund는 '환불을 받다'라는 뜻이에요.
10	I'll pay by credit card.는 '신용 카드로 계산할게요.'라는 의미이며, 신용 카드로 계산한다고 할 때 수단을 나타내는 전치사 by를 사용해요.
11	What's the regular price?는 '정가가 얼마예요?'라는 의미이며, regular price는 '정가'라는 뜻이에요.
12	I'd like to exchange this.는 '이거 교환하고 싶어요.'라는 의미이며, 물건을 산 후에 교환을 원할 때 사용할 수 있는 표현이에요. It's too big. '너무 커요.' 또는 It's too small. '너무 작아요.'처럼 이유를 뒤에 붙여주면 더 좋아요.
13	I'd like to get a refund.는 '환불하고 싶어요.'라는 의미이므로 3번이 사진에 적절한 표현입니다.
14	This is buy one get one free.는 '이건 하나 사시면 하나는 무료예요.'라는 의미이므로 2번이 사진에 적절한 표현입니다.
15	I'd like to exchange this.는 '이거 교환하고 싶어요.'라는 의미이므로 1번이 사진에 적절한 표현입니다.
16	I'll pay by credit card.는 '신용 카드로 계산할게요.'라는 의미이므로 사진에 적절한 표현입니다.

17	What's the regular price?는 '정가가 얼마예요?'라는 의미이므로 사진에 적절한 표현입니다.
18	I want to pay in three monthly installments.는 '3개월 할부로 해주세요.'라는 의미이므로 사진에 적절한 표현입니다.
19	Is this on sale? 이거 할인 중인가요?
20	Oh, this is buy one get one free. 아, 이건 하나 사시면 하나는 무료예요.
21	I'll pay by credit card. 신용 카드로 계산할게요.
22	'할부되나요?'라는 의미의 표현은 Can I pay in installments?입니다.
23	'이거 교환하고 싶어요.'라는 의미의 표현은 I'd like to exchange this.입니다.
24	'이거 다른 치수로 교환할 수 있을까요?'라는 의미의 표현은 Can I exchange this for a different size?입니다.
25	'3개월 할부로 해주세요.'라는 의미의 표현은 I want to pay in three monthly installments.입니다.

Day 35 대중교통 이용하기

정답

1 exit 2 address 3 around here 4 crosswalk 5 pull over 6 take 7 How long will it take 8 Where can I take line number one 9 Does this bus go to the city hall 10 Which bus is going to 11 take me to this address 12 pull over to that crosswalk 13 You can find a bus station right over there. 14 It will take about 10 minutes. 15 You can take exit number 5. 16 Can you pull over 17 Does this bus go to 18 take me to this address 19 which bus is going to 20 Is there a subway station 21 How long will it take 22 Which exit should I take to get to city hall? 23 Can you pull over to that crosswalk? 24 Which bus is going to Gangnam Station? 25 Where can I take line number one?

해설

1	'출구'를 의미하는 영어 단어는 exit입니다.
2	'주소'를 의미하는 영어 단어는 address입니다.
3	'이 근처에'를 의미하는 영어 단어는 around here입니다.
4	'횡단보도'를 의미하는 영어 단어는 crosswalk입니다.
5	'(차를) 세우다'를 의미하는 영어 단어는 pull over입니다.
6	'타다, (시간이) 걸리다'를 의미하는 영어 단어는 take입니다.
7	How long will it take?는 '얼마나 걸릴까요?'라는 의미이며, 택시를 타면 시간이 얼마나 걸릴지 자주 물어보게 되는데 이때 쓰이는 take는 '(시간이) 걸리다'라는 뜻이에요.
8	Where can I take line number one?은 '1호선은 어디에서 탈 수 있나요?'라는 의미이며, 여기서 take는 '타다'라는 뜻이에요. 지하철 호선은 line number 뒤에 호선 번호를 넣으면 돼요.
9	Does this bus go to the city hall?은 '이 버스 시청으로 가나요?'라는 의미이며, 승차하려는 버스가 특정 장소로 가는지 물을 때 사용할 수 있는 표현이에요. go to 뒤에 가려는 행선지를 넣어 말해 보세요.
10	Which bus is going to Gangnam Station?은 '어느 버스가 강남역으로 가나요?'라는 의미이며, 어떤 버스를 타야 원하는 곳으로 가는지 물을 때 사용할 수 있는 표현이에요.
11	Please take me to this address.는 '이 주소로 가 주세요.'라는 의미이며, take someone to는 '누군가를 ~로 데려가다'라는 뜻이에요. 택시 기사에게 어떤 장소로 가달라고 부탁할 때 사용할 수 있는 표현이에요.
12	Can you pull over to that crosswalk?는 '저 횡단보도에서 세워 주실래요?'라는 의미이며, pull over는 '(정차하거나 다른 차가 지나가도록) 길 한쪽으로 빠지다, 차를 대다'라는 뜻이에요.
13	Where do I take bus number 5?은 '5번 버스는 어디에서 타나요?'라는 의미이므로 You can find a bus station right over there. '바로 저기서 버스 정류장을 찾을 수 있어요.'가 적절한 대답입니다.
14	How long will it take?는 '얼마나 걸릴까요?'라는 의미이므로 It will take about 10 minutes. '10분 정도 걸릴 거예요.'가 적절한 대답입니다.
15	Which exit should I take to get to city hall?은 '시청에 가려면 몇 번 출구로 가야 하나요?'라는 의미이므로 You can take exit number 5. '5번 출구로 가면 돼요.'가 적절한 대답입니다.
16	Can you pull over to that crosswalk?는 '저 횡단보도에서 세워 주실래요?'라는 의미이므로 사진에 적절한 표현입니다.
17	Does this bus go to the city hall?은 '이 버스 시청으로 가나요?'라는 의미이므로 사진에 적절한 표현입니다.
18	Please take me to this address.는 '이 주소로 가 주세요.'라는 의미이므로 사진에 적절한 표현입니다.
19	Excuse me, but which bus is going to Gangnam Station? 실례지만, 어느 버스가 강남역으로 가나요?
20	Is there a subway station around here? 이 근처에 지하철역이 있나요?
21	Thank you so much. How long will it take to Gangnam Station? 정말 감사합니다. 강남역까지 얼마나 걸릴까요?
22	'시청에 가려면 몇 번 출구로 가야 하나요?'라는 의미의 표현은 Which exit should I take to get to city hall?입니다.
23	'저 횡단보도에서 세워 주실래요?'라는 의미의 표현은 Can you pull over to that crosswalk?입니다.
24	'어느 버스가 강남역으로 가나요?'라는 의미의 표현은 Which bus is going to Gangnam Station?입니다.
25	'1호선은 어디에서 탈 수 있나요?'라는 의미의 표현은 Where can I take line number one?입니다.

Day 36 길 찾기

정답

1 stranger **2** turn left **3** get to **4** lost **5** station **6** show the way **7** Can you show me the way to Yongsan station **8** Can I ask you something **9** Which way is the ABC Building **10** for about 10 minutes **11** I'm lost **12** How can I get to **13** stranger here **14** Go straight **15** You can't miss **16** Can I ask **17** Which way is the **18** get to the Hilton Hotel **19** straight and turn **20** You can't miss it **21** I'm a stranger here **22** Can you show me the way to Yongsan Station? **23** Which way is the ABC Building? **24** Walk this way for about 10 minutes. **25** I'm lost. Can you help me?

해설

1. '낯선 사람'을 의미하는 영어 단어는 stranger입니다.
2. '왼쪽으로 돌다'를 의미하는 영어 단어는 turn left입니다.
3. '~에 도착하다'를 의미하는 영어 단어는 get to입니다.
4. '길을 잃은'를 의미하는 영어 단어는 lost입니다.
5. '역'을 의미하는 영어 단어는 station입니다.
6. '길을 가르쳐주다'를 의미하는 영어 단어는 show the way입니다.
7. Can you show me the way to Yongsan Station?은 '용산역으로 가는 길 좀 알려주시겠어요?'라는 의미이며, show the way는 '길을 안내하다'라는 뜻이에요.
8. Can I ask you something?은 '뭐 좀 여쭤봐도 될까요?'라는 의미이며, 상대방에게 무언가를 물어보고 싶을 때 먼저 동의를 구하는 느낌으로 물어볼 수 있는 표현이에요.
9. Which way is the ABC Building?은 '어느 방향이 ABC 빌딩인가요?'라는 의미이며, Which way is ~? 뒤에 찾아가고자 하는 행선지를 넣어서 말하면 돼요.
10. Walk this way for about 10 minutes.는 '이 방향으로 10분 정도 걸어가세요.'라는 의미이며, go straight. '직진하세요.' 또는 turn left/right. '왼쪽/오른쪽으로 도세요.' 말고도 길을 알려줄 때 사용할 수 있는 표현이에요.
11. I'm lost. Can you help me?는 '저 길을 잃었는데 도와주시겠어요?'라는 의미이며, 길을 잃었을 때 lost를 사용해서 현재 놓인 상황을 나타낼 수 있어요. 그리고 도움을 요청할 때는 '~해주실 수 있나요?'라는 뜻의 Can you ~?를 사용해요.
12. How can I get to the Hilton Hotel?은 '힐튼 호텔에 어떻게 가나요?'라는 의미이며, 길을 찾다가 헤매는 상황에 놓일 경우, How can I get to ~? 표현을 사용해서 상대방에게 길을 물어볼 수 있어요. to 뒤에는 찾는 장소를 넣어서 말하면 돼요.
13. I'm a stranger here.는 '전 여기가 처음이라서요.'라는 의미이며, 여기서 stranger는 '낯선 사람'이라는 뜻이에요. 그렇기 때문에 상대방에게 자신이 이 곳에 처음 와봤다고 말할 때 사용할 수 있는 표현이에요.
14. Go straight and turn left.는 '쭉 가셔서 왼쪽으로 도세요.'라는 의미이므로 사진에 적절한 표현입니다.
15. You can't miss it.은 '쉽게 찾으실 거예요.'라는 의미이므로 사진에 적절한 표현입니다.
16. Can I ask you something?은 '뭐 좀 여쭤봐도 될까요?'라는 의미이므로 사진에 적절한 표현입니다.
17. Which way is the ABC Building? '어느 방향이 ABC 빌딩인가요?'라는 의미이므로 사진에 적절한 표현입니다.
18. Excuse me. How can I get to the Hilton Hotel? 실례합니다. 힐튼 호텔에 어떻게 가나요?
19. Go straight and turn left. 쭉 가셔서 왼쪽으로 도세요.
20. About 10 minutes. You can't miss it. 10분 정도 걸려요. 쉽게 찾으실 거예요.
21. Thanks. I'm a stranger here. 감사해요. 전 여기가 처음이라서요.
22. 용산역으로 가는 길 좀 알려주시겠어요?'라는 의미의 표현은 Can you show me the way to Yongsan Station? 입니다.
23. '어느 방향이 ABC 빌딩인가요?'라는 의미의 표현은 Which way is the ABC Building?입니다.
24. '이 방향으로 10분 정도 걸어가세요.'라는 의미의 표현은 Walk this way for about 10 minutes.입니다.
25. 저 길을 잃었는데 도와주시겠어요?'라는 의미의 표현은 I'm lost. Can you help me?입니다.

Day 37 술집 이용하기

정답

1 make a toast **2** a little **3** straight up **4** draft **5** recommend **6** drunk **7** Can I have a draft **8** Here's to us **9** Can you recommend a good wine **10** Bottoms up **11** Let's make **12** a little tipsy **13** 2 **14** 3 **15** 1 **16** Here's to **17** Can I have **18** recommend a good wine **19** Bottoms up **20** Are you drunk **21** I'm sober **22** I'm a little tipsy **23** Straight up **24** Let's make a toast. **25** Can you recommend a good wine?

해설

1. '건배를 하다'를 의미하는 영어 단어는 make a toast입니다.
2. '조금'을 의미하는 영어 단어는 a little입니다.
3. '얼음 없이 나오는'을 의미하는 영어 단어는 straight up입니다.
4. '생맥주'를 의미하는 영어 단어는 draft입니다.
5. '추천하다'를 의미하는 영어 단어는 recommend입니다.
6. '취한'을 의미하는 영어 단어는 drunk입니다.

7	Can I have a draft?는 '생맥주 한 잔 주실 수 있나요?'라는 의미이며, 바에서 술 한 잔을 마시고 싶을 때 직원에게 Can I have ~? 뒤에 주류를 넣어서 말해요. '생맥주'라는 뜻의 draft는 draft beer라고도 나타낼 수 있어요.
8	Here's to us!는 '위하여!'라는 의미이며, 건배사로 유용하게 사용할 수 있는 대표적인 표현이에요.
9	Can you recommend a good wine?은 '괜찮은 와인 좀 추천해 주실래요?'라는 의미이며, 상대방에게 무언가를 추천해달라고 할 때 Can you recommend 뒤에 대상을 넣어서 말하면 돼요.
10	Bottoms up!은 '원샷!'라는 의미이며, 술자리에서 외국인에게 원샷!이라고 외치면 콩글리쉬이기 때문에 상대방이 알아듣지 못할 수 있어요. 원샷!이 아닌 Bottoms up!라고 말하면 돼요.
11	Let's make a toast.는 '건배합시다.'라는 의미이며, 격식을 갖춰야하는 자리에서 건배를 하기 전에 언급할 수 있는 표현이에요.
12	I'm a little tipsy.는 '난 약간 취했어.'라는 의미이며, tipsy는 '술에 취한'이라는 뜻의 drunk 외에도 사용할 수 있는 단어에요. 다만, 약간 취했을 때 사용하는 표현이에요.
13	Straight up or on the rocks?는 '그냥 드릴까요, 얼음을 넣어 드릴까요?'라는 의미이므로 2번이 사진에 적절한 표현입니다.
14	I'm sober.는 '난 멀쩡해.'라는 의미이므로 3번이 사진에 적절한 표현입니다.
15	Are you drunk?는 '너 취했어?'라는 의미이므로 1번이 사진에 적절한 표현입니다.
16	Here's to us!는 '위하여!'라는 의미이므로 사진에 적절한 표현입니다.
17	Can I have a draft?는 '생맥주 한 잔 주실 수 있나요?'라는 의미이므로 사진에 적절한 표현입니다.
18	Can you recommend a good wine?은 '괜찮은 와인 좀 추천해 주실래요?'라는 의미이므로 사진에 적절한 표현입니다.
19	Bottoms up! 원샷!
20	Are you drunk? You're a little red. 너 취했어? 너 조금 빨개졌어.
21	I'm sober. How about you? 난 멀쩡해. 넌 어때?
22	I'm a little tipsy. But, let's get another one of this. 난 약간 취했어. 근데, 이거 한 잔 더 시키자.
23	Straight up or on the rocks? 그냥 아니면 얼음을 넣어서?
24	'건배합시다.'라는 의미의 표현은 Let's make a toast.입니다.
25	'괜찮은 와인 좀 추천해 주실래요?'라는 의미의 표현은 Can you recommend a good wine?입니다.

Day 38 운전하기

정답

1 fasten 2 slow down 3 fill up 4 get caught up in traffic 5 seatbelt 6 run out of 7 You can't make a U-turn here 8 30 dollars, please 9 I got caught up in traffic 10 would you like 11 You should 12 Fill it up 13 Right now? We need to fasten our seatbelts first. 14 I'm going to start the car now. 15 I can give you a ride. 16 How much gas 17 30 dollars 18 running out of gas 19 give you a ride 20 I can give you a ride 21 start the car now 22 is running out of gas 23 fasten your seatbelt first 24 You can't make a U-turn here. 25 I got caught up in traffic.

해설

1	'매다'를 의미하는 영어 단어는 fasten입니다.
2	'늦추다'를 의미하는 영어 단어는 slow down입니다.
3	'~을 가득 채우다'를 의미하는 영어 단어는 fill up입니다.
4	'교통 체증에 걸리다'를 의미하는 영어 단어는 get caught up in traffic입니다.
5	'안전벨트'를 의미하는 영어 단어는 seatbelt입니다.
6	'~을 다 써버리다'를 의미하는 영어 단어는 run out of입니다.
7	You can't make a U-turn here.는 '여기서는 유턴을 할 수 없어.'라는 의미이며, make a turn은 '방향을 틀다'라는 뜻이에요. 특정 방향으로 틀 수 있을 때는 can을 사용하여 can make a turn이지만, 틀 수 없을 때는 can't를 활용해서 can't make a turn으로 나타낼 수 있어요.
8	30 dollars, please.는 '30 달러 치 넣어주세요.'라는 의미이며, 주유소 직원이 기름을 얼마만큼 넣을지 물어볼 때 사용할 수 있는 표현이에요. 원하는 액수를 please 앞에 넣어서 말하면 돼요.
9	I got caught up in traffic.은 '차가 막혔어.'라는 의미이며, get(be) caught up in traffic은 많은 차량에 길이 막혔을 때 사용할 수 있는 표현이에요.
10	How much gas would you like?은 '얼마 치 넣어드릴까요?'라는 의미로 주유소에서 직원에게 자주 들을 수 있는 표현이에요. 여기서 gas는 '가스'가 아니라 '기름'이라는 뜻이에요.
11	You should slow down.은 '속도 좀 줄여.'라는 의미이며, slow down은 '속도를 늦추다'라는 뜻이에요. 상대방이 빠른 속도로 운전한다고 생각될 때 사용할 수 있는 표현이에요.
12	Fill it up, please는 '가득 채워주세요.'라는 의미이며, 주유소에 가서 차에 기름을 가득 채워달라고 요청할 때 사용할 수 있는 표현이에요. please 외에도 Could you fill it up?으로 예의바르게 나타낼 수 있어요.
13	Let's go now.는 '이제 가자.'라는 의미이므로 Right now? We need to fasten our seatbelts first. '지금 당장? 우린 먼저 안전벨트를 매야 해.'가 적절한 대답입니다.

14	When are we leaving?은 '저희 언제 출발하나요?'라는 의미이므로 I'm going to start the car now. '지금 시동 걸게.'가 적절한 대답입니다.
15	I think I'm late for school.은 '학교에 지각할 것 같아요.'라는 의미이므로 I can give you a ride. '내가 너 태워줄 수 있어.'가 적절한 대답입니다.
16	How much gas would you like? 얼마 치 넣어드릴까요?
17	30 dollars, please. 30달러 치 넣어주세요.
18	My car is running out of gas. 내 차의 기름이 떨어져 가네.
19	I can give you a ride. 내가 너 태워줄 수 있어.
20	Aren't you late? I can give you a ride. 너 늦지 않았어? 내가 너 태워줄 수 있어.
21	I'm going to start the car now. 지금 시동 걸게.
22	Wait a second, your car is running out of gas. 잠시만, 네 차 기름이 떨어져 간다.
23	The gas station is across the street. You need to fasten your seatbelt first. 주유소가 길 건너에 있어. 일단 넌 안전벨트를 매야 해.
24	'여기서는 유턴을 할 수 없어.'라는 의미의 표현은 You can't make a U-turn here.입니다.
25	'차가 막혔어.'라는 의미의 표현은 I got caught up in traffic.입니다.

Day 39 영화관 이용하기

정답

1 show time 2 boring 3 reservation 4 scene 5 breathtaking 6 unsalted 7 I made a reservation for two adults 8 The movie was a little boring 9 It's the best movie I've ever seen 10 I'd like two tickets for four-thirty *Frozen*. 11 The first scene was breathtaking. 12 Can I get an unsalted popcorn? 13 Can I get 14 What's the next 15 popcorn and Coke, please 16 for two adults 17 first scene was breathtaking 18 I'd like two tickets for 19 What's the next show time 20 Can I have a popcorn and Coke 21 It's the best movie I've ever seen! 22 The first scene was breathtaking. 23 What's the next show time? 24 Can I get an unsalted popcorn? 25 I made a reservation for two adults.

해설

1	'상영시간'를 의미하는 영어 단어는 show time입니다.
2	'지루한'을 의미하는 영어 단어는 boring입니다.
3	'예약'을 의미하는 영어 단어는 reservation입니다.
4	'장면'을 의미하는 영어 단어는 scene입니다.
5	'숨이 멎는 듯한'을 의미하는 영어 단어는 breathtaking입니다.
6	'소금을 넣지 않은'을 의미하는 영어 단어는 unsalted입니다.
7	I made a reservation for two adults.는 '성인 두 명으로 예약했어요.'라는 의미이며, make a reservation은 '예약하다'라는 뜻이에요.
8	The movie was a little boring.은 '그 영화는 좀 지루했어.'라는 의미이며, 상대방에게 영화가 어땠는지 말할 때 쓸 수 있는 표현이에요. was 뒤에 boring, fun, exciting 등 형용사를 넣어서 말해요.
9	It's the best movie I've ever seen!은 '내가 본 영화 중 최고야!'라는 의미이며, 가장 만족스럽고 좋음을 나타낼 때 the best ~라고 표현해요. I've ever seen과 같이 I've ever p.p.의 형태를 사용하면 '지금까지 경험해본 것 중에서'라는 의미로 앞부분을 강조할 때 사용할 수 있어요.
10	How can I help you?는 '어떻게 도와드릴까요?'라는 의미이므로 I'd like two tickets for four-thirty *Frozen*. '겨울왕국' 4시 반 걸로 두 장 주세요.'가 적절한 대답입니다.
11	What did you like about the movie?는 '영화의 어떤 점이 좋았어요?'라는 의미이므로 The first scene was breathtaking. '첫 장면은 정말 놀라웠어.'가 적절한 대답입니다.
12	Which popcorn would you like to have?은 '어떤 팝콘을 드실 건가요?'라는 의미이므로 Can I get an unsalted popcorn? '소금을 넣지 않은 팝콘으로 주시겠어요?'가 적절한 대답입니다.
13	Can I get a booster seat?은 '어린이 의자 받을 수 있을까요?'라는 의미이며, booster seat은 '어린이 의자'라는 뜻으로 어린 아이가 앉을 수 있는 좌석을 요청할 때 사용할 수 있는 표현이에요.
14	What's the next show time?은 '다음 상영시간은 언제인가요?'라는 의미이며, 여기서 show time은 '상영시간'이라는 뜻이에요. 매표소 직원에게 다음에 상영하는 영화 시간을 물어볼 때 사용할 수 있는 표현이에요.
15	Can I have a popcorn and Coke, please?는 '팝콘이랑 콜라 주실 수 있나요?'라는 의미로 상대방에게 무언가를 요청할 때 Can I have ~?라고 표현해요.
16	I made a reservation for two adults.는 '성인 두 명으로 예약했어요.'라는 의미이며, for 뒤에 몇 명을 대상으로 예약했는지 사람의 수를 넣어서 말하면 돼요.
17	The first scene was breathtaking.은 '첫 장면은 정말 놀라웠어.'라는 의미이며, 여기서 scene은 '장면'이라는 뜻이에요.
18	I'd like two tickets for four-thirty *Frozen*. '겨울왕국' 4시 반 걸로 두 장이요.
19	What's the next show time? I'll get the earliest one. 다음 상영시간은 언제인가요? 제일 빠른 걸로 할게요.
20	Can I have a popcorn and Coke, please? 팝콘이랑 콜라 주실 수 있나요?
21	'내가 본 영화 중 최고야!'라는 의미의 표현은 It's the best movie I've ever seen!입니다.
22	'첫 장면은 정말 놀라웠어.'라는 의미의 표현은 The first scene was breathtaking.입니다.

23 '다음 상영시간은 언제인가요?'라는 의미의 표현은 What's the next show time?입니다.

24 '소금을 넣지 않은 팝콘으로 주시겠어요?'라는 의미의 표현은 Can I get an unsalted popcorn?입니다.

25 '성인 두 명으로 예약했어요.'라는 의미의 표현은 I made a reservation for two adults.입니다.

Day 40 미용실 이용하기

정답

1 layer 2 part 3 trim 4 book 5 blow dry 6 prefer 7 Can I book a perm for tomorrow 8 I just want to get a little trim 9 Can I get a haircut with layers 10 2 11 3 12 1 13 I want a shampoo 14 blow dry it 15 hairstylist you prefer 16 make an appointment 17 part my hair 18 I want a shampoo 19 part my hair to the right 20 to make an appointment for 21 Can I get a haircut 22 just blow dry it 23 Can you part my hair to the right? 24 Is there any hairstylist you prefer? 25 I'd like to get a perm like this picture.

해설

1 '층'을 의미하는 영어 단어는 layer입니다.

2 '가르마를 타다'를 의미하는 영어 단어는 part입니다.

3 '다듬기'를 의미하는 영어 단어는 trim입니다.

4 '예약하다'를 의미하는 영어 단어는 book입니다.

5 '(머리를) 드라이어로 말리다'를 의미하는 영어 단어는 blow dry입니다.

6 '선호하다'를 의미하는 영어 단어는 prefer입니다.

7 Can I book a perm for tomorrow?는 '내일 파마 예약할 수 있나요?'라는 의미이며, book something for 표현을 사용해서 '~를 위한 예약을 하다'라는 의미를 전달할 수 있어요.

8 I just want to get a little trim.은 '약간만 다듬고 싶어요.'라는 의미이며, cut '자르다' 뿐만 아니라 trim과 같이 '다듬다'라는 단어를 사용해서 미용사에게 원하는 헤어스타일을 말할 수 있어요.

9 Can I get a haircut with layers?은 '머리를 층지게 잘라 주시겠어요?'라는 의미이며, 원하는 헤어스타일을 요청할 때 Can I get ~?를 이용해서 말할 수 있어요. get a haircut은 '머리를 자르다'라는 뜻이에요.

10 I'd like to get a perm like this picture.는 '이 사진처럼 파마하고 싶어요.'라는 의미이므로 2번이 사진에 적절한 표현입니다.

11 Can I book a perm for tomorrow?는 '내일 파마 예약할 수 있나요?'라는 의미이므로 3번이 사진에 적절한 표현입니다.

12 Can you just blow dry it?은 '그냥 드라이어로 말려 주실 수 있나요?'라는 의미이므로 1번이 사진에 적절한 표현입니다.

13 I want a shampoo, please.는 '머리 좀 감겨 주세요.'라는 의미이며, 'shampoo'는 '샴푸'라는 뜻 뿐만 아니라 '샴푸하기, 머리 감기'라는 뜻도 있어요.

14 Can you just blow dry it?은 '그냥 드라이어로 말려 주실 수 있나요?'라는 의미이며, 드라이어로 머리를 말린다고 할 때는 blow dry라는 표현을 사용해요.

15 Is there any hairstylist you prefer?은 '원하시는 디자이너가 있으신가요?'라는 의미이며, 여기서 prefer는 '선호하다'라는 뜻이에요.

16 I'm calling to make an appointment for tomorrow.는 '내일 예약하려고 전화드렸어요.'라는 의미이며 미용실 예약을 미리 할 때 사용할 수 있는 표현이에요. 여기서 make an appointment는 '일정/약속을 잡다'라는 뜻이에요.

17 Can you part my hair to the right?은 '가르마는 오른쪽으로 타 주실래요?'라는 의미이며, part one's hair는 '가르마를 타다'라는 뜻이에요. 왼쪽으로 가르마를 타고 싶다고 요청할 때는 Can you part my hair to the left?를 사용하면 돼요.

18 I want a shampoo, please. 머리 좀 감겨 주세요.

19 Can you part my hair to the right? 가르마는 오른쪽으로 타 주실래요?

20 Hi, I called you yesterday to make an appointment for today. 안녕하세요, 오늘 예약하려고 어제 전화드렸어요.

21 Can I get a haircut with layers? 층지게 잘라 주시겠어요?

22 Can you just blow dry it? 그냥 드라이어로 말려 주실 수 있나요?

23 '가르마는 오른쪽으로 타 주실래요?'라는 의미의 표현은 Can you part my hair to the right?입니다.

24 '원하시는 디자이너가 있으신가요?'라는 의미의 표현은 Is there any hairstylist you prefer?입니다.

25 '이 사진처럼 파마하고 싶어요.'라는 의미의 표현은 I'd like to get a perm like this picture.입니다.

시원스쿨닷컴

입문 회화

Day 01 　인사　만날 때 인사하기

DATE 20 . .

 시원펜으로 모든 예문을 들으면서 말하기 연습을 해 보세요.

오늘의 표현

 1-1 　음원 듣고 5번 따라 읽기 ☐☐☐☐☐

1 안부 묻기

> **How are you?**
> 잘 지내?

아는 사람을 만났을 때 가볍게 할 수 있는 기본적인 인사예요. '기분이 어때?' 또는 '어떻게 지내?' 정도의 의미입니다. 인사 치레로 만날 때마다 묻는 형식적인 안부이기 때문에 깊이 생각하여 대답할 필요는 없답니다.

추가 표현
- How is it going? 잘 지내?
- What's up? 잘 지내?　★ **Tip!** 친한 사이에 격식 없이 하는 인사예요!

2 대답하기

> **I'm good. / I'm doing great. / Not bad.**
> 잘 지내. / 아주 잘 지내. / 괜찮아.

How are you?라는 인사에 대답할 수 있는 표현이에요. 인사 형태에 따라 대답하는 방법이 조금씩 달라지니 잘 익혀 두세요! 대답 뒤에 상대방의 안부를 묻는 "and you? (너는?)" 또는 물어봐 줘서 고맙다는 의미로 "Thanks."를 붙여 말하기도 해요.

추가 표현
- How is it going? 어떻게 지내?
  - It's going well. 잘 지내. / Everything is good. 전부 다 괜찮아. / So far, so good. 지금까진 별일 없어.
- What's up? 어떻게 지내?
  - Nothing. / Not much. 별일 없어.

3 우연히 만났을 때 인사하기

> **Look who's here!**
> 이게 누구야!

아는 사람을 예상치 못한 장소에서 만났을 때 반가움을 담아 건넬 수 있는 표현이에요. 직역하면 '누가 왔는지 봐!'라는 뜻입니다.

추가 표현
- What brings you here? 여기 어쩐 일이야?
- I didn't expect to see you here! 널 여기서 볼 줄 몰랐어!

오늘의 단어

bad 나쁜, 안 좋은 | **go well** 잘 되어가다 | **so far** 지금까지 | **bring** 데려오다, 가져오다 | **expect** 기대하다 | **see** 보다, 만나다

오늘의 표현 연습하기   빈칸을 채워 문장을 완성해보고, '오늘의 표현'에서 확인해 보세요.

1 잘 지내? ▶ _____ are you?

2 잘 지내? ▶ How _____ _____ going?

3 잘 지내. / 아주 잘 지내. / 괜찮아. ▶ I'm _____ . / I'm _____ _____ . / Not _____ .

4 전부 다 괜찮아. ▶ Everything _____ _____ .

5 지금까진 별일 없어. ▶ _____ _____ , so good.

6 별일 없어. ▶ Not _____ .

7 여기 어쩐 일이야? ▶ _____ _____ you here?

8 이게 누구야! ▶ _____ who's here!

9 널 여기서 볼 줄 몰랐어! ▶ I didn't _____ to see you here!

 오늘의 회화   시원펜을 이용해 오늘의 표현을 활용한 대화를 듣고 따라 써 보세요.   🔊 1-2

이게 누구야!
Look who's here!

마크! 널 여기서 볼 줄 몰랐어. 잘 지내?
Mark! I didn't expect to see you here. How are you?

난 여기 친구 만나러 왔어. 잘 지내?
I'm here to meet my friend. How are you?

아주 잘 지내! 어떻게 지내?
I'm doing great! How is it going?

지금까진 별일 없어.
So far so good.

Day 01 오늘의 문제

제한 시간 15분 (25문항 각 4점)
SCORE / 100

1-6 다음 우리말에 맞게 영어 단어를 연결하고 따라 써 보세요.

1 보다, 만나다 • • so far
2 잘 되어가다 • • go well
3 나쁜, 안 좋은 • • bring
4 지금까지 • • see
5 데려오다, 가져오다 • • expect
6 기대하다 • • bad

7-10 다음 주어진 단어를 이용하여 우리말에 맞게 문장을 완성하세요.

how　is　look　everything　good
who's　not　you　much　are　here

7 잘 지내? ▶ _____?
8 전부 다 괜찮아. ▶ _____.
9 이게 누구야! ▶ _____!
10 별일 없어. ▶ _____.

11-14 다음 대화를 듣고 빈칸을 채워보세요.

 1-3

11 _____ is it going?

It's going 12 _____.

 1-4

13 _____ who's here!

Oh, Jake! What 14 _____ you here?

15-17 다음 들려주는 문장에 대한 알맞은 대답을 골라 써 보세요.

> I'm good. / Not much. / I didn't expect to see you here!

15 🔊 1-5 ▶ _____

16 🔊 1-6 ▶ _____

17 🔊 1-7 ▶ _____

18-22 다음 Hint를 이용해 우리말을 영어로 쓰고 말해보며 대화를 완성해 보세요.

이게 누구야! (Hint! who's)
18 _____!

마크! 널 여기서 볼 줄 몰랐어. 잘 지내? (Hint! expect, are)
Mark! I 19 _____ here.
20 _____?

잘 지내. 넌 어떻게 지내? (Hint! going)
I'm good. 21 _____?

지금까진 별일 없어. (Hint! far, good)
22 _____.

23-25 다음 Hint를 이용해 우리말을 영어로 쓰고 말해 보세요.

23 여기 어쩐 일이야? (Hint! brings)
▶ _____

24 잘 지내? (Hint! up)
▶ _____

25 전부 다 괜찮아. (Hint! good)
▶ _____

입문 회화

Day 02 — 인사: 헤어질 때 인사하기

시원펜으로 모든 예문을 들으면서 말하기 연습을 해 보세요.

오늘의 표현

 2-1   음원 듣고 5번 따라 읽기 ☐☐☐☐☐

1 가야 한다고 말하기

> **I gotta go.**
> 나 이만 가야 해.

gotta는 '~해야 해'라는 뜻으로 have got to를 비격식체로 줄여 회화에 많이 사용하는 형태예요. 먼저 자리를 떠야 할 때 쓸 수 있는 표현입니다. 또는 전화 통화를 하다 끊어야 한다고 말할 때도 쓸 수 있어요.

추가 표현
- I should get going. 나 가봐야 해.
- It's time to go. 이제 갈 시간이야.

2 대화 마무리하기

> **It was nice talking to you.**
> 대화 즐거웠어.

It was nice 뒤에 동사의 ing 형태를 붙여 쓰면 '~해서 좋았다(즐거웠다)'라는 뜻이에요.

추가 표현
- I lost track of time. 시간 가는 줄 몰랐어.
- Let's catch up sometime. 언제 못다한 얘기나 나누자.
  ★ **Tip!** 대화를 충분히 나누지 못하고 헤어질 때 건넬 수 있는 인사예요.

3 작별 인사하기

> **Take care.**
> 잘 있어.

"Take care."는 '몸 건강해, 몸 조심해'라는 뜻이지만 "잘 있어, 잘 가"의 의미로 흔히 나누는 작별 인사이기도 해요.

추가 표현
- Talk to you later. 나중에 얘기하자.
- Have a good one. 좋은 하루 보내. ★ **Tip!** 격식 없이 편하게 하는 인사로 one은 시간이나 하루를 의미해요.

오늘의 단어

| gotta ~해야 한다 | get going 떠나다, 출발하다 | time to ~ ~할 시간 | talk to ~와 이야기를 나누다 |
| lose track of ~ ~을 놓치다 | catch up 못다한 이야기를 나누다 | sometime 언젠가 | |

 **오늘의 표현 연습하기** 빈칸을 채워 문장을 완성해보고, '오늘의 표현'에서 확인해 보세요.

1 나 이만 가야 해.   ▶ I _____ go.
2 나 가봐야 해.   ▶ I should _____ _____ .
3 이제 갈 시간이야.   ▶ It's _____ _____ go.
4 대화 즐거웠어.   ▶ It was _____ _____ to you.
5 시간 가는 줄 몰랐어.   ▶ I _____ _____ of time.
6 언제 못다한 얘기나 나누자. ▶ Let's _____ _____ sometime.
7 잘 있어.   ▶ Take _____ .
8 나중에 얘기하자.   ▶ _____ _____ you later.
9 좋은 하루 보내.   ▶ Have a _____ _____ .

 오늘의 회화 시원펜을 이용해 오늘의 표현을 활용한 대화를 듣고 따라 써 보세요. 🔊 2-2

나 이만 가야 해.
I gotta go.

그래, 이제 갈 시간이네. 대화 즐거웠어.
Yeah, it's time to go. It was nice talking to you.

시간 가는 줄 몰랐네. 잘 있어.
I lost track of time. Take care.

좋은 하루 보내.
Have a good one.

너도! 나중에 얘기하자!
You too! Talk to you later!

Day 02 오늘의 문제

제한 시간 15분 (25문항 각 4점)
SCORE　　　/ 100

1-6 다음 우리말에 맞게 영어 단어를 연결하고 따라 써 보세요.

1　~와 이야기를 나누다　•　　　　　• *get going*

2　~을 놓치다　•　　　　　• *sometime*

3　못다한 이야기를 나누다　•　　　　　• *talk to*

4　떠나다, 출발하다　•　　　　　• *lose track of*

5　언젠가　•　　　　　• *catch up*

6　~해야 한다　•　　　　　• *gotta*

7-10 다음 주어진 단어를 이용하여 우리말에 맞게 문장을 완성하세요.

| I | have | track | of | gotta | to | time |
| It's | lost | go | a | good | one | |

7　이제 갈 시간이야.　▶ _____.

8　시간 가는 줄 몰랐어.　▶ _____.

9　좋은 하루 보내.　▶ _____.

10　나 이만 가야 해.　▶ _____.

11-14 다음 음원을 듣고 문장을 완성해 보세요.

11　🔊 2-3　_____ you later.

12　🔊 2-4　It was _____ to you.

13　🔊 2-5　I should _____.

14　🔊 2-6　_____.

15-17 다음 음원을 듣고 사진에 맞게 문장을 완성해 보세요.

15 🔊 2-7
▶ _____ time.

16 🔊 2-8
▶ _____ sometime.

17 🔊 2-9
▶ _____ later.

18-22 다음 Hint를 이용해 우리말을 영어로 쓰고 말해보며 대화를 완성해 보세요.

나 이만 가야 해. (Hint! go)
18 _____ .

그래, 이제 갈 시간이네. 대화 즐거웠어. (Hint! go, talking)
Yeah, **19** _____ .

20 _____ .

시간 가는 줄 몰랐어. 잘 있어. (Hint! track)
21 _____ . Take care.

좋은 하루 보내. (Hint! one)
22 _____ .

23-25 다음 Hint를 이용해 우리말을 영어로 쓰고 말해 보세요.

23 나중에 얘기하자. (Hint! Talk)
▶ _____

24 나 가봐야 해. (Hint! get)
▶ _____

25 언제 못다한 얘기나 나누자. (Hint! catch)
▶ _____

입문 회화

Day 03 · 인사 · 처음 만났을 때 인사하기

DATE 20 . .

🖊️ 시원펜으로 모든 예문을 들으면서 말하기 연습을 해 보세요.

오늘의 표현

🔊 3-1 음원 듣고 5번 따라 읽기 ☐☐☐☐☐

1 첫인사하기

> **Nice to meet you.**
> 만나서 반갑습니다.

누군가를 처음 만났을 때 할 수 있는 가장 기본적인 인사예요. nice to ~는 '~해서 좋은(반가운)'이라는 뜻입니다. "Same here.(저도 마찬가지예요.)" 또는 "Nice to meet you, too."라고 대답하면 돼요.

🖊️ 추가 표현
- Pleased to meet you. 만나서 반갑습니다.
- I'm honored to meet you. 만나 뵙게 되어 영광입니다.

2 이름 묻고 답하기

> **May I ask your name? / You can call me Amy.**
> 성함이 어떻게 되시죠? / 에이미라고 불러 주세요.

처음 만나는 사람에게 정중하게 이름을 물어볼 때는 May I ~?를 사용해서 말해요. ask 대신 have를 쓸 수도 있어요. 대답할 때는 상대방이 불러주길 원하는 이름을 You can call me 뒤에 넣어 말할 수 있습니다.

🖊️ 추가 표현
- What should I call you? 어떻게 불러드리면 될까요?
- This is my friend, Julie. 이쪽은 제 친구 줄리예요. ★ **Tip!** this는 사람을 가리킬 때 '이쪽, 이 사람, 이분'이라는 뜻이에요.

3 사는 곳 묻고 답하기

> **Do you live in this neighborhood?**
> 이 근처에 사시나요?

neighborhood는 '근처, 이웃'이라는 뜻이에요. 이 아파트 또는 건물에 사냐고 물을 때는 neighborhood 자리에 apartment 또는 building을 넣어 말할 수 있어요.

🖊️ 추가 표현
- Are you from around here? 여기 분이세요? - No, I'm from New York. 아뇨, 전 뉴욕 출신이에요.
- Where are you from originally? 원래 어디 출신이세요? - I'm originally from Korea. 전 원래 한국에서 왔어요.

오늘의 단어

| meet 만나다 | pleased 기쁜, 만족한 | honored 영광스러운 | ask 물어보다 | call A B A를 B라고 부르다 |
| neighborhood 근처, 동네 | originally 원래 |

오늘의 표현 연습하기 빈칸을 채워 문장을 완성해보고, '오늘의 표현'에서 확인해 보세요.

1 만나서 반갑습니다. ▶ Nice _____ _____ you.

2 만나서 반갑습니다. ▶ _____ to meet you.

3 만나 뵙게 되어 영광입니다. ▶ I'm _____ to meet you.

4 성함이 어떻게 되시죠? /
   에이미라고 불러 주세요. ▶ _____ I _____ your name? /
   You can _____ _____ Amy.

5 어떻게 불러드리면 될까요? ▶ What _____ I _____ you?

6 이쪽은 제 친구 줄리예요. ▶ _____ _____ my friend, Julie.

7 이 근처에 사시나요? ▶ Do you live _____ this _____ ?

8 여기 분이세요? ▶ _____ _____ _____ around here?

9 원래 어디 출신이세요? ▶ _____ are you from _____ ?

 오늘의 회화   시원펜을 이용해 오늘의 표현을 활용한 대화를 듣고 따라 써 보세요. 🔊 3-2

만나서 반갑습니다.
Nice to meet you.

저도 만나서 반갑습니다. 성함이 어떻게 되시죠?
Nice to meet you, too. May I ask your name?

 피터라고 불러 주세요. 어떻게 불러드리면 될까요?
You can call me Peter. What should I call you?

그냥 에이미라고 불러 주세요. 이 근처에 사시나요?
Just call me Amy, please. Do you live in this neighborhood?

 아뇨, 하지만 그렇게 멀지 않은 곳에서 살아요. 어디 출신이세요?
No, but I don't live too far from here. Where are you from?

전 캘리포니아에서 왔어요.
I'm from California.

Day 03 오늘의 문제

제한 시간 15분 (25문항 각 4점)
SCORE   / 100

1-6 다음 우리말에 맞게 영어 단어를 연결하고 따라 써 보세요.

1 물어보다 • • ask
2 영광스러운 • • originally
3 부르다 • • call
4 원래 • • pleased
5 근처, 동네 • • neighborhood
6 기쁜, 만족한 • • honored

7-10 다음 주어진 단어를 이용하여 우리말에 맞게 문장을 완성하세요.

is   Julie   ask   in   this neighborhood
pleased   live   to   meet   may   this
you   I   my friend   your name   do

7 이쪽은 제 친구 줄리예요. ▶ _____ .
8 이 근처에 사시나요? ▶ _____ ?
9 만나서 반갑습니다. ▶ _____ .
10 성함이 어떻게 되시죠? ▶ _____ ?

11-14 다음 대화를 듣고 빈칸을 채워보세요.

🔊 3-3
What 11 _____ I call you?
You can 12 _____ me Amy.

🔊 3-4
Where are you from 13 _____ ?
14 _____ New York.

15-17 다음 들려주는 문장에 알맞은 대답을 연결해 보세요.

15 🔊 3-5 • • Same here.

16 🔊 3-6 • • I'm originally from California.

17 🔊 3-7 • • You can call me Amy.

18-22 다음 Hint를 이용해 우리말을 영어로 쓰고 말해보며 대화를 완성해 보세요.

만나서 반갑습니다. (Hint! Nice)
18 _____ .

저도 만나서 반갑습니다. 성함이 어떻게 되시죠? (Hint! ask)
Nice to meet you, too. **19** _____ ?

피터라고 불러 주세요. 어떻게 불러드리면 될까요? (Hint! call, should)
20 _____ Peter. **21** _____ ?

그냥 에이미라고 불러 주세요. 이 근처에 사시나요? (Hint! live, neighborhood)
Just call me Amy, please. **22** _____ ?

아뇨, 하지만 그리 멀지 않은 곳에서 살아요.
No, but I don't live too far from here.

23-25 다음 Hint를 이용해 우리말을 영어로 쓰고 말해 보세요.

23 원래 어디 출신이세요? (Hint! from)
▸ _____

24 만나 뵙게 되어 영광입니다. (Hint! honored)
▸ _____

25 이쪽은 제 친구 줄리예요. (Hint! This)
▸ _____

입문 회화

Day 04 인사 오랜만에 만났을 때 인사하기

DATE 20 . .

시원펜으로 모든 예문을 들으면서 말하기 연습을 해 보세요.

오늘의 표현

 4-1 음원 듣고 5번 따라 읽기 ☐☐☐☐☐

1 인사하기

> **It's been a while!**
> 오랜만이다!

a while은 '얼마간의 기간'을 나타냅니다. 못 본 지 얼마간의 시간이 흘렀다는 의미예요.

추가 표현
- It's been ages! 진짜 오랜만이다!
- I haven't seen you in a long time! 오랜만에 보는구나!

2 안부 묻고 대답하기

> **How have you been?**
> 어떻게 지냈어?

과거부터 지금까지를 의미하는 현재완료를 사용하여 지금까지 어떻게 지냈는지 묻는 표현이에요. 그렇기 때문에 처음 본 사람에게는 할 수 없는 질문이에요. 현재의 상태를 묻는 "How are you?"와는 달리 지금까지 어떻게 지냈냐는 의미의 차이가 있습니다. 대답도 현재완료형을 이용해 "I've been great.(아주 잘 지냈어.)"와 같이 하면 돼요.

추가 표현
- What have you been up to? 어떻게 지냈어?
- I've been pretty busy. 난 꽤 바빴어. / Pretty much the same. 똑같지 뭐.
- You haven't changed a bit! 너 하나도 안 변했다!

3 작별 인사하기

> **Let's keep in touch.**
> 계속 연락하고 지내자.

keep in touch는 '계속 연락하고 지내다'라는 뜻이에요. 오랜만에 만났다가 헤어질 때 유용하게 쓸 수 있는 인사 표현이에요.

추가 표현
- Hit me up! 연락 줘! ★ **Tip!** 가까운 사이에 편하게 건넬 수 있는 인사예요.
- We should get together more often. 우리 더 자주 만나자.

오늘의 단어

a while 얼마간 | **age** 오랫동안, 한참 | **change** 변하다 | **a bit** 조금, 약간 | **keep in touch** 연락하다 | **get together** 만나다, 모이다 | **often** 자주

1

오늘의 표현 연습하기 빈칸을 채워 문장을 완성해보고, '오늘의 표현'에서 확인해 보세요.

1 오랜만이다! ▶ It's been _____ _____ !

2 진짜 오랜만이다! ▶ It's been _____ !

3 오랜만에 보는구나! ▶ I _____ _____ you in a long time!

4 어떻게 지냈어? ▶ How _____ _____ _____ ?

5 어떻게 지냈어? ▶ _____ have you been _____ _____ ?

6 너 하나도 안 변했다! ▶ You _____ _____ a bit!

7 계속 연락하고 지내자. ▶ Let's _____ _____ _____ .

8 연락 줘! ▶ _____ me _____ !

9 우리 더 자주 만나자. ▶ We should _____ _____ more often.

 오늘의 회화   시원펜을 이용해 오늘의 표현을 활용한 대화를 듣고 따라 써 보세요. ◀》4-2

오랜만이다!
It's been a while!

오랜만에 보는구나! 어떻게 지냈어?
I haven't seen you in a long time! How have you been?

난 아주 잘 지냈어. 너 하나도 안 변했다!
I've been great. You haven't changed a bit!

정말? 계속 연락하고 지내자.
For real? Let's keep in touch.

그래, 우리 더 자주 만나자.
Yeah, we should get together more often.

물론이지! 연락해!
Of course! Hit me up!

Day 04 오늘의 문제

제한 시간 15분 (25문항 각 4점)
SCORE / 100

1-6 다음 우리말에 맞게 영어 단어를 연결하고 따라 써 보세요.

1. 자주 • • a while
2. 만나다, 모이다 • • keep in touch
3. 오랫동안, 한참 • • a bit
4. 연락하다 • • change
5. 조금, 약간 • • get together
6. 변하다 • • often

7-10 다음 주어진 단어를 이용하여 우리말에 맞게 문장을 완성하세요.

| you | have | a bit | it's | how | ages | let's |
| keep | haven't | touch | changed | been | in |

7. 너 하나도 안 변했다! ▶ _____!
8. 계속 연락하고 지내자. ▶ _____.
9. 진짜 오랜만이다! ▶ _____!
10. 어떻게 지냈어? ▶ _____?

11-14 다음 음원을 듣고 문장을 완성해 보세요.

11. 🔊 4-3 _____ me _____!
12. 🔊 4-4 I _____ you in a long time!
13. 🔊 4-5 We should _____ more often.
14. 🔊 4-6 It's _____!

15-17 다음 들려주는 문장에 알맞은 대답을 연결해 보세요

15 4-7 •   • How have you been?

16 4-8 •   • I've been pretty busy.

17 4-9 •   • Of course! Hit me up!

18-22 다음 Hint를 이용해 우리말을 영어로 쓰고 말해보며 대화를 완성해 보세요.

오랜만이다! (Hint! while)

18 It's _____ !

오랜만에 보는구나! 어떻게 지냈어? (Hint! seen, in, how)

19 I _____ !

20 _____ ?

난 아주 잘 지냈어. 계속 연락하고 지내자. (Hint! keep)

I've been great. **21** Let's _____ .

그래, 우리 더 자주 만나자. (Hint! get, often)

22 Yeah, we should _____ .

23-25 다음 Hint를 이용해 우리말을 영어로 쓰고 말해 보세요.

23 어떻게 지냈어? (Hint! up to)

▶ _____

24 연락 줘! (Hint! up)

▶ _____

25 진짜 오랜만이다! (Hint! ages)

▶ _____

입문 회화
Day 05 — 인사 : 감사 인사하기

시원펜으로 모든 예문을 들으면서 말하기 연습을 해 보세요.

오늘의 표현

🔊 5-1 음원 듣고 5번 따라 읽기 ☐☐☐☐☐

1 감사 인사하기

> **Thank you for helping me.**
> 도와줘서 고마워.

감사를 나타내는 가장 기본적인 인사인 Thank you 뒤에 for를 붙여 고마운 이유를 함께 말할 수 있어요. 이때, for 뒤에는 동사의 ing 형태로 쓸 수 있어요. 정말 고맙다고 할 때는 "Thank you so much." 또는 "Thanks a million."을 쓸 수 있어요.

추가 표현
- I really appreciate it. 정말 감사드립니다.
- I'm grateful to you for everything. 모든 일에 감사드려요.
  ★ **Tip!** 이 두 표현 모두 "Thank you."보다 정중한 느낌의 감사 인사예요.

2 감사 인사에 대답하기

> **Don't mention it.**
> 별말씀을요.

mention은 '말하다, 언급하다'라는 뜻으로, 직역하면 "그것에 대해 말하지 마."예요. 사소한 일이니 고마워하지 않아도 된다는 의미로 사용할 수 있어요.

추가 표현
- Not at all. / No worries. / No problem. 별거 아니에요.
- It was my pleasure. 제가 좋아서 한 거예요.

3 다양한 문장으로 감사 표현하기

> **You didn't have to!**
> 그러지 않아도 되는데!

don't have to는 '~하지 않아도 된다'라는 뜻이에요. 상대방이 뭔가 호의를 베풀었을 때 "You didn't have to!"라고 하면 고맙고도 미안한 감정에 '그러지 않았어도 된다'라고 말하는 의미가 됩니다.

추가 표현
- This means a lot to me. 나에겐 의미가 커. (상대방의 말이나 행동에 고마움을 표현)
- How thoughtful of you! 정말 사려 깊구나!

오늘의 단어

| help 도와주다 | appreciate 고마워하다 | grateful 고마워하는 | mention 언급하다 | worry 걱정, 우려 |
| pleasure 기쁨 | mean 의미하다 |

오늘의 표현 연습하기   빈칸을 채워 문장을 완성해보고, '오늘의 표현'에서 확인해 보세요.

1 도와줘서 고마워.   ▶ _____ _____ _____ helping me.

2 정말 감사드립니다.   ▶ I really _____ _____ .

3 모든 일에 감사드려요.   ▶ I'm _____ to you _____ everything.

4 별말씀을요.   ▶ Don't _____ it.

5 별거 아니에요.   ▶ Not _____ _____ / No _____ . / No _____ .

6 제가 좋아서 한 거예요.   ▶ It was my _____ .

7 그러지 않아도 되는데!   ▶ You didn't _____ _____ !

8 나에겐 의미가 커.   ▶ This _____ a lot to me.

9 정말 사려 깊구나!   ▶ _____ _____ of you!

 오늘의 회화   시원펜을 이용해 오늘의 표현을 활용한 대화를 듣고 따라 써 보세요.   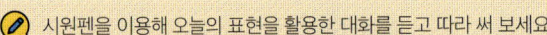 5-2

제가 샌드위치 사왔어요.
I picked up a sandwich for you.

정말요? 그러지 않으셔도 되는데!
Really? You didn't have to!

입에 맞으면 좋겠네요.
I hope you like it.

정말 고마워요.
I really appreciate it.

별말씀을요. 제가 좋아서 한 거예요.
Don't mention it. It was my pleasure.

정말 사려 깊으시네요!
How thoughtful of you!

Day 05 오늘의 문제

1-6 다음 우리말에 맞게 영어 단어를 연결하고 따라 써 보세요.

1 걱정, 우려 • • grateful
2 언급하다 • • pleasure
3 고마워하는 • • worry
4 기쁨 • • mention
5 고마워하다 • • mean
6 의미하다 • • appreciate

7-9 다음 주어진 단어를 이용하여 우리말에 맞게 문장을 완성하세요.

means / worries / grateful

7 별거 아니에요. ▶ No _____ .
8 모든 일에 감사드려요. ▶ I'm _____ to you for everything.
9 나에겐 의미가 커. ▶ This _____ a lot to me.

10-13 다음 주어진 단어를 이용하여 우리말에 맞게 문장을 완성하세요.

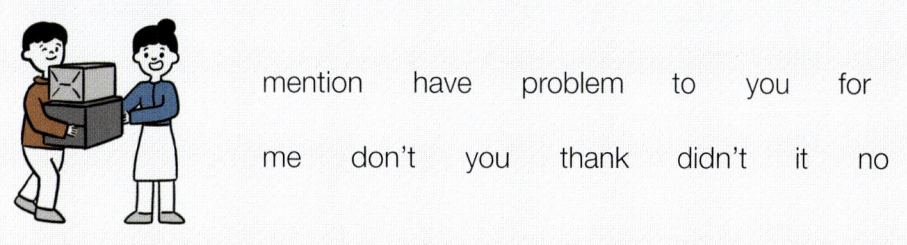

mention   have   problem   to   you   for   helping
me   don't   you   thank   didn't   it   no

10 그러지 않아도 되는데! ▶ _____ !
11 도와줘서 고마워. ▶ _____ .
12 별말씀을요. ▶ _____ .
13 별거 아니에요. ▶ _____ .

14-17 다음 대화를 듣고 빈칸을 채워보세요.

🔊 5-3

14 I really _____ it.

15 It was my _____.

🔊 5-4

16 _____ you _____ helping me.

17 Not _____.

18-19 다음 음원을 듣고 사진에 맞게 문장을 완성해 보세요.

18 🔊 5-5

▶ _____ for your time.

19 🔊 5-6

▶ _____!

20-22 다음 Hint를 이용해 우리말을 영어로 쓰고 말해보며 대화를 완성해 보세요.

제가 샌드위치 사왔어요.
I picked up a sandwich for you.

정말 사려 깊으시네요! (Hint! thoughtful)
20 _____!

별말씀을요. 제가 좋아서 한 거예요. (Hint! mention, pleasure)
21 _____. 22 _____.

23-25 다음 Hint를 이용해 우리말을 영어로 쓰고 말해 보세요.

23 정말 감사드립니다. (Hint! appreciate)

▶ _____

24 별거 아니에요. (Hint! at)

▶ _____

25 나에겐 의미가 커. (Hint! means)

▶ _____

입문 회화

Day 06 인사 사과하기

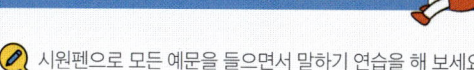

시원펜으로 모든 예문을 들으면서 말하기 연습을 해 보세요.

오늘의 표현

6-1 음원 듣고 5번 따라 읽기 ☐☐☐☐☐

1 사과하기

> **I'm sorry for bothering you.**
> 방해해서 미안해.

I'm sorry 뒤에 for 동사의 ing 형태를 쓰면 미안한 이유를 함께 표현할 수 있어요. apologize는 '사과하다'라는 뜻으로 좀 더 정중하고 공식적인 상황에 사용할 수 있어요.

추가 표현
- I apologize for bothering you. 방해해서 죄송해요.
- I owe you an apology. 사과드릴 게 있습니다. ★ **Tip!** 이 두 표현 모두 "I'm sorry."보다 정중한 느낌의 사과 표현이에요.

2 사과에 대답하기

> **That's all right.**
> 괜찮아요.

상대방이 나에게 사과했을 때 가장 기본적으로 할 수 있는 대답이에요. all right 대신에 okay도 많이 씁니다.

추가 표현
- No problem. 괜찮아. ★ **Tip!** 고맙다는 인사에도 대답할 수 있는 표현이에요.
- Never mind. 신경 쓰지 마.

3 다양한 문장으로 사과 표현하기

> **My bad. / My mistake.**
> 내 잘못이야.

가까운 사이에 간단한 실수를 저질렀을 때 가볍게 사과할 수 있는 표현입니다. 앞에 That's가 생략된 상태로 "내 실수."라고 말하는 표현이에요.

추가 표현
- I have no excuse for this. 이 일에 변명의 여지가 없네.
- I didn't mean it. 일부러 그런 건 아니야. / 진심이 아니었어.

오늘의 단어

bother 방해하다, 귀찮게 하다 | **apologize** 사과하다 | **owe A B** A에게 B를 신세를 지다 | **apology** 사과
mind 신경 쓰다 | **excuse** 변명 | **mean** 의도하다

오늘의 표현 연습하기
빈칸을 채워 문장을 완성해보고, '오늘의 표현'에서 확인해 보세요.

1 방해해서 미안해. ▶ I'm _____ _____ bothering you.

2 방해해서 죄송해요. ▶ I _____ _____ bothering you.

3 사과드릴 게 있습니다. ▶ I _____ you an _____.

4 괜찮아요. ▶ That's _____ _____.

5 괜찮아. ▶ No _____.

6 신경 쓰지 마. ▶ Never _____.

7 내 잘못이야. ▶ My _____. / My _____.

8 이 일에 변명의 여지가 없네. ▶ I have _____ _____ for this.

9 일부러 그런 건 아니야. ▶ I didn't _____ _____.

오늘의 회화
시원펜을 이용해 오늘의 표현을 활용한 대화를 듣고 따라 써 보세요. 🔊 6-2

방해해서 미안한데 와이파이 비밀번호가 뭐야?
I'm sorry for bothering you, but what's the password for Wi-Fi?

괜찮아. abc1234야.
That's all right. It's abc1234.

고마워. 어, 번호가 틀리다는데.
Thank you. Oh, it says it's not correct.

이런, 실수. abc12345야.
Oops, my bad. It's abc12345.

응, 이제 된다. 다시 한번 고마워.
Yeah, now it's working. Thanks again.

천만에.
No problem.

Day 06 오늘의 문제

제한 시간: 15분 (25문항 각 4점)
SCORE: / 100

1-6 다음 우리말에 맞게 영어 단어를 연결하고 따라 써 보세요.

1. 사과하다 • • bother
2. 신경 쓰다 • • excuse
3. 사과 • • mind
4. 변명 • • apology
5. 의도하다 • • mean
6. 방해하다, 귀찮게 하다 • • apologize

7-9 다음 주어진 단어를 이용하여 우리말에 맞게 문장을 완성하세요.

| never / right / mean |

7. 신경 쓰지 마. ▶ _____ mind.
8. 진심이 아니었어. ▶ I didn't _____ it.
9. 괜찮아요. ▶ That's _____.

10-12 다음 주어진 단어를 이용하여 우리말에 맞게 문장을 완성하세요.

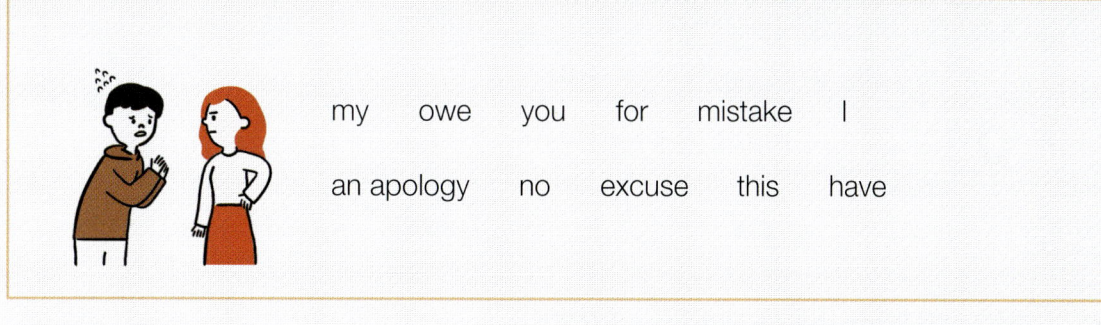

my   owe   you   for   mistake   I
an apology   no   excuse   this   have

10. 내 잘못이야. ▶ _____.
11. 사과드릴 게 있습니다. ▶ _____.
12. 이 일에 변명의 여지가 없네. ▶ _____.

13-18 다음 대화를 듣고 빈칸을 채워보세요.

🔊 6-3

13 I _____ bothering you.

14 That's _____ .

🔊 6-4

15 I'm sorry. I _____ .

16 _____ .

🔊 6-5

17 I owe _____ . I lost your book.

18 _____ .

19-21 다음 Hint를 이용해 우리말을 영어로 쓰고 말해보며 대화를 완성해 보세요.

방해해서 미안한데, 와이파이 비밀번호가 뭐야? (Hint! sorry)

19 _____ , but what's the password for Wi-Fi?

괜찮아. abc1234야. (Hint! right)

20 _____ . It's abc1234.

고마워. 어, 번호가 틀리다는데.
Thank you. Oh, it says it's not correct.

이런, 실수. abc12345야. (Hint! bad)

21 Oops, _____ . It's abc12345.

22-25 다음 Hint를 이용해 우리말을 영어로 쓰고 말해 보세요.

22 일부러 그런 건 아니야. (Hint! mean)

▶ _____

23 사과드릴 게 있습니다. (Hint! owe)

▶ _____

24 방해해서 죄송해요. (Hint! apologize)

▶ _____

25 이 일에 변명의 여지가 없네. (Hint! excuse)

▶ _____

입문 회화 Day 07 — 친구 사귀기: 직업 묻고 답하기

시원펜으로 모든 예문을 들으면서 말하기 연습을 해 보세요.

오늘의 표현

🔊 7-1 음원 듣고 5번 따라 읽기 ☐☐☐☐☐

1 직업 물어보기

> **What do you do (for a living)?**
> 어떤 일을 하세요?

"What do you do?"는 "무엇을 하세요?"라는 뜻인데 직업을 물어볼 때 사용하는 표현이에요. 뒤에 for a living(생계를 위해)은 붙여도 되고 생략해서 말해도 됩니다.

추가 표현
- What kind of work do you do? 어떤 종류의 일을 하세요?
- How long have you been working there? 그곳에선 얼마나 오래 일하셨어요? - For 5 years. 5년째예요.

2 직업 대답하기

> **I work for a publishing company.**
> 전 출판사에서 일해요.

직업을 말할 때는 '~에서 일한다'라는 의미로 work for를 사용해 표현해요. 또는 work as(~로서 일한다) 뒤에 직업의 명칭을 사용해 대답합니다.

추가 표현
- I work as a graphic designer. 전 그래픽 디자이너로 일해요.
- I'm in between jobs. 취업 준비 중이에요.

3 출퇴근 관련 묻고 대답하기

> **How long is your commute?**
> 출퇴근하는 데 얼마나 걸려요?

commute는 '통근'이라는 뜻이에요. '얼마나 오래'를 뜻하는 How long을 앞에 넣어 출퇴근 시간이 얼마나 걸리는지 물어볼 수 있어요. 대답은 "It takes an hour.(한 시간 정도 걸려요.)"와 같이 말해요.

추가 표현
- What time do you go to work? 몇 시에 출근하세요? - I usually go to work at 8. 전 주로 8시에 출근해요.
- I work from home these days. 전 요즘 재택 근무를 해요.

오늘의 단어

living 생계 | **kind** 종류 | **publishing** 출판 | **company** 회사 | **in between** 중간에, 사이에 | **commute** 통근 | **usually** 주로 | **work from home** 재택 근무를 하다

오늘의 표현 연습하기   빈칸을 채워 문장을 완성해보고, '오늘의 표현'에서 확인해 보세요.

1 어떤 일을 하세요?　▶ What _____ you _____ (for a _____)?

2 어떤 종류의 일을 하세요?　▶ _____ _____ _____ work do you do?

3 그곳에선 얼마나 오래 일하셨어요?　▶ _____ _____ have you been working there?

4 전 출판사에서 일해요.　▶ I _____ _____ a publishing company.

5 전 그래픽 디자이너로 일해요.　▶ I _____ _____ a graphic designer.

6 취업 준비 중이에요.　▶ I'm _____ _____ jobs.

7 출퇴근하는 데 얼마나 걸려요?　▶ _____ _____ is your _____ ?

8 몇 시에 출근하세요?　▶ _____ _____ do you go to work?

9 전 요즘 재택 근무를 해요.　▶ I _____ _____ _____ these days.

 오늘의 회화　 시원펜을 이용해 오늘의 표현을 활용한 대화를 듣고 따라 써 보세요.　🔊 7-2

어떤 일을 하세요?
What do you do (for a living)?

전 출판사에서 일해요.
I work for a publishing company.

어떤 종류의 일을 하세요?
What kind of work do you do?

전 디자이너로 일해요.
I work as a designer.

출퇴근하는 데 얼마나 걸려요?
How long is your commute?

한 시간 정도 걸리는데 요즘엔 재택 근무를 해요.
It takes about an hour, but I work from home these days.

2

Day 07 오늘의 문제

제한 시간 15분 (25문항 각 4점)
SCORE / 100

1-6 다음 우리말에 맞게 영어 단어를 연결하고 따라 써 보세요.

1 중간에 • • kind
2 통근 • • commute
3 회사 • • in between
4 출판 • • publishing
5 종류 • • company
6 생계 • • living

7-9 다음 주어진 단어를 이용하여 우리말에 맞게 문장을 완성하세요.

| commute / between / kind |

7 출퇴근하는 데 얼마나 걸려요? ▶ How long is your _____?
8 어떤 종류의 일을 하세요? ▶ What _____ of work do you do?
9 취업 준비 중이에요. ▶ I'm in _____ jobs.

10-12 다음 주어진 단어를 이용하여 우리말에 맞게 문장을 완성하세요.

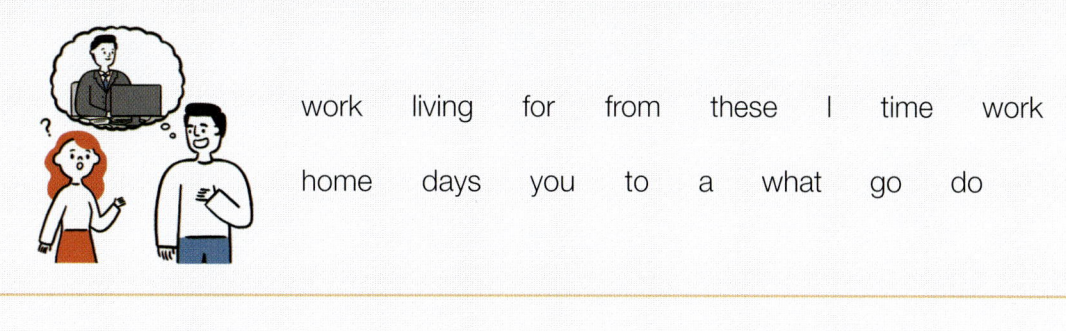

work   living   for   from   these   I   time   work
home   days   you   to   a   what   go   do

10 전 재택 근무를 해요. ▶ _____.
11 어떤 일을 하세요? ▶ _____?
12 몇 시에 출근하세요? ▶ _____?

13-16 다음 대화를 듣고 빈칸을 채워보세요.

🔊 7-3

👩 **13** What do you do _____ ?

👩 **14** I _____ a publishing company.

🔊 7-4

👩 **15** _____ do you do?

👩 **16** I _____ a graphic designer.

17-19 다음 들려주는 문장에 대한 알맞은 대답을 골라 써보세요.

| I usually go to work at 8. / It takes about one hour. / For 5 years. |

17 🔊 7-5 ▶ _____

18 🔊 7-6 ▶ _____

19 🔊 7-7 ▶ _____

20-22 다음 Hint를 이용해 우리말을 영어로 쓰고 말해보며 대화를 완성해 보세요.

👩 어떤 일을 하세요? (Hint! do, living)

20 What _____ ?

👩 전 출판사에서 일해요. (Hint! work)

21 _____ a publishing company.

👩 어떤 종류의 일을 하세요? (Hint! kind)

22 _____ do you do?

👩 전 디자이너로 일해요.
I work as a designer.

23-25 다음 Hint를 이용해 우리말을 영어로 쓰고 말해 보세요.

23 전 요즘 재택 근무를 해요. (Hint! from)

▶ _____

24 취업 준비 중이에요. (Hint! between)

▶ _____

25 그곳에선 얼마나 오래 일하셨어요? (Hint! long)

▶ _____

입문 회화

Day 08 친구 사귀기

가족관계 묻고 대답하기

DATE 20 . .

시원펜으로 모든 예문을 들으면서 말하기 연습을 해 보세요.

오늘의 표현

🔊 8-1 음원 듣고 5번 따라 읽기 ☐☐☐☐☐

1 가족 구성원 묻기

> **How many brothers and sisters do you have?**
> 형제자매가 어떻게 돼요?

가족관계를 얘기할 때 우리는 형제자매가 몇 명인지 많이 묻죠? 그럴 때 쓸 수 있는 표현이에요.

추가 표현
- Do you have any siblings? 형제자매가 있나요?
- Do you live with your parents? 부모님과 함께 사시나요?

2 가족 관련 대화하기

> **I take after my mother.**
> 전 우리 엄마를 닮았어요.

가족들끼리 외모뿐만 아니라 기질이나 특징을 닮았다고 말할 때는 take after(~를 닮다)를 사용해 표현해요. 생김새만 닮았다고 말할 때는 look like를 사용합니다.

추가 표현
- My older sister looks like my father. 우리 언니는 아버지를 닮았어요.
- Brown hair runs in my family. 갈색 머리는 저희 집안 내력이에요.

3 다양한 가족 호칭

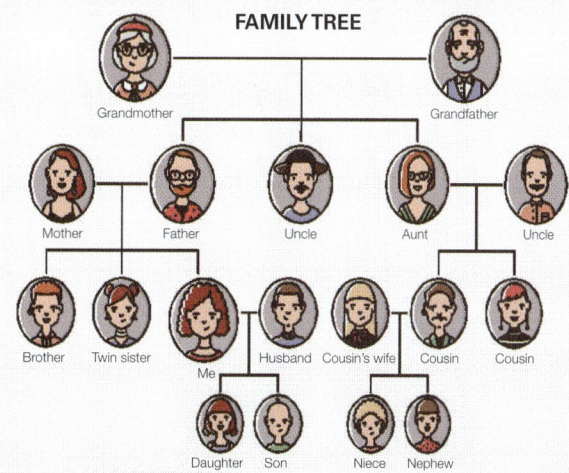

오늘의 단어

sibling 형제자매 | **take after** ~를 닮다 | **look like** ~를 닮다 | **run in one's family** 집안 내력이다
brother-in-law 시아주버니, 시동생, 처남, 매부, 동서 | **sister-in-law** 형수, 제수, 시누이, 올케, 처제, 처형, 동서
cousin 사촌 | **nephew** 남자 조카 | **niece** 여자 조카

오늘의 표현 연습하기
빈칸을 채워 문장을 완성해보고, '오늘의 표현'에서 확인해 보세요.

1 형제자매가 어떻게 돼요? ▶ How many _____ and _____ do you _____?
2 형제자매가 있나요? ▶ Do you _____ _____ _____ ?
3 부모님과 함께 사시나요? ▶ Do you _____ _____ your _____ ?
4 전 우리 엄마를 닮았어요. ▶ I _____ _____ my mother.
5 우리 언니는 아버지를 닮았어요. ▶ My older sister _____ _____ my father.
6 갈색 머리는 저희 집안 내력이에요. ▶ Brown hair _____ _____ my family.
7 시아주버니, 처남 / 형수, 올케, 처제 ▶ brother-_____-_____ / _____-in-law
8 남자 조카 / 여자 조카 ▶ _____ / _____
9 딸 / 아들 ▶ _____ / _____

오늘의 회화
 시원펜을 이용해 오늘의 표현을 활용한 대화를 듣고 따라 써 보세요. 🔊 8-2

형제자매가 어떻게 돼요?
How many brothers and sisters do you have?

전 언니가 두 명이에요. 형제자매가 있나요?
I have two older sisters. Do you have any siblings?

네, 남동생 한 명 있어요. 그런데 서로 닮진 않았어요.
Yes, I have one younger brother. But, we don't look like each other.

그렇군요. 그런데 갈색 머리가 멋져 보이네요.
I see. Your brown hair looks great, by the way.

고마워요. 이건 저희 집안 내력이에요.
Thank you. It runs in my family.

멋지네요!
That's great!

Day 08 오늘의 문제

제한 시간: 15분 (25문항 각 4점)
SCORE: / 100

1-6 다음 우리말에 맞게 영어 단어를 연결하고 따라 써 보세요.

1. ~를 닮다 • • *niece*
2. 시아주버니 • • *cousin*
3. 여자 조카 • • *brother-in-law*
4. 사촌 • • *take after*
5. 남자 조카 • • *sibling*
6. 형제자매 • • *nephew*

7-9 다음 주어진 단어를 이용하여 우리말에 맞게 문장을 완성하세요.

> brother and sister / live with / look like

7. 우리 언니는 아버지를 닮았어요. ▶ My older sister _____ my father.
8. 형제자매가 어떻게 돼요? ▶ Do you have _____ ?
9. 부모님과 함께 사시나요? ▶ Do you _____ your parents?

10-12 다음 주어진 단어를 이용하여 우리말에 맞게 문장을 완성하세요.

> you take after runs do any in have
> siblings I brown hair family my mother

10. 전 우리 엄마를 닮았어요. ▶ _____ .
11. 형제자매가 있나요? ▶ _____ ?
12. 갈색 머리는 저희 집안 내력이에요. ▶ _____ .

13-15 다음 들려주는 문장에 대한 알맞은 대답을 골라 써 보세요.

> No, I live alone. / I have one younger sister. / No, I'm an only child.

13. 🔊 8-3 ▶ _____
14. 🔊 8-4 ▶ _____
15. 🔊 8-5 ▶ _____

16-19 다음 들려주는 설명을 듣고 그림에서 알맞은 호칭을 골라 빈칸에 쓰세요.

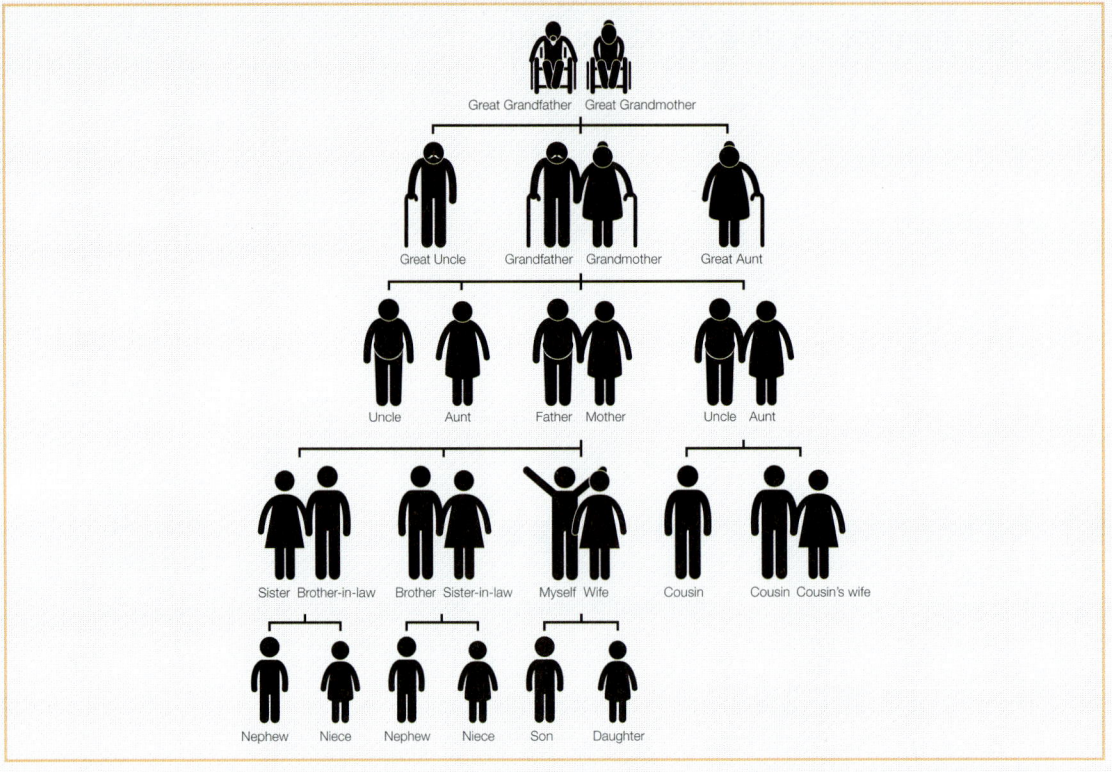

16 🔊 8-6 ▶ _____   17 🔊 8-7 ▶ _____

18 🔊 8-8 ▶ _____   19 🔊 8-9 ▶ _____

20-22 다음 Hint를 이용해 우리말을 영어로 쓰고 말해보며 대화를 완성해 보세요.

🧑 형제자매가 어떻게 돼요? (Hint! many)
20 _____ do you have?

🧑 전 언니가 두 명이에요. 형제자매가 있나요? (Hint! siblings)
21 I have two older sisters. _____?

🧑 네, 남동생 한 명 있어요. 그런데 서로 닮진 않았어요. (Hint! look)
22 Yes, I have one younger brother.
But, we don't _____.

23-25 다음 Hint를 이용해 우리말을 영어로 쓰고 말해 보세요.

23 우리 언니는 아버지를 닮았어요. (Hint! looks)
▶ _____

24 전 우리 엄마를 닮았어요. (Hint! take)
▶ _____

25 갈색 머리는 저희 집안 내력이에요. (Hint! runs)
▶ _____

입문 회화

Day 09 취미 묻고 대답하기

〈친구 사귀기〉

DATE 20 . .

시원펜으로 모든 예문을 들으면서 말하기 연습을 해 보세요.

오늘의 표현

9-1 음원 듣고 5번 따라 읽기 ☐☐☐☐☐

1 취미 물어보기

> **What do you do for fun?**
> 취미가 뭐예요?

for fun은 '재미로' 또는 '즐거움을 위하여'라는 뜻으로, 상대방의 취미를 물어볼 때 hobby(취미)를 사용하지 않고 이렇게 많이 물어봅니다.

추가 표현
- What do you do in your spare time? 시간이 날 때 뭐 하세요?
- How do you spend your leisure time? 여가 시간을 어떻게 보내세요?

2 취미 대답하기

> **I like watching Netflix.**
> 전 넷플릭스 보는 걸 좋아해요.

나의 취미를 말할 때 'My hobby is ~(내 취미는 ~야)'라고 말할 수도 있지만 like를 사용해 '난 ~를 좋아해요'라고 자연스럽게 표현할 수 있습니다. like 뒤에는 명사 또는 동명사를 넣어 말합니다.

추가 표현
- I enjoy playing tennis. 전 테니스 치는 걸 좋아해요.
- I love cooking. 전 요리하는 걸 정말 좋아해요.

3 다양한 야외 활동 말하기

> **I usually go swimming in my free time.**
> 전 시간이 날 때 주로 수영하러 가요.

야외에서 즐기는 활동을 말할 때는 go 뒤에 동사의 ing 형태를 붙여 표현해요.

추가 표현
- go camping 캠핑 가다, go fishing 낚시하러 가다, go bowling 볼링을 치러 가다, go surfing 서핑하러 가다, go hiking 하이킹을 가다, go climbing 등산을 가다

오늘의 단어

fun 재미 | **spare** 여가의, 여분의 | **spend** (시간을) 보내다 | **leisure** 여가 | **enjoy** 즐기다 | **love** 매우 좋아하다

 **오늘의 표현 연습하기** 빈칸을 채워 문장을 완성해보고, '오늘의 표현'에서 확인해 보세요.

1 취미가 뭐예요? ▶ What do you do _____ _____?

2 시간이 날 때 뭐 하세요? ▶ What do you do in _____ _____ _____?

3 여가 시간을 어떻게 보내세요? ▶ How do you _____ your _____ _____?

4 전 넷플릭스 보는 걸 좋아해요. ▶ I _____ _____ Netflix.

5 전 테니스 치는 걸 좋아해요. ▶ I _____ _____ tennis.

6 전 요리하는 걸 정말 좋아해요. ▶ I _____ _____.

7 전 시간이 날 때 주로 수영하러 가요. ▶ I usually _____ _____ in my free time.

8 캠핑 가다 / 낚시하러 가다 / 볼링을 치러 가다 ▶ go _____ / go _____ / go _____

9 서핑하러 가다 / 하이킹을 가다 / 등산을 가다 ▶ go _____ / go _____ / go _____

 오늘의 회화 시원펜을 이용해 오늘의 표현을 활용한 대화를 듣고 따라 써 보세요. ◀)) 9-2

취미가 뭐예요?
What do you do for fun?

전 넷플릭스 보는 걸 좋아해요. 시간이 날 때 뭐 하세요?
I like watching Netflix. What do you do in your spare time?

전 시간이 날 때 주로 수영하러 가요.
I usually go swimming in my free time.

저도 수영하러 가는 거 좋아해요. 서핑하러 가는 거 좋아하세요?
I also like going swimming. Do you enjoy going surfing?

물론이죠! 언제 서핑하러 가는 거 어때요?
Sure thing! How about going surfing sometime?

좋아요!
That sounds good!

Day 09 오늘의 문제

제한 시간 15분 (25문항 각 4점)
SCORE   / 100

1-6 다음 우리말에 맞게 영어 단어를 연결하고 따라 써 보세요.

1 즐기다 •　　　　　　　　　• enjoy
2 매우 좋아하다 •　　　　　　• spare
3 여가 •　　　　　　　　　　• spend
4 (시간을) 보내다 •　　　　　• leisure
5 여가의, 여분의 •　　　　　• love
6 재미 •　　　　　　　　　　• fun

7-9 다음 주어진 단어를 이용하여 우리말에 맞게 문장을 완성하세요.

| swim / play / climb |

7 전 테니스 치는 걸 정말 좋아해요. ▶ I love _____ tennis.
8 전 시간이 날 때 주로 수영하러 가요. ▶ I usually go _____ in my free time.
9 전 등산하러 가는 걸 매우 좋아해요. ▶ I love going _____.

10-12 다음 주어진 단어를 이용하여 우리말에 맞게 문장을 완성하세요.

leisure　what　for　fun　I　cooking　how
spend　love　your　do　you　time

10 취미가 뭐예요? ▶ _____?
11 전 요리하는 걸 정말 좋아해요. ▶ _____.
12 여가 시간을 어떻게 보내세요? ▶ _____?

13-16 다음 대화를 듣고 빈칸을 채워보세요.

 9-3

13 What do you do _____?
14 I _____ in my spare time.

🔊 9-4

15 _____ your leisure time?

16 I enjoy _____ .

17-19 다음 음원을 듣고 사진에 맞게 문장을 완성해 보세요.

17 🔊 9-5
▶ I usually _____ in my free time.

18 🔊 9-6
▶ I _____ in my spare time.

19 🔊 9-7
▶ I _____ for fun.

20-22 다음 Hint를 이용해 우리말을 영어로 쓰고 말해보며 대화를 완성해 보세요.

취미가 뭐예요? (Hint! fun)
20 What do _____ ?

전 넷플릭스 보는 걸 좋아해요. 시간이 날 때 뭐 하세요? (Hint! like)
21 _____ Netflix. What do you do in your spare time?

전 시간이 날 때 주로 수영하러 가요. (Hint! go)
22 _____ in my free time.

23-25 다음 Hint를 이용해 우리말을 영어로 쓰고 말해 보세요.

23 여가 시간을 어떻게 보내세요? (Hint! How, leisure)
▶ _____

24 전 요리하는 걸 정말 좋아해요. (Hint! love)
▶ _____

25 전 시간이 날 때 주로 등산을 가요. (Hint! go, free time)
▶ _____

4

입문 회화

Day 10 〔친구 사귀기〕 **취향 묻고 답하기**

DATE 20 . .

🖉 시원펜으로 모든 예문을 들으면서 말하기 연습을 해 보세요.

오늘의 표현

🔊 10-1 음원 듣고 5번 따라 읽기 ☐☐☐☐☐

1 취향 물어보기

> **Who's your favorite singer? / My favorite singer is Justin Bieber.**
> 좋아하는 가수가 누구예요? / 제가 좋아하는 가수는 저스틴 비버예요.

favorite은 '매우 좋아하는'이란 뜻으로 취향을 말할 때 사용할 수 있는 대표적인 표현이에요. 좋아하는 가수, 영화 장르, 음악, 음식 등 다양하게 활용할 수 있는 표현입니다.

🖉 추가 표현
- What kind of music do you like? 어떤 종류의 음악 좋아하세요?
- Which do you prefer, meat or fish? 육류와 생선 중 어느 것을 더 좋아하세요?

2 내 취향 말하기

> **I'm interested in jazz music.**
> 전 재즈 음악에 관심이 있어요.

I'm interested in은 '~에 관심이 있다'라는 표현이에요. 어떤 것에 관심이 있어서 더 알고 싶고 배우고 싶다는 의미로 사용할 수 있습니다.

🖉 추가 표현
- I'm a dog person. 전 개를 좋아해요.
- I'm more of a coffee person. 전 커피를 더 좋아해요.

3 내 취향 아닌 것 말하기

> **Reading is not my thing.**
> 독서는 제 취향이 아니에요.

not my thing은 어떤 것이 나와 맞지 않는다고 표현할 때 쓸 수 있어요. 주어로 명사 또는 동명사 형태를 사용할 수 있습니다.

🖉 추가 표현
- That movie is not my cup of tea. 그 영화는 제 취향이 아니에요.
- It's not for me. 그건 저와 맞지 않아요.

오늘의 단어

| **favorite** 매우 좋아하는 | **singer** 가수 | **kind** 종류 | **prefer** 선호하다 | **interested in** ~에 관심 있는 |
| **not one's cup of tea** ~의 취향이 아닌 | **more** 더 |

오늘의 표현 연습하기   빈칸을 채워 문장을 완성해보고, '오늘의 표현'에서 확인해 보세요.

1. 좋아하는 가수가 누구예요? / ▶ Who's your ____ ____ ?
   제가 좋아하는 가수는 저스틴 비버예요.   My ____ ____ is Justin Bieber.

2. 어떤 종류의 음악 좋아하세요? ▶ ____ ____ ____ music do you like?

3. 육류와 생선 중 어느 것을 더 좋아하세요? ▶ ____ do you ____ , meat or fish?

4. 전 재즈 음악에 관심이 있어요. ▶ I'm ____ ____ jazz music.

5. 전 개를 좋아해요. ▶ I'm a dog ____ .

6. 전 커피를 더 좋아해요. ▶ I'm ____ ____ a coffee person.

7. 독서는 제 취향이 아니에요. ▶ Reading is not ____ ____ .

8. 그 영화는 제 취향이 아니에요. ▶ That movie is not my ____ ____ ____ .

9. 그건 저와 맞지 않아요. ▶ It's not ____ ____ .

 오늘의 회화   시원펜을 이용해 오늘의 표현을 활용한 대화를 듣고 따라 써 보세요.   🔊 10-2

좋아하는 가수가 누구예요?
Who's your favorite singer?

제가 좋아하는 가수는 저스틴 비버예요.
My favorite singer is Justin Bieber.

K-pop 음악에 관심이 있으신가요?
Are you interested in K-pop music?

물론이죠! 어떤 종류의 음악을 좋아하세요?
Of course! What kind of music do you like?

전 재즈 음악에 관심이 있어요. 재즈 음악을 들으며 독서하는 걸 좋아해요.
I'm interested in jazz music. I like reading while listening to jazz music.

사실 독서는 제 취향이 아니지만 멋지게 들리네요.
Actually, reading is not my thing, but that sounds awesome.

Day 10 오늘의 문제

제한 시간 15분 (25문항 각 4점)
SCORE / 100

1-6 다음 우리말에 맞게 영어 단어를 연결하고 따라 써 보세요.

1 종류 • • prefer
2 매우 좋아하는 • • reading
3 선호하다 • • interested
4 ~의 취향인 • • one's cup of tea
5 독서, 읽기 • • kind
6 관심이 있는 • • favorite

7-9 다음 주어진 단어를 이용하여 우리말에 맞게 문장을 완성하세요.

cup / interest / read

7 그 영화는 제 취향이 아니에요. ▶ That movie is not my _____ of tea.
8 전 재즈 음악에 관심이 있어요. ▶ I'm _____ in jazz music.
9 독서는 제 취향이 아니에요. ▶ _____ is not my thing.

10-12 다음 주어진 단어를 이용하여 우리말에 맞게 문장을 완성하세요.

who's   I'm   coffee   of   singer   a   not
for   me   more   your   favorite   person   it's

10 전 커피를 더 좋아해요. ▶ _____.
11 좋아하는 가수가 누구예요? ▶ _____?
12 그건 저와 맞지 않아요. ▶ _____.

13-16 다음 대화를 듣고 빈칸을 채워보세요.

🔊 10-3

 13 Who's _____?
 14 _____ is Justin Bieber.

🔊 10-4

👩 15 _____ do you like?

👩 16 _____ jazz music.

17-19 다음 음원을 듣고 사진에 맞게 문장을 완성해 보세요.

17 🔊 10-5 ▶ I'm _____.

18 🔊 10-6 ▶ I'm _____.

19 🔊 10-7 ▶ Reading is _____.

20-22 다음 Hint를 이용해 우리말을 영어로 쓰고 말해보며 대화를 완성해 보세요.

👩 K-pop 음악에 관심이 있으신가요? (Hint! interested)
20 _____ K-pop music?

👩 물론이죠! 어떤 종류의 음악을 좋아하세요? (Hint! kind)
21 Of course! _____ like?

👩 전 재즈 음악에 관심이 있어요. 재즈 음악을 들으며 독서하는 걸 좋아해요. (Hint! interested)
22 _____ jazz music. I like reading while listening to jazz music.

23-25 다음 Hint를 이용해 우리말을 영어로 쓰고 말해 보세요.

23 그 영화는 제 취향이 아니에요. (Hint! cup)

▶ _____

24 육류와 생선 중 어느 것을 더 좋아하세요? (Hint! prefer, meat, fish)

▶ _____

25 그건 저와 맞지 않아요. (Hint! for)

▶ _____

입문 회화

Day 11 〈친구 사귀기〉 **학교 묻고 대답하기**

DATE 20 . .

시원펜으로 모든 예문을 들으면서 말하기 연습을 해 보세요.

오늘의 표현

🔊 11-1 음원 듣고 5번 따라 읽기 ☐☐☐☐☐

1 다니는 학교 묻고 답하기

> **What school do you go to?**
> 어느 학교 다녀요?

학교에 다닌다고 할 때 go to ~를 사용해 말할 수 있어요. 출근을 한다고 할 때는 go to work라고 하는 점 참고로 알아두세요! 대답은 I go to 뒤에 자신이 다니고 있는 학교를 넣어 말하면 됩니다.

📝 추가 표현
- What school did you graduate from? 어느 학교를 졸업했어요?
  – I graduated from ABC high school. 전 ABC 고등학교 졸업했어요.
- How do you go to school? 어떻게 통학해요? – I go to school by bike. 전 자전거로 통학해요.

2 전공 묻고 답하기

> **What do you major in? / I major in English literature.**
> 전공이 뭐예요? / 영문학을 전공해요.

major in은 '~을 전공하다'라는 뜻인데 major은 명사 형태로 '전공'으로 쓰이기도 해요.

📝 추가 표현
- My major is economics. 제 전공은 경제학이에요.
- I'm thinking about changing my major. 전 전공을 바꿀까 생각 중이에요.

3 학년 묻고 답하기

> **What year are you in? / I'm in my second year.**
> 몇 학년이에요? / 2학년이에요.

year는 '학년'이란 뜻이에요. 학년을 말할 때는 순서를 나타내는 서수(first, second, third, fourth)를 사용해 말해요.

📝 추가 표현
- freshman 1학년, sophomore 2학년, junior 3학년, senior 4학년
- I'm a junior. 전 3학년이에요.

오늘의 단어

graduate 졸업하다 | **major** 전공, 전공하다 | **literature** 문학 | **economics** 경제학
think about ~할까 생각하다 | **year** 학년

오늘의 표현 연습하기   빈칸을 채워 문장을 완성해보고, '오늘의 표현'에서 확인해 보세요.

1 어느 학교 다녀요? ▶ _____ _____ do you go to?

2 어느 학교를 졸업했어요? ▶ What school did you _____ _____?

3 어떻게 통학해요? ▶ _____ do you _____ _____ school?

4 전공이 뭐예요? / ▶ What do you _____ _____? /
  영문학을 전공해요.   I _____ _____ English literature.

5 제 전공은 경제학이에요. ▶ _____ _____ _____ economics.

6 전 전공을 바꿀까 생각 중이에요. ▶ I'm _____ _____ _____ my major.

7 몇 학년이에요? / 2학년이에요. ▶ _____ _____ are you _____ ? / I'm in my _____ _____.

8 1학년 / 2학년 / 3학년 / 4학년 ▶ _____ / _____ / _____ / _____

9 전 3학년이에요. ▶▶ I'm _____ _____.

오늘의 회화   시원펜을 이용해 오늘의 표현을 활용한 대화를 듣고 따라 써 보세요.   🔊 11-2

어느 학교 다녀요?
What school do you go to?

전 한국 대학교 다녀요.
I go to Hanguk University.

전공이 뭐예요?
What do you major in?

영문학을 전공해요. 그쪽은요?
I major in English literature. What about you?

제 전공은 경제학이에요. 몇 학년이세요?
My major is economics. What year are you in?

전 3학년이에요.
I'm a junior.

Day 11 오늘의 문제

제한 시간 15분 (25문항 각 4점)
SCORE　　/ 100

1-6 다음 우리말에 맞게 영어 단어를 연결하고 따라 써 보세요.

1　문학　•　　　　　　　　　　• senior
2　학년　•　　　　　　　　　　• major
3　경제학　•　　　　　　　　　• economics
4　전공, 전공하다　•　　　　　• literature
5　4학년　•　　　　　　　　　• graduate
6　졸업하다　•　　　　　　　　• year

7-9 다음에 주어진 단어를 이용하여 우리말에 맞게 문장을 완성하세요.

| think / major / year |

7　전 영문학을 전공해요.　▶ I _____ English literature.

8　전 전공을 바꿀까 생각 중이에요.　▶ I'm _____ changing my major.

9　2학년이에요.　▶ I'm in my _____ .

10-12 다음 주어진 단어를 이용하여 우리말에 맞게 문장을 완성하세요.

| year | are | you | my | is | economics | in |
| to | major | how | do | what | go | school |

10　몇 학년이에요?　▶ _____ ?

11　어떻게 통학해요?　▶ _____ ?

12　제 전공은 경제학이에요.　▶ _____ .

13-15 다음 들려주는 음원에 알맞은 대답을 연결해 보세요.

13　🔊 11-3　•　　　　　　　• I major in English literature.
14　🔊 11-4　•　　　　　　　• I go to school by bike.
15　🔊 11-5　•　　　　　　　• I'm in my second year.

16-19 다음 들려주는 단어를 듣고 각 사진 속 인물이 몇 학년인지 쓰세요.

16 🔊 11-6
▶ _____ 학년

17 🔊 11-7
▶ _____ 학년

18 🔊 11-8
▶ _____ 학년

19 🔊 11-9
▶ _____ 학년

20-22 다음 Hint를 이용해 우리말을 영어로 쓰고 말해보며 대화를 완성해 보세요.

전공이 뭐예요? (Hint! major)
20 _____ ?

영문학을 전공해요. 그쪽은요? (Hint! in, English literature)
21 _____ . What about you?

제 전공은 경제학이에요. 몇 학년이세요? (Hint! is, economics)
22 _____ . What year are you in?

전 3학년이에요.
I'm a junior.

23-25 다음 Hint를 이용해 우리말을 영어로 쓰고 말해 보세요.

23 어느 학교를 졸업했어요? (Hint! graduate)
▶ _____

24 어떻게 통학해요? (Hint! How)
▶ _____

25 전 전공을 바꿀까 생각 중이에요. (Hint! changing)
▶ _____

입문 회화 Day 12 · 친구 사귀기 · 칭찬하기

> 시원펜으로 모든 예문을 들으면서 말하기 연습을 해 보세요.

오늘의 표현 🔊 12-1 음원 듣고 5번 따라 읽기 ☐☐☐☐☐

1 외모 칭찬하기

> **I like your hair.**
> 머리스타일이 마음에 들어요.

칭찬할 때 많이 사용하는 like는 '마음에 들어 하다'라는 뜻이 있어서 I like 뒤에 상대방에게 칭찬해 주고 싶은 부분을 넣어 '너의 ~가 마음에 든다'라고 말할 수 있어요.

추가 표현
- You look gorgeous today. 오늘 멋져 보이네요.
- That shirt looks good on you. 그 셔츠가 잘 어울리시네요.

2 행동 칭찬하기

> **You did a good job.**
> 정말 잘하셨어요.

상대방이 어떤 일을 잘 해냈을 때 쓸 수 있는 표현이에요. 간단하게 Good job.이라고도 말할 수 있습니다.

추가 표현
- That's very kind of you. 정말 친절하시네요.
- That's a great idea! 그거 정말 좋은 생각이네요!

3 칭찬에 대답하기

> **I'm flattered.**
> 과찬이세요.

flatter는 '아첨하다'라는 뜻의 동사인데 수동태로 사용하면 '아첨을 받았다'가 돼요. 누군가에게 칭찬을 받았을 때 "과찬이세요."라는 의미의 인사말로 사용할 수 있습니다.

추가 표현
- You made my day. 덕분에 기분이 좋네요.
- Oh, it's nothing. 오, 별거 아니에요.

오늘의 단어

like 마음에 들다 | **look** ~처럼 보이다 | **gorgeous** 아주 멋진 | **kind** 친절한 | **flatter** 아첨하다

오늘의 표현 연습하기

빈칸을 채워 문장을 완성해보고, '오늘의 표현'에서 확인해 보세요.

1. 머리스타일이 마음에 들어요. ▶ _____ _____ your hair.
2. 오늘 멋져 보이네요. ▶ You _____ _____ today.
3. 그 셔츠가 잘 어울리시네요. ▶ That shirt _____ _____ _____ you.
4. 정말 잘하셨어요. ▶ You _____ a good _____ .
5. 정말 친절하시네요. ▶ That's very _____ _____ you.
6. 그거 정말 좋은 생각이네요! ▶ That's a _____ _____ !
7. 과찬이세요. ▶ I'm _____ .
8. 덕분에 기분이 좋네요. ▶ You _____ my _____ .
9. 오, 별거 아니에요. ▶ Oh, it's _____ .

오늘의 회화

시원펜을 이용해 오늘의 표현을 활용한 대화를 듣고 따라 써 보세요. 🔊 12-2

> 오늘 아주 멋지시네요.
> You look gorgeous today.

> 오, 과찬이세요.
> Oh, I'm flattered.

> 그 셔츠가 잘 어울려요.
> That shirt looks good on you.

> 고마워요. 그런데 머리스타일 바꾸셨나요?
> Thank you. Did you change your hair by the way?

> 네, 염색을 했어요.
> Yes, I had my hair dyed.

> 머리스타일이 마음에 들어요.
> I like your hair.

Day 12 오늘의 문제

제한 시간 15분 (25문항 각 4점)
SCORE / 100

1-5 다음 우리말에 맞게 영어 단어를 연결하고 따라 써 보세요.

1　~처럼 보이다　•　　　　　• look
2　아주 멋진　•　　　　　• flatter
3　친절한　•　　　　　• gorgeous
4　아첨하다　•　　　　　• like
5　마음에 들다　•　　　　　• kind

6-8 다음 주어진 단어를 이용하여 우리말에 맞게 문장을 완성하세요.

> look / flatter / do

6　과찬이세요.　▶ I'm _____.
7　그 셔츠가 잘 어울리시네요.　▶ That shirt _____ good on you.
8　정말 잘하셨어요.　▶ You _____ a good job.

9-11 다음 주어진 단어를 조합하여 우리말에 맞게 문장을 완성하고 말해 보세요. (중복 사용 가능)

> gorgeous　kind　you　my day　that's
> made　of　look　today　very

9　덕분에 기분이 좋네요.　▶ _____.
10　정말 친절하시네요.　▶ _____.
11　오늘 멋져 보이네요.　▶ _____.

12-15 다음 대화를 듣고 빈칸을 채워보세요.

🔊 12-3

 12　That's very _____.
 13　Oh, _____.

🔊 12-4

👦 14 You _____ today.

👧 15 You _____ .

16-18 다음 음원을 듣고 사진 속 인물에게 어울리는 칭찬을 번호로 써 보세요. 🔊 12-5

16 ▸ _____   17 ▸ _____   18 ▸ _____

19-22 다음 Hint를 이용해 우리말을 영어로 쓰고 말해보며 대화를 완성해 보세요.

👦 오늘 아주 멋지시네요. (Hint! look)
19 _____ today.

👧 오, 과찬이세요. (Hint! flattered)
20 Oh, _____ .

👦 그 셔츠가 잘 어울려요. (Hint! looks)
21 That shirt _____ .

👧 고마워요. 그런데 머리스타일 바꾸셨나요?
Thank you. Did you change your hair by the way?

👦 네, 염색을 했어요.
Yes, I had my hair dyed.

👧 머리스타일이 마음에 들어요. (Hint! like)
22 _____ .

23-25 다음 Hint를 이용해 우리말을 영어로 쓰고 말해 보세요.

23 그거 정말 좋은 생각이네요! (Hint! great)
▸ _____

24 정말 잘하셨어요. (Hint! did)
▸ _____

25 덕분에 기분이 좋네요. (Hint! made)
▸ _____

입문 회화

Day 13 친구 사귀기

성격 묻고 대답하기

DATE 20 . .

시원펜으로 모든 예문을 들으면서 말하기 연습을 해 보세요.

오늘의 표현

🔊 13-1 음원 듣고 5번 따라 읽기 ☐☐☐☐☐

1 성격 물어보기

> **What's your personality like?**
> 성격이 어떠세요?

personality는 '성격'이라는 뜻이에요. 성격을 물어볼 때는 위와 같이 물어볼 수도 있지만 personality를 빼고 What's ~ like?라고 하면 '~는 (성격이) 어때?'라고 묻는 의미가 됩니다.

추가 표현
- What kind of person is she? 그녀는 성격이 어때요?
- What's he like? 그는 성격이 어때?

2 긍정적인 성격 말하기

> **I'm open-minded.**
> 전 편견이 없어요.

성격을 말할 때는 I'm 뒤에 성격을 나타내는 형용사를 넣어 말하면 돼요.

추가 표현
- outgoing 외향적인/사교적인, reliable 믿음직한, generous 관대한, down to earth 털털한, cheerful 쾌활한, good-natured 성격이 좋은

3 부정적인 성격 말하기

> **I'm kind of picky.**
> 전 까다로운 편이에요.

kind of를 넣어 말하면 '~한 편이다'라고 표현할 수 있어요.

추가 표현
- sensitive 예민한, impatient 성급한, selfish 이기적인, careless 부주의한, hot-tempered 욱하는 성미가 있는, narrow-minded 속이 좁은

오늘의 단어

personality 성격 | **open-minded** 편견이 없는 | **picky** 까다로운

오늘의 표현 연습하기 빈칸을 채워 문장을 완성해보고, '오늘의 표현'에서 확인해 보세요.

1. 성격이 어떠세요? ▶ What's your _____ _____ ?
2. 그녀는 성격이 어때요? ▶ _____ _____ of person is she?
3. 그는 성격이 어때? ▶ _____ he _____ ?
4. 전 편견이 없어요. ▶ I'm open-_____ .
5. 외향적인 / 믿음직한 ▶ _____ / _____
6. 쾌활한 / 성격이 좋은 ▶ _____ / good-_____
7. 전 까다로운 편이에요. ▶ I'm _____ _____ _____ .
8. 이기적인 / 예민한 ▶ _____ / _____
9. 부주의한 / 욱하는 성미가 있는 ▶ _____ / hot-_____

 오늘의 회화 시원펜을 이용해 오늘의 표현을 활용한 대화를 듣고 따라 써 보세요. 🔊 13-2

너 마크 알아?
Do you know Mark?

응, 우리 같은 학교에 다녔어.
Yes, we went to the same school.

그는 성격이 어때?
What's his personality like?

음.. 외향적인 편이야.
Umm.. He is kind of outgoing.

난 그가 약간 예민하다고 들었는데.
I heard he is a little sensitive.

가끔, 그런데 대체적으로 성격이 좋아.
Sometimes, but overall he is good-natured.

Day 13 오늘의 문제

제한 시간 15분 (25문항 각 4점)
SCORE　　　/ 100

1-5 다음 우리말에 맞게 영어 단어를 연결하고 따라 써 보세요.

1 믿음직한 • • selfish
2 쾌활한 • • picky
3 이기적인 • • reliable
4 성격 • • cheerful
5 까다로운 • • personality

6-8 다음 주어진 단어를 이용하여 우리말에 맞게 문장을 완성하세요.

kind / mind / temper

6 그는 욱하는 성질이 있어요. ▶ He is _____.
7 그녀는 편견이 없어요. ▶ She is _____.
8 전 성급한 편이에요. ▶ I'm _____ impatient.

9-11 다음 주어진 단어를 이용하여 우리말에 맞게 문장을 완성하세요.

personality　your　like　of　picky　he　I'm
down　to　is　what's　earth　kind

9 성격이 어떠세요? ▶ _____?
10 전 까다로운 편이에요. ▶ _____.
11 그는 털털해요. ▶ _____.

12-15 다음 대화를 듣고 빈칸을 채워보세요.

🔊 13-3

12 _____ he _____ ?

13 He is _____.

🔊 13-4

14 _____ is she?

15 She is _____.

16-18 다음 음원을 듣고 사진 속 인물에게 어울리는 성격을 번호로 써 보세요. 🔊 13-5

16 ▶ _____ **17** ▶ _____ **18** ▶ _____

19-22 다음 Hint를 이용해 우리말을 영어로 쓰고 말해보며 대화를 완성해 보세요.

그는 성격이 어때? (Hint! personality)
19 _____?

음... 외향적인 편이야. (Hint! kind)
20 Umm... He is _____.

난 그가 약간 예민하다고 들었는데. (Hint! a little)
21 I heard he is _____.

가끔, 그런데 대체적으로 성격이 좋아. (Hint! good)
22 Sometimes, but overall _____.

23-25 다음 Hint를 이용해 우리말을 영어로 쓰고 말해 보세요.

23 그녀는 성격이 어때요? (Hint! person)
▶ _____

24 전 성급한 편이에요. (Hint! kind)
▶ _____

25 그녀는 속이 좁아요. (Hint! narrow)
▶ _____

입문 회화

Day 14 일상 대화 요일 묻고 대답하기

DATE 20 . .

 시원펜으로 모든 예문을 들으면서 말하기 연습을 해 보세요.

오늘의 표현

🔊 14-1 음원 듣고 5번 따라 읽기 ☐☐☐☐☐

1 요일 물어보기

> **What day is it today?**
> 오늘 무슨 요일이야?

요일을 물어볼 때는 day를 사용해요.

📝 추가 표현
- What day of the week is it? 오늘 무슨 요일이야?
- Do you know what day it is today? 오늘 무슨 요일인지 알아?

2 요일 대답하기

> **It's Monday.**
> 월요일이야.

요일을 말할 때는 주어 자리에 it을 사용하는데, 뜻은 따로 없고 형식적으로 쓰는 주어라서 '가주어'라고 불러요. 요일을 말할 때 첫 글자는 꼭 대문자로 쓴다는 점에 유의하세요.

📝 추가 표현
- Monday 월요일, Tuesday 화요일, Wednesday 수요일, Thursday 목요일, Friday 금요일, Saturday 토요일, Sunday 일요일

3 요일 넣어 말하기

> **Let's meet on Friday.**
> 우리 금요일에 만나자.

'금요일에, 일요일에'처럼 어떤 요일에 무엇을 한다고 말할 때는 요일 앞에 on을 써서 표현해요. 하지만 요일 앞에 next(다음), this(이번), last(지난), every(매, ~마다)가 있으면 on을 쓰지 않아요.

📝 추가 표현
- I'm going camping this Saturday. 난 이번 주 토요일에 캠핑을 갈 거야.
  ★ **Tip!** 요일 앞에 next, this, last, every가 있으면 on을 쓰지 않아요.
- The restaurant didn't open last Sunday. 그 식당은 지난 일요일에 열지 않았어.

오늘의 단어

day 일, 요일 | **week** 주 | **meet** 만나다 | **go camping** 캠핑하러 가다 | **restaurant** 식당 | **open** 열다

1

오늘의 표현 연습하기   빈칸을 채워 문장을 완성해보고, '오늘의 표현'에서 확인해 보세요.

1 오늘 무슨 요일이야? ▶ _____ _____ is it today?

2 오늘 무슨 요일이야? ▶ _____ _____ of the _____ is it?

3 오늘 무슨 요일인지 알아? ▶ Do you know _____ _____ _____ _____ today?

4 월요일이야. ▶ _____ _____ .

5 화요일 / 수요일 / 목요일 ▶ _____ / _____ / _____

6 금요일 / 토요일 / 일요일 ▶ _____ / _____ / _____

7 우리 금요일에 만나자. ▶ Let's meet _____ _____ .

8 난 이번 주 토요일에 캠핑을 갈 거야. ▶ I'm going camping _____ _____ .

9 그 식당은 지난 일요일에 열지 않았어. ▶ The restaurant didn't open _____ _____ .

 오늘의 회화   시원펜을 이용해 오늘의 표현을 활용한 대화를 듣고 따라 써 보세요.   🔊 14-2

오늘 무슨 요일이야?
What day of the week is it?

월요일이야.
It's Monday.

너 이번 주 주말에 약속 있어?
Do you have any plans for this weekend?

난 이번 주 토요일에 캠핑을 갈 거야.
I'm going camping this Saturday.

아, 그래? 난 너와 영화를 보러 갈까 생각했어.
Oh, yeah? I was thinking about going to see a movie with you.

금요일에 만나자. 나 그날 약속 없어.
Let's meet on Friday. I'm free on that day.

Day 14 오늘의 문제

1-6 다음 우리말에 맞게 영어 단어를 연결하고 따라 써 보세요.

1 월요일 •   • day
2 금요일 •   • Friday
3 만나다 •   • Monday
4 주 •   • meet
5 일, 요일 •   • week
6 지난 •   • last

7-9 다음 주어진 단어를 이용하여 우리말에 맞게 문장을 완성하세요.

Monday   do   you   what   let's   it   is   today
know   it's   day   meet   on   Friday

7 오늘 무슨 요일인지 알아? ▶ _____ ?

8 월요일이야. ▶ _____ .

9 우리 금요일에 만나자. ▶ _____ .

10-16 다음 달력에 요일을 써 보세요.

10 S	11 M	12 T	13 W	14 T	15 F	16 S
8	9	10	11	12	13	14
15	16	17	18	19	20	21

17-20 다음 음원을 듣고 사진에 맞게 문장을 완성해 보세요.

17 🔊 14-3  ▶ I have a meeting _____.

18 🔊 14-4  ▶ I sleep in _____.

19 🔊 14-5  ▶ We played tennis _____.

20 🔊 14-6  ▶ I have a job interview _____.

21-22 다음 Hint를 이용해 우리말을 영어로 쓰고 말해보며 대화를 완성해 보세요.

🧑 너 이번 주 주말에 약속 있어?
Do you have any plans for this weekend?

👩 난 이번 주 토요일에 캠핑을 갈 거야. (Hint! going camping)
21 I'm _____.

🧑 아, 그래? 난 너와 영화를 보러 갈까 생각했어.
Oh, yeah? I was thinking about going to see a movie with you.

👩 금요일에 만나자. 나 그날 약속 없어. (Hint! meet)
22 _____. I'm free on that day.

23-25 다음 Hint를 이용해 우리말을 영어로 쓰고 말해 보세요.

23 오늘 무슨 요일이야? (Hint! the week)
▶ _____

24 오늘 무슨 요일인지 알아? (Hint! know)
▶ _____

25 그 식당은 지난 일요일에 열지 않았어. (Hint! restaurant)
▶ _____

입문 회화

Day 15 — 일상 대화: 날짜 묻고 대답하기

DATE 20 . .

시원펜으로 모든 예문을 들으면서 말하기 연습을 해 보세요.

오늘의 표현

🔊 15-1 음원 듣고 5번 따라 읽기 ☐☐☐☐☐

1 날짜 물어보기

> **What's the date today?**
> 오늘 며칠이야?

날짜를 물어볼 때는 date를 사용해요.

📝 추가 표현
- What's today's date? 오늘 며칠이야?
- When is your birthday? 너 생일이 언제야? - It's July third. 7월 3일이야.

2 날짜 대답하기

> **It's January eighth.**
> 1월 8일이야.

날짜를 말할 때도 요일처럼 가주어 it을 사용합니다. 월과 일을 차례대로 말하면 되는데 며칠인지 말할 때 그 달의 몇 번째 날이라는 의미로 서수를 사용한다는 점에 주의하세요!

📝 추가 표현
- 월: January 1월, February 2월, March 3월, April 4월, May 5월, June 6월, July 7월, August 8월, September 9월, October 10월, November 11월, December 12월
- 일: first 1일(첫 번째), second 2일(두 번째), third 3일(세 번째), fourth 4일(네 번째), fifth 5일(다섯 번째), eighth 8일(여덟 번째), ninth 9일(아홉 번째), twelfth 12일(열두 번째), twentieth 20일(스무 번째), thirtieth 30일(서른 번째)

★ **Tip!** 나머지 숫자는 뒤에 -th를 붙여 말해요.

3 날짜 넣어 말하기

> **I was born on February second.**
> 난 2월 2일에 태어났어.

특정한 날짜에 무엇을 한다고 말할 때는 날짜 앞에 on을 써서 표현해요. 몇 월인지만 말하려면 in을 씁니다.

📝 추가 표현
- We got married on March fifteenth. 우린 3월 15일에 결혼했어.
- I'll go on a vacation in August. 난 8월에 휴가를 갈 거야.

오늘의 단어

date 날짜 | **be born** 태어나다 | **get married** 결혼하다 | **go on a vacation** 휴가를 가다

1

오늘의 표현 연습하기

빈칸을 채워 문장을 완성해보고, '오늘의 표현'에서 확인해 보세요.

1. 오늘 며칠이야? ▶ _____ the _____ today?
2. 오늘 며칠이야? ▶ What's _____ date?
3. 너 생일이 언제야? ▶ When is your _____?
4. 1월 8일이야. ▶ It's _____ _____.
5. 2월 / 3월 / 4월 / 5월 / 6월 / 7월 ▶ _____ / _____ / _____ / _____ / _____ / _____
6. 8월 / 9월 / 10월 / 11월 / 12월 ▶ _____ / _____ / _____ / _____ / _____
7. 난 2월 2일에 태어났어. ▶ I was born _____ February _____.
8. 우린 3월 15일에 결혼했어. ▶ We got married _____ March _____.
9. 난 8월에 휴가를 갈 거야. ▶ I'll go on a vacation in _____.

오늘의 회화

시원펜을 이용해 오늘의 표현을 활용한 대화를 듣고 따라 써 보세요. 🔊 15-2

> 오늘 며칠이야?
> What's the date today?

>> 1월 8일이야.
>> It's January eighth.

> 제니 생일이 언제지?
> When is Jenny's birthday?

>> 1월 12일인 거 같아. 넌 언제야?
>> I think it's January twelfth. When is yours?

> 난 2월 2일에 태어났어.
> I was born on February 2nd.

>> 오, 그럼 제니가 너보다 조금 나이가 많네.
>> Oh, then Jenny is a little older than you.

Day 15 오늘의 문제

1-6 다음 우리말에 맞게 영어 단어를 연결하고 따라 써 보세요.

1. 날짜 • • get married
2. 6월 • • be born
3. 휴가를 가다 • • October
4. 태어나다 • • go on a vacation
5. 결혼하다 • • June
6. 10월 • • date

7-11 다음 주어진 단어를 이용하여 우리말에 맞게 문장을 완성하세요.

> one / five / ten / twenty / thirty

7. 오늘은 3월 10일이야. ▶ Today is March _____.
8. 그의 콘서트는 5월 30일이야. ▶ His concert is May _____.
9. 난 4월 5일에 면접이 있어. ▶ I have a job interview on April _____.
10. 우린 2월 1일에 할머니 댁에 갈 거야. ▶ We will visit our grandmother on February _____.
11. 그는 6월 20일에 결혼해. ▶ He will get married on June _____.

12-16 다음 음원을 듣고 알맞은 날짜를 써 보세요.

12. 🔊 15-3 ▶ It's _____.
13. 🔊 15-4 ▶ My birthday is _____.
14. 🔊 15-5 ▶ She quit her job on _____.
15. 🔊 15-6 ▶ I met him on _____.
16. 🔊 15-7 ▶ We went camping on _____.

17-19 다음 음원을 듣고 사진 속 인물이 활동을 한 날짜를 쓰세요.

17 🔊 15-8  ▶ ____월____일

18 🔊 15-9  ▶ ____월____일

19 🔊 15-10  ▶ ____월____일

20-22 다음 Hint를 이용해 우리말을 영어로 쓰고 말해보며 대화를 완성해 보세요.

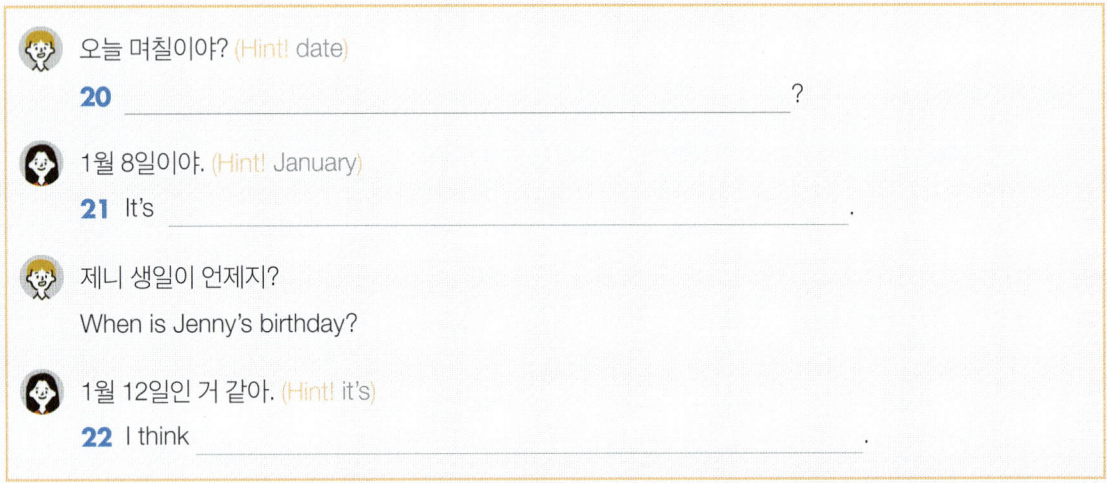

오늘 며칠이야? (Hint! date)
20 _____?

1월 8일이야. (Hint! January)
21 It's _____.

제니 생일이 언제지?
When is Jenny's birthday?

1월 12일인 거 같아. (Hint! it's)
22 I think _____.

23-25 다음 Hint를 이용해 우리말을 영어로 쓰고 말해 보세요.

23 난 2월 2일에 태어났어. (Hint! born)
▶ _____

24 우린 3월 15일에 결혼했어. (Hint! got married)
▶ _____

25 난 8월에 휴가를 갈 거야. (Hint! go on)
▶ _____

입문 회화

Day 16 일상 대화 : 날씨 묻고 대답하기

DATE 20 . .

시원펜으로 모든 예문을 들으면서 말하기 연습을 해 보세요.

오늘의 표현

🔊 16-1 음원 듣고 5번 따라 읽기 ☐☐☐☐☐

1 날씨 물어보기

> **How's the weather?**
> 날씨가 어때?

날씨가 어떤지 물어보는 가장 기본적인 질문이에요. 뒤에 today(오늘)나 outside(밖에)를 넣어 말할 수 있어요.

추가 표현
- What's the weather like? 날씨가 어때?
- What's the weather forecast for this weekend? 이번 주말 일기예보가 어때?

2 날씨 대답하기

> **It's chilly.**
> 쌀쌀해.

날씨를 말할 때 가주어 it을 사용해요. It's 뒤에 날씨를 나타내는 표현을 써서 말하면 됩니다.

추가 표현
- mild 온화한, clear 맑은, fine 좋은, cloudy 흐린, gloomy 어둑한, humid 습한, foggy 안개가 낀, windy 바람이 부는, stormy 폭풍우가 몰아치는, chilly 쌀쌀한, cool 시원한, snowy 눈이 오는, freezing 몹시 추운

3 다양한 날씨 표현하기

> **It's getting cold.**
> 날씨가 추워지고 있어.

날씨가 점점 어떻게 되어 간다고 할 때는 It's getting 뒤에 날씨 상태를 넣으면 돼요. 이때, get은 '(어떤 상태가) 되다'라는 뜻이에요.

추가 표현
- The forecast says it's going to snow. 일기예보에 따르면 눈이 올 거래.
- The weather is so unpredictable. 날씨가 정말 변덕스러워.

오늘의 단어

weather 날씨 | **forecast** 예보, 예측 | **unpredictable** 예측할 수 없는

오늘의 표현 연습하기
빈칸을 채워 문장을 완성해보고, '오늘의 표현'에서 확인해 보세요.

1 날씨가 어때? ▶ _____ the _____?
2 날씨가 어때? ▶ _____ the weather _____?
3 이번 주말 일기예보가 어때? ▶ What's the _____ _____ for this weekend?
4 쌀쌀해. ▶ _____ _____.
5 온화한 / 좋은 / 흐린 / 어둑한 / 습한 ▶ _____ / _____ / _____ / _____ / _____
6 안개가 낀 / 바람이 부는 / 눈이 오는 / 몹시 추운 ▶ _____ / _____ / _____ / _____
7 날씨가 추워지고 있어. ▶ It's _____ _____.
8 일기예보에 따르면 눈이 올 거래. ▶ The _____ _____ it's going to snow.
9 날씨가 정말 변덕스러워. ▶ The weather is so _____.

오늘의 회화
시원펜을 이용해 오늘의 표현을 활용한 대화를 듣고 따라 써 보세요. 🔊 16-2

오늘 날씨가 어때?
What's the weather like today?

오, 밖에 쌀쌀해.
Oh, it's chilly outside.

일기예보에 따르면 눈이 올 거래.
The forecast says it's going to snow.

그렇구나. 날씨가 추워지고 있어.
I see. It's getting cold.

응, 그런데 저번 주는 온화했어.
Yeah, but it was mild last week.

날씨가 정말 변덕스럽네.
The weather is so unpredictable.

Day 16 오늘의 문제

제한 시간: 15분 (25문항 각 4점)
SCORE: / 100

1-6 다음 우리말에 맞게 영어 단어를 연결하고 따라 써 보세요.

1 안개가 낀	•	• weather
2 예측할 수 없는	•	• forecast
3 습한	•	• humid
4 예보, 예측	•	• unpredictable
5 날씨	•	• stormy
6 폭풍우가 몰아치는	•	• foggy

7-9 다음 주어진 단어를 이용하여 우리말에 맞게 문장을 완성하세요.

the weather   is   like   getting
what's   so   it's   unpredictable   cold

7 날씨가 어때? ▶ _____ ?

8 날씨가 추워지고 있어. ▶ _____ .

9 날씨가 정말 변덕스러워. ▶ _____ .

10-13 다음 대화를 듣고 빈칸을 채워보세요.

🔊 16-3

 10 _____ the weather?

 11 _____ outside.

🔊 16-4

 12 _____ the weather _____ ?

 13 _____ .

14-17 다음 음원을 듣고 사진에 맞게 번호를 쓰세요 🔊 16-5

14 ▶ _____   15 ▶ _____   16 ▶ _____   17 ▶ _____

18-22 다음 Hint를 이용해 우리말을 영어로 쓰고 말해보며 대화를 완성해 보세요.

😊 오늘 날씨가 어때? (Hint! like)
18 _____ today?

😊 일기예보에 따르면 눈이 올 거래. (Hint! forecast)
19 _____ it's going to snow.

😊 그렇구나. 날씨가 추워지고 있어. (Hint! getting)
I see. It's 20 _____ .

😊 응, 그런데 저번 주는 온화했어. (Hint! was)
21 Yeah, but _____ last week.

😊 날씨가 정말 변덕스럽네. (Hint! unpredictable)
22 _____ .

23-25 다음 Hint를 이용해 우리말을 영어로 쓰고 말해 보세요.

23 이번 주말 일기예보가 어때? (Hint! weather forecast)
▶ _____

24 (날씨가) 습해. (Hint! It's)
▶ _____

25 일기예보에 따르면 비가 올 거래. (Hint! rain)
▶ _____

입문 회화
Day 17 일상 대화 — 위치 묻고 대답하기

DATE 20 .   .

시원펜으로 모든 예문을 들으면서 말하기 연습을 해 보세요.

오늘의 표현

17-1 음원 듣고 5번 따라 읽기 ☐☐☐☐☐

1 위치 물어보기

> **Where is the book?**
> 그 책 어디에 있어?

무언가 어디 있는지 물을 때는 의문사 where을 사용해서 표현할 수 있어요.

📝 추가 표현
- Do you know where my wallet is? 내 지갑 어디 있는지 알아?
- Have you seen my keys? 내 열쇠 봤어?

2 위치 대답하기

> **It's on the table.**
> 그건 탁자 위에 있어.

무언가가 어디에 있는지 말할 때는 전치사 뒤에 장소를 써서 표현해요. 여러 개를 나타내려면 It's 대신 They're를 쓰면 됩니다. 다음 그림을 보며 위치를 나타내는 다양한 전치사를 익혀 보세요.

📝 추가 표현
- We were sitting under the tree. 우린 나무 아래에 앉아 있었어.
- The bus station is right in front of the building. 버스 정류장은 그 건물 바로 앞에 있어.

3 위치를 나타내는 다양한 전치사

오늘의 단어

| **wallet** 지갑 | **near** 가까이에 | **in** 안에 | **beside** 옆에 | **behind** 뒤에 | **into** 안으로 | **in front** 앞에 |
| **between** 사이에 | **out** 밖으로 | **on** 위에 | **under** 아래에 |

오늘의 표현 연습하기

빈칸을 채워 문장을 완성해보고, '오늘의 표현'에서 확인해 보세요.

1. 그 책 어디에 있어? ▶ _____ is the book?

2. 내 지갑 어디 있는지 알아? ▶ _____ _____ _____ _____ my wallet is?

3. 내 열쇠 봤어? ▶ _____ _____ _____ my keys?

4. 그건 탁자 위에 있어. ▶ _____ _____ the table.

5. 우린 나무 아래에 앉아 있었어 ▶ We were _____ _____ the tree.

6. 버스 정류장은 그 건물 바로 앞에 있어. ▶ The bus station is right _____ _____ _____ the building.

7. 가까이 / 안에 / 옆에 / 뒤에 ▶ _____ / _____ / _____ / _____

8. 안으로 / 앞쪽에 / 사이에 ▶ _____ / _____ / _____

9. 밖으로 / 위에 / 아래에 ▶ _____ / _____ / _____

오늘의 회화

시원펜을 이용해 오늘의 표현을 활용한 대화를 듣고 따라 써 보세요. 🔊 17-2

— 내 지갑 어디 있는지 알아?
  Do you know where my wallet is?

— 그거 탁자 위에 있어.
  It's on the table.

— 아, 고마워. 내 차 키 봤어?
  Oh, thank you. Have you seen my car keys?

— 서랍 안에 있어. 어디 가?
  They're in the drawer. Where are you going?

— 우체국에 가야 해. 어디에 있는지 알아?
  I need to go to the post office. Do you know where it is?

— 은행 바로 옆에 있어.
  It's right beside the bank.

Day 17 오늘의 문제

제한 시간 15분 (25문항 각 4점)
SCORE　　／100

1-6 다음 우리말에 맞게 영어 단어를 연결하고 따라 써 보세요.

1　가까이에　•　　　　　　　　• behind
2　사이에　•　　　　　　　　• into
3　지갑　•　　　　　　　　• beside
4　안으로　•　　　　　　　　• wallet
5　뒤에　•　　　　　　　　• between
6　옆에　•　　　　　　　　• near

7-11 다음 그림을 보고 빈칸을 채워 보세요.

12-15 다음 들려주는 음원을 듣고 알맞은 위치를 골라 번호를 쓰세요.

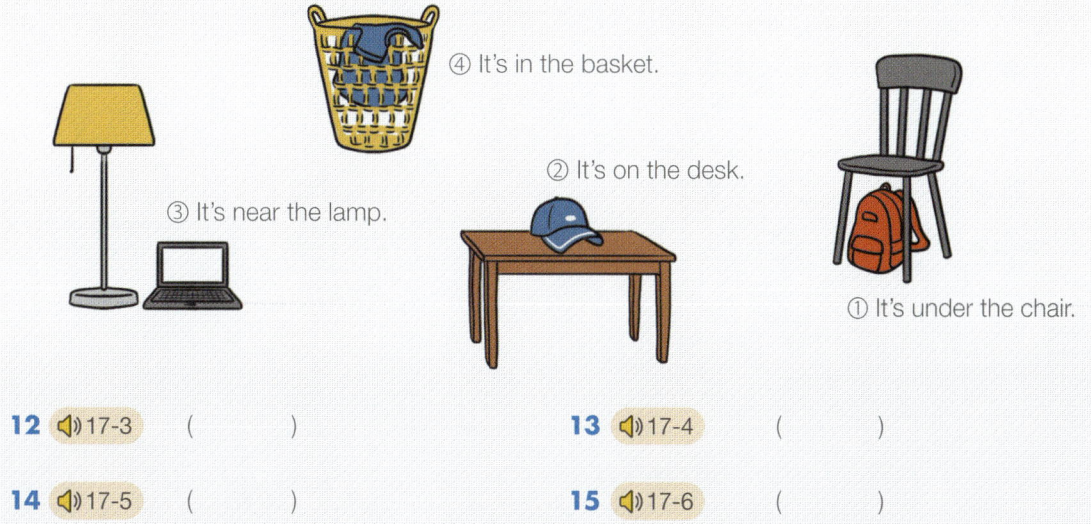

④ It's in the basket.
③ It's near the lamp.
② It's on the desk.
① It's under the chair.

12　🔊 17-3　(　　　)　　　13　🔊 17-4　(　　　)

14　🔊 17-5　(　　　)　　　15　🔊 17-6　(　　　)

16-17 다음 대화를 듣고 빈칸을 채워보세요.

🔊 17-7

16 _____ the bus station?

17 It's _____ .

18-22 다음 Hint를 이용해 우리말을 영어로 쓰고 말해보며 대화를 완성해 보세요.

내 지갑 어디에 있는지 알아? (Hint! where)
18 Do you know _____ ?

그거 탁자 위에 있어. (Hint! table)
19 It's _____ .

아, 고마워. 내 차 키 봤어? (Hint! Have)
Oh, thank you. **20** _____ my car keys?

서랍 안에 있어. 어디 가? (Hint! drawer)
21 They're _____ . Where are you going?

우체국에 가야 해. 어디에 있는지 알아?
I need to go to the post office. Do you know where it is?

은행 바로 옆에 있어. (Hint! right)
22 _____ the bank.

23-25 다음 Hint를 이용해 우리말을 영어로 쓰고 말해 보세요.

23 내 모자 어디에 있는지 알아? (Hint! my hat)
▶ _____

24 우린 나무 아래에 앉아 있었어. (Hint! sitting)
▶ _____

25 버스 정류장은 그 건물 바로 앞에 있어. (Hint! right, the building)
▶ _____

Day 18 입문 회화 · 일상 대화
기분과 상태 말하기

DATE 20 . .

🖊 시원펜으로 모든 예문을 들으면서 말하기 연습을 해 보세요.

오늘의 표현

🔊 18-1 음원 듣고 5번 따라 읽기 ☐☐☐☐☐

1 기분 물어보기

> **How are you feeling today?**
> 오늘 기분이 어때?

상대방의 기분이나 감정 또는 몸 상태를 물어볼 수 있는 가장 기본적인 표현이에요.

🖊 추가 표현
- You look worried. 너 걱정 있어 보여.
- What's eating you? 무슨 일이야?
  ★ **Tip!** eat은 '먹다'라는 뜻도 있지만 '괴롭히다'라는 뜻도 있어서 걱정이 있어 보이는 상대방에게 이렇게 물어볼 수 있어요.

2 긍정적인 기분과 상태

> **I'm feeling great today.**
> 난 오늘 기분이 아주 좋아.

기분을 나타낼 때는 feel(~하게 느껴진다) 뒤에 기분이나 상태를 나타내는 표현을 넣어 말할 수 있어요.

🖊 추가 표현
- I'm in a good mood. 난 기분이 좋아. ★ **Tip!** 기분이 좋지 않다고 말할 땐 good 대신 bad를 넣어 말해요.
- I couldn't be happier. 더할 나위 없이 좋아.

3 부정적인 기분과 상태

> **I feel like crying.**
> 난 울고 싶은 기분이야.

feel like 뒤에 동사의 ing 형태를 쓰면 '~하고 싶은 기분이 든다'라는 뜻이 돼요. 뭔가 하고 싶은 감정이 들 때 이 표현을 사용할 수 있어요.

🖊 추가 표현
- I'm feeling under the weather. 난 컨디션이 안 좋아.
- I'm feeling blue. 난 기분이 우울해.

오늘의 단어

worried 걱정하는, 걱정스러워 하는 | **eat** 괴롭히다 | **mood** 기분, 분위기 | **feel like 동사ing** ~하고 싶다
under the weather 몸이 안 좋은 | **blue** 우울한

오늘의 표현 연습하기   빈칸을 채워 문장을 완성해보고, '오늘의 표현'에서 확인해 보세요.

1 오늘 기분이 어때? ▶ _____ are you _____ today?
2 너 걱정 있어 보여. ▶ You _____ _____.
3 무슨 일이야? ▶ What's _____ _____?
4 난 오늘 기분이 아주 좋아. ▶ I'm _____ _____ today.
5 난 기분이 좋아. ▶ I'm _____ a good _____.
6 더할 나위 없이 좋아. ▶ I _____ be _____.
7 난 울고 싶은 기분이야. ▶ I _____ _____ crying.
8 난 컨디션이 안 좋아. ▶ I'm feeling _____ _____ _____.
9 난 기분이 우울해. ▶ I'm _____ _____.

 오늘의 회화   시원펜을 이용해 오늘의 표현을 활용한 대화를 듣고 따라 써 보세요.   🔊 18-2

  오늘 기분이 어때? 너 걱정 있어 보여.
How are you feeling today? You look worried.

난 기분이 우울해.
I'm feeling blue.

  무슨 일이야?
What's eating you?

우리 엄마가 많이 아프셔.
My mother is very sick.

  이런, 그 얘기를 들으니 유감이다.
Oh, I'm sorry to hear that.

울고 싶은 기분이야.
I feel like crying.

Day 18 오늘의 문제

제한 시간 15분 (25문항 각 4점)
SCORE　　/ 100

1-6 다음 우리말에 맞게 영어 단어를 연결하고 따라 써 보세요.

1　걱정하는, 걱정스러워 하는　•　　　　　•　mood
2　우울한　•　　　　　•　feel like
3　기분, 분위기　•　　　　　•　under the weather
4　몸이 안 좋은　•　　　　　•　blue
5　~ 하고 싶다　•　　　　　•　eat
6　괴롭히다　•　　　　　•　worried

7-10 다음 주어진 단어를 이용하여 우리말에 맞게 문장을 완성하세요.

couldn't　you　worried　great　happier　blue
I　be　today　look　I'm　feeling

7　너 걱정 있어 보여.　▶ _____.
8　난 오늘 기분이 아주 좋아.　▶ _____.
9　더할 나위 없이 좋아.　▶ _____.
10　난 기분이 우울해.　▶ _____.

11-14 다음 대화를 듣고 빈칸을 채워보세요.

🔊 18-3

11　I _____ crying.
12　What's _____ ?

🔊 18-4

13　_____ today?
14　I'm _____ today.

15-17 다음 들려주는 음원에 알맞은 사진을 찾아 번호를 쓰세요. 🔊 18-5

15 ▶ _____   16 ▶ _____   17 ▶ _____

18-21 다음 Hint를 이용해 우리말을 영어로 쓰고 말해보며 대화를 완성해 보세요.

- 오늘 기분이 어때? 너 걱정 있어 보여. (Hint! feeling)
  18 _____ today? You look worried.

- 난 기분이 우울해. (Hint! blue)
  19 _____ .

- 무슨 일이야? (Hint! eating)
  20 _____ ?

- 우리 엄마가 많이 아프셔.
  My mom is very sick.

- 이런, 그 얘기를 들으니 유감이다.
  Oh, I'm sorry to hear that.

- 울고 싶은 기분이야. (Hint! crying)
  21 I _____ .

22-25 다음 Hint를 이용해 우리말을 영어로 쓰고 말해 보세요.

22 더할 나위 없이 좋아. (Hint! happier)
  ▶ _____

23 너 걱정 있어 보여. (Hint! look)
  ▶ _____

24 난 컨디션이 안 좋아. (Hint! weather)
  ▶ _____

25 난 오늘 기분이 아주 좋아. (Hint! great)
  ▶ _____

입문 회화

Day 19 — 일상 대화: 기쁨과 안타까움 표현하기

DATE 20 . .

🖊 시원펜으로 모든 예문을 들으면서 말하기 연습을 해 보세요.

오늘의 표현

🔊 19-1 음원 듣고 5번 따라 읽기 ☐☐☐☐☐

1 기쁜 감정 표현하기

> **I'm glad to hear that.**
> 그 얘길 들으니 기쁘네.

glad는 '기쁜'이란 뜻으로 I'm glad to 뒤에 동사를 넣어 기쁜 이유를 함께 말할 수 있어요.

🖊 추가 표현
- Good for you! 잘됐다!
- That's nice to hear. 듣던 중 반가운 소리예요.

2 안타까운 감정 표현하기

> **I'm sorry to hear that.**
> 그 얘길 들으니 유감이네.

I'm sorry는 사과를 할 때 쓰는 표현이기도 하지만 안타까움이나 유감을 나타낼 때도 사용할 수 있어요.

🖊 추가 표현
- That's too bad. 그거 정말 안됐다.
- What a shame. 그거 참 안타깝다.

3 위로하기

> **It's not your fault.**
> 그건 네 잘못이 아니야.

fault는 '잘못, 책임'이라는 뜻으로 자책하는 상대방에게 위로해 줄 수 있는 표현이에요.

🖊 추가 표현
- Keep your chin up. 기운 내.
- That's not a big deal. 그거 별거 아니야.

오늘의 단어

glad 기쁜, 반가운 | **sorry** 유감인, 안타까운 | **shame** 유감스러운 일 | **fault** 잘못, 책임 | **chin** 턱 |
big deal 대단한 일, 큰 일

오늘의 표현 연습하기

빈칸을 채워 문장을 완성해보고, '오늘의 표현'에서 확인해 보세요.

1 그 얘길 들으니 기쁘네. ▶ I'm _____ _____ _____ that.

2 잘됐다! ▶ _____ _____ you!

3 듣던 중 반가운 소리예요. ▶ _____ _____ to hear.

4 그 얘길 들으니 유감이네. ▶ _____ _____ to hear that.

5 그거 정말 안됐다. ▶ That's _____ _____.

6 그거 참 안타깝다. ▶ What a _____.

7 그건 네 잘못이 아니야. ▶ It's not _____ _____.

8 기운 내. ▶ _____ your _____ up.

9 그거 별거 아니야. ▶ That's not a _____ _____.

오늘의 회화

시원펜을 이용해 오늘의 표현을 활용한 대화를 듣고 따라 써 보세요. 🔊 19-2

리사와 나 헤어졌어.
Lisa and I broke up.

그거 정말 안됐다. 무슨 일 있었어?
That's too bad. What happened?

내가 그녀한테 잘한 거 같지 않아.
I don't think I was nice to her.

네 잘못이 아니야. 기운 내.
It's not your fault. Keep your chin up.

난 괜찮아. 그녀를 곧 잊을 수 있을 거야.
I'm OK. I think I can get over her soon.

그 얘길 들으니 기쁘네.
I'm glad to hear that.

Day 19 오늘의 문제

1-6 다음 우리말에 맞게 영어 단어를 연결하고 따라 써 보세요.

1. 유감스러운 일 • • shame
2. 대단한 일, 큰 일 • • sorry
3. 잘못, 책임 • • chin
4. 턱 • • fault
5. 유감인, 안타까운 • • glad
6. 기쁜, 반가운 • • big deal

7-10 다음 주어진 단어를 이용하여 우리말에 맞게 문장을 완성하세요.

good   deal   for   what   keep   your   up
not   a   big   shame   chin   you   that's

7. 잘됐다! ▶ _____!
8. 그거 참 안타깝다. ▶ _____.
9. 기운 내. ▶ _____.
10. 그거 별거 아니야. ▶ _____.

11-14 다음 음원을 듣고 문장을 완성해 보세요.

11. 🔊 19-3 ▶ That's _____.
12. 🔊 19-4 ▶ _____ to hear.
13. 🔊 19-5 ▶ _____ that.
14. 🔊 19-6 ▶ It's not _____.

15-17 다음 들려주는 문장에 가장 자연스러운 대답을 연결해 보세요.

15 🔊 19-7 •   • Keep your chin up.

16 🔊 19-8 •   • Good for you!

17 🔊 19-9 •   • It's not your fault.

18-21 다음 Hint를 이용해 우리말을 영어로 쓰고 말해보며 대화를 완성해 보세요.

> 리사와 나 헤어졌어.
> Lisa and I broke up.
>
> 그거 정말 안됐다. 무슨 일 있었어? (Hint! bad)
> 18 _____. What happened?
>
> 내가 그녀한테 잘한 거 같지 않아.
> I don't think I was nice to her.
>
> 네 잘못이 아니야. 기운 내. (Hint! fault, chin)
> 19 It's _____. 20 _____.
>
> 난 괜찮아. 그녀를 곧 잊을 수 있을 거야.
> I'm OK. I think I can get over her soon.
>
> 그 얘길 들으니 기쁘네. (Hint! glad)
> 21 _____.

22-25 다음 Hint를 이용해 우리말을 영어로 쓰고 말해 보세요.

22 그 얘길 들으니 유감이네. (Hint! sorry)

▸ _____

23 듣던 중 반가운 소리예요. (Hint! nice)

▸ _____

24 그거 참 안타깝다. (Hint! What)

▸ _____

25 그거 별거 아니야. (Hint! deal)

▸ _____

입문 회화

Day 20 인상 대화 대화 이어나가기

DATE 20 . .

 시원펜으로 모든 예문을 들으면서 말하기 연습을 해 보세요.

오늘의 표현

🔊 20-1 음원 듣고 5번 따라 읽기 ☐☐☐☐☐

1 대화 시작하기

> **Can I talk to you for a second?**
> 잠깐 얘기 좀 할 수 있을까?

for a second는 '잠시'라는 뜻이에요. '내가 ~할 수 있을까?'를 뜻하는 Can I ~?를 활용해서 상대방에게 잠깐 대화를 요청할 때 이렇게 표현할 수 있어요.

📝 **추가 표현**
- Let me tell you something. 내 얘기 좀 들어봐.
- You know what?(= Guess what!) 있잖아. / 그거 알아?

2 맞장구치기

> **You can say that again!**
> 내 말이!

직역하면 '넌 그걸 다시 말할 수 있어'라는 뜻으로 보이지만 '네 말이 맞아, 나도 동의해'라는 의미로 상대방의 말에 동의를 나타낼 때 쓸 수 있는 표현이에요.

📝 **추가 표현**
- Tell me about it. 정말 그래.
- We're on the same page. 우린 생각이 같구나.

3 부정적인 답변하기

> **I don't think so.**
> 난 그렇게 생각하지 않아.

상대방이 한 말에 대해 동의하지 않을 때 쓸 수 있는 표현이에요. 또는 거절을 나타내는 완곡한 표현으로도 사용할 수 있습니다.

📝 **추가 표현**
- No way! 절대 아냐!
- I wouldn't do that. 나라면 그렇게 안 해.

오늘의 단어

| **talk** 이야기하다 | **second** 잠깐, 순간, 초 | **something** 무언가 | **know** 알다 | **guess** 추측하다, 알아맞히다 |

same 같은

오늘의 표현 연습하기
빈칸을 채워 문장을 완성해보고, '오늘의 표현'에서 확인해 보세요.

1 잠깐 얘기 좀 할 수 있을까? ▶ Can I talk to you _____ _____ _____ ?
2 내 얘기 좀 들어봐. ▶ _____ _____ _____ you something.
3 있잖아. / 그거 알아? ▶ You _____ _____ ? (= _____ _____ !)
4 내 말이! ▶ You can _____ _____ _____ !
5 정말 그래. ▶ _____ _____ about it.
6 우린 생각이 같구나. ▶ We're on the _____ _____ .
7 난 그렇게 생각하지 않아. ▶ I don't _____ _____ .
8 절대 아냐! ▶ No _____ !
9 나라면 그렇게 안 해. ▶ I _____ _____ that.

오늘의 회화
시원펜을 이용해 오늘의 표현을 활용한 대화를 듣고 따라 써 보세요. 🔊 20-2

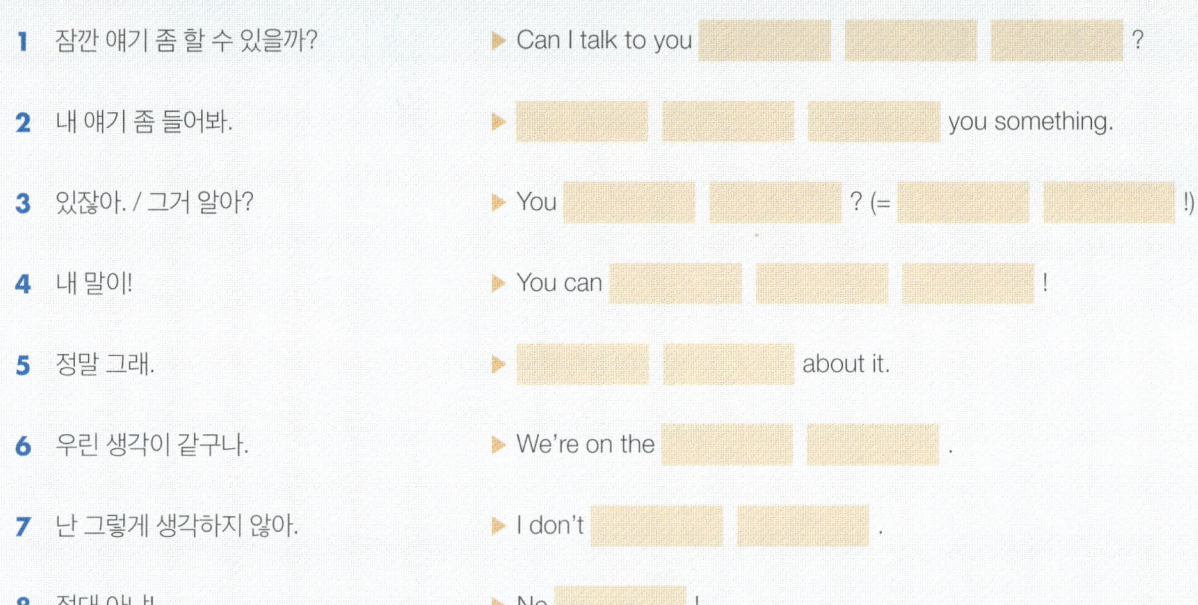

— 잠깐 얘기 좀 할 수 있을까?
  Can I talk to you for a second?

— 그럼. 무슨 일이야?
  Sure. What's up?

— 마크가 내 험담을 했다고 들었어.
  I heard Mark talked behind my back.

— 난 그렇게 생각 안 해. 그는 그런 사람이 아니야.
  I don't think so. He is not that kind of person.

— 내 말이! 어떻게 해야 할지 모르겠어.
  You can say that again! I don't know what to do.

— 그와 얘기해 봐.
  Just talk to him.

Day 20 오늘의 문제

제한 시간 15분 (25문항 각 4점)
SCORE / 100

1-6 다음 우리말에 맞게 영어 단어를 연결하고 따라 써 보세요.

1 같은 • • know
2 알다 • • second
3 잠깐, 순간, 초 • • guess
4 이야기하다 • • same
5 무언가 • • talk
6 추측하다, 알아맞히다 • • something

7-10 다음 주어진 단어를 이용하여 우리말에 맞게 문장을 완성하세요.

you about what tell say that
again no can way me it know

7 그거 알아? ▶ _____?
8 내 말이! ▶ _____!
9 절대 아냐! ▶ _____!
10 정말 그래. ▶ _____.

11-14 다음 대화를 듣고 빈칸을 채워보세요.

 20-3

11 _____? Jenny quit her job.
12 What? I _____.

 20-4

13 Let me _____. We need to save money from now on.
14 _____.

3

15-17 다음 들려주는 문장에 알맞은 대답을 연결해 보세요.

15 🔊 20-5 •   • You can say that again.

16 🔊 20-6 •   • I wouldn't do that.

17 🔊 20-7 •   • I don't think so.

18-22 다음 주어진 단어를 이용하여 우리말에 맞게 문장을 완성하세요.

> guess / tell / same / no / wouldn't

18 절대 아냐!   ▸ _____ !

19 우린 생각이 같구나.   ▸ _____ .

20 그거 알아?   ▸ _____ !

21 정말 그래.   ▸ _____ .

22 나라면 그렇게 안 해.   ▸ _____ .

23-25 다음 Hint를 이용해 우리말을 영어로 쓰고 말해보며 대화를 완성해 보세요.

잠깐 얘기 좀 할 수 있을까? (Hint! second)
23 _____ ?

그럼. 무슨 일이야?
Sure. What's up?

마크가 내 험담을 했다고 들었어.
I heard Mark talked behind my back.

난 그렇게 생각 안 해. 그는 그런 사람이 아니야. (Hint! think)
24 _____ . He is not that kind of person.

내 말이! 어떻게 해야 할지 모르겠어. (Hint! again)
25 _____ ! I don't know what to do.

그와 얘기해 봐.
Just talk to him.

입문 회화

Day 21 — 일상 대화: 약속잡기

DATE 20 . .

시원펜으로 모든 예문을 들으면서 말하기 연습을 해 보세요.

오늘의 표현

🔊 21-1 음원 듣고 5번 따라 읽기 ☐☐☐☐☐

1 계획 물어보기

> **Do you have any plans for tomorrow?**
> 너 내일 약속 있어?

일상에서 친구, 가족 등 상대방에게 약속이 있냐고 물을 때는 plan을 사용해 표현해요. '약속'을 뜻하는 또 다른 단어인 appointment는 주로 병원, 은행, 관공서와 같은 기관 방문 등의 공적인 약속일 때 사용하니 유의해 주세요.

추가 표현
- What are you doing on Friday? 너 금요일에 뭐해?
- Are you available this weekend? 너 이번 주말에 시간 있어?

2 제안하기

> **Let's go see a movie.**
> 우리 영화 보러 가자.

상대방에게 무언가를 하자고 제안할 때는 Let's를 사용해요.

추가 표현
- How about having lunch on that day? 그날 점심 먹는 거 어때?
- Why don't we go camping? 우리 캠핑 가는 거 어때?

3 계획 말하기

> **I'm free on that day.**
> 난 그날 한가해.

free는 '다른 약속이 없는, 한가한'이란 뜻이에요. 특정 날짜에 한가하다고 말할 때 이렇게 표현할 수 있어요.

추가 표현
- I already have plans. 나 이미 약속이 있어.
- Can I take a rain check? 다음으로 미뤄도 될까?

오늘의 단어

plan 계획 | **available** 시간이 있는 | **go see a movie** 영화를 보러 가다 | **free** 한가한 | **already** 이미 | **take a rain check** 다음을 기약하다

오늘의 표현 연습하기
빈칸을 채워 문장을 완성해보고, '오늘의 표현'에서 확인해 보세요.

1 너 내일 약속 있어? ▶ Do you _____ _____ _____ for tomorrow?

2 너 금요일에 뭐해? ▶ _____ _____ _____ _____ on Friday?

3 너 이번 주말에 시간 있어? ▶ _____ _____ _____ this weekend?

4 우리 영화 보러 가자. ▶ _____ _____ see a movie.

5 그날 점심 먹는 거 어때? ▶ _____ _____ lunch on that day?

6 우리 캠핑 가는 거 어때? ▶ _____ _____ go camping?

7 난 그날 한가해. ▶ _____ _____ on that day.

8 나 이미 약속이 있어. ▶ I _____ _____ _____ .

9 다음으로 미뤄도 될까? ▶ Can I take _____ _____ _____ ?

오늘의 회화
시원펜을 이용해 오늘의 표현을 활용한 대화를 듣고 따라 써 보세요.   🔊 21-2

저기, 너 내일 약속 있어?
Hey, do you have any plans for tomorrow?

아, 나 이미 약속이 있어.
Oh, I already have plans.

그럼, 금요일에 뭐해?
Then, what are you doing on Friday?

나 그날 한가해.
I'm free on that day.

우리 영화 보러 가자.
Let's go see a movie.

좋아!
That sounds good!

Day 21 오늘의 문제

제한 시간: 15분 (25문항 각 4점)
SCORE: / 100

1-6 다음 우리말에 맞게 영어 단어를 연결하고 따라 써 보세요.

1 영화를 보러 가다 • • *plan*
2 한가한 • • *take a rain check*
3 이미 • • *available*
4 다음을 기약하다 • • *already*
5 시간이 있는 • • *free*
6 계획 • • *go see a movie*

7-9 다음 주어진 단어를 이용하여 우리말에 맞게 문장을 완성하세요.

I	plans	what	are	about	you	on
Friday	day	already	have	how	lunch
having	doing	that			

7 너 금요일에 뭐해? ▶ _____?
8 나 이미 약속이 있어. ▶ _____.
9 그날 점심 먹는 거 어때? ▶ _____?

10-12 다음 주어진 단어를 이용하여 우리말에 맞게 문장을 완성하세요.

why / take / available

10 너 이번 주말에 시간 있어? ▶ _____ this weekend?
11 우리 캠핑 가는 거 어때? ▶ _____ go camping?
12 다음으로 미뤄도 될까? ▶ Can I _____?

13-15 다음 들려주는 문장에 알맞은 대답을 연결해 보세요

13 🔊 21-3 •   • I'm free on that day.

14 🔊 21-4 •   • I already have plans.

15 🔊 21-5 •   • Can I take a rain check?

16-19 다음 대화를 듣고 빈칸을 채워보세요.

🔊 21-6

16 _____ lunch on that day?

17 Can I _____ ?

🔊 21-7

18 _____ this weekend?

19 I _____ .

20-22 다음 Hint를 이용해 우리말을 영어로 쓰고 말해보며 대화를 완성해 보세요.

저기, 너 내일 약속 있어? (Hint! plans)
20 Hey, _____ ?

아, 나 이미 약속이 있어. (Hint! already)
21 Oh, _____ .

그럼, 금요일에 뭐해? 우리 영화 보러 가자. (Hint! doing)
22 Then, _____ ? Let's go see a movie.

좋아!
That sounds good!

23-25 다음 Hint를 이용해 우리말을 영어로 쓰고 말해 보세요.

23 너 이번 주말에 시간 있어? (Hint! weekend)

▸ _____

24 그날 점심 먹는 거 어때? (Hint! about)

▸ _____

25 난 그날 한가해. (Hint! free)

▸ _____

입문 회화

Day 22 — 일상 대화: 연애하기

오늘의 표현

🔊 22-1 음원 듣고 5번 따라 읽기 ☐☐☐☐☐

1 고백할 때

> **Are you seeing someone?**
> 누구 만나는 사람 있어?

see는 '보다, 알다'라는 뜻으로 보통 알고 있지만 진행형으로 쓰면 흔히 누군가와 애인 사이로 만난다는 뜻이 돼요.

추가 표현
- Can I ask you out for dinner? 저녁 데이트를 신청해도 될까?
- I have a crush on you. 난 당신에게 반했어요.

2 결별할 때

> **I think we should break up.**
> 우리 헤어져야 할 거 같아.

break up은 '헤어지다'라는 뜻이에요. 누구와 헤어진다고 표현할 때는 break up with 뒤에 대상을 넣어 말해요.

추가 표현
- I fell out of love with you. 난 너에 대한 사랑이 식었어.
- I want to end this relationship. 난 이 관계를 끝내고 싶어.

3 결혼할 때

> **Will you marry me?**
> 나랑 결혼해 줄래?

marry는 '~와 결혼하다'라는 뜻이에요. 해석을 보면 marry with일 거라 생각하기 쉽지만 marry 뒤에 바로 목적어가 온다는 점에 주의하세요.

추가 표현
- He proposed to me. 그가 나에게 청혼했어.
- We're going to tie the knot. 우리는 결혼할 거야.

오늘의 단어

- **ask out** ~에게 데이트를 신청하다
- **crush** 반함, 짝사랑
- **break up** 헤어지다
- **fall out of** ~에서 빠져 나오다
- **end** 끝내다
- **relationship** 관계
- **marry** ~와 결혼하다
- **propose** 프러포즈하다, 청혼하다
- **tie the knot** 결혼하다

오늘의 표현 연습하기   빈칸을 채워 문장을 완성해보고, '오늘의 표현'에서 확인해 보세요.

1 누구 만나는 사람 있어? ▶ Are you _____ _____ ?
2 저녁 데이트를 신청해도 될까? ▶ Can I _____ you _____ for dinner?
3 난 당신에게 반했어요. ▶ I _____ _____ _____ on you.
4 우리 헤어져야 할 거 같아. ▶ I think we should _____ _____ .
5 난 너에 대한 사랑이 식었어. ▶ I _____ _____ _____ love with you.
6 난 이 관계를 끝내고 싶어. ▶ I want to _____ this _____ .
7 나랑 결혼해 줄래? ▶ Will you _____ _____ ?
8 그가 나에게 청혼했어. ▶ He _____ _____ me.
9 우리는 결혼할 거야. ▶ We're going to _____ the _____ .

 오늘의 회화   시원펜을 이용해 오늘의 표현을 활용한 대화를 듣고 따라 써 보세요.   🔊 22-2

너 누구 만나는 사람 있어?
Are you seeing someone?

그건 왜 물어봐?
Why do you ask?

난 그냥... 저녁 데이트를 신청해도 될까?
I'm just... Can I ask you out for dinner?

난 막 남자친구와 헤어졌어.
I just broke up with my boyfriend.

오, 그거 안됐구나.
Oh, that's too bad.

난 우리가 결혼할 줄 알았어.
I thought we were going to tie the knot.

Day 22 오늘의 문제

제한 시간 15분 (25문항 각 4점)
SCORE   / 100

1-6 다음 우리말에 맞게 영어 단어를 연결하고 따라 써 보세요.

1 관계 •   • crush
2 끝내다 •   • marry
3 반함, 짝사랑 •   • end
4 헤어지다 •   • relationship
5 ~에게 데이트를 신청하다 •   • break up
6 ~와 결혼하다 •   • ask out

7-9 다음 주어진 단어를 이용하여 우리말에 맞게 문장을 완성하세요.

| I | someone | have | proposed | seeing | on | you |
| he | a | crush | to | me | are | |

7 난 당신에게 반했어요. ▶ _____ .

8 누구 만나는 사람 있어? ▶ _____ ?

9 그가 나에게 청혼했어. ▶ _____ .

10-12 다음 주어진 단어를 이용하여 우리말에 맞게 문장을 완성하세요.

break / fall / relationship

10 난 너에 대한 사랑이 식었어. ▶ I _____ with you.

11 난 이 관계를 끝내고 싶어. ▶ I want to _____ .

12 우리 헤어져야 할 거 같아. ▶ I think _____ .

13-15 다음 들려주는 음원에 알맞은 사진을 찾아 번호를 쓰세요. 🔊 22-3

13
▶ _____

14
▶ _____

15
▶ _____

16-19 다음 들려주는 문장을 듣고 빈칸을 채우세요.

16 🔊 22-4 ▶ I _____ .

17 🔊 22-5 ▶ I want to _____ .

18 🔊 22-6 ▶ Can I _____ ?

19 🔊 22-7 ▶ We're _____ .

20-22 다음 Hint를 이용해 우리말을 영어로 쓰고 말해보며 대화를 완성해 보세요.

🧑 너 누구 만나는 사람 있어? (Hint! someone)
  20 _____ ?

👩 그건 왜 물어봐?
  Why do you ask?

🧑 난 그냥... 저녁 데이트를 신청해도 될까? (Hint! ask)
  21 I'm just... Can I _____ ?

👩 난 막 남자친구와 헤어졌어. (Hint! broke)
  22 I just _____ .

🧑 오, 그거 안됐구나. 난 몰랐어.
  Oh, that's too bad. I didn't know that.

23-25 다음 Hint를 이용해 우리말을 영어로 쓰고 말해 보세요.

23 그가 나에게 청혼했어. (Hint! proposed)
  ▶ _____

24 난 당신에게 반했어요. (Hint! crush)
  ▶ _____

25 난 이 관계를 끝내고 싶어. (Hint! end)
  ▶ _____

입문 회화

Day 23 SNS 사용하기

인상 대화

DATE 20 . .

 시원펜으로 모든 예문을 들으면서 말하기 연습을 해 보세요.

오늘의 표현

🔊 23-1 음원 듣고 5번 따라 읽기 ☐☐☐☐☐

1 SNS 사용 여부 묻기

Are you on social media?
너 SNS하니?

우리가 SNS라고 일컫는 다양한 플랫폼들은 영어로 social media라고 해요.

📝 **추가 표현**
- Do you have Twitter? 너 트위터 해?
- I'm not on Facebook. 난 페이스북 안 해.

2 친구 추가하기

Follow me on Instagram.
인스타그램에서 나 팔로우해.

follow는 '따라가다'라는 뜻인데 인스타그램 등에서 서로 게시물을 볼 수 있도록 관계를 맺는 걸 지칭할 때도 사용합니다.

📝 **추가 표현**
- You can look me up on Facebook. 페이스북에서 나 찾을 수 있어.
- I followed you on Twitter. 나 트위터에서 너 팔로우했어.

3 사진, 영상 올리기

I posted my selfie on Instagram.
난 내 사진을 인스타그램에 올렸어.

selfie는 우리가 흔히 말하는 '셀카'의 영어식 표현이에요.

📝 **추가 표현**
- This is so Instagrammable. 여기 정말 인스타그램에 올리기 좋다.
- I just uploaded my vlog. 난 방금 내 브이로그를 업로드했어.

오늘의 단어

follow 따라가다, 팔로우하다 | **look up** 찾다 | **post** 게시하다 | **selfie** 셀카 | **Instagrammable** 인스타그램에 올릴 법한 | **upload** 올리다, 업로드하다

오늘의 표현 연습하기

빈칸을 채워 문장을 완성해보고, '오늘의 표현'에서 확인해 보세요.

1. 너 SNS하니? ▶ Are you ☐ ☐ ☐ ?
2. 너 트위터 해? ▶ ☐ ☐ ☐ Twitter?
3. 난 페이스북 안 해. ▶ ☐ ☐ ☐ Facebook.
4. 인스타그램에서 나 팔로우해. ▶ ☐ ☐ ☐ Instagram.
5. 페이스북에서 나 찾을 수 있어. ▶ You can ☐ ☐ ☐ on Facebook.
6. 나 트위터에서 너 팔로우했어. ▶ I ☐ ☐ ☐ Twitter.
7. 난 내 사진을 인스타그램에 올렸어. ▶ I ☐ my ☐ on Instagram.
8. 여기 정말 인스타그램에 올리기 좋다. ▶ This is so ☐ .
9. 난 방금 내 브이로그를 업로드했어. ▶ I just ☐ my vlog.

오늘의 회화

시원펜을 이용해 오늘의 표현을 활용한 대화를 듣고 따라 써 보세요.

🔊 23-2

너 SNS하니?
Are you on social media?

응! 페이스북에서 나 찾을 수 있어.
Yes! You can look me up on Facebook.

어, 난 페이스북 안 해.
Uh, I'm not on Facebook.

그럼 너 트위터 해?
Then do you have Twitter?

응! 이게 내 트위터 계정이야.
Yes! This is my Twitter account.

좋아, 방금 트위터에서 너 팔로우했어.
Okay, I've just followed you on Twitter.

Day 23 오늘의 문제

제한 시간 15분 (25문항 각 4점)
SCORE / 100

1-6 다음 우리말에 맞게 영어 단어를 연결하고 따라 써 보세요.

1 따라가다, 팔로우하다 • • *post*
2 게시하다 • • *follow*
3 인스타그램에 올릴 법한 • • *look up*
4 올리다, 업로드하다 • • *Instagrammable*
5 셀카 • • *upload*
6 찾다 • • *selfie*

7-9 다음 주어진 단어를 이용하여 우리말에 맞게 문장을 완성하세요.

do   you   is   Twitter   I   followed
so   this   have   on   Instagrammable.

7 너 트위터 해? ▶ _____ ?
8 나 트위터에서 너 팔로우했어. ▶ _____ .
9 여기 정말 인스타그램에 올리기 좋다. ▶ _____ .

10-13 다음 주어진 단어를 이용하여 우리말에 맞게 문장을 완성하세요.

follow / on / upload / social media

10 난 방금 내 브이로그를 업로드했어. ▶ I _____ .
11 난 페이스북 안 해. ▶ I'm _____ .
12 인스타그램에서 나 팔로우해. ▶ _____ Instagram.
13 너 SNS하니? ▶ Are you _____ ?

14-17 다음 음원을 듣고 사진에 맞게 문장을 완성해 보세요

14 🔊 23-3

▶ This is _____ .

15 🔊 23-4 ▶ I _____ on Instagram.

16 🔊 23-5 ▶ I'm _____.

17 🔊 23-6 ▶ I just _____.

18-22 다음 Hint를 이용해 우리말을 영어로 쓰고 말해보며 대화를 완성해 보세요.

너 SNS하니? (Hint! on)
18 _____?

응! 페이스북에서 나 찾을 수 있어. (Hint! look)
19 Yes! _____ on Facebook.

어, 난 페이스북 안 해. (Hint! on)
20 Uh, _____ Facebook.

그럼 너 트위터 해? (Hint! have)
21 Then _____ Twitter?

응! 이게 내 트위터 계정이야.
Yes! This is my Twitter account.

좋아, 방금 트위터에서 너 팔로우했어. (Hint! followed)
22 Okay, I've just _____.

23-25 다음 Hint를 이용해 우리말을 영어로 쓰고 말해 보세요.

23 인스타그램에서 나 팔로우해. (Hint! Follow)
▶ _____

24 난 내 사진을 인스타그램에 올렸어. (Hint! selfie)
▶ _____

25 난 방금 내 브이로그를 업로드했어. (Hint! vlog)
▶ _____

입문 회화

Day 24 직장 생활 전화 통화하기

DATE 20 . .

시원펜으로 모든 예문을 들으면서 말하기 연습을 해 보세요.

오늘의 표현

🔊 24-1 음원 듣고 5번 따라 읽기 ☐☐☐☐☐

1 전화 받기

> **Hello, this is Jake speaking.**
> 여보세요, 제이크입니다.

전화 통화 시 자신의 신분을 밝힐 때는 I'm이 아닌 This is를 사용해요.

📝 **추가 표현**
- Who am I speaking to? 전화 거신 분 성함이 어떻게 되시나요?
- I just called a minute ago. 방금 전화했던 사람이에요.

2 전화 연결해 주기

> **May I speak to Mr. James?**
> 제임스 씨와 통화할 수 있을까요?

누군가와 통화하고 싶다고 말할 때는 May I speak to ~ 다음에 통화하고 싶은 사람의 이름을 말하면 돼요.

📝 **추가 표현**
- I'll put you through to him right away. 바로 그분에게 연결시켜 드릴게요.
- Hold on a second, please. 잠깐만 기다려주세요.

3 전화를 잘못 걸었다고 말하기

> **You have the wrong number.**
> 전화 잘못 거셨어요.

잘못 건 전화번호는 wrong number라고 표현합니다. 나에게 전화를 잘못 건 상대에게 말해줄 수 있는 표현이에요.

📝 **추가 표현**
- There's no one by that name here. 여기 그런 분은 없습니다.
- I'm sorry. This is 1234-5678. 죄송합니다. 여긴 1234-5678번입니다.

오늘의 단어

| **speak** 이야기를 하다 | **call** 전화하다 | **put A through to B** A를 B에게 연결하다 | **hold on** 기다리다 |
| **wrong** 잘못된, 틀린 | **number** (전화)번호 | | |

1

오늘의 표현 연습하기 빈칸을 채워 문장을 완성해보고, '오늘의 표현'에서 확인해 보세요.

1 여보세요, 제이크입니다. ▶ Hello, _____ is Jake _____.

2 전화 거신 분 성함이 어떻게 되시나요? ▶ _____ am I _____ to?

3 방금 전화했던 사람이에요. ▶ I just _____ a minute ago.

4 제임스 씨와 통화할 수 있을까요? ▶ _____ _____ _____ _____ Mr. James?

5 바로 그분에게 연결시켜 드릴게요. ▶ I'll _____ you _____ to him right away.

6 잠깐만 기다려주세요. ▶ _____ _____ a second, please.

7 전화 잘못 거셨어요. ▶ You have the _____ _____.

8 여기 그런 분은 없습니다. ▶ There's no one _____ _____ _____ here.

9 죄송합니다. 여긴 1234-5678번입니다. ▶ I'm sorry. _____ _____ 1234-5678.

 오늘의 회화   시원펜을 이용해 오늘의 표현을 활용한 대화를 듣고 따라 써 보세요. 🔊 24-2

여보세요, 제이크입니다.
Hello, this is Jake speaking.

제임스 씨와 통화할 수 있을까요?
Hello, may I speak to Mr. James?

 여기 그런 분은 없습니다.
There's no one by that name here.

흠, 제 이름은 제니이고, 방금 전화했던 사람이에요.
Hmm, this is Jenny, and I just called a minute ago.

 전화를 잘못 거신 거 같아요.
I think you have the wrong number.

어, 죄송합니다.
Oh, I'm sorry.

Day 24 오늘의 문제

제한 시간 15분 (25문항 각 4점)
SCORE   / 100

1-6 다음 우리말에 맞게 영어 단어를 연결하고 따라 써 보세요.

1. 전화하다 • • call
2. 잘못된, 틀린 • • put through
3. 연결해주다 • • wrong
4. 기다리다 • • number
5. (전화)번호 • • hold on
6. 이야기를 하다 • • speak

7-9 다음 주어진 단어를 이용하여 우리말에 맞게 문장을 완성하세요.

may	number	to	I	minute	you
have	a	just	Mr. James	speak	
called	the	wrong	ago		

7. 제임스 씨와 통화할 수 있을까요? ▶ _____?
8. 방금 전화했던 사람이에요. ▶ _____.
9. 전화 잘못 거셨어요. ▶ _____.

10-12 다음 들려주는 문장에 대한 알맞은 대답을 골라 써 보세요.

| Hold on a second, please. / This is Jake speaking. / Sorry, I have the wrong number. |

10. 🔊 24-3 ▶ _____
11. 🔊 24-4 ▶ _____
12. 🔊 24-5 ▶ _____

13-16 다음 음원을 듣고 문장을 완성해 보세요.

13 🔊 24-6 ▶ You've got the _____.

14 🔊 24-7 ▶ _____ a minute ago.

15 🔊 24-8 ▶ I'll _____ to him right away.

16 🔊 24-9 ▶ There's no one _____ here.

17-21 다음 Hint를 이용해 우리말을 영어로 쓰고 말해보며 대화를 완성해 보세요.

> 여보세요, 제이크입니다. (Hint! speaking)
> 17 Hello, _____.
>
> 제임스 씨와 통화할 수 있을까요? (Hint! speak)
> 18 Hello, _____ Mr. James?
>
> 여기 그런 분은 없습니다. (Hint! no one)
> 19 _____ here.
>
> 흠, 제 이름은 제니이고, 방금 전화했던 사람이에요. (Hint! minute)
> 20 Hmm, this is Jenny, and I just _____.
>
> 전화를 잘못 거신 거 같아요. 여긴 1234-5678번입니다. (Hint! wrong)
> 21 I think _____. This is 1234-5678.
>
> 어, 죄송합니다.
> Oh, I'm sorry.

22-25 다음 Hint를 이용해 우리말을 영어로 쓰고 말해 보세요.

22 전화 거신 분 성함이 어떻게 되시나요? (Hint! speaking)
▶ _____

23 잠깐만 기다려주세요. (Hint! Hold)
▶ _____

24 여긴 1234-5678번입니다. (Hint! This)
▶ _____

25 전화 잘못 거셨어요. (Hint! wrong)
▶ _____

입문 회화

Day 25 직장 생활 업무 관련 대화하기

DATE 20 . .

시원펜으로 모든 예문을 들으면서 말하기 연습을 해 보세요.

오늘의 표현

🔊 25-1 음원 듣고 5번 따라 읽기 ☐☐☐☐☐

1 업무 진행 상황 묻기

> **Are you done with the report?**
> 그 보고서 다 마치셨나요?

누군가에게 지시하거나 부탁한 업무를 마쳤는지 물어볼 때는 Are you done with ~?라는 표현으로 질문할 수 있어요.

✏️ 추가 표현
- Could you hand it in to me by tomorrow? 그거 내일까지 저에게 주실 수 있나요?
- How is the project going? 그 프로젝트는 어떻게 되어 가고 있나요?

2 업무 진행 상황 대답하기

> **We've done about half of it.**
> 절반 정도 진행되었습니다.

half of는 '~의 절반'이라는 뜻이에요. 어떤 일이 절반 정도 진행되었다고 할 때 유용하게 쓸 수 있는 표현입니다. 절반 정도 완료되었고, 현재까지 계속되고 있다는 뜻이므로 현재완료 시제(have p.p.)를 사용해서 나타내요.

✏️ 추가 표현
- I can get it done by this Friday. 이번 주 금요일까지는 마칠 수 있습니다.
- We're trying to meet the deadline. 마감일에 맞추려 노력하고 있어요.

3 휴무 관련 대화하기

> **Can I ask for two days off next week?**
> 다음 주에 이틀 휴가를 신청할 수 있을까요?

ask for는 '~을 요청하다'라는 뜻으로 휴가를 신청한다고 할 때 사용할 수 있는 표현이에요. 하루 휴가는 a day off, 이틀 휴가는 two days off 등으로 표현합니다.

✏️ 추가 표현
- I think I need to call in sick today. 전 오늘 병가를 내야 할 거 같아요.
- I took the rest of the afternoon off. 난 오늘 오후 반차를 냈어.

오늘의 단어

| **done** 다 끝난, 완료된 | **hand in** 건네주다, 제출하다 | **half** 절반 | **try to ~** ~하려고 노력하다 | **meet** (기한을) 지키다 |
| **deadline** 기한, 마감 시간 | **ask for** ~을 요청하다 | **day off** 쉬는 날 | **call in sick** 병가를 내다 |

오늘의 표현 연습하기   빈칸을 채워 문장을 완성해보고, '오늘의 표현'에서 확인해 보세요.

1 그 보고서 다 마치셨나요? ▶ Are you _____ _____ the report?

2 그거 내일까지 저에게 주실 수 있나요? ▶ Could you _____ _____ _____ _____ me by tomorrow?

3 그 프로젝트는 어떻게 되어 가고 있나요? ▶ _____ is the project _____ ?

4 절반 정도 진행되었습니다. ▶ We've done about _____ _____ _____ .

5 이번 주 금요일까지는 마칠 수 있습니다. ▶ I can _____ _____ _____ by this Friday.

6 마감일에 맞추려 노력하고 있어요. ▶ We're trying to _____ _____ _____ .

7 다음 주에 이틀 휴가를 신청할 수 있을까요? ▶ Can I ask for _____ _____ _____ next week?

8 전 오늘 병가를 내야 할 거 같아요. ▶ I think I need to _____ _____ _____ today.

9 난 오늘 오후 반차를 냈어. ▶ I took the _____ of the afternoon _____ .

 오늘의 회화   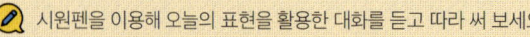 시원펜을 이용해 오늘의 표현을 활용한 대화를 듣고 따라 써 보세요.   🔊 25-2

그 보고서 다 마치셨나요?
Are you done with the report?

절반 정도 진행되었습니다.
I've done about half of it.

이번 주 금요일까지는 마칠 수 있나요?
Can you get it done by this Friday?

물론이죠! 마감일에 맞추려 노력하고 있어요.
Sure! I'm trying to meet the deadline.

좋아요. 혹시 마크 본 적 있나요?
Good. Have you seen Mark by the way?

그는 오늘 병가를 냈어요.
He called in sick today.

Day 25 오늘의 문제

제한 시간 15분 (25문항 각 4점)
SCORE　　　/ 100

1-6 다음 우리말에 맞게 영어 단어를 연결하고 따라 써 보세요.

1　절반　　　　•　　　　　　　　　•　*done*

2　쉬는 날　　•　　　　　　　　　•　*hand in*

3　건네주다　•　　　　　　　　　•　*half*

4　(기한을) 지키다　•　　　　　　•　*deadline*

5　기한, 마감 시간　•　　　　　　•　*meet*

6　다 끝난, 완료된　•　　　　　　•　*day off*

7-9 다음 주어진 단어를 이용하여 우리말에 맞게 문장을 완성하세요.

is　the project　half　going　are　you　with
the report　we've　how　done　about　of　it

7　그 보고서 다 마치셨나요?　▶ _____?

8　절반 정도 진행되었습니다.　▶ _____.

9　그 프로젝트는 어떻게 되어 가고 있나요?　▶ _____?

10-13 다음 주어진 단어를 이용하여 우리말에 맞게 문장을 완성하세요.

take　/　meet　/　hand　/　ask

10　마감일에 맞추려 노력하고 있어요.　▶ We're trying to _____.

11　그거 내일까지 저에게 주실 수 있나요?　▶ Could you _____ by tomorrow?

12　다음 주에 이틀 휴가를 신청할 수 있을까요?　▶ Can I _____ next week?

13　난 오늘 오후 반차를 냈어.　▶ I _____ off.

14-16 다음 음원을 듣고 사진에 맞게 빈칸을 채워보세요.

14 🔊 25-3  ▶ I think _____ today.

15 🔊 25-4  ▶ We're _____.

16 🔊 25-5  ▶ I took _____.

17-21 다음 Hint를 이용해 우리말을 영어로 쓰고 말해보며 대화를 완성해 보세요.

그 보고서 다 마치셨나요? (Hint! done)
17 _____ the report?

절반 정도 진행되었습니다. (Hint! half)
18 _____ of it.

이번 주 금요일까지는 마칠 수 있나요? (Hint! get)
19 _____ this Friday?

물론이죠! 마감일에 맞추려 노력하고 있어요. (Hint! meet)
20 Sure! _____.

좋아요. 혹시 마크 본 적 있나요?
Good. Have you seen Mark by the way?

그는 오늘 병가를 냈어요. (Hint! sick)
21 He _____ today.

22-25 다음 Hint를 이용해 우리말을 영어로 쓰고 말해 보세요.

22 그거 내일까지 저에게 주실 수 있나요? (Hint! hand)
▶ _____

23 그 프로젝트는 어떻게 되어 가고 있나요? (Hint! project)
▶ _____

24 다음 주에 이틀 휴가를 신청할 수 있을까요? (Hint! days off)
▶ _____

25 전 오늘 병가를 내야할 거 같아요. (Hint! call)
▶ _____

Day 26 축하와 격려하기

입문 회화 · 직장 생활

오늘의 표현

🔊 26-1 음원 듣고 5번 따라 읽기

1 축하하기

Congratulations on your promotion!
승진 축하해요!

축하할 때 쓰는 가장 대표적인 표현으로 congratulations가 있죠? 뒤에 on을 붙여 무엇을 축하하는지 말할 수 있어요.

추가 표현
- You deserve it! 당신은 그럴 자격이 있어요!
- Thanks to your efforts, we finally made it! 당신의 노력 덕분에, 우리가 마침내 해냈어요!

2 축하에 대답하기

Thank you. I've learned a lot from you.
고마워요. 당신에게 많은 걸 배웠어요.

직장에서 특히 상사에게 축하를 받을 때 할 수 있는 겸손한 표현입니다.

추가 표현
- I couldn't have done it without your help. 당신의 도움이 없었다면 할 수 없었을 거예요.
- I'll keep on trying my best. 계속 열심히 하겠습니다.

3 격려하기

Let's keep up the good work!
계속 잘 해냅시다!

keep up은 무언가를 동일한 정도로 계속한다는 뜻으로 keep up the good work는 계속 하던 대로 잘 하라는 격려의 표현이에요. keep it up을 써도 비슷한 의미가 됩니다.

추가 표현
- There's nothing to lose. 밑져야 본전이잖아요.
- Show us that you can do it. 당신의 능력을 보여주세요.

오늘의 단어

| promotion 승진 | deserve ~할 자격이 있다 | effort 노력 | finally 마침내 | learn 배우다 | without ~ 없이 |
| try one's best 최선을 다하다 | keep up 계속하다 | lose 잃다 | show 보여주다 |

오늘의 표현 연습하기   빈칸을 채워 문장을 완성해보고, '오늘의 표현'에서 확인해 보세요.

1 승진 축하해요! ▶ _____ _____ your promotion!

2 당신은 그럴 자격이 있어요! ▶ You _____ it!

3 당신의 노력 덕분에, 우리가 마침내 해냈어요! ▶ _____ _____ your efforts, we finally made it!

4 고마워요. 당신에게 많은 걸 배웠어요. ▶ Thank you. I've _____ a lot _____ you.

5 당신의 도움이 없었다면 할 수 없었을 거예요. ▶ I couldn't _____ _____ it _____ your help.

6 계속 열심히 하겠습니다. ▶ I'll _____ _____ trying my best.

7 계속 잘 해냅시다! ▶ Let's _____ _____ the good work!

8 밑져야 본전이잖아요. ▶ There's _____ _____ _____ .

9 당신의 능력을 보여주세요. ▶ _____ _____ that you can do it.

오늘의 회화   시원펜을 이용해 오늘의 표현을 활용한 대화를 듣고 따라 써 보세요.   🔊 26-2

승진 축하해요!
Congratulations on your promotion!

고마워요. 당신에게 많은 걸 배웠어요.
Thank you. I've learned a lot from you.

별말씀을요. 당신은 그럴 자격이 있어요.
Don't mention it. You deserve it.

당신의 도움이 없었다면 할 수 없었을 거예요.
I couldn't have done it without your help.

계속 잘 해냅시다!
Let's keep up the good work!

계속 열심히 하겠습니다.
I'll keep on trying my best.

2

Day 26 오늘의 문제

제한 시간 15분 (25문항 각 4점)
SCORE / 100

1-6 다음 우리말에 맞게 영어 단어를 연결하고 따라 써 보세요.

1 승진 • • learn
2 잃다 • • finally
3 배우다 • • deserve
4 ~할 자격이 있다 • • lose
5 노력 • • effort
6 마침내 • • promotion

7-9 다음 주어진 단어를 이용하여 우리말에 맞게 문장을 완성하세요.

deserve　it　congratulations　your　let's　keep　up　the　work　you　good　on　promotion

7 당신은 그럴 자격이 있어요! ▶ _____ !

8 승진 축하해요! ▶ _____ !

9 계속 잘 해냅시다! ▶ _____ !

10-12 다음 주어진 단어를 이용하여 우리말에 맞게 문장을 완성하세요.

learn / lose / try

10 당신에게 많은 걸 배웠어요. ▶ _____ a lot from you.

11 밑져야 본전이잖아요. ▶ There's _____ .

12 계속 열심히 하겠습니다. ▶ I'll _____ my best.

13-14 다음 음원을 듣고 사진에 적절한 것을 고르세요.

13 🔊 26-3
　　① 　②

14 🔊 26-4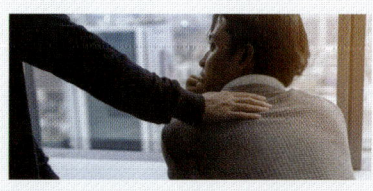
　　① 　②

15-16 다음 음원을 듣고 사진에 맞게 문장을 완성해 보세요

15 🔊 26-5
▶ _____ you can do it.

16 🔊 26-6
▶ I'll _____ my best.

17-22 다음 Hint를 이용해 우리말을 영어로 쓰고 말해보며 대화를 완성해 보세요.

> 승진 축하해요! (Hint! on)
> 17 _____ your promotion!
>
> 고마워요. 당신에게 많은 걸 배웠어요. (Hint! learned)
> 18 Thank you. _____ you.
>
> 별말씀을요. 당신은 그럴 자격이 있어요. (Hint! deserve)
> 19 Don't mention it. _____.
>
> 당신의 도움이 없었다면 할 수 없었을 거예요. (Hint! done, without)
> 20 I _____.
>
> 계속 잘 해냅시다! (Hint! keep)
> 21 Let's _____!
>
> 계속 열심히 하겠습니다. (Hint! trying)
> 22 I'll _____.

23-25 다음 Hint를 이용해 우리말을 영어로 쓰고 말해 보세요.

23 밑져야 본전이잖아요. (Hint! lose)
▶ _____

24 당신의 노력 덕분에, 우리가 마침내 해냈어요! (Hint! efforts)
▶ _____

25 당신의 능력을 보여주세요. (Hint! Show)
▶ _____

입문 회화

Day 27 직장 생활 **회의하기**

DATE 20 . .

시원펜으로 모든 예문을 들으면서 말하기 연습을 해 보세요.

오늘의 표현

🔊 27-1 음원 듣고 5번 따라 읽기 ☐☐☐☐☐

1 회의 요청하기

> **I'd like to arrange a meeting with you.**
> 당신과 회의 일정을 잡고 싶어요.

arrange는 '정하다, 마련하다'라는 뜻의 동사로 arrange a meeting이라고 하면 회의 일정을 잡는다는 표현이 돼요. 누군가에게 회의를 하고 싶다고 요청할 때 이렇게 표현해 보세요.

추가 표현
- Does Wednesday 10 o'clock work for you? 수요일 10시 괜찮으세요?
- Can we push our meeting back to five? 저희 회의를 5시로 미룰 수 있을까요?

2 회의실 예약하기

> **Did you check the meeting room?**
> 회의실 확인했나요?

회의를 하기 전 회의실 상태를 확인했는지 물어볼 때 쓸 수 있는 표현이에요. 회의를 하기 전 회의실이 잘 정리되어 있는지 확인하는 건 필수겠죠?

추가 표현
- I will book a conference room for the meeting. 회의실을 예약할게요.
- Is there a beam projector in the conference room? 회의실에 빔 프로젝터가 있나요?

3 회의 안건 공유하기

> **Let's take a look at the agenda for this meeting.**
> 이번 회의 안건을 봅시다.

agenda는 '안건, 의제'라는 뜻입니다. 회의를 본격적으로 시작하기 전 안건을 확인할 때 쓸 수 있는 표현이에요.

추가 표현
- We'll be discussing the sales figures from last month. 지난달 매출액에 대해 회의할 거예요.
- Let's get down to business. 본론으로 들어가죠.

오늘의 단어

| **arrange** 정하다, 마련하다 | **push back** 미루다 | **check** 확인하다 | **conference** 회의 | **take a look** 보다 |
| **agenda** 안건 | **discuss** 논의하다 | **sales figures** 매출액 | **get down to ~** ~을 시작하다 |

오늘의 표현 연습하기   빈칸을 채워 문장을 완성해보고, '오늘의 표현'에서 확인해 보세요.

1 당신과 회의 일정을 잡고 싶어요. ▶ I'd like to _____ ____ _____ with you.
2 수요일 10시 괜찮으세요? ▶ Does Wednesday 10 o'clock _____ ____ you?
3 저희 회의를 5시로 미룰 수 있을까요? ▶ Can we _____ our meeting _____ to five?
4 회의실 확인했나요? ▶ _____ ____ _____ the meeting room?
5 회의실을 예약할게요. ▶ I will _____ ____ _____ _____ for the meeting.
6 회의실에 빔 프로젝터가 있나요? ▶ ____ _____ a beam projector in the _____ _____?
7 이번 회의 안건을 봅시다. ▶ Let's _____ ____ _____ at the agenda for this meeting.
8 지난달 매출액에 대해 회의할 거예요. ▶ We'll be _____ the _____ _____ from last month.
9 본론으로 들어가죠. ▶ Let's _____ _____ to business.

 오늘의 회화   시원펜을 이용해 오늘의 표현을 활용한 대화를 듣고 따라 써 보세요.   🔊 27-2

 제인, 당신과 회의 일정을 잡고 싶어요.
Jane, I'd like to arrange a meeting with you.

음... 수요일 10시 괜찮으세요?
Umm... Does Wednesday 10 o'clock work for you?

 좋아요! 회의실을 예약할게요.
Sounds good! I will book a conference room for the meeting.

회의 안건이 뭐죠?
What's the agenda for the meeting?

 지난달 매출액에 대해 회의할 거예요.
We'll be discussing the sales figures from last month.

네, 회의실 예약하면 알려주세요.
Yes, let me know when you book the room.

Day 27 오늘의 문제

제한 시간: 15분 (25문항 각 4점)
SCORE: / 100

1-6
다음 우리말에 맞게 영어 단어를 연결하고 따라 써 보세요.

1 미루다 • • arrange
2 안건 • • conference
3 논의하다 • • take a look
4 보다 • • push back
5 회의 • • agenda
6 정하다, 마련하다 • • discuss

7-9
다음 주어진 단어를 이용하여 우리말에 맞게 문장을 완성하세요.

to   let's   down   the   business   did   you
with   get   room   check   I'd   like
arrange   a   meeting

7 회의실 확인했나요? ▶ _____ ?
8 당신과 회의 일정을 잡고 싶어요. ▶ _____ .
9 본론으로 들어가죠. ▶ _____ .

10-12
다음 주어진 단어를 이용하여 우리말에 맞게 문장을 완성하세요.

work / look / push

10 수요일 10시 괜찮으세요? ▶ Does Wednesday 10 o'clock _____ ?
11 이번 회의 안건을 봅시다. ▶ Let's _____ for this meeting.
12 저희 회의를 5시로 미룰 수 있을까요? ▶ Can we _____ ?

13-15
다음 들려주는 문장에 알맞은 대답을 연결해 보세요.

13 🔊 27-3 • • Is there a beam projector in the conference room?
14 🔊 27-4 • • Does Wednesday 10 o'clock work for you?
15 🔊 27-5 • • We'll be discussing the sales figures from last month.

16-18 다음 음원을 듣고 사진에 맞게 문장을 완성해 보세요.

16 🔊 27-6

▶ _____ the meeting room?

17 🔊 27-7

▶ _____ business.

18 🔊 27-8

▶ _____ in the conference room?

19-22 다음 Hint를 이용해 우리말을 영어로 쓰고 말해보며 대화를 완성해 보세요.

제인, 당신과 회의를 잡고 싶어요. (Hint! arrange)
19 Jane, _____ with you.

음... 수요일 10시 괜찮으세요? (Hint! work)
20 Umm... Does Wednesday 10 o'clock _____ ?

좋아요! 회의실을 예약할게요. (Hint! book)
21 Sounds good! _____ for the meeting.

회의 안건이 뭐죠?
What's the agenda for the meeting?

지난달 매출액에 대해 회의할 거예요. (Hint! discussing)
22 _____ last month.

23-25 다음 Hint를 이용해 우리말을 영어로 쓰고 말해 보세요.

23 저희 회의를 5시로 미룰 수 있을까요? (Hint! push)
▶ _____

24 이번 회의 안건을 봅시다. (Hint! agenda)
▶ _____

25 본론으로 들어가죠. (Hint! down)
▶ _____

입문 회화

Day 28 — 직장 생활: 동료와 대화하기

DATE 20 . .

✏️ 시원펜으로 모든 예문을 들으면서 말하기 연습을 해 보세요.

🧩 오늘의 표현

🔊 28-1 음원 듣고 5번 따라 읽기 ☐☐☐☐☐

1 휴가 계획 나누기

> **What are you going to do during summer vacation?**
> 여름 휴가 동안에 뭘 할 계획이에요?

회사 생활의 꽃은 휴가죠? 동료들과 휴가 동안 무엇을 할 건지 묻는 대화를 많이들 나누는데요, during을 써서 '~ 동안에'라는 표현을 나타낼 수 있습니다.

✏️ **추가 표현**
- I just want to sleep in. 그냥 잠을 푹 자고 싶어요.
- I'm planning to travel to a resort. 휴양지로 여행을 갈 계획이에요.

2 점심 식사하기

> **What do you want for lunch today?**
> 오늘 점심으로 뭐 먹고 싶어요?

무엇을 먹고 싶은지 물을 때는 What do you want ~?를 이용해 표현할 수 있어요. 저녁으로 무엇을 먹고 싶은지 물으려면 lunch 대신 dinner를 넣어 말하면 되겠죠?

✏️ **추가 표현**
- I'm going to have lunch with my client today. 오늘 고객 분과 점심 먹기로 했어요.
- I want something spicy. 뭔가 매운 걸 원해요.

3 퇴근하기

> **What time do you get off work?**
> 몇 시에 퇴근하세요?

get off work는 '퇴근하다'라는 뜻이에요. leave work라고도 말할 수 있어요. 참고로 '출근하다'는 go to work이니 함께 알아두세요.

✏️ **추가 표현**
- Let's call it a day. 그만 퇴근합시다.
- I have to work overtime today. 오늘 야근을 해야 해요.

📅 오늘의 단어

during ~ 동안에 | **sleep in** 늦잠 자다, 푹 자다 | **plan** 계획하다 | **travel** 여행을 가다 | **resort** 휴양지, 리조트 | **client** 고객 | **spicy** 매운 | **get off work** 퇴근하다 | **call it a day** 그만하다 | **work overtime** 시간외 근무를 하다, 야근하다

오늘의 표현 연습하기   빈칸을 채워 문장을 완성해보고, '오늘의 표현'에서 확인해 보세요.

1 여름 휴가 동안에 뭘 할 계획이에요? ▶ What are you going to do ____ ____ ____ ?
2 그냥 잠을 푹 자고 싶어요. ▶ I just want to ____ ____ .
3 휴양지로 여행을 갈 계획이에요. ▶ I'm ____ ____ ____ to a resort.
4 오늘 점심으로 뭐 먹고 싶어요? ▶ ____ ____ ____ ____ for lunch today?
5 오늘 고객 분과 점심 먹기로 했어요. ▶ I'm going to ____ ____ with my client today.
6 뭔가 매운 걸 원해요. ▶ I want ____ ____ .
7 몇 시에 퇴근하세요? ▶ What time do you ____ ____ work?
8 그만 퇴근합시다. ▶ Let's ____ ____ a day.
9 오늘 야근을 해야 해요. ▶ I have to ____ ____ today.

 오늘의 회화   시원펜을 이용해 오늘의 표현을 활용한 대화를 듣고 따라 써 보세요.   🔊 28-2

여름 휴가 동안에 뭘 할 계획이에요?
What are you going to do during summer vacation?

그냥 잠을 푹 자고 싶어요. 당신은요?
I just want to sleep in. What about you?

휴양지로 여행을 갈 계획이에요.
I'm planning to travel to a resort.

오, 그거 좋네요. 그나저나 오늘 점심으로 뭐 먹고 싶어요?
Oh, that's nice. What do you want for lunch today anyway?

전 점심 건너뛰려고요. 오늘 좀 일찍 퇴근해요.
I'll skip lunch. I'm leaving a little early today.

몇 시에 퇴근해요? 전 오늘 야근해야 해요.
What time do you get off work? I have to work overtime today.

Day 28 오늘의 문제

제한 시간 15분 (25문항 각 4점)
SCORE / 100

1-6 다음 우리말에 맞게 영어 단어를 연결하고 따라 써 보세요.

1 고객 • • get off work
2 그만하다 • • work overtime
3 매운 • • call it a day
4 늦잠 자다, 푹 자다 • • sleep in
5 퇴근하다 • • spicy
6 시간외 근무를 하다, 야근하다 • • client

7-9 다음 주어진 단어를 이용하여 우리말에 맞게 문장을 완성하세요.

| time | I | call | want | do | to | sleep | just | in |
| what | off | get | work | let's | it | a | day | you |

7 그냥 잠을 푹 자고 싶어요. ▶ _____.

8 몇 시에 퇴근하세요? ▶ _____?

9 그만 퇴근합시다. ▶ _____.

10-12 다음 주어진 단어를 이용하여 우리말에 맞게 문장을 완성하세요.

spicy / have / want

10 뭔가 매운 걸 원해요. ▶ I _____.

11 오늘 고객 분과 점심 먹기로 했어요. ▶ I'm going to _____.

12 오늘 점심으로 뭐 먹고 싶어요? ▶ _____ today?

13-15 다음 들려주는 문장에 알맞은 대답을 연결해 보세요.

13 🔊 28-3 • • I have to work overtime today.
14 🔊 28-4 • • I'm planning to travel to a resort.
15 🔊 28-5 • • I want something spicy.

16-18 다음 음원을 듣고 사진에 맞게 문장을 완성해 보세요.

16 🔊 28-6

▶ I'm going to _____ .

17 🔊 28-7

▶ I just _____ .

18 🔊 28-8

▶ I _____ today.

19-22 다음 Hint를 이용해 우리말을 영어로 쓰고 말해보며 대화를 완성해 보세요.

여름 휴가 동안에 뭘 할 계획이에요? (Hint! during)
19 What are you _____ ?

그냥 잠을 푹 자고 싶어요. 당신은요? (Hint! sleep)
20 I just _____ . What about you?

휴양지로 여행을 갈 계획이에요. (Hint! travel)
21 _____ to a resort.

오, 그거 좋네요. 그나저나 오늘 점심으로 뭐 먹고 싶어요? (Hint! lunch)
22 Oh, that's nice. _____ today anyway?

전 점심 건너뛰려고요. 오늘 좀 일찍 퇴근해요.
I'll skip lunch. I'm leaving a little early today.

23-25 다음 Hint를 이용해 우리말을 영어로 쓰고 말해 보세요.

23 그만 퇴근합시다. (Hint! call)

▶ _____

24 몇 시에 퇴근하세요? (Hint! get)

▶ _____

25 오늘 고객 분과 점심 먹기로 했어요. (Hint! client)

▶ _____

입문 회화

Day 29 일상 생활 **식당 이용하기 (1)**

DATE 20 . .

🖊 시원펜으로 모든 예문을 들으면서 말하기 연습을 해 보세요.

오늘의 표현

🔊 29-1 음원 듣고 5번 따라 읽기 ☐☐☐☐☐

1 예약하기

> **Can I make a reservation for two for tonight?**
> 오늘 밤 두 명 예약할 수 있나요?

인기가 높은 식당은 반드시 미리 예약을 해야 이용을 할 수 있는데요. 예약을 한다고 할 때는 make a reservation이라고 표현합니다. 뒤에 for를 사용하여 몇 명을 예약할지 말하면 됩니다.

📝 추가 표현
- Sorry, but we're fully booked tonight. 죄송하지만, 오늘 밤은 예약이 다 찼습니다.
- I have a reservation under Lee. Lee로 예약했어요.

2 대기하기

> **Will you put me on the waiting list?**
> 저를 대기 명단에 올려 주실래요?

예약을 하지 않고 식당에 갔을 때 자리가 없다면 대기 명단에 이름을 적어 놓기도 하죠? '대기 명단'은 waiting list라고 해요. put ~ on the waiting list라는 표현으로 대기 명단에 이름을 올려 달라고 직원에게 부탁할 수가 있습니다.

📝 추가 표현
- How long should we wait? 저희 얼마나 기다려야 하나요?
- We'll just come back later. 그냥 나중에 다시 올게요.

3 자리잡기

> **Do you have a table for five?**
> 다섯 명 자리 있나요?

식당에서 자리를 요청할 때는 a table for 뒤에 일행 수를 넣어서 말해요. Do you have a table for ~?라고 하면 '~명 자리 있나요?'라는 질문이 됩니다.

📝 추가 표현
- How many people are there in your party? 일행이 몇 분이십니까?
- Can I have a table by the window? 창가 쪽 자리에 앉을 수 있나요?

오늘의 단어

reservation 예약 | **book** 예약하다 | **waiting list** 대기 명단 | **How long ~?** 얼마나 오래 ~? | **wait** 기다리다 | **later** 나중에 | **party** 일행

1

오늘의 표현 연습하기
빈칸을 채워 문장을 완성해보고, '오늘의 표현'에서 확인해 보세요.

1. 오늘 밤 두 명 예약할 수 있나요? ▶ Can I _____ _____ _____ for two for tonight?
2. 죄송하지만, 오늘 밤은 예약이 다 찼습니다. ▶ Sorry, but we're _____ _____ tonight.
3. Lee로 예약했어요. ▶ I _____ a reservation _____ Lee.
4. 저를 대기 명단에 올려 주실래요? ▶ Will you _____ me _____ the _____ _____?
5. 저희 얼마나 기다려야 하나요? ▶ _____ _____ should we _____?
6. 그냥 나중에 다시 올게요. ▶ We'll just _____ _____ _____.
7. 다섯 명 자리 있나요? ▶ Do you have _____ _____ _____ _____?
8. 일행이 몇 분이십니까? ▶ How many people are there _____ _____?
9. 창가 쪽 자리에 앉을 수 있나요? ▶ Can I _____ _____ _____ the window?

오늘의 회화
시원펜을 이용해 오늘의 표현을 활용한 대화를 듣고 따라 써 보세요. 🔊 29-2

오늘 밤 예약할 수 있나요?
Can I make a reservation for tonight?

죄송하지만, 오늘 밤은 예약이 다 찼습니다.
Sorry, but we're fully booked tonight.

그럼 저를 대기 명단에 올려 주실래요?
Will you put me on the waiting list?

물론이죠. 일행이 몇 분이십니까?
Sure. How many people are there in your party?

다섯 명 자리가 있나요?
Do you have a table for five?

네, 하지만 오래 기다리셔야 할 거예요.
Yes, but you'll have to wait for a long time.

Day 29 오늘의 문제

제한 시간 15분 (25문항 각 4점)
SCORE / 100

1-6 다음 우리말에 맞게 영어 단어를 연결하고 따라 써 보세요.

1 예약 •   • waiting list
2 대기 명단 •   • How long
3 기다리다 •   • wait
4 얼마나 오래 •   • party
5 일행 •   • later
6 나중에 •   • reservation

7-9 다음 주어진 단어를 이용하여 우리말에 맞게 문장을 완성하세요.

I   for   come   under   Lee   you   have   do   five   a table   a reservation   We'll   just   back   later

7 Lee로 예약했어요. ▶ _____ .
8 다섯 명 자리 있나요? ▶ _____ ?
9 그냥 나중에 다시 올게요. ▶ _____ .

10-12 다음 주어진 단어를 이용하여 우리말에 맞게 문장을 완성하세요.

table / party / put

10 저를 대기 명단에 올려 주실래요? ▶ Will you _____ ?
11 창가 쪽 자리에 앉을 수 있나요? ▶ Can I _____ ?
12 일행이 몇 분이십니까? ▶ How many people are there _____ ?

13-15 다음 들려주는 음원에 알맞은 사진을 찾아 번호를 쓰세요. 🔊 29-3

13
▶ _____

14
▶ _____

15
▶ _____

16-18 다음 음원을 듣고 사진에 맞게 문장을 완성해 보세요.

16 🔊 29-4

▸ _____ for two for tonight?

17 🔊 29-5

▸ We'll just _____ .

18 🔊 29-6

▸ I _____ Lee.

19-22 다음 Hint를 이용해 우리말을 영어로 쓰고 말해보며 대화를 완성해 보세요.

오늘 밤 예약할 수 있나요? (Hint! make)
19 _____ ?

죄송하지만, 오늘 밤은 예약이 다 찼습니다. (Hint! fully)
20 Sorry, but _____ tonight.

그럼 저를 대기 명단에 올려 주실래요? (Hint! put)
21 Will you _____ ?

물론이죠. 일행이 몇 분이십니까? (Hint! party)
22 Sure. How _____ ?

23-25 다음 Hint를 이용해 우리말을 영어로 쓰고 말해 보세요.

23 Lee로 예약했어요. (Hint! under)
▸ _____

24 저희 얼마나 기다려야 하나요? (Hint! wait)
▸ _____

25 다섯 명 자리 있나요? (Hint! table)
▸ _____

입문 회화

Day 30 〈일상 생활〉 **식당 이용하기 (2)**

DATE 20 . .

> 시원펜으로 모든 예문을 들으면서 말하기 연습을 해 보세요.

오늘의 표현

🔊 30-1 음원 듣고 5번 따라 읽기 ☐☐☐☐☐

1 음료와 식사 주문하기

> **What would you like to order?**
> 무엇을 주문하시겠습니까?

식당에서 음식을 주문할 때 직원에게 들을 수 있는 표현이에요. 무엇을 주문할지를 묻는 정중한 표현으로, 대답할 때도 would like를 사용해 I would(= I'd) like ~ 뒤에 주문하고 싶은 메뉴를 넣어 말하면 돼요.

추가 표현
- I'd like a glass of white wine. 화이트 와인 한 잔 주세요. / I'd like to have a steak. 전 스테이크로 할게요.
- I haven't decided yet. 아직 결정하지 못했어요.

2 추가 요청하기

> **Could you wrap this up?**
> 이거 포장 좀 해주시겠어요?

wrap up은 '싸다, 포장하다'라는 뜻이에요. 미국 같은 곳에서는 기본적으로 제공되는 음식의 양이 많아서 남은 음식을 포장해 가는 걸 흔히 볼 수 있는데, 그럴 때 유용하게 쓸 수 있는 표현입니다.

추가 표현
- Could you clear the table? 테이블 좀 치워주시겠어요?
- Can I get another fork? 포크 하나 더 주실래요?

3 계산하기

> **Can we have the bill, please?**
> 저희 계산서 좀 주시겠어요?

외국 식당에서는 주로 식사한 자리에서 계산까지 하는 경우가 많습니다. 그래서 계산서를 갖다 달라고 이렇게 요청할 수 있어요.

추가 표현
- Could we have separate bills, please? 저희 따로 계산할게요.
- Is the tip included in my total? 총 금액에 팁이 포함되어 있는 건가요?

오늘의 단어

| **order** 주문하다 | **a glass of** ~ 한 잔 | **decide** 결정하다 | **yet** 아직 | **wrap up** 싸다, 포장하다 | **clear** 치우다 |
| **another** 또 다른, 하나 더 | **bill** 계산서 | **separate** 따로 | **included** 포함된 | **total** 총액 |

1

오늘의 표현 연습하기 빈칸을 채워 문장을 완성해보고, '오늘의 표현'에서 확인해 보세요.

1. 무엇을 주문하시겠습니까? ▶ _____ _____ you like to _____ ?
2. 전 스테이크로 할게요. ▶ _____ _____ _____ have a steak.
3. 아직 결정하지 못했어요. ▶ I _____ _____ yet.
4. 이거 포장 좀 해주시겠어요? ▶ Could you _____ this _____ ?
5. 테이블 좀 치워주시겠어요? ▶ Could you _____ _____ _____ ?
6. 포크 하나 더 주실래요? ▶ Can I _____ _____ fork?
7. 저희 계산서 좀 주시겠어요? ▶ Can we _____ _____ _____ , please?
8. 저희 따로 계산할게요. ▶ Could we have _____ _____ , please?
9. 총 금액에 팁이 포함되어 있는 건가요? ▶ _____ _____ _____ _____ in my total?

 오늘의 회화 시원펜을 이용해 오늘의 표현을 활용한 대화를 듣고 따라 써 보세요. 🔊 30-2

무엇을 주문하시겠습니까?
What would you like to order?

전 스테이크로 할게요.
I'd like to have a steak.

(잠시 후) 음식 맛은 어떠십니까?
(A few moments later.) How's the food?

전부 맛있어요. 이것 좀 포장해주시겠어요?
Everything's so good. Could you wrap this up?

물론이죠. 더 필요하신 것 있으신가요?
Sure. Is there anything more you need?

저희 계산서 좀 주시겠어요?
Can we have the bill, please?

Day 30 오늘의 문제

제한 시간 15분 (25문항 각 4점)
SCORE   / 100

1-6 다음 우리말에 맞게 영어 단어를 연결하고 따라 써 보세요.

1 주문하다 • • decide
2 결정하다 • • bill
3 계산서 • • another
4 포함된 • • clear
5 치우다 • • included
6 또 다른, 하나 더 • • order

7-9 다음 주어진 단어를 이용하여 우리말에 맞게 문장을 완성하세요.

could   what   would   this   to   like   you
order   wrap   haven't   up   decided   I   yet

7 무엇을 주문하시겠습니까? ▶ _____ ?

8 이거 포장 좀 해주시겠어요? ▶ _____ ?

9 아직 결정하지 못했어요. ▶ _____ .

10-12 다음 주어진 단어를 이용하여 우리말에 맞게 문장을 완성하세요.

table / have / include

10 전 스테이크로 할게요. ▶ I'd like to _____ .

11 테이블 좀 치워주시겠어요? ▶ Could you _____ ?

12 총 금액에 팁이 포함되어 있는 건가요? ▶ _____ in my total?

13-15 다음 들려주는 음원에 알맞은 사진을 찾아 번호를 쓰세요. 🔊 30-3

13
▶ _____

14
▶ _____

15
▶ _____

16-18 다음 음원을 듣고 사진에 맞게 문장을 완성해 보세요.

16 🔊 30-4

▶ Could _____, please?

17 🔊 30-5

▶ I _____.

18 🔊 30-6

▶ Could you _____?

19-21 다음 Hint를 이용해 우리말을 영어로 쓰고 말해보며 대화를 완성해 보세요.

🧑 무엇을 주문하시겠습니까? (Hint! order)
19 What _____?

👩 전 스테이크로 할게요. (Hint! have)
20 _____ a steak.

🧑 (잠시 후) 음식은 어떠십니까?
(A few moments later.) How's the food?

👩 전부 맛있어요. 이것 좀 포장해주시겠어요? (Hint! wrap)
21 Everything's good. Could you _____?

22-25 다음 Hint를 이용해 우리말을 영어로 쓰고 말해 보세요.

22 아직 결정하지 못했어요. (Hint! decided)
▶ _____

23 저희 따로 계산할게요. (Hint! separate)
▶ _____

24 총 금액에 팁이 포함되어 있는 건가요? (Hint! included, total)
▶ _____

25 포크 하나 더 주시겠어요? (Hint! another)
▶ _____

입문 회화

Day 31 일상생활 카페 이용하기

DATE 20 . .

시원펜으로 모든 예문을 들으면서 말하기 연습을 해 보세요.

오늘의 표현

🔊 31-1 음원 듣고 5번 따라 읽기 ☐☐☐☐☐

1 주문하기

> **Can I get a large iced Americano?**
> 라지 사이즈 아이스 아메리카노 한 잔 주시겠어요?

카페에서 음료를 주문할 때는 크기, 커피 종류 순으로 말하면 돼요. 참고로 얼음을 넣은 음료는 ice가 아니라 iced라고 써야 맞는 표현입니다.

📝 추가 표현
- Can I get soymilk instead? 두유로 변경할 수 있을까요?
- No whipped cream, please. 휘핑 크림은 빼주세요.

2 추가 요청하기

> **Can you put two sleeves on the cup?**
> 컵 홀더 두 개 끼워 주시겠어요?

우리가 흔히 말하는 컵에 끼우는 홀더는 영어로 sleeve라고 해요. 홀더(holder)는 컵 받침대를 의미합니다.

📝 추가 표현
- Where can I get a straw? 빨대는 어디에 있나요?
- Can I get a cup holder tray? 컵 포장용 받침대에 담아 주시겠어요?

3 포장 여부 확인하기

> **For here or to go? / To go, please.**
> 여기서 드시나요, 가지고 가시나요? / 가지고 갈게요.

카페에서 가장 많이 듣는 말이에요. 매장에서 먹고 간다면 머그잔에, 가지고 나간다면 일회용 잔에 담아 주기 때문이에요. 일회용 잔에 이름을 적어 커피가 나오면 이름을 불러주는 경우도 많습니다.

📝 추가 표현
- Would you like to pay in cash? 현금으로 결제하시겠어요?
- Anything else? 더 필요하신 건 있으십니까? - No, that's all. 아니요, 그게 전부예요.

오늘의 단어

| **soymilk** 두유 | **instead** 대신에 | **whipped cream** 휘핑 크림 | **straw** 빨대 | **cup holder tray** 컵 포장용 받침대 | **pay** 결제하다 | **in cash** 현금으로 |

오늘의 표현 연습하기 빈칸을 채워 문장을 완성해보고, '오늘의 표현'에서 확인해 보세요.

1 라지 사이즈 아이스 아메리카노 한 잔 주시겠어요? ▶ Can I _____ a _____ _____ Americano?

2 두유로 변경할 수 있을까요? ▶ Can I get _____ _____?

3 휘핑 크림은 빼주세요. ▶ _____ _____ _____, please.

4 컵 홀더 두 개 끼워 주시겠어요? ▶ Can you _____ two _____ on the cup?

5 빨대는 어디에 있나요? ▶ _____ can I _____ a _____?

6 컵 포장용 받침대에 담아 주시겠어요? ▶ Can I get a cup _____ _____?

7 여기서 드시나요, 가지고 가시나요? / 가지고 갈게요. ▶ _____ _____ or _____ _____? / To go, please.

8 현금으로 결제하시겠어요? ▶ Would you like to _____ _____ _____?

9 더 필요하신 건 있으십니까? / 아니요, 그게 전부예요. ▶ _____ else? / No, _____ _____.

 오늘의 회화 시원펜을 이용해 오늘의 표현을 활용한 대화를 듣고 따라 써 보세요. 🔊 31-2

무엇으로 드릴까요?
What can I get for you?

라지 사이즈 아이스 아메리카노 한 잔 주시겠어요?
Can I get a large iced Americano?

물론이죠. 여기서 드시나요, 가지고 가시나요?
Sure. For here or to go?

가지고 갈게요. 컵 홀더 두 개 끼워 주시겠어요?
To go, please. Can you put two sleeves on the cup?

네. 더 필요하신 거 있으십니까?
Okay. Anything else?

아니요, 그게 전부예요.
No, that's all.

Day 31 오늘의 문제

제한 시간 15분 (25문항 각 4점)
SCORE   / 100

1-6 다음 우리말에 맞게 영어 단어를 연결하고 따라 써 보세요.

1 대신에 • • straw
2 빨대 • • pay
3 컵 포장용 받침대 • • instead
4 현금으로 • • soymilk
5 결제하다 • • in cash
6 두유 • • cup holder tray

7-9 다음 주어진 단어를 이용하여 우리말에 맞게 문장을 완성하세요.

get   can   I   or   a straw   where   for
whipped   here   to   go   no   cream   please

7 빨대는 어디에 있나요? ▶ _____ ?
8 여기서 드시나요, 가지고 가시나요? ▶ _____ ?
9 휘핑 크림은 빼주세요. ▶ _____ .

10-12 다음 주어진 단어를 이용하여 우리말에 맞게 문장을 완성하세요.

instead / sleeve / pay

10 현금으로 결제하시겠어요? ▶ Would you _____ ?
11 두유로 변경할 수 있을까요? ▶ Can I _____ ?
12 컵 홀더 두 개 끼워 주시겠어요? ▶ Can you _____ ?

13-15 다음 들려주는 음원에 알맞은 사진을 찾아 번호를 쓰세요. 🔊 31-3

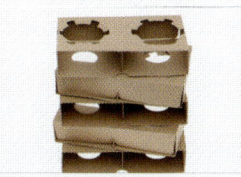

13 ▶ _____   14 ▶ _____   15 ▶ _____

16-18 다음 음원을 듣고 사진에 맞게 문장을 완성해 보세요.

16 🔊 31-4

▶ Can I _____ ?

17 🔊 31-5

▶ Can I _____ ?

18 🔊 31-6

▶ Would _____ ?

19-22 다음 Hint를 이용해 우리말을 영어로 쓰고 말해보며 대화를 완성해 보세요.

🧑 무엇으로 드릴까요?
What can I get for you?

🧑 라지 사이즈 아이스 아메리카노 한 잔 주시겠어요? (Hint! get)
19 _____ ?

🧑 물론이죠. 여기서 드시나요, 가지고 가시나요? (Hint! here, go)
Sure. 20 _____ ?

🧑 가지고 갈게요. 컵 홀더 두 개 끼워 주시겠어요? (Hint! put)
21 To go, please. Can you _____ ?

🧑 네. 더 필요하신 거 있으십니까?
Okay. Anything else?

🧑 아니요, 그게 전부예요. (Hint! that's)
22 No, _____ .

23-25 다음 Hint를 이용해 우리말을 영어로 쓰고 말해 보세요.

23 두유로 변경할 수 있을까요? (Hint! soymilk)
▶ _____

24 컵 포장용 받침대에 담아 주시겠어요? (Hint! cup holder tray)
▶ _____

25 현금으로 결제하시겠어요? (Hint! cash)
▶ _____

입문 회화

Day 32 — 일상 생활: 패스트푸드점 이용하기

DATE 20 . .

시원펜으로 모든 예문을 들으면서 말하기 연습을 해 보세요.

오늘의 표현

🔊 32-1 음원 듣고 5번 따라 읽기 ☐☐☐☐☐

1 주문하기

> **Can I have the number 2 combo?**
> 2번 세트 하나 주시겠어요?

햄버거를 주문할 때 우리는 흔히 'OO 세트'라고 말하죠? 하지만 combo 또는 meal을 써야 올바른 영어 표현이 됩니다.

추가 표현
- Can I switch the fries to a corn salad? 감자튀김을 콘샐러드로 바꿀 수 있나요?
- I'll have a cheeseburger meal. 치즈버거 세트로 주문할게요.

2 추가 요청하기

> **Go easy on the mayo, please.**
> 마요네즈는 조금만 넣어 주세요.

go easy on ~은 무언가를 적게 넣어 달라고 말할 때 유용하게 쓸 수 있는 표현이에요. 아예 안 넣는 건 아니고 약간만 넣어 달라는 의미예요.

추가 표현
- Can I get a refill? 음료수 좀 리필해 주실래요?
- Hold the onions on the hamburger, please. 햄버거에서 양파를 빼 주세요.

3 계산하기

> **How much is it in total?**
> 전부 다 해서 얼마죠?

패스트푸드점에서 주문할 때는 사이드 메뉴까지 이것저것 다양하게 시키는 경우가 많죠? 그럴 때 전부 다 해서 얼마냐는 이 표현을 유용하게 사용할 수 있어요.

추가 표현
- Your total comes to $6.50. 총 6.50달러입니다.
- How would you like to pay? 어떻게 계산하시겠어요?

오늘의 단어

combo 세트 메뉴 | **switch** 바꾸다 | **go easy on ~** (명령형으로 쓰여) ~을 너무 많이 쓰지 마라 | **refill** 리필 | **hold** ~을 빼다 | **total** 합계, 총액 | **come to** ~이 되다

오늘의 표현 연습하기   빈칸을 채워 문장을 완성해보고, '오늘의 표현'에서 확인해 보세요.

1 2번 세트 하나 주시겠어요? ▶ Can I _____ the number 2 _____ ?
2 감자튀김을 콘샐러드로 바꿀 수 있나요? ▶ Can I _____ the fries _____ a corn salad?
3 치즈버거 세트로 주문할게요. ▶ I'll _____ a cheeseburger _____ .
4 마요네즈는 조금만 넣어 주세요. ▶ _____ _____ the mayo, please.
5 음료수 좀 리필해 주실래요? ▶ Can I _____ _____ _____ ?
6 햄버거에서 양파를 빼 주세요. ▶ _____ the onions _____ the hamburger, please.
7 전부 다 해서 얼마죠? ▶ How much is it _____ _____ ?
8 총 6.50달러입니다. ▶ _____ _____ comes to $6.50.
9 어떻게 계산하시겠어요? ▶ _____ would you like to _____ ?

 오늘의 회화   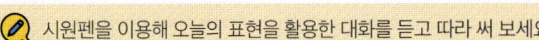 시원펜을 이용해 오늘의 표현을 활용한 대화를 듣고 따라 써 보세요.   🔊 32-2

2번 세트 하나 주시겠어요? 감자튀김을 콘샐러드로 바꿀게요.
Can I have the number 2 combo? I will switch the fries to a corn salad.

네. 여기서 드시고 가시나요, 가져 가시나요?
Sure. For here or to go?

여기서 먹고 갈게요. 마요네즈는 조금만 넣어 주세요.
For here. Go easy on the mayo, please.

알겠습니다. 다른 건요?
Sure. Anything else?

그게 다예요. 전부 다 해서 얼마죠?
That's all. How much is it in total?

총 6.50달러입니다.
Your total comes to $6.50.

Day 32 오늘의 문제

제한 시간 15분 (25문항 각 4점)
SCORE / 100

1-6 다음 우리말에 맞게 영어 단어를 연결하고 따라 써 보세요.

1 바꾸다 • • total
2 리필 • • go easy on
3 세트 메뉴 • • come to
4 합계, 총액 • • combo
5 ~이 되다 • • refill
6 ~을 너무 많이 쓰지 마라 • • switch

7-9 다음 주어진 단어를 이용하여 우리말에 맞게 문장을 완성하세요.

pay   the   mayo   you   like   go   to   much   is
would   it   in   easy   how   on   total

7 마요네즈는 조금만 넣어 주세요. ▶ _____, please.
8 전부 다 해서 얼마죠? ▶ _____?
9 어떻게 계산하시겠어요? ▶ _____?

10-12 다음 주어진 단어를 이용하여 우리말에 맞게 문장을 완성하세요.

switch / get / come

10 총 6.50달러입니다. ▶ _____ $6.50.
11 음료수 좀 리필해 주실래요? ▶ Can I _____?
12 감자튀김을 콘샐러드로 바꿀 수 있나요? ▶ _____ to a corn salad?

13-15 다음 들려주는 문장에 알맞은 대답을 연결해 보세요.

13 🔊 32-3 • • I'd like to pay in cash.
14 🔊 32-4 • • Can I have the number 2 combo?
15 🔊 32-5 • • Your total comes to $6.50.

16-18 다음 음원을 듣고 사진에 맞게 빈칸을 채워보세요.

16 🔊 32-6

▶ _____, please.

17 🔊 32-7

▶ I'll _____.

18 🔊 32-8

▶ _____, please.

19-22 다음 Hint를 이용해 우리말을 영어로 쓰고 말해보며 대화를 완성해 보세요.

2번 세트 하나 주시겠어요? 감자튀김을 콘샐러드로 바꿀게요. (Hint! have)
19 Can I _____? I will switch the fries to a corn salad.

네. 여기서 드시고 가시나요, 가져 가시나요?
Sure. For here or to go?

여기서 먹고 갈게요. 마요네즈는 조금만 넣어 주세요. (Hint! Go)
20 For here. _____, please.

알겠습니다. 다른 건요?
Sure. Anything else?

그게 다예요. 전부 다 해서 얼마죠? (Hint! total)
21 That's all. _____?

총 6.50달러입니다. (Hint! comes)
22 _____ $6.50.

23-25 다음 Hint를 이용해 우리말을 영어로 쓰고 말해 보세요.

23 음료수 좀 리필해 주실래요? (Hint! get)

▶ _____

24 2번 세트 하나 주시겠어요? (Hint! combo)

▶ _____

25 햄버거에서 양파를 빼 주세요. (Hint! Hold)

▶ _____

입문 회화

Day 33 — 쇼핑하기 (1)
일상 생활

DATE 20 . .

시원펜으로 모든 예문을 들으면서 말하기 연습을 해 보세요.

오늘의 표현

🔊 33-1 음원 듣고 5번 따라 읽기 ☐☐☐☐☐

1 물건 찾기

> **I'm looking for a shirt.**
> 전 셔츠를 찾고 있어요.

직원에게 찾고 있는 물건을 말할 때 쓸 수 있는 표현이에요. I'm looking for 뒤에 내가 사고자 하는 제품을 넣어 말해 보세요.

추가 표현
- Where can I find a shirt? 셔츠는 어디에서 찾을 수 있어요?
- I'm just looking around. 전 그냥 둘러보고 있어요.

2 입어 보기

> **Can I try this on?**
> 이거 입어 봐도 돼요?

try on은 무언가를 착용해본다고 말할 때 쓰는 표현이에요. try와 on 사이에 내가 착용해보고 싶은 걸 넣어 말하면 돼요. 의류뿐만 아니라 신발, 액세서리에도 사용할 수 있는 표현입니다.

추가 표현
- Where is the fitting room? 탈의실은 어디예요?
- Can you show me that shirt? 저 셔츠 좀 보여주실래요?

3 사이즈(색깔) 물어보기

> **Do you have this in a different size(color)?**
> 이거 다른 치수(색깔)로 있어요?

스타일은 마음에 드는데 다른 치수나 색깔이 필요할 때 이렇게 물어볼 수 있어요. Do you have ~?는 상대방에게 어떤 것이 있는지 물어볼 때 쓸 수 있는 표현입니다.

추가 표현
- Do you have this in a smaller(bigger) size? 이거 더 작은(더 큰) 치수로 있어요?
- This is a little small(big) for me. 이거 저한테 좀 작네요(크네요).

오늘의 단어

| look for ~을 찾다 | find 찾다 | look around 둘러보다 | try on 입어 보다 | fitting room 탈의실 |
| different 다른 | size 치수 | small/smaller 작은/더 작은 | big/bigger 큰/더 큰 |

오늘의 표현 연습하기 빈칸을 채워 문장을 완성해보고, '오늘의 표현'에서 확인해 보세요.

1 전 셔츠를 찾고 있어요. ▶ I'm _____ _____ a shirt.

2 셔츠는 어디에서 찾을 수 있어요? ▶ _____ _____ I find a shirt?

3 전 그냥 둘러보고 있어요. ▶ I'm just _____ _____ .

4 이거 입어 봐도 돼요? ▶ Can I _____ this _____ ?

5 탈의실은 어디예요? ▶ Where is the _____ _____ ?

6 저 셔츠 좀 보여주실래요? ▶ Can you _____ _____ that shirt?

7 이거 다른 색깔로 있어요? ▶ Do you have this in a _____ _____ ?

8 이거 더 큰 치수로 있어요? ▶ Do you have this in a _____ _____ ?

9 이거 저한테 좀 작네요. ▶ This is a _____ _____ for me.

 오늘의 회화 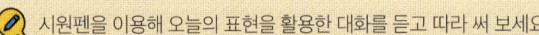 시원펜을 이용해 오늘의 표현을 활용한 대화를 듣고 따라 써 보세요. 🔊 33-2

어떻게 도와드릴까요?
How may I help you?

전 셔츠를 찾고 있어요. 어디서 찾을 수 있죠?
I'm looking for a shirt. Where can I find one?

바로 저쪽에 있습니다.
It's right over there.

감사합니다! (잠시 후) 이거 입어 봐도 되나요?
Thank you! (A few moments later.) Can I try this on?

물론이죠. 탈의실에서 입어 보세요.
Sure. You can try it on in the fitting room.

이거 더 큰 치수로 있어요? 저한테 약간 작네요.
Do you have this in a bigger size? This is a little small for me.

Day 33 오늘의 문제

제한 시간 15분 (25문항 각 4점)
SCORE   / 100

1-6 다음 우리말에 맞게 영어 단어를 연결하고 따라 써 보세요.

1 ~을 찾다 •　　　　　　　• *different*
2 더 큰 •　　　　　　　　• *try on*
3 탈의실 •　　　　　　　　• *fitting room*
4 입어 보다 •　　　　　　　• *bigger*
5 더 작은 •　　　　　　　　• *smaller*
6 다른 •　　　　　　　　　• *look for*

7-10 다음 주어진 단어를 이용하여 우리말에 맞게 문장을 완성하세요.

a shirt　do　you　this　in　a different size
try　have　can　I　on　I'm　where
is　the fitting room　looking　for

7 이거 다른 치수로 있어요?　▶ _____ ?
8 탈의실은 어디에 있어요?　▶ _____ ?
9 셔츠를 찾고 있어요.　▶ _____ .
10 이거 입어 봐도 돼요?　▶ _____ ?

11-14 다음 음원을 듣고 문장을 완성해 보세요.

11 🔊33-3　This is _____ for me.
12 🔊33-4　Do you have this _____ ?
13 🔊33-5　_____ a shirt?
14 🔊33-6　_____ that shirt?

3

15-17 다음 음원을 듣고 각 사진의 상황에 맞는 문장 번호를 적어 보세요. 🔊 33-7

15
▶ _____

16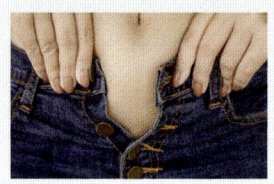
▶ _____

17
▶ _____

18-22 다음 Hint를 이용해 우리말을 영어로 쓰고 말해보며 대화를 완성해 보세요.

👩 제가 도와드릴까요?
Do you need any help?

🧑 전 셔츠를 찾고 있어요. 어디서 찾을 수 있죠? (Hint! looking, find one)
18 _____. **19** _____?

👩 바로 저쪽에 있습니다.
It's right over there.

🧑 감사합니다! (잠시 후) 이거 입어 봐도 되나요? (Hint! try)
Thank you! (A few moments later.) **20** _____?

👩 물론이죠. 탈의실에서 입어 보세요. (Hint! in)
Sure. You can try it on **21** _____.

🧑 이거 더 큰 치수로 있어요? 저한테 약간 작네요. (Hint! bigger)
22 Do you have this _____? This is a little small for me.

23-25 다음 Hint를 이용해 우리말을 영어로 쓰고 말해 보세요.

23 이거 다른 색깔로 있어요? (Hint! different)
▶ _____

24 저 셔츠 좀 보여주실래요? (Hint! show)
▶ _____

25 전 그냥 둘러보고 있어요. (Hint! looking)
▶ _____

입문 회화

Day 34 일상생활 **쇼핑하기 (2)**

DATE 20 . .

🖊️ 시원펜으로 모든 예문을 들으면서 말하기 연습을 해 보세요.

오늘의 표현

🔊 34-1 음원 듣고 5번 따라 읽기 ☐☐☐☐☐

1 가격 문의하기

> **Is this on sale?**
> 이거 할인 중인가요?

on sale은 '할인 중인'이라는 뜻이에요. 마음에 드는 물건이 할인 중인지 궁금할 때 직원에게 물어볼 수 있는 표현이에요.

🖊️ **추가 표현**
- What's the regular price? 정가가 얼마예요?
- This is buy one get one free. 이건 하나 사시면 하나는 무료예요.

2 계산하기

> **I'll pay by credit card.**
> 신용 카드로 계산할게요.

신용 카드로 계산한다고 할 때 수단을 나타내는 전치사 by를 사용합니다.

🖊️ **추가 표현**
- Can I pay in installments? 할부되나요?
- I want to pay in three monthly installments. 3개월 할부로 해주세요.

3 교환, 환불하기

> **I'd like to exchange this.**
> 이거 교환하고 싶어요.

물건을 산 후에 교환을 원할 때 사용할 수 있는 표현이에요. It's too big.(너무 커요.) 또는 It's too small.(너무 작아요.)처럼 이유를 뒤에 붙여 말하면 되겠죠?

🖊️ **추가 표현**
- I'd like to get a refund. 환불하고 싶어요.
- Can I exchange this for a different color(size)? 이거 다른 색깔(치수)로 교환할 수 있을까요?

오늘의 단어

on sale 할인 중인 | regular price 정가 | installment 할부 | exchange 교환하다 | refund 환불 | different 다른

오늘의 표현 연습하기
빈칸을 채워 문장을 완성해보고, '오늘의 표현'에서 확인해 보세요.

1 이거 할인 중인가요? ▶ Is this _____ _____?

2 정가가 얼마예요? ▶ _____ the _____ _____?

3 이건 하나 사시면 하나는 무료예요. ▶ This is _____ one _____ one _____.

4 신용 카드로 계산할게요. ▶ I'll _____ _____ credit card.

5 할부되나요? ▶ Can I pay _____ _____?

6 3개월 할부로 해주세요. ▶ I want to pay in three _____ _____.

7 이거 교환하고 싶어요. ▶ I'd like to _____ this.

8 환불하고 싶어요. ▶ I'd like to get a _____.

9 이거 다른 색깔(치수)로 교환할 수 있을까요? ▶ Can I _____ this _____ a different color(size)?

오늘의 회화
시원펜을 이용해 오늘의 표현을 활용한 대화를 듣고 따라 써 보세요. 🔊 34-2

- 이거 할인 중인가요?
  Is this on sale?

- 오, 이건 하나 사시면 하나는 무료예요.
  Oh, this is buy one get one free.

- 잘됐네요. 이걸로 할게요.
  That's nice. I'll take this.

- 어떻게 계산하시겠어요?
  How would you like to pay?

- 신용 카드로 계산할게요. 아, 죄송하지만 이거 다른 색깔로 교환할 수 있을까요?
  I'll pay by credit card. Oh, I'm sorry, but can I exchange this for a different color?

- 물론이죠! 어떤 색깔로 하시겠어요?
  Sure! Which color would you like?

Day 34 오늘의 문제

제한 시간 15분 (25문항 각 4점)
SCORE / 100

1-6 다음 우리말에 맞게 영어 단어를 연결하고 따라 써 보세요.

1 정가 • • exchange
2 다른 • • installment
3 할부 • • on sale
4 환불 • • different
5 교환하다 • • regular price
6 할인 중인 • • refund

7-9 다음 주어진 단어를 이용하여 우리말에 맞게 문장을 완성하세요.

| this | installments | on | is | sale | can |
| get | I | pay | in | I'd | like | to | a refund |

7 이거 할인 중인가요? ▶ _____?
8 할부되나요? ▶ _____?
9 환불하고 싶어요. ▶ _____.

10-12 다음 주어진 단어를 이용하여 우리말에 맞게 문장을 완성하세요.

by / exchange / regular

10 신용 카드로 계산할게요. ▶ I'll _____.
11 정가가 얼마예요? ▶ What's _____?
12 이거 교환하고 싶어요. ▶ I'd _____.

13-15 다음 들려주는 음원에 알맞은 사진을 찾아 번호를 쓰세요. 🔊 34-3

  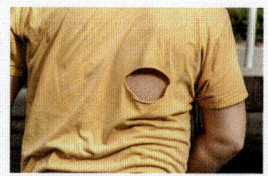

13 ▶ _____   14 ▶ _____   15 ▶ _____

16-18 다음 음원을 듣고 사진에 맞게 문장을 완성해 보세요.

16 🔊 34-4

▶ I'll _____ .

17 🔊 34-5

▶ _____ ?

18 🔊 34-6

▶ I want to pay in _____ .

19-21 다음 Hint를 이용해 우리말을 영어로 쓰고 말해보며 대화를 완성해 보세요.

🧑 이거 할인 중인가요? (Hint! on)
19 _____ ?

👩 아, 이건 하나 사시면 하나는 무료예요. (Hint! buy, get)
20 Oh, _____ .

🧑 잘됐네요. 이걸로 할게요.
That's nice. I'll take this.

👩 어떻게 계산하시겠어요?
How would you like to pay?

🧑 신용 카드로 계산할게요. (Hint! by)
21 I'll _____ .

22-25 다음 Hint를 이용해 우리말을 영어로 쓰고 말해 보세요.

22 할부되나요? (Hint! installments)
▶ _____

23 이거 교환하고 싶어요. (Hint! exchange)
▶ _____

24 이거 다른 치수로 교환할 수 있을까요? (Hint! exchange, different)
▶ _____

25 3개월 할부로 해주세요. (Hint! monthly)
▶ _____

입문 회화

Day 35 일상 생활

대중교통 이용하기

DATE 20 . .

시원펜으로 모든 예문을 들으면서 말하기 연습을 해 보세요.

오늘의 표현

🔊 35-1 음원 듣고 5번 따라 읽기 ☐☐☐☐☐

1 버스 타기

> **Which bus is going to Gangnam Station?**
> 어느 버스가 강남역으로 가나요?

어떤 버스를 타야 원하는 곳으로 가는지 물을 때 사용할 수 있는 표현이에요. to 뒤에 내가 가려는 행선지를 넣어 말해 보세요.

📝 추가 표현
- Does this bus go to the city hall? 이 버스 시청으로 가나요?
- Where do I take bus number 5? 5번 버스는 어디에서 타나요?

2 지하철 타기

> **Is there a subway station around here?**
> 이 근처에 지하철역이 있나요?

Is there은 어떤 것이 있냐고 물을 때 쓸 수 있는 유용한 표현이에요. around here은 '이 근처에'라는 뜻입니다.

📝 추가 표현
- Which exit should I take to get to city hall? 시청에 가려면 몇 번 출구로 가야 하나요?
- Where can I take line number one? 1호선은 어디에서 탈 수 있나요?

3 택시 타기

> **How long will it take?**
> 얼마나 걸릴까요?

택시를 타면 얼마나 걸릴지 자주 물어보게 돼죠? 이때 쓰이는 take는 '(시간이) 걸리다'라는 뜻이에요.

📝 추가 표현
- Please take me to this address. 이 주소로 가 주세요.
- Can you pull over to that crosswalk? 저 횡단보도에서 세워 주실래요?

오늘의 단어

take 타다, (시간이) 걸리다 | **around here** 이 근처에 | **exit** 출구 | **How long** 얼마나 오래 | **address** 주소 | **pull over** (차를) 세우다 | **crosswalk** 횡단보도

1

오늘의 표현 연습하기   빈칸을 채워 문장을 완성해보고, '오늘의 표현'에서 확인해 보세요.

1 어느 버스가 강남역으로 가나요?   ▶ Which bus is _____ _____ Gangnam Station?

2 이 버스 시청으로 가나요?   ▶ Does this bus _____ _____ the city hall?

3 5번 버스는 어디에서 타나요?   ▶ _____ _____ I _____ bus number 5?

4 이 근처에 지하철역이 있나요?   ▶ _____ _____ a subway station _____ here?

5 시청에 가려면 몇 번 출구로 가야 하나요?   ▶ _____ _____ should I _____ to get to city hall?

6 1호선은 어디에서 탈 수 있나요?   ▶ Where can I _____ _____ _____ one?

7 얼마나 걸릴까요?   ▶ _____ _____ will it _____ ?

8 이 주소로 가 주세요.   ▶ Please _____ me _____ this address.

9 저 횡단보도에서 세워 주실래요?   ▶ Can you _____ _____ to that crosswalk?

 오늘의 회화   시원펜을 이용해 오늘의 표현을 활용한 대화를 듣고 따라 써 보세요.   🔊 35-2

실례지만, 어느 버스가 강남역으로 가나요?
Excuse me, but which bus is going to Gangnam Station?

음... 제 생각엔 지하철을 타시는 게 나을 거 같아요.
Umm... I think it's better to take the subway.

이 근처에 지하철역이 있나요?
Is there a subway station around here?

네. 쭉 가셔서 왼쪽으로 꺾으세요.
Yes. Go straight and turn left.

정말 감사합니다. 강남역까지 얼마나 걸릴까요?
Thank you so much. How long will it take to Gangnam Station?

지하철로 10분 걸릴 거예요.
It will take 10 minutes by subway.

Day 35 오늘의 문제

제한 시간: 15분 (25문항 각 4점)
SCORE: / 100

1-6 다음 우리말에 맞게 영어 단어를 연결하고 따라 써 보세요.

1. 출구 • • around here
2. 주소 • • address
3. 이 근처에 • • pull over
4. 횡단보도 • • exit
5. (차를) 세우다 • • take
6. 타다, (시간이) 걸리다 • • crosswalk

7-9 다음 주어진 단어를 이용하여 우리말에 맞게 문장을 완성하세요.

does   this bus   go   long   to   where   it   can
I   line number one   the city hall   how   will   take

7. 얼마나 걸릴까요? ▶ _____ ?
8. 1호선은 어디에서 탈 수 있나요? ▶ _____ ?
9. 이 버스 시청으로 가나요? ▶ _____ ?

10-12 다음 주어진 단어를 이용하여 우리말에 맞게 문장을 완성하세요.

take / pull / go

10. 어느 버스가 강남역으로 가나요? ▶ _____ Gangnam Station?
11. 이 주소로 가 주세요. ▶ Please _____ .
12. 저 횡단보도에서 세워 주실래요? ▶ Can you _____ ?

13-15 다음 들려주는 음원에 가장 자연스러운 대답을 연결해 보세요.

13. 🔊 35-3 •   • You can take exit number 5.
14. 🔊 35-4 •   • It will take about 10 minutes.
15. 🔊 35-5 •   • You can find a bus station right over there.

16-18 다음 음원을 듣고 사진에 맞게 문장을 완성해 보세요.

16 🔊 35-6
▸ _____ to that crosswalk.

17 🔊 35-7
▸ _____ the city hall?

18 🔊 35-8
▸ Please _____ .

19-21 다음 Hint를 이용해 우리말을 영어로 쓰고 말해보며 대화를 완성해 보세요.

실례지만, 어느 버스가 강남역으로 가나요? (Hint! which)
19 Excuse me, but _____ Gangnam Station?

음... 제 생각엔 지하철을 타시는 게 나을 거 같아요.
Umm... I think it's better to take the subway.

이 근처에 지하철역이 있나요? (Hint! station)
20 _____ around here?

네. 쭉 가셔서 왼쪽으로 꺾으세요.
Yes. Go straight and turn left.

정말 감사합니다. 강남역까지 얼마나 걸릴까요? (Hint! long)
21 Thank you so much. _____ to Gangnam Station?

지하철로 10분 걸릴 거예요.
It will take 10 minutes by subway.

22-25 다음 Hint를 이용해 우리말을 영어로 쓰고 말해 보세요.

22 시청에 가려면 몇 번 출구로 가야 하나요? (Hint! exit, city hall)
▸ _____

23 저 횡단보도에서 세워 주실래요? (Hint! pull)
▸ _____

24 어느 버스가 강남역으로 가나요? (Hint! going)
▸ _____

25 1호선은 어디에서 탈 수 있나요? (Hint! take, line)
▸ _____

입문 회화

Day 36 — 일상 생활 | 길 찾기

DATE 20 . .

시원펜으로 모든 예문을 들으면서 말하기 연습을 해 보세요.

오늘의 표현

🔊 36-1 음원 듣고 5번 따라 읽기 ☐☐☐☐☐

1 길 물어보기

> **How can I get to the Hilton Hotel?**
> 힐튼 호텔에 어떻게 가나요?

길을 찾다가 헤매는 상황에 놓일 경우, How can I get to ~? 표현을 사용해서 상대방에게 길을 물어볼 수 있어요. to 뒤에는 찾는 장소를 넣어서 말하면 돼요.

추가 표현
- Can you show me the way to Yongsan Station? 용산역으로 가는 길 좀 알려주시겠어요?
- Which way is the ABC Building? 어느 방향이 ABC 빌딩인가요?

2 길 알려주기

> **Go straight and turn left.**
> 쭉 가셔서 왼쪽으로 도세요.

상대방에게 직진하라고 할 때 go straight 그리고 방향을 틀라고 할 때 turn을 사용해서 turn left 혹은 turn right(오른쪽으로 도세요)이라고 하며 길을 안내해 줄 수 있어요.

추가 표현
- Walk this way for about 10 minutes. 이 방향으로 10분 정도 걸어가세요.
- You can't miss it. 쉽게 찾으실 거예요.

3 도움 요청하기

> **I'm lost. Can you help me?**
> 저 길을 잃었는데 도와주시겠어요?

길을 잃었을 때 lost를 사용해서 현재 놓인 상황을 알려줄 수 있어요. 그리고 도움을 요청할 때는 '~해주실 수 있나요?'라는 뜻의 Can you ~?를 사용해요. 더욱 공손하게 요청할 때에는 Could you ~? 혹은 뒤에 please를 붙이면 돼요.

추가 표현
- Can I ask you something? 뭐 좀 여쭤봐도 될까요?
- I'm a stranger here. 전 여기가 처음이라서요.

오늘의 단어

get to ~에 도착하다 | **hotel** 호텔 | **show the way** 길을 가르쳐주다 | **station** 역 | **way** 길
go straight 직진하다 | **turn left** 왼쪽으로 돌다 | **about** 약, 쯤 | **miss** 놓치다 | **lost** 길을 잃은
help 도와주다 | **ask** 물어보다 | **stranger** 낯선 사람

오늘의 표현 연습하기
빈칸을 채워 문장을 완성해보고, '오늘의 표현'에서 확인해 보세요.

1. 힐튼 호텔에 어떻게 가나요? ▶ How can I _____ _____ the Hilton Hotel?
2. 용산역으로 가는 길 좀 알려주시겠어요? ▶ Can you _____ me _____ to Yongsan Station?
3. 어느 방향이 ABC 빌딩인가요? ▶ _____ _____ _____ the ABC Building?
4. 쭉 가셔서 왼쪽으로 도세요. ▶ Go straight and _____ _____.
5. 이 방향으로 10분 정도 걸어가세요. ▶ _____ _____ _____ for about 10 minutes.
6. 쉽게 찾으실 거예요. ▶ You _____ _____ it.
7. 저 길을 잃었는데 도와주시겠어요? ▶ I'm lost. _____ _____ _____ me?
8. 뭐 좀 여쭤봐도 될까요? ▶ Can I _____ _____ _____ ?
9. 전 여기가 처음이라서요. ▶ _____ _____ _____ here.

오늘의 회화
시원펜을 이용해 오늘의 표현을 활용한 대화를 듣고 따라 써 보세요. 🔊 36-2

실례합니다. 힐튼 호텔에 어떻게 가나요?
Excuse me. How can I get to the Hilton Hotel?

쭉 가셔서 왼쪽으로 도세요.
Go straight and turn left.

거기 가는데 얼마나 걸리나요?
How long does it take to get there?

10분 정도 걸려요. 쉽게 찾으실 거예요.
About 10 minutes. You can't miss it.

감사해요. 전 여기가 처음이라서요.
Thanks. I'm a stranger here.

천만에요!
No problem at all!

Day 36 오늘의 문제

제한 시간 15분 (25문항 각 4점)
SCORE / 100

1-6 다음 우리말에 맞게 영어 단어를 연결하고 따라 써 보세요.

1 낯선 사람 • • get to
2 왼쪽으로 돌다 • • lost
3 ~에 도착하다 • • station
4 길을 잃은 • • show the way
5 역 • • stranger
6 길을 가르쳐주다 • • turn left

7-9 다음 주어진 단어를 이용하여 우리말에 맞게 문장을 완성하세요.

can   which   Yongsan Station   the   show
ask   way   ABC Building   you   me
to   I   something   is

7 용산역으로 가는 길 좀 알려주시겠어요? ▶ _____ ?
8 뭐 좀 여쭤봐도 될까요? ▶ _____ ?
9 어느 방향이 ABC 빌딩인가요? ▶ _____ ?

10-13 다음 주어진 단어를 이용하여 우리말에 맞게 문장을 완성하세요.

lost / stranger / about / get

10 이 방향으로 10분 정도 걸어가세요. ▶ Walk this way _____ .
11 저 길을 잃었는데 도와주시겠어요? ▶ _____ . Can you help me?
12 힐튼 호텔에 어떻게 가나요? ▶ _____ the Hilton Hotel?
13 전 여기가 처음이라서요. ▶ I'm a _____ .

14-17 다음 음원을 듣고 사진에 맞게 빈칸을 채워보세요.

14 🔊 36-3  ▶ _____ and turn left.

15 🔊 36-4 ▶ _____ it.

16 🔊 36-5 ▶ _____ you something?

17 🔊 36-6 ▶ _____ ABC Building?

18-21 다음 Hint를 이용해 우리말을 영어로 쓰고 말해보며 대화를 완성해 보세요.

실례합니다. 힐튼 호텔에 어떻게 가나요? (Hint! get to)
18 Excuse me. How can I _____?

쭉 가셔서 왼쪽으로 도세요. (Hint! turn)
19 Go _____ left.

거기 가는데 얼마나 걸리나요?
How long does it take to get there?

10분 정도 걸려요. 쉽게 찾으실 거예요. (Hint! miss)
20 About 10 minutes. _____.

감사해요. 전 여기가 처음이라서요. (Hint! stranger)
21 Thanks. _____.

22-25 다음 Hint를 이용해 우리말을 영어로 쓰고 말해 보세요.

22 용산역으로 가는 길 좀 알려주시겠어요? (Hint! Station)
▶ _____

23 어느 방향이 ABC 빌딩인가요? (Hint! way)
▶ _____

24 이 방향으로 10분 정도 걸어가세요. (Hint! Walk)
▶ _____

25 저 길을 잃었는데 도와주시겠어요? (Hint! help)
▶ _____

입문 회화

Day 37 일상생활 **술집 이용하기**

 시원펜으로 모든 예문을 들으면서 말하기 연습을 해 보세요.

오늘의 표현

🔊 37-1 음원 듣고 5번 따라 읽기 ☐☐☐☐☐

1 주문하기

Can I have a draft?
생맥주 한 잔 주실 수 있나요?

바에서 술 한 잔을 마시고 싶을 때 직원에게 Can I have ~? 뒤에 주류를 넣어서 말해요. '생맥주'라는 뜻의 draft는 draft beer라고도 나타낼 수 있어요.

📝 추가 표현
- Can you recommend a good wine? 괜찮은 와인 좀 추천해 주실래요?
- Straight up or on the rocks? 그냥 드릴까요, 얼음을 넣어 드릴까요?

2 건배하기

Bottoms up!
원샷!

술자리에서 외국인에게 "원샷!"이라고 외치면 콩글리쉬이기 때문에 상대방이 못 알아 들을 수 있어요. 원샷!이 아닌 Bottoms up!이라고 말하면 돼요.

📝 추가 표현
- Here's to us! 위하여!
- Let's make a toast. 건배합시다.

3 취한 정도 말하기

Are you drunk?
너 취했어?

상대방이 취했는지 물어볼 때 '취한'이라는 뜻을 갖고 있는 단어인 drunk를 사용해서 Are you drunk?와 같이 나타낼 수 있어요. 참고로 drunk 뿐만 아니라 tipsy와 sober 등 다양한 단어를 사용하여 취한 상태를 묘사할 수 있어요.

📝 추가 표현
- I'm a little tipsy. 난 약간 취했어.
- I'm sober. 난 멀쩡해.

오늘의 단어

draft 생맥주 | **recommend** 추천하다 | **good** 괜찮은, 좋은 | **straight up** 얼음 없이 나오는
on the rocks 얼음을 넣은 | **us** 우리에게 | **make a toast** 건배를 하다 | **drunk** 취한 | **a little** 조금
tipsy 술이 약간 취한 | **sober** 술 취하지 않은

오늘의 표현 연습하기   빈칸을 채워 문장을 완성해보고, '오늘의 표현'에서 확인해 보세요.

1 생맥주 한 잔 주실 수 있나요? ▶ Can I _____ _____ _____ ?

2 괜찮은 와인 좀 추천해 주실래요? ▶ _____ _____ _____ a good wine?

3 그냥 드릴까요, 얼음을 넣어 드릴까요? ▶ Straight up or _____ _____ _____ ?

4 원샷! ▶ _____ _____ !

5 위하여! ▶ Here's _____ _____ !

6 건배합시다. ▶ Let's _____ _____ _____ .

7 너 취했어? ▶ Are you _____ ?

8 난 약간 취했어. ▶ _____ _____ _____ tipsy.

9 난 멀쩡해. ▶ I'm _____ .

 오늘의 회화   시원펜을 이용해 오늘의 표현을 활용한 대화를 듣고 따라 써 보세요.   🔊 37-2

원샷!
Bottoms up!

너 취했어? 너 조금 빨개졌어.
Are you drunk? You're a little red.

난 멀쩡해. 넌 어때?
I'm sober. How about you?

난 약간 취했어. 근데, 이거 한 잔 더 시키자.
I'm a little tipsy. But, let's get another one of this.

그냥 아니면 얼음을 넣어서?
Straight up or on the rocks?

얼음을 넣은 게 더 좋을 것 같아.
On the rocks would be better.

Day 37 오늘의 문제

제한 시간 15분 (25문항 각 4점)
SCORE / 100

1-6 다음 우리말에 맞게 영어 단어를 연결하고 따라 써 보세요.

1 건배를 하다 • • straight up
2 조금 • • recommend
3 얼음 없이 나오는 • • make a toast
4 생맥주 • • draft
5 추천하다 • • drunk
6 취한 • • a little

7-9 다음 주어진 단어를 이용하여 우리말에 맞게 문장을 완성하세요.

good   draft   us   have   you   a   I
can   recommend   here's   wine   to

7 생맥주 한 잔 주실 수 있나요? ▶ _____?
8 위하여! ▶ _____!
9 괜찮은 와인 좀 추천해 주실래요? ▶ _____?

10-12 다음 주어진 단어를 이용하여 우리말에 맞게 문장을 완성하세요.

Let's / up / little

10 원샷! ▶ _____!
11 건배합시다. ▶ _____ a toast.
12 난 약간 취했어. ▶ I'm _____.

13-15 다음 들려주는 음원에 알맞은 사진을 찾아 번호를 쓰세요. 🔊 37-3

13
▶ _____

14
▶ _____

15
▶ _____

16-18 다음 음원을 듣고 사진에 맞게 문장을 완성해 보세요.

16 🔊 37-4
▶ _____ us!

17 🔊 37-5
▶ _____ a draft?

18 🔊 37-6
▶ Can you _____ ?

19-23 다음 Hint를 이용해 우리말을 영어로 쓰고 말해보며 대화를 완성해 보세요.

원샷! (Hint! up)
19 _____ !

너 취했어? 너 조금 빨개졌어. (Hint! drunk)
20 _____ ? You're a little red.

난 멀쩡해. 넌 어때? (Hint! sober)
21 _____ . How about you?

난 약간 취했어. 근데, 이거 한 잔 더 시키자. (Hint! tipsy)
22 _____ . But, let's get another one of this.

그냥 아니면 얼음을 넣어서? (Hint! Straight)
23 _____ or on the rocks?

24-25 다음 Hint를 이용해 우리말을 영어로 쓰고 말해 보세요.

24 건배합시다. (Hint! toast)
▶ _____

25 괜찮은 와인 좀 추천해 주실래요? (Hint! recommend)
▶ _____

Day 38 운전하기

입문 회화 | 일상 생활

DATE 20 . .

시원펜으로 모든 예문을 들으면서 말하기 연습을 해 보세요.

오늘의 표현

🔊 38-1 음원 듣고 5번 따라 읽기 ☐☐☐☐☐

1 차에 타기

> **I can give you a ride.**
> 내가 너 태워줄 수 있어.

give somebody a ride는 '누군가를 태워주다'라는 뜻이에요. 상대방을 태워주겠다고 할 때 이렇게 표현할 수 있어요.

✏️ 추가 표현
- We need to fasten our seatbelts first. 우린 먼저 안전벨트를 매야 해.
- I'm going to start the car now. 지금 시동 걸게.

2 운전하기

> **You can't make a U-turn here.**
> 여기서는 유턴을 할 수 없어.

make a turn은 '방향을 틀다'라는 뜻이에요. 특정 방향으로 틀 수 있을 때는 can을 사용하여 can make a turn이지만, 틀 수 없을 때는 can't를 활용해서 can't make a turn으로 나타낼 수 있어요.

✏️ 추가 표현
- I got caught up in traffic. 차가 막혔어.
- You should slow down. 속도 좀 줄여.

3 주유하기

> **I'm running out of gas.**
> 기름이 떨어져 가요.

run out of는 '~을 다 써버리다, ~이 바닥나다'라는 뜻이에요. run out of 뒤에 gas나 stock 등 부족한 물건을 붙여주면 돼요.

✏️ 추가 표현
- How much gas would you like? 얼마 치 넣어드릴까요?
- Fill it up, please. 가득 채워주세요. / 30 dollars, please. 30달러 치 넣어주세요.

오늘의 단어

ride 타고 가기 | **fasten** 매다 | **seatbelt** 안전벨트 | **start** 시동을 걸다 | **U-turn** 유턴 | **get (be) caught up in traffic** 교통 체증에 걸리다 | **slow down** 늦추다 | **run out of** ~을 다 써버리다 | **gas** 기름 | **fill up** ~을 가득 채우다

오늘의 표현 연습하기
빈칸을 채워 문장을 완성해보고, '오늘의 표현'에서 확인해 보세요.

1. 내가 너 태워줄 수 있어. ▶ I can _____ you _____ _____.
2. 우린 먼저 안전벨트를 매야 해. ▶ We need to _____ our _____ first.
3. 지금 시동 걸게. ▶ I'm going to _____ the _____ now.
4. 여기서는 유턴을 할 수 없어. ▶ You can't _____ a _____ here.
5. 차가 막혔어. ▶ I got _____ up _____ _____.
6. 속도 좀 줄여. ▶ You should _____ _____.
7. 기름이 떨어져 가요. ▶ I'm _____ _____ _____ gas.
8. 얼마 치 넣어드릴까요? ▶ _____ _____ gas would you like?
9. 가득 채워주세요. ▶ _____ it _____, _____.

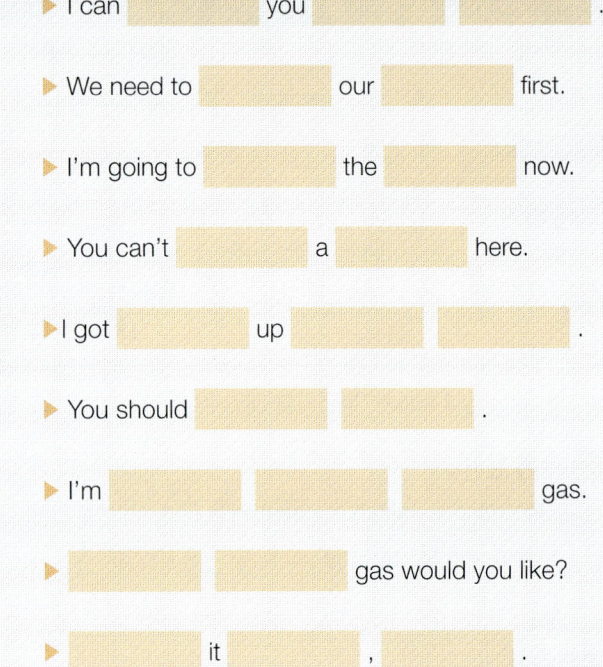

오늘의 회화
시원펜을 이용해 오늘의 표현을 활용한 대화를 듣고 따라 써 보세요. 🔊 38-2

너 늦지 않았어? 내가 너 태워줄 수 있어.
Aren't you late? I can give you a ride.

정말? 고마워!
Really? Thanks!

지금 시동 걸게.
I'm going to start the car now.

잠시만, 네 차 기름이 떨어져 간다.
Wait a second, your car is running out of gas.

주유소가 길 건너에 있어. 일단 넌 안전벨트를 매야 해.
The gas station is across the street. You need to fasten your seatbelt first.

아, 까먹고 있었네.
Oh, I totally forgot about it.

Day 38 오늘의 문제

1-6 다음 우리말에 맞게 영어 단어를 연결하고 따라 써 보세요.

1. 매다 • • fill up
2. 늦추다 • • get caught up in traffic
3. ~을 가득 채우다 • • slow down
4. 교통 체증에 걸리다 • • seatbelt
5. 안전벨트 • • run out of
6. ~을 다 써버리다 • • fasten

7-9 다음 주어진 단어를 이용하여 우리말에 맞게 문장을 완성하세요.

| please | caught | here | can't | 30 dollars | you |
| make | in | got | traffic | a | I | U-turn | up |

7. 여기서는 유턴을 할 수 없어. ▶ _____ .

8. 30달러 치 넣어주세요. ▶ _____ .

9. 차가 막혔어. ▶ _____ .

10-12 다음 주어진 단어를 이용하여 우리말에 맞게 문장을 완성하세요.

should / would / fill

10. 얼마 치 넣어드릴까요? ▶ How much gas _____ ?

11. 속도 좀 줄여. ▶ _____ slow down.

12. 가득 채워주세요. ▶ _____ , please.

13-15
다음 들려주는 문장에 알맞은 대답을 연결해 보세요.

13 🔊 38-3 •   • I can give you a ride.

14 🔊 38-4 •   • Right now? We need to fasten our seatbelts first.

15 🔊 38-5 •   • I'm going to start the car now.

16-19
다음 대화를 듣고 빈칸을 채워보세요.

🔊 38-6

16 _____ would you like?

17 _____ , please.

🔊 38-7

18 My car is _____ .

19 I can _____ .

20-23
다음 Hint를 이용해 우리말을 영어로 쓰고 말해보며 대화를 완성해 보세요.

너 늦지 않았어? 내가 너 태워줄 수 있어. (Hint! ride)
20 Aren't you late? _____ .

정말? 고마워!
Really? Thanks!

지금 시동 걸게. (Hint! start, car)
21 I'm going to _____ .

잠시만, 네 차 기름이 떨어져 간다. (Hint! running)
22 Wait a second, your car _____ .

주유소가 길 건너에 있어. 일단 넌 안전벨트를 매야 해. (Hint! fasten)
23 The gas station is across the street. You need to _____ .

24-25
다음 Hint를 이용해 우리말을 영어로 쓰고 말해 보세요.

24 여기서는 유턴을 할 수 없어. (Hint! can't, U-turn)

▸ _____

25 차가 막혔어. (Hint! in traffic)

▸ _____

Day 39 영화관 이용하기

입문 회화 · 일상 생활

DATE 20 . .

 🖊️ 시원펜으로 모든 예문을 들으면서 말하기 연습을 해 보세요.

오늘의 표현

🔊 39-1 음원 듣고 5번 따라 읽기

1 예매하기

> **I'd like two tickets for four-thirty *Frozen*.**
> '겨울왕국' 4시 반 걸로 두 장이요.

매표소 직원에게 영화표를 구매할 때 I'd like ~ 다음에 몇 장의 표가 필요한지 말하면 돼요. 전치사 for와 함께 써야 어떤 영화표를 구매하려고 하는지 알려줄 수 있어요.

🖊️ 추가 표현
- I made a reservation for two adults. 성인 두 명으로 예약했어요.
- What's the next show time? 다음 상영시간은 언제인가요?

2 영화관 이용하기

> **Can I have a popcorn and Coke, please?**
> 팝콘이랑 콜라 주실 수 있나요?

상대방에게 무언가를 요청할 때 Can I have ~?라고 표현해요. 더 공손하게 요청하기 위해서는 Could I have ~? 표현도 사용할 수 있어요. 그리고 have 대신에 get으로도 표현할 수 있어요.

🖊️ 추가 표현
- Can I get a booster seat? 어린이 의자 받을 수 있을까요?
- Can I get an unsalted popcorn? 소금을 넣지 않은 팝콘으로 주시겠어요?

3 영화 감상 말하기

> **It's the best movie I've ever seen!**
> 내가 본 영화 중 최고야!

가장 만족스럽고 좋음을 나타낼 때 the best ~라고 표현해요. I've ever seen과 같이 I've ever p.p.의 형태를 사용하면 지금까지 경험해본 것 중에서라는 의미로 앞부분을 강조할 때 사용할 수 있어요.

🖊️ 추가 표현
- The first scene was breathtaking. 첫 장면은 정말 놀라웠어.
- The movie was a little boring. 그 영화는 좀 지루했어.

오늘의 단어

ticket 표 | **reservation** 예약 | **next** 다음의 | **show time** 상영시간 | **get** 받다 | **booster seat** 어린이용 보조 의자 | **unsalted** 소금을 넣지 않은 | **best** 최상의 | **scene** 장면 | **breathtaking** 숨이 멎는 듯한 | **boring** 지루한

오늘의 표현 연습하기
빈칸을 채워 문장을 완성해보고, '오늘의 표현'에서 확인해 보세요.

1 '겨울왕국' 4시 반 걸로 두 장이요. ▶ I'd like two _____ _____ four-thirty Frozen.

2 성인 두 명으로 예약했어요. ▶ I _____ a _____ for two adults.

3 다음 상영시간은 언제인가요? ▶ What's the _____ _____ _____ ?

4 팝콘이랑 콜라 주실 수 있나요? ▶ _____ _____ _____ a popcorn and Coke, please?

5 어린이 의자 받을 수 있을까요? ▶ Can I get a _____ _____ ?

6 소금을 넣지 않은 팝콘으로 주시겠어요? ▶ _____ _____ _____ an unsalted popcorn?

7 내가 본 영화 중 최고야! ▶ It's the best movie _____ _____ _____ !

8 첫 장면은 정말 놀라웠어. ▶ The _____ _____ _____ breathtaking

9 그 영화는 좀 지루했어. ▶ The movie was a _____ _____ .

오늘의 회화
시원펜을 이용해 오늘의 표현을 활용한 대화를 듣고 따라 써 보세요. 🔊 39-2

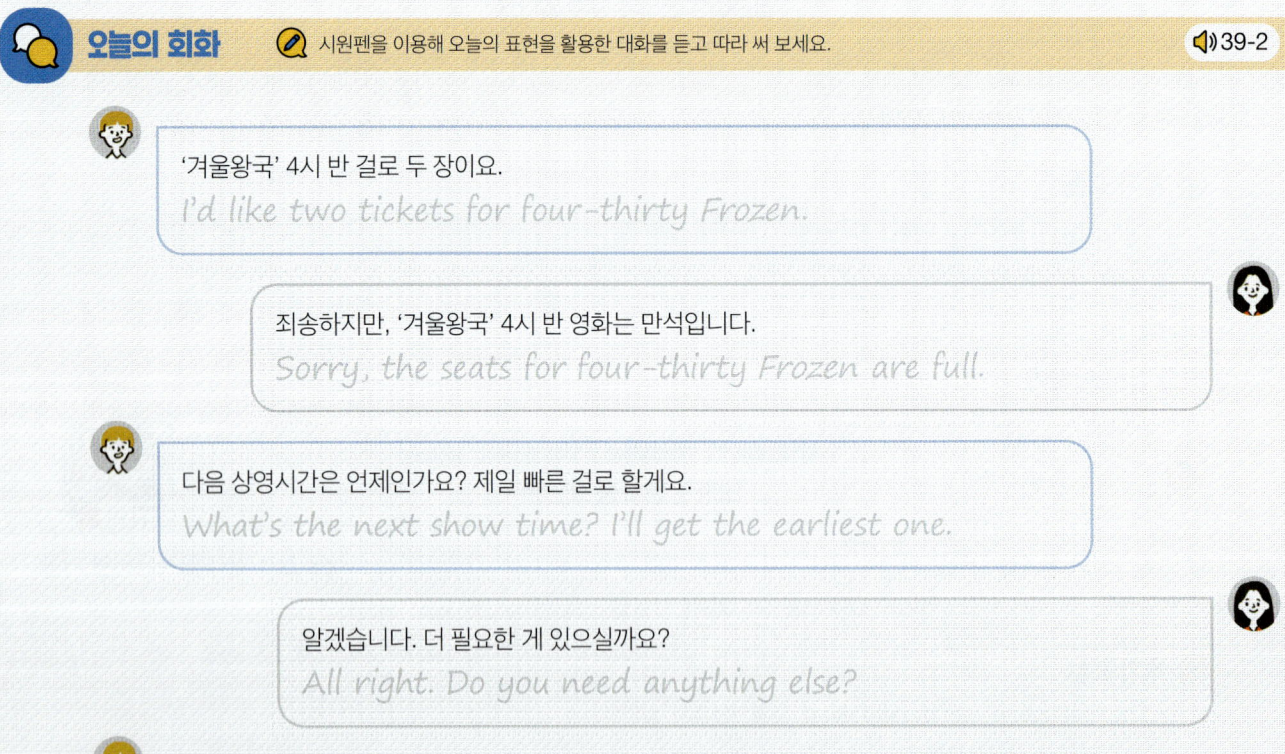

'겨울왕국' 4시 반 걸로 두 장이요.
I'd like two tickets for four-thirty Frozen.

죄송하지만, '겨울왕국' 4시 반 영화는 만석입니다.
Sorry, the seats for four-thirty Frozen are full.

다음 상영시간은 언제인가요? 제일 빠른 걸로 할게요.
What's the next show time? I'll get the earliest one.

알겠습니다. 더 필요한 게 있으실까요?
All right. Do you need anything else?

팝콘이랑 콜라 주실 수 있나요?
Can I have a popcorn and Coke, please?

네, 알겠습니다. 총 금액은 25,000원입니다.
Got it. The total amount is 25,000 won.

Day 39 오늘의 문제

제한 시간 15분 (25문항 각 4점)
SCORE / 100

1-6 다음 우리말에 맞게 영어 단어를 연결하고 따라 써 보세요.

1 상영시간 • • *boring*
2 지루한 • • *scene*
3 예약 • • *breathtaking*
4 장면 • • *unsalted*
5 숨이 멎는 듯한 • • *reservation*
6 소금을 넣지 않은 • • *show time*

7-9 다음 주어진 단어를 이용하여 우리말에 맞게 문장을 완성하세요.

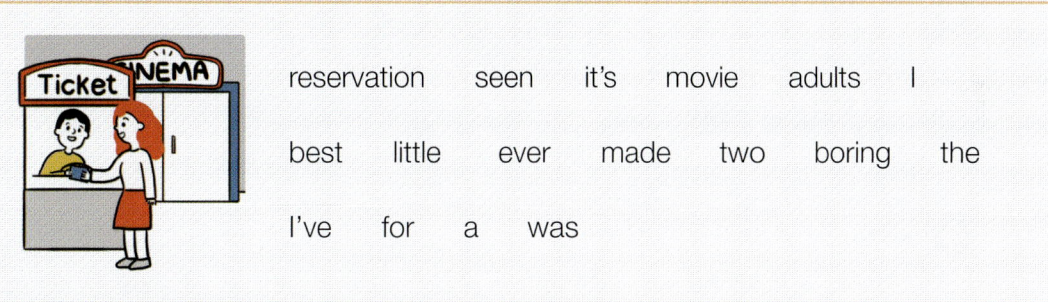

reservation   seen   it's   movie   adults   I
best   little   ever   made   two   boring   the
I've   for   a   was

7 성인 두 명으로 예약했어요. ▶ _____ .

8 그 영화는 좀 지루했어. ▶ _____ .

9 내가 본 영화 중 최고야! ▶ _____ !

10-12 다음 들려주는 문장에 알맞은 대답을 연결해 보세요.

10 🔊 39-3 • • Can I get an unsalted popcorn?

11 🔊 39-4 • • The first scene was breathtaking.

12 🔊 39-5 • • I'd like two tickets for four-thirty *Frozen*.

13-17 다음 음원을 듣고 문장을 완성해 보세요

13 🔊 39-6 ▶ _____ a booster seat?

14 🔊 39-7 ▶ _____ show time?

15 🔊 39-8 ▶ Can I have a _____ ?

16 🔊 39-9 ▶ I made a reservation _____ .

17 🔊 39-10 ▶ The _____ .

18-20 다음 Hint를 이용해 우리말을 영어로 쓰고 말해보며 대화를 완성해 보세요.

> 🙂 '겨울왕국' 4시 반 걸로 두 장이요. (Hint! I'd like)
> 18 _____ four-thirty *Frozen*.
>
> 🙂 죄송하지만, '겨울왕국' 4시 반 영화는 만석입니다.
> Sorry, the seats for four-thirty *Frozen* are full.
>
> 🙂 다음 상영시간은 언제인가요? 제일 빠른 걸로 할게요. (Hint! show time)
> 19 _____ ? I'll get the earliest one.
>
> 🙂 알겠습니다. 더 필요한 게 있으실까요?
> All right. Do you need anything else?
>
> 🙂 팝콘이랑 콜라 주실 수 있나요? (Hint! have)
> 20 _____ , please?
>
> 🙂 네, 알겠습니다. 총 금액은 25,000원입니다.
> Got it. The total amount is 25,000 won.

21-25 다음 Hint를 이용해 우리말을 영어로 쓰고 말해 보세요.

21 내가 본 영화 중 최고야! (Hint! ever)

▶ _____

22 첫 장면은 정말 놀라웠어. (Hint! scene)

▶ _____

23 다음 상영시간은 언제인가요? (Hint! next)

▶ _____

24 소금을 넣지 않은 팝콘으로 주시겠어요? (Hint! get)

▶ _____

25 성인 두 명으로 예약했어요. (Hint! made)

▶ _____

입문 회화

Day 40 일상생활 **미용실 이용하기**

DATE 20 . .

🔍 시원펜으로 모든 예문을 들으면서 말하기 연습을 해 보세요.

오늘의 표현

🔊 40-1 음원 듣고 5번 따라 읽기 ☐☐☐☐☐

1 예약하기

> **I'm calling to make an appointment for tomorrow.**
> 내일 예약하려고 전화드렸어요.

미용실을 예약하려고 전화할 때 쓸 수 있는 표현이에요. 미용실이나 병원처럼 사람과 예약을 잡을 때는 reservation이 아닌 appointment라는 표현을 사용해요. 날짜까지 말하려면 뒤에 for를 넣어 말할 수 있어요.

✏️ **추가 표현**
- Can I book a perm for tomorrow? 내일 파마 예약할 수 있나요?
- Is there any hairstylist you prefer? 원하시는 디자이너가 있으신가요?

2 원하는 헤어스타일 말하기

> **Can I get a haircut with layers?**
> 머리를 층지게 잘라 주시겠어요?

원하는 헤어스타일을 요청할 때 Can I get ~?을 이용해 말할 수 있어요. get a haircut은 '머리를 자르다'라는 뜻이에요.

✏️ **추가 표현**
- I just want to get a little trim. 약간만 다듬고 싶어요.
- I'd like to get a perm like this picture. 이 사진처럼 파마하고 싶어요.

3 추가 요청하기

> **Can you just blow dry it?**
> 그냥 드라이어로 말려 주실 수 있나요?

드라이어로 머리를 말린다고 할 때는 blow dry라는 표현을 사용해요.

✏️ **추가 표현**
- Can you part my hair to the right? 가르마는 오른쪽으로 타 주실래요?
- I want a shampoo, please. 머리 좀 감겨 주세요.

오늘의 단어

| **make an appointment** 예약하다 | **book** 예약하다 | **perm** 파마, 파마를 해주다 | **hairstylist** 헤어 디자이너 |
| **prefer** 선호하다 | **get a haircut** 머리를 자르다 | **layer** 층 | **trim** 다듬기, 다듬다 | **blow dry** (머리를) 드라이어로 말리다 |
| **part** 가르마를 타다 |

오늘의 표현 연습하기
빈칸을 채워 문장을 완성해보고, '오늘의 표현'에서 확인해 보세요.

1 내일 예약하려고 전화드렸어요. ▶ I'm calling to _____ an _____ for tomorrow.
2 내일 파마 예약할 수 있나요? ▶ Can I _____ a perm _____ tomorrow?
3 원하시는 디자이너가 있으신가요? ▶ Is there any _____ you _____ ?
4 머리를 층지게 잘라 주시겠어요? ▶ Can I _____ a _____ with layers?
5 약간만 다듬고 싶어요. ▶ I just want to _____ a little _____ .
6 이 사진처럼 파마하고 싶어요. ▶ I'd like to _____ a _____ like this picture.
7 그냥 드라이어로 말려 주실 수 있나요? ▶ Can you just _____ _____ it?
8 가르마는 오른쪽으로 타 주실래요? ▶ Can you _____ my _____ to the right?
9 머리 좀 감겨 주세요. ▶ I _____ a _____ , please.

오늘의 회화
시원펜을 이용해 오늘의 표현을 활용한 대화를 듣고 따라 써 보세요. 🔊 40-2

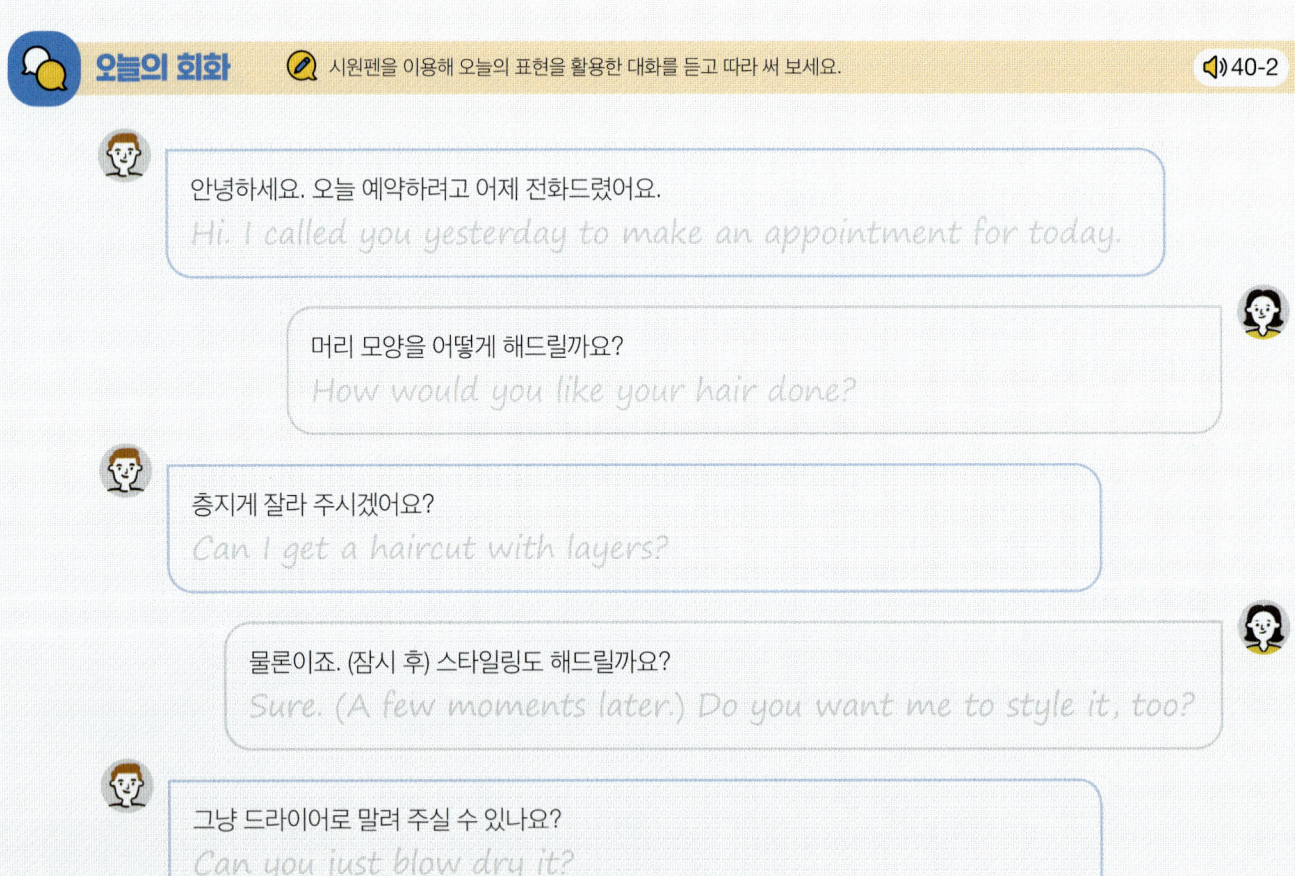

— 안녕하세요. 오늘 예약하려고 어제 전화드렸어요.
  Hi. I called you yesterday to make an appointment for today.

— 머리 모양을 어떻게 해드릴까요?
  How would you like your hair done?

— 층지게 잘라 주시겠어요?
  Can I get a haircut with layers?

— 물론이죠. (잠시 후) 스타일링도 해드릴까요?
  Sure. (A few moments later.) Do you want me to style it, too?

— 그냥 드라이어로 말려 주실 수 있나요?
  Can you just blow dry it?

— 네, 알겠습니다.
  Okay, I will.

Day 40 오늘의 문제

제한 시간 15분 (25문항 각 4점)
SCORE / 100

1-6 다음 우리말에 맞게 영어 단어를 연결하고 따라 써 보세요.

1 층 • • book
2 가르마를 타다 • • prefer
3 다듬기 • • trim
4 예약하다 • • layer
5 (머리를) 드라이어로 말리다 • • part
6 선호하다 • • blow dry

7-9 다음 주어진 단어를 이용하여 우리말에 맞게 문장을 완성하세요.

book	for	layers	just	want	to	get	Can I
tomorrow	trim	a little	a haircut	with	a perm		
I							

7 내일 파마 예약할 수 있나요? ▶ _____ ?
8 약간만 다듬고 싶어요. ▶ _____ .
9 머리를 층지게 잘라 주시겠어요? ▶ _____ ?

10-12 다음 음원을 듣고 각 사진의 상황에 맞는 문장 번호를 적어 보세요. 🔊 40-3

10
▶ _____

11
▶ _____

12
▶ _____

13-17 다음 음원을 듣고 문장을 완성해 보세요.

13 🔊 40-4 ▶ _____, please.
14 🔊 40-5 ▶ Can you just _____ ?
15 🔊 40-6 ▶ Is there any _____ ?

16 🔊 40-7 ▶ I'm calling to _____ for tomorrow.

17 🔊 40-8 ▶ Can you _____ to the right?

18-19 다음 음원을 듣고 사진에 맞게 문장을 완성해 보세요.

18 🔊 40-9 ▶ _____ , please.

19 🔊 40-10 ▶ Can you _____ ?

20-22 다음 Hint를 이용해 우리말을 영어로 쓰고 말해보며 대화를 완성해 보세요.

안녕하세요. 오늘 예약하려고 어제 전화드렸어요. (Hint! appointment)
20 Hi. I called you yesterday _____ today.

머리 모양을 어떻게 해드릴까요?
How would you like your hair done?

층지게 잘라 주시겠어요? (Hint! haircut)
21 _____ with layers?

물론이죠. (잠시 후) 스타일링도 해드릴까요?
Sure. (A few moments later.) Do you want me to style it, too?

그냥 드라이어로 말려 주실 수 있나요? (Hint! dry)
22 Can you _____ ?

23-25 다음 Hint를 이용해 우리말을 영어로 쓰고 말해 보세요.

23 가르마는 오른쪽으로 타 주실래요? (Hint! part)

▶ _____

24 원하시는 디자이너가 있으신가요? (Hint! prefer)

▶ _____

25 이 사진처럼 파마하고 싶어요. (Hint! perm)

▶ _____

진짜학습지
회화편

영어필기체 쓰기

시원스쿨닷컴

대문자 미리보기
Capital Letters

A	B	C	D
$\mathcal{A}$	$\mathcal{B}$	$\mathcal{C}$	$\mathcal{D}$

E	F	G	H
$\mathcal{E}$	$\mathcal{F}$	$\mathcal{G}$	$\mathcal{H}$

I	J	K	L
$\mathcal{I}$	$\mathcal{J}$	$\mathcal{K}$	$\mathcal{L}$

M	N	O	P
$\mathcal{M}$	$\mathcal{N}$	$\mathcal{O}$	$\mathcal{P}$

Q	R	S	T
$\mathcal{Q}$	$\mathcal{R}$	$\mathcal{S}$	$\mathcal{T}$

U	V	W	X
$\mathcal{U}$	$\mathcal{V}$	$\mathcal{W}$	$\mathcal{X}$

Y	Z
$\mathcal{Y}$	$\mathcal{Z}$

Small Letters
소문자 미리보기

a	b	c	d
a	*b*	*c*	*d*

e	f	g	h
e	*f*	*g*	*h*

i	j	k	l
i	*j*	*k*	*l*

m	n	o	p
m	*n*	*o*	*p*

q	r	s	t
q	*r*	*s*	*t*

u	v	w	x
u	*v*	*w*	*x*

y	z		
y	*z*		

Warm-up

[선긋기 연습] 필기체 쓰기에 필요한 선들을 충분히
연습하고 필기체를 쓸 준비를 하세요.

[알파벳 이어쓰기] 알파벳을 따로 써 보고 연결해서 익숙해지도록 충분히 연습해 보세요.

ABCDEFGHIJKLMNOPQRSTUVWXYZ

abcdefghijklmnopqrstuvwxyz

ABCDEFGHIJKLMNOPQRSTUVWXYZ

abcdefghijklmnopqrstuvwxyz

알파벳 A쓰기

A a a

𝑎
𝑎

1. A가 맨 앞에 오는 단어를 연습해 보세요.

action
action 행동

action

aim
aim 목표, 겨누다

aim

admit
admit 인정하다

admit

2. A가 중간에 오는 단어를 연습해 보세요.

react
react 반응하다

react

attach
attach 첨부하다

attach

private
private 사적인

private

3. A가 맨 뒤에 오는 단어를 연습해 보세요.

extra
extra 여분의

extra

flea
flea 벼룩

flea

zebra
zebra 얼룩말

zebra

B 알파벳 B 쓰기

B *B* *b*

B
b

1 B가 **맨 앞**에 오는 단어를 연습해 보세요.

blanket
blanket 담요

billion
billion 10억

beggar
beggar 거지

2 B가 **중간**에 오는 단어를 연습해 보세요.

debt
debt 빚

tube
tube 관, 튜브

bubble
bubble 거품

3 B가 **맨 뒤**에 오는 단어를 연습해 보세요.

grab
grab 잡아채다

lab
lab 실험실

rub
rub 문지르다

C 알파벳 C 쓰기

C C c

1 C가 **맨 앞**에 오는 단어를 연습해 보세요.

conduct
conduct 수행하다

coal
coal 석탄

client
client 의뢰인, 고객

2 C가 **중간**에 오는 단어를 연습해 보세요.

cancel
cancel 취소하다

accurate
accurate 정확한

force
force 힘, 강요하다

3 C가 **맨 뒤**에 오는 단어를 연습해 보세요.

genetic
genetic 유전(자)의

panic
panic 공포, 패닉

electronic
electronic 전자의

D 알파벳 D쓰기

D *d*

D
d

1 D가 **맨 앞**에 오는 단어를 연습해 보세요.

detail
detail 세부 사항

delay
delay 미루다

duty
duty 의무, 세금

2 D가 **중간**에 오는 단어를 연습해 보세요.

adopt
adopt 입양하다

midnight
midnight 자정

ladder
ladder 사다리

3 D가 **맨 뒤**에 오는 단어를 연습해 보세요.

acid
acid 산성

method
method 방법

grand
grand 웅대한

알파벳 E 쓰기

1 E가 **맨 앞**에 오는 단어를 연습해 보세요.

- **exit** — exit 출구, 나가다
- **employ** — employ 고용하다
- **erase** — erase 지우다

2 E가 **중간**에 오는 단어를 연습해 보세요.

- **fee** — fee 요금, 수수료
- **cruel** — cruel 잔인한
- **swear** — swear 맹세하다

3 E가 **맨 뒤**에 오는 단어를 연습해 보세요.

- **tongue** — tongue 혀
- **ache** — ache 아픔, 통증
- **wipe** — wipe 닦아내다

알파벳 F 쓰기

1 F가 **맨 앞**에 오는 단어를 연습해 보세요.

faint
faint 희미한

fortune
fortune 큰 돈, 행운

flame
flame 불꽃

2 F가 **중간**에 오는 단어를 연습해 보세요.

refresh
refresh 기운나게 하다

differ
differ 다르다

refuse
refuse 거절하다

3 F가 **맨 뒤**에 오는 단어를 연습해 보세요.

proof
proof 증거

thief
thief 도둑

deaf
deaf 귀가 먼

알파벳 G 쓰기

1 G가 **맨 앞**에 오는 단어를 연습해 보세요.

guilty
guilty 죄책감을 느끼는

gap
gap 틈, 격차

grave
grave 무덤

2 G가 **중간**에 오는 단어를 연습해 보세요.

regret
regret 후회하다

rough
rough 거친, 대략의

delight
delight 기쁨

3 G가 **맨 뒤**에 오는 단어를 연습해 보세요.

plug
plug 플러그, 마개

hug
hug 포옹하다

jog
jog 조깅하다

알파벳 H 쓰기

1 H가 **맨 앞**에 오는 단어를 연습해 보세요.

hire
hire 고용하다

handle
handle 다루다

harsh
harsh 가혹한, 거친

2 H가 **중간**에 오는 단어를 연습해 보세요.

chef
chef 주방장

chase
chase 쫓다

shell
shell 조개 껍질

3 H가 **맨 뒤**에 오는 단어를 연습해 보세요.

sigh
sigh 한숨짓다

punish
punish 벌하다

high
high 높은

알파벳 I 쓰기

1 I가 **맨 앞**에 오는 단어를 연습해 보세요.

iron
iron 철, 다리미

illusion
illusion 환상

ideal
ideal 이상적인

2 I가 **중간**에 오는 단어를 연습해 보세요.

insist
insist 주장하다

crime
crime 범죄

senior
senior 연장자

3 I가 **맨 뒤**에 오는 단어를 연습해 보세요.

ski
ski 스키

alibi
alibi 알리바이, 변명

taxi
taxi 택시

 알파벳 J 쓰기

1 J가 **맨 앞**에 오는 단어를 연습해 보세요.

- joke
  joke 농담(하다)
- jewel
  jewel 보석
- justice
  justice 정의

2 J가 **중간**에 오는 단어를 연습해 보세요.

- major
  major 주요한, 전공
- enjoy
  enjoy 즐기다
- subject
  subject 과목, 주제

영어 필기체 소문자를 이어서 써 보세요.

abcdefghijklmnopqrstuvwxyz

알파벳 K 쓰기

1 K가 **맨 앞**에 오는 단어를 연습해 보세요.

knee
knee 무릎

kingdom
kingdom 왕국

kind
kind 친절한

2 K가 **중간**에 오는 단어를 연습해 보세요.

awake
awake 깨어있는

like
like 좋아하다

darkness
darkness 어둠

3 K가 **맨 뒤**에 오는 단어를 연습해 보세요.

risk
risk 위험

leak
leak 새다

task
task 과업, 임무

알파벳 L 쓰기

L l

1. L이 **맨 앞**에 오는 단어를 연습해 보세요.

- **laugh** — laugh 웃다
- **loud** — loud 큰소리의
- **leisure** — leisure 여가, 레저

2. L이 **중간**에 오는 단어를 연습해 보세요.

- **chalk** — chalk 분필
- **pale** — pale 창백한, 엷은
- **plenty** — plenty 많음, 충분함

3. L이 **맨 뒤**에 오는 단어를 연습해 보세요.

- **spoil** — spoil 망치다
- **steel** — steel 강철
- **wheel** — wheel 바퀴

알파벳 M 쓰기

1 M이 **맨 앞**에 오는 단어를 연습해 보세요.

- mud
  mud 진흙
- military
  military 군사의
- minor
  minor 중요하지 않은

2 M이 **중간**에 오는 단어를 연습해 보세요.

- comic
  comic 희극의, 웃기는
- dumb
  dumb 멍청한
- permit
  permit 허락하다

3 M이 **맨 뒤**에 오는 단어를 연습해 보세요.

- charm
  charm 매력, 매혹하다
- germ
  germ 병균, 싹
- jam
  jam 잼, 막힘

N 알파벳 N 쓰기

N n

n
n

---

1 N이 **맨 앞**에 오는 단어를 연습해 보세요.

nail
nail 손톱, 못

nail

net
net 그물

net

nod
nod 끄덕이다

nod

---

2 N이 **중간**에 오는 단어를 연습해 보세요.

lunar
lunar 달의

lunar

laundry
laundry 세탁물

laundry

tiny
tiny 아주 작은

tiny

---

3 N이 **맨 뒤**에 오는 단어를 연습해 보세요.

chain
chain 사슬, 연쇄점

chain

drown
drown 익사하다

drown

lean
lean 기대다

lean

O 알파벳 O 쓰기

1 O가 **맨 앞**에 오는 단어를 연습해 보세요.

odd
odd 이상한, 홀수의

occur
occur (일이) 일어나다

obey
obey 따르다

2 O가 **중간**에 오는 단어를 연습해 보세요.

bomb
bomb 폭탄

double
double 2배의

doubt
doubt 의심하다

3 O가 **맨 뒤**에 오는 단어를 연습해 보세요.

volcano
volcano 화산

hero
hero 남자 영웅

zoo
zoo 동물원

알파벳 P쓰기

1 P가 **맨 앞**에 오는 단어를 연습해 보세요.

- pill
  pill 알약
- profit
  profit 이익
- process
  process 과정

2 P가 **중간**에 오는 단어를 연습해 보세요.

- propose
  propose 제안하다
- apply
  apply 지원하다
- rapid
  rapid 매우 빠른

3 P가 **맨 뒤**에 오는 단어를 연습해 보세요.

- dump
  dump 내버리다
- snap
  snap 딱 부러지다
- sharp
  sharp 날카로운

알파벳 Q 쓰기

Q *Q* *q*

Q
q

1 Q가 **맨 앞**에 오는 단어를 연습해 보세요.

quit
quit 그만두다

quit

quality
quality 품질

quality

quick
quick 빠른

quick

2 Q가 **중간**에 오는 단어를 연습해 보세요.

request
request 요청하다

request

liquid
liquid 액체(의)

liquid

square
square 정사각형의

square

영어 필기체 소문자를 이어서 써 보세요.

abcdefghijklmnopqrstuvwxyz

abcdefghijklmnopqrstuvwxyz

알파벳 R쓰기

R
r

1 R이 **맨 앞**에 오는 단어를 연습해 보세요.

rank
rank 계급, 지위

rank

rent
rent 임대하다

rent

rate
rate 비율

rate

2 R이 **중간**에 오는 단어를 연습해 보세요.

pure
pure 순수한, 맑은

pure

concern
concern 걱정, 관심

concern

salary
salary 봉급

salary

3 R이 **맨 뒤**에 오는 단어를 연습해 보세요.

solar
solar 태양의

solar

anger
anger 화

anger

sour
sour (맛이) 신

sour

S 알파벳 S쓰기

S s 1

1 S가 **맨 앞**에 오는 단어를 연습해 보세요.

skin
skin 피부, 가죽

steam
steam 증기

sunset
sunset 일몰

2 S가 **중간**에 오는 단어를 연습해 보세요.

poison
poison 독, 독살하다

bless
bless 축복하다

assist
assist 돕다

3 S가 **맨 뒤**에 오는 단어를 연습해 보세요.

crisis
crisis 위기

address
address 주소, 연설

happiness
happiness 행복

T 알파벳 T 쓰기

1 T가 **맨 앞**에 오는 단어를 연습해 보세요.

- **trade** trade 매매
- **tend** tend 경향이 있다
- **train** train 기차

2 T가 **중간**에 오는 단어를 연습해 보세요.

- **faith** faith 신뢰, 신앙
- **strict** strict 엄격한
- **satisfy** satisfy 만족시키다

3 T가 **맨 뒤**에 오는 단어를 연습해 보세요.

- **profit** profit 이익을 얻다
- **arrest** arrest 체포하다
- **twist** twist 비틀다, 꼬다

U 알파벳 U쓰기

U u

1 U가 맨 앞에 오는 단어를 연습해 보세요.

universe
universe 우주

usual
usual 보통의

urgent
urgent 긴급한

2 U가 중간에 오는 단어를 연습해 보세요.

purchase
purchase 구입하다

fuel
fuel 연료

junior
junior 연소자의

3 U가 맨 뒤에 오는 단어를 연습해 보세요.

flu
flu 독감

menu
menu 메뉴

adieu
adieu 안녕, 작별인사

V 알파벳 V쓰기

1 V가 **맨 앞**에 오는 단어를 연습해 보세요.

victory
victory 승리

version
version (개정)판

valuable
valuable 귀중한

2 V가 **중간**에 오는 단어를 연습해 보세요.

devil
devil 악마, 마귀

flavor
flavor 맛

clever
clever 영리한

영어 필기체 소문자를 이어서 써 보세요.

abcdefghijklmnopqrstuvwxyz

알파벳 W 쓰기

1 W가 **맨 앞**에 오는 단어를 연습해 보세요.

wealthy
wealthy 부유한

wood
wood 나무, 목재

wage
wage 임금

2 W가 **중간**에 오는 단어를 연습해 보세요.

sweat
sweat 땀을 흘리다

owe
owe 빚을 지다

switch
switch 바꾸다, 스위치

3 W가 **맨 뒤**에 오는 단어를 연습해 보세요.

sew
sew 바느질하다

row
row 노를 젓다

chew
chew 씹다

알파벳 X쓰기

1 X가 맨 앞에 오는 단어를 연습해 보세요.

xylophone
xylophone 실로폰

x-mas
x-mas 크리스마스

x-ray
x-ray 엑스레이

2 X가 중간에 오는 단어를 연습해 보세요.

export
export 수출(하다)

expression
expression 표현

exhibition
exhibition 전시(회)

3 X가 맨 뒤에 오는 단어를 연습해 보세요.

tax
tax 세금

fix
fix 고치다

index
index 색인

Y 알파벳 Y 쓰기

1 Y가 맨 앞에 오는 단어를 연습해 보세요.

yawn
yawn 하품하다

yell
yell 소리치다

yet
yet 아직, 이미

2 Y가 중간에 오는 단어를 연습해 보세요.

voyage
voyage 긴 항해

gym
gym 체육관, 체조

payment
payment 지불(액)

3 Y가 맨 뒤에 오는 단어를 연습해 보세요.

annoy
annoy 짜증나게 하다

holy
holy 신성한

curly
curly 곱슬곱슬한

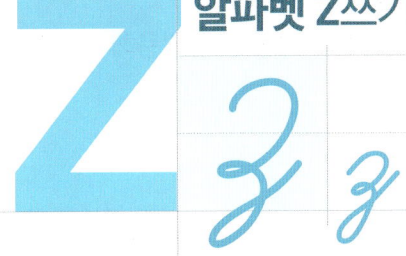

알파벳 Z 쓰기

1 Z가 **맨 앞**에 오는 단어를 연습해 보세요.

zone
zone 지대, 구역

zero
zero 숫자 0

zip
zip 지퍼

2 Z가 **중간**에 오는 단어를 연습해 보세요.

citizen
citizen 시민, 국민

dozen
dozen 다스[12개]

horizon
horizon 수평선

3 Z가 **맨 뒤**에 오는 단어를 연습해 보세요.

quiz
quiz 퀴즈

waltz
waltz 왈츠

buzz
buzz 윙윙거리다

Bonus 1

[한국인의 가장 많은 성]

한국인의 가장 많은 성을
필기체로 연습하고 사인 등에 활용해 보세요.

[*Kim*]
Kim 김

[*Lee*]
Lee 이

[*Park*]
Park 박

[*Choi*]
Choi 최

[*Jung*]
Jung 정

[*Kang*]
Kang 강

[*Cho*]
Cho 조

[*Yoon*]
Yoon 윤

[*Jang*]
Jang 장

[*Lim*]
Lim 임

[한국인의 가장 많은 성]

[**Oh**]
Oh 오

[**Han**]
Han 한

[**Shin**]
Shin 신

[**Seo**]
Seo 서

[**Kwon**]
Kwon 권

[**Hwang**]
Hwang 황

[**Ahn**]
Ahn 안

[**Song**]
Song 송

[**Ryu**]
Ryu 류

[**Hong**]
Hong 홍

Bonus2

[많이 쓰는 남자 영어 이름]

많이 쓰는 남자 영어 이름을
필기체로 연습하고 사인 등에 활용해 보세요.

[*Noah*]
Noah 노아

[*Liam*]
Liam 리엄

[*Mason*]
Mason 메이슨

[*Jacob*]
Jacob 제이콥

[*William*]
William 윌리엄

[*Ethan*]
Ethan 이든

[*James*]
James 제임스

[*Alexander*]
Alexander 알렉산더

[*Michael*]
Michael 마이클

[*Benjamin*]
Benjamin 벤자민

Elijah	Elijah
Elijah 엘리야	

Daniel	Daniel
Daniel 대니얼	

Aiden	Aiden
Aiden 에이든	

Logan	Logan
Logan 로건	

Matthew	Matthew
Matthew 매튜	

Lucas	Lucas
Lucas 루카스	

Jackson	Jackson
Jackson 잭슨	

David	David
David 데이비드	

Oliver	Oliver
Oliver 올리버	

Jayden	Jayden
Jayden 제이든	

Bonus3

많이 쓰는 여자 영어 이름

많이 쓰는 여자 영어 이름을
필기체로 연습하고 사인 등에 활용해 보세요.

Emma
Emma 엠마

Olivia
Olivia 올리비아

Sophia
Sophia 소피아

Ava
Ava 에이바

Isabella
Isabella 이자벨라

Mia
Mia 미아

Abigail
Abigail 아비가일

Emily
Emily 에밀리

Charlotte
Charlotte 샬롯

Harper
Harper 하퍼

많이 쓰는 여자 영어 이름을
필기체로 연습하고 사인 등에 활용해 보세요.

Madison
Madison 매디슨

Amelia
Amelia 아멜리아

Elizabeth
Elizabeth 엘리자베스

Sofia
Sofia 소피아

Evelyn
Evelyn 에블린

Avery
Avery 에이버리

Chloe
Chloe 클로이

Ella
Ella 엘라

Grace
Grace 그레이스

Victoria
Victoria 빅토리아

Notes

Notes

누구도 따라올 수 없는 '외국어 학습 습관 형성'

진짜학습지

실력향상 1:1맞춤형 학습 전문 케어서비스

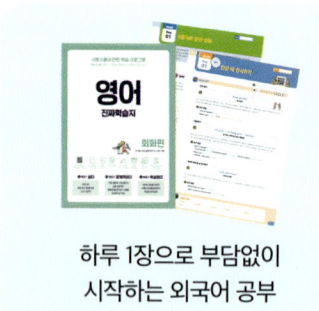

하루 1장으로 부담없이 시작하는 외국어 공부

모르면 알 때까지 수강기간 무한 연장
* 유료강의 구입시

원어민 발음 연습 특화 전용 소리펜 트레이닝
* 일부언어 제외

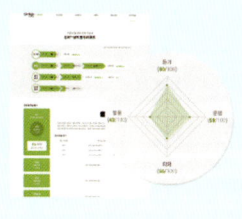

단계별 성취도평가 및 리포트 제공
* 유료강의 구입시

공부만 해도 장학금 지급되는 학습 동기 부여 장학금 시스템
* 유료강의 구입시
* 학습 미션 성공시 지급

수강생의 실제 추천 후기를 확인하세요!

혼자 공부하지만 학습 단계마다 성취도평가가 있어서 실력 검증도 확실해요! 확실하게 공부해서 전체 100점 맞기 도전입니다!

하루 1장이라 분명한 목표가 세워지니 저도 모르게 습관이 생겨요! 시간 없는 직장인에게도 완전 추천합니다!

어렵지 않은 미션만 성공하면 장학금을 받을 수 있어요! 동기부여도 되고 성취감이 커서 학습 만족도가 2배랍니다!

매일 쓰기 학습
Day 01

_____월 _____일

I always drink coffee in the morning.

난 항상 아침에 커피를 마셔.

패턴	I always 동사. = 난 항상 ~한다.
풀이	행동의 빈도수가 100%일 경우 always(항상)이라는 빈도부사를 사용해서 강조.
어휘	drink+음료 = ~을 마시다 / coffee = 커피 / morning = 아침 → in the morning = 아침에
문장	I always drink coffee (in the morning). 난 항상 (아침에) 커피를 마셔.

문장 따라 쓰기 | 오늘의 문장을 3번씩 따라서 쓰세요.

☐ _____

☐ _____

☐ _____

스스로 영작하기 | 아래의 문장 2개를 영작해 각각 2번씩 쓰세요.

① 난 항상 우산을 가지고 다녀.

☐ _____

☐ _____

힌트 | carry (물건) with me = (~을) 나와 함께 휴대하다 → ~을 가지고 다니다 / umbrella = 우산

② 난 항상 식사 직후에 양치질을 해.

☐ _____

☐ _____

힌트 | brush my teeth = 나의 이빨을 닦다 → 양치질하다 / right after eating = 식사 직후에

영작 모범답안

① I always carry an umbrella with me.

② I always brush my teeth right after eating.

매일 쓰기 학습
Day 02

____월 ____일

I usually stay at home on Sundays.

난 보통 일요일엔 집에 있어.

패턴	I usually 동사. = 난 주로/대개/보통 ~한다.
풀이	행동의 빈도수가 약 80%일 경우 usually(주로/대개/보통)이라는 빈도부사를 사용해서 강조.
어휘	stay = 머물다[있다] / at home = 집에 / Sunday = 일요일 → on Sundays = 일요일마다
문장	I usually stay at home (on Sundays). 난 보통 (일요일마다 → 일요일엔) 집에 있어.

문장 따라 쓰기 | 오늘의 문장을 3번씩 따라서 쓰세요.

☐

☐

☐

스스로 영작하기 | 아래의 문장 2개를 영작해 각각 2번씩 쓰세요.

① 난 보통 주말마다 친구들과 축구를 해.

☐

☐

힌트 | play soccer = 축구를 하다 / with my friends = 내 친구들과 / on weekends = 주말마다

② 난 주로 밤 11시 전에 자러 가.

☐

☐

힌트 | go to bed = 침대로 가다 → 자러 가다, 자다 / before+시각 = ~시 전에 / 11 p.m. = 밤 11시

영작 모범답안

① I usually play soccer with my friends on weekends.

② I usually go to bed before 11 p.m.

매일 쓰기 학습

Day 03

____월 ____일

I often go to a cafe near my house.

난 종종 집 근처 카페에 가곤 해.

패턴	I often 동사. = 난 종종/자주 ~한다.
풀이	행동의 빈도수가 약 60%일 때 often(종종/자주)라는 빈도부사를 사용해서 강조.
어휘	go to 장소 = ~에 가다 / 장소1 near 장소2 = 장소2 근처에 있는 장소1 / my house = 나의 집
문장	I often go to a cafe (near my house). 난 종종 (집 근처) 카페에 가곤 해.

문장 따라 쓰기 | 오늘의 문장을 3번씩 따라서 쓰세요.

☐ _____

☐ _____

☐ _____

스스로 영작하기 | 아래의 문장 2개를 영작해 각각 2번씩 쓰세요.

① 난 종종 혼자서 영화를 보러 가곤 해.

☐ _____

☐ _____

힌트 | go to the movies = 영화관에 가다 → 영화를 보러 가다 / alone = 혼자인; 혼자서

② 난 종종 중요한 일들을 까먹곤 해.

☐ _____

☐ _____

힌트 | forget+명사 = ~을 잊어버리다[까먹다] / important things = 중요한 것들[일들]

영작 모범답안

① I often go to the movies alone.

② I often forget important things.

매일 쓰기 학습
Day 04

_____ 월 _____ 일

Sometimes I have a shooting pain in my head.

가끔 난 머리가 찌릿하게 아파.

패턴	Sometime I 동사. = 가끔 난 ~한다.
풀이	행동의 빈도수가 약 40%일 때 sometimes(가끔)이라는 빈도부사를 사용해서 강조.
어휘	have a (shooting) pain = (찌릿한) 통증이 있다 / in my head = 나의 머리 안에
문장	Sometimes I have a shooting pain (in my head). 가끔 난 (머리 안에) 찌릿한 통증이 있어. (= 가끔 난 머리가 찌릿하게 아파.)

문장 따라 쓰기 | 오늘의 문장을 3번씩 따라서 쓰세요.

☐ _____

☐ _____

☐ _____

스스로 영작하기 | 아래의 문장 2개를 영작해 각각 2번씩 쓰세요.

① 가끔 난 위에 날카로운 통증을 느껴.

☐ _____

☐ _____

힌트 | have a (sharp) pain = (날카로운) 통증이 있다 / in my stomach = 나의 위장 안에

② 가끔 난 그냥 혼자 있고 싶어.

☐ _____

☐ _____

힌트 | just+동사 = 그냥 ~하다 / want to-동사원형 = ~하는 것을 원하다 / be alone = 혼자이다

영작 모범답안

① Sometime I have a sharp pain in my stomach.

② Sometime I just want to be alone.

I rarely go to the movies these days.

요즘 난 영화 보러 거의 안 가.

패턴	I rarely 동사. = 난 드물게[거의 안] ~한다.
풀이	행동의 빈도수가 약 20%일 때 rarely(드물게/거의 안 ~)라는 빈도부사를 사용해서 강조.
어휘	go to the movies = 영화관에 가다 → 영화를 보러 가다 / these days = 요즘
문장	I rarely go to the movies (these days). (요즘) 난 영화 보러 거의 안 가.

문장 따라 쓰기 | 오늘의 문장을 3번씩 따라서 쓰세요.

☐
☐
☐

스스로 영작하기 | 아래의 문장 2개를 영작해 각각 2번씩 쓰세요.

① 요즘 난 걔들을 거의 못 봤어.

☐
☐

힌트 | see+명사 = ~을 보다 / them = 그들(을), 걔들(을)

② 난 과일이랑 야채를 거의 안 먹어.

☐
☐

힌트 | eat+명사 = ~을 먹다 / fruit = 과일 / vegetable = 야채 / A and B = A와 B

영작 모범답안

① I rarely see them these days.

② I rarely eat fruits and vegetables.

매일 쓰기 학습

Day 06

____월 ____일

I never miss a football match.

난 축구 경기는 절대 안 놓쳐.

패턴	I never 동사. = 난 절대 안 ~한다.
풀이	어떠한 행동을 절대 하지 않을 때 never(절대 안 ~)라는 빈도부사를 사용해서 강조.
어휘	miss+명사 = ~을 놓치다 / football = 축구 / match = 경기, 시합
문장	I never miss (a football match). 난 (축구 경기는) 절대 안 놓쳐.

문장 따라 쓰기 | 오늘의 문장을 3번씩 따라서 쓰세요.

☐ _____

☐ _____

☐ _____

스스로 영작하기 | 아래의 문장 2개를 영작해 각각 2번씩 쓰세요.

① 걔(남자)는 내 말은 절대 안 들어.

☐ _____

☐ _____

힌트 | listen = 듣다, 귀 기울이다 → listen to+사람 = ~의 말을 (귀 기울여) 듣다

② 걔(여자)는 화장을 전혀 안 해.

☐ _____

☐ _____

힌트 | make-up = 화장 → wear make-up = 화장을 하다

영작 모범답안

① He never listens to me.

② She never wears make-up.

매일 쓰기 학습
Day 07

___월 ___일

I have a driver's license, but I don't drive.

난 운전 면허증이 있어, 그런데 운전은 안 해.

패턴	**I have 소유한 대상.** = 난 ~이 있다.
풀이	have(가지다) 동사는 소유하고 있는 다양한 대상을 '갖고 있다'고 말할 때 사용.
어휘	driver's license = 운전 면허증 / don't+동사원형 = ~하지 않다 / drive = 운전하다
문장	**I have** a driver's license, but I don't drive. 난 운전 면허증이 있어, 그런데 운전은 안 해.

문장 따라 쓰기 | 오늘의 문장을 3번씩 따라서 쓰세요.

☐ _____

☐ _____

☐ _____

스스로 영작하기 | 아래의 문장 2개를 영작해 각각 2번씩 쓰세요.

① 내겐 미미라는 이름의 애완견이 있어.

☐ _____

☐ _____

힌트 | **pet dog** = 애완견 → **pet dog named** 이름 = ~라는 이름의 애완견

② 걔(남자)한텐 두 명의 남동생이 있어.

☐ _____

☐ _____

힌트 | 주어가 **He/She**일 경우 → have가 아닌 has 사용 / **younger brother** = 더 어린 남자 형제 → 남동생

영작 모범답안

① I have a pet dog named Mimi.

② He has two younger brothers.

매일 쓰기 학습
Day 08

_____월 _____일

I had dinner with my family last night.

나 어젯밤 우리 가족들이랑 저녁 먹었어.

패턴	I had 음식/음료. = 난 ~을 먹었다/마셨다.
풀이	have 동사는 음식이나 음료를 '먹었다, 마셨다'고 말할 때에도 사용 가능. (*have의 과거형은 had)
어휘	dinner = 저녁 식사 / with my family = 나의(우리) 가족과 함께 / last night = 어젯밤(에)
문장	I had dinner (with my family) last night. 나 어젯밤 (우리 가족들이랑) 저녁 먹었어.

문장 따라 쓰기 | 오늘의 문장을 3번씩 따라서 쓰세요.

☐ _____

☐ _____

☐ _____

스스로 영작하기 | 아래의 문장 2개를 영작해 각각 2번씩 쓰세요.

① 나 오늘 점심으로 햄버거 먹었어.

☐ _____

☐ _____

힌트 | have 음식 for lunch = 점심으로 ~을 먹다 / hamburger = 햄버거 / today = 오늘

② 나 오늘 아침으로 샌드위치를 먹었어.

☐ _____

☐ _____

힌트 | have 음식 for breakfast = 아침으로 ~을 먹다 / sandwich = 샌드위치

영작 모범답안

① I had a hamburger for lunch today.

② I had a sandwich for breakfast today.

매일 쓰기 학습

Day 09

____월 ____일

I have a fever and a runny nose.

나 열이 있고 콧물이 나.

패턴	**I have 질병/증상.** = 난 ~라는 질병/증상을 갖고 있다.
풀이	눈에 보이는 대상뿐 아니라 '질병/증상'과 같은 느낌을 갖고 있다고 할 때에도 have를 사용.
어휘	fever = 열 / runny nose = 콧물이 흐르는 코 / have A and B = A와 B를 갖고 있다
문장	I have a fever (and) a runny nose. 나 열(과) 콧물이 흐르는 코를 갖고 있어. (= 나 열이 있고 콧물이 나.)

문장 따라 쓰기 | 오늘의 문장을 3번씩 따라서 쓰세요.

☐

☐

☐

스스로 영작하기 | 아래의 문장 2개를 영작해 각각 2번씩 쓰세요.

① 나 두통이랑 치통이 있어.

☐

☐

힌트 | headache = 두통 / toothache = 치통

② 나 등에 찌릿한 통증이 있어.

☐

☐

힌트 | have a (shooting) pain in 부위 = ~라는 부위에 (찌릿한) 통증이 있다 / back = 등

영작 모범답안

① I have a headache and a toothache.

② I have a shooting pain in my back.

매일 쓰기 학습
Day 10

___월 ___일

I have a habit of shaking my legs.

난 다리 떠는 버릇이 있어.

패턴	**I had a habit of 동사원형-ing. = 난 ~하는 습관/버릇이 있다.**
풀이	'habit of 동사원형-ing = ~하는 습관/버릇'을 갖고 있다고 말할 때에도 have 동사를 사용.
어휘	shake+명사 = ~을 흔들다 / leg = 다리 → shake my legs = 나의 다리를 흔들다[떨다]
문장	I have a habit (of shaking my legs). 난 (다리 떠는) 버릇이 있어.

문장 따라 쓰기 | 오늘의 문장을 3번씩 따라서 쓰세요.

☐ _____

☐ _____

☐ _____

스스로 영작하기 | 아래의 문장 2개를 영작해 각각 2번씩 쓰세요.

① 난 메모하는 습관이 있어.

☐ _____

☐ _____

힌트 | write notes = 메모를 하다, 필기[기록]하다

② 난 손톱을 물어뜯는 버릇이 있어.

☐ _____

☐ _____

힌트 | bite+명사 = ~을 물어뜯다 / fingernail = 손톱 → bite my fingernails = 나의 손톱을 물어뜯다

영작 모범답안

① I have a habit of writing notes.

② I have a habit of biting my fingernails.

I have a good sense of direction.

난 길눈이 좋아.

패턴	I have a **good/bad** sense of 명사. = 난 **좋은/나쁜** ~ 감각을 지녔다.
풀이	'유머 감각, 방향 감각'과 같이 어떠한 '감각(sense)'을 갖고 있다고 말할 때에도 have 동사를 사용.
어휘	sense (of) direction = 방향(의) 감각 → 길을 찾는 능력 → 길눈
문장	I have a (good) sense of direction. 난 (좋은) 방향 감각을 지녔어. (= 난 길눈이 좋아.)

문장 따라 쓰기 | 오늘의 문장을 3번씩 따라서 쓰세요.

☐ _____

☐ _____

☐ _____

스스로 영작하기 | 아래의 문장 2개를 영작해 각각 2번씩 쓰세요.

① 걘(남자) 길치야.

☐ _____

☐ _____

힌트 | have a <u>bad</u> sense of 명사 = <u>나쁜</u> ~ 감각을 지니다

② 넌 유머 감각이 좋아.

☐ _____

☐ _____

힌트 | have a <u>good</u> sense of 명사 = <u>좋은</u> ~ 감각을 지니다 / humor = 유머

영작 모범답안

① He has a bad sense of direction.

② You have a good sense of humor.

매일 쓰기 학습

Day 12

___월 ___일

I have a good memory for names.

난 사람들 이름을 잘 기억해.

패턴	**I have a good/bad memory for** 명사. = 난 **좋은/나쁜** ~ 기억력을 지녔다.
풀이	어떤 것에 대한 '기억력(memory)'을 갖고 있다고 말할 때에도 have 동사를 사용.
어휘	**memory (for) names** = 이름(을 위한) 기억력 → 이름을 잘 기억하는 능력
문장	**I have a** (good) **memory for names.** 난 (좋은) 이름 기억력을 지녔어. (= 난 사람들 이름을 잘 기억해.)

문장 따라 쓰기 | 오늘의 문장을 3번씩 따라서 쓰세요.

☐ _____

☐ _____

☐ _____

스스로 영작하기 | 아래의 문장 2개를 영작해 각각 2번씩 쓰세요.

① 걘(남자) 사람들 이름을 잘 기억 못해.

☐ _____

☐ _____

힌트 | **have a bad memory for** 명사 = **나쁜** ~ 기억력을 지니다

② 걘(여자) 사람들 얼굴을 잘 기억해.

☐ _____

☐ _____

힌트 | **have a good memory for** 명사 = **좋은** ~ 기억력을 지니다 / **face** = 얼굴

영작 모범답안

① He has a bad memory for names.

② She has a good memory for faces.

매일 쓰기 학습

Day 13

_____월 _____일

I have trouble sleeping at night.

난 밤에 잠들기가 힘들어.

패턴	**I have trouble 동사원형-ing. = 난 ~하는 데에 어려움이 있다.**
풀이	'have trouble(어려움이 있다)' 뒤에 '동사원형-ing'를 붙이면 '~하는 데에 어려움이 있다'는 뜻이 됨.
어휘	sleep = 잠을 자다 → have trouble sleeping = 잠드는 데에 어려움이 있다 / at night = 밤에
문장	I have trouble sleeping (at night). 난 (밤에) 잠드는 데에 어려움이 있어. (= 난 밤에 잠들기가 힘들어.)

문장 따라 쓰기 | 오늘의 문장을 3번씩 따라서 쓰세요.

☐ _____

☐ _____

☐ _____

스스로 영작하기 | 아래의 문장 2개를 영작해 각각 2번씩 쓰세요.

① 난 화장실에서 볼일 보는 게 힘들어.

☐ _____

☐ _____

힌트 | **go to the toilet** = 화장실에 가다 (= 대변을 보러 가다)

② 가끔씩 난 숨을 쉬기가 힘들어.

☐ _____

☐ _____

힌트 | **breathe** = 호흡하다, 숨을 쉬다

영작 모범답안

① I have trouble going to the toilet.

② Sometimes I have trouble breathing.

매일 쓰기 학습
Day 14

_____월 _____일

I have a problem with my phone.

나 전화기에 문제가 생겼어.

패턴	**I have a problem** with 명사. = 난 ~와 관련해 문제가 있다.
풀이	'have a problem(문제가 있다)' 뒤에 'with+명사'를 붙이면 '~와 관련해 문제가 있다'는 뜻이 됨.
어휘	phone = 전화기 / have a problem with my phone = 나의 전화기와 관련해 문제가 있다
문장	I have a problem with my phone. 난 내 전화기와 관련해 문제가 있어. (= 나 전화기에 문제가 생겼어.)

문장 따라 쓰기 | 오늘의 문장을 3번씩 따라서 쓰세요.

☐ _____

☐ _____

☐ _____

스스로 영작하기 | 아래의 문장 2개를 영작해 각각 2번씩 쓰세요.

① 나 컴퓨터에 문제가 생겼어.

☐ _____

☐ _____

힌트 | computer = 컴퓨터

② 걘(남자) 술 문제가 있어.

☐ _____

☐ _____

힌트 | 주어가 He/She일 경우 → have가 아닌 has를 사용 / alcohol = 술, 알코올

영작 모범답안

① I have a problem with my computer.

② He has a problem with alcohol.

매일 쓰기 학습

Day 15

_____월 _____일

I don't have time to talk to you.

나 너랑 얘기할 시간 없어.

패턴	**I don't have time to-동사원형. = 난 ~할 시간이 없다.**
풀이	'time(시간)' 뒤에 'to-동사원형'을 붙이면 'time to-동사원형 = ~할 시간'이라는 뜻이 됨.
어휘	talk to 사람 = ~에게 말하다 → time to talk to 사람 = ~에게 말할 시간
문장	**I don't have time to talk to you.** 난 너에게 말할 시간이 없어. (= 나 너랑 얘기할 시간 없어.)

문장 따라 쓰기 | 오늘의 문장을 3번씩 따라서 쓰세요.

☐ _____

☐ _____

☐ _____

스스로 영작하기 | 아래의 문장 2개를 영작해 각각 2번씩 쓰세요.

① 난 운동할 시간이 없어.

☐ _____

☐ _____

힌트 | exercise = 운동하다

② 우리에겐 낭비할 시간이 많지 않아.

☐ _____

☐ _____

힌트 | much time to-동사원형 = ~할 많은 시간 / waste = 낭비하다

영작 모범답안

① I don't have time to exercise.

② We don't have much time to waste.

매일 쓰기 학습
Day 16

___월 ___일

I don't have enough money to buy it.

나 그걸 살 돈이 충분치 않아.

패턴	**I don't have enough 명사 to-동사원형. = 난 ~할 ~이 충분히 없다.**
풀이	'enough+명사 = 충분한 양의 ~' 뒤에 'to-동사원형'을 붙이면 '~할 충분한 양의 ~'라는 뜻이 됨.
어휘	money = 돈 / buy+명사 = ~을 사다 / enough money to buy it = 그것을 살 충분한 양의 돈
문장	**I don't have enough money (to buy it).** 난 (그걸 살) 돈이 충분히 없어. (= 난 그걸 살 돈이 충분치 않아.)

문장 따라 쓰기 | 오늘의 문장을 3번씩 따라서 쓰세요.

☐

☐

☐

스스로 영작하기 | 아래의 문장 2개를 영작해 각각 2번씩 쓰세요.

① 난 운동할 만한 기운이 충분히 없어.

☐

☐

힌트 | energy = 에너지, 기운, 활기 / exercise = 운동하다

② 나 공부할 시간이 충분치 않아.

☐

☐

힌트 | time = 시간 / study = 공부하다

영작 모범답안

① I don't have enough energy to exercise.

② I don't have enough time to study.

매일 쓰기 학습
Day 17

_____월 _____일

I'm interested in learning English.

난 영어 공부에 관심 있어.

패턴	**I'm interested in (동)명사.** = 난 ~에 관심 있다.
풀이	'be interested(관심 있다)' 뒤에 'in (동)명사'를 붙이면 '~에(~하는 것에) 관심 있다'는 뜻이 됨.
어휘	learn+명사 = ~을 배우다 / be interested in learning English = 영어를 배우는 것에 관심 있다
문장	**I'm interested in learning English.** 난 영어를 배우는 것에 관심이 있어. (= 난 영어 공부에 관심 있어.)

문장 따라 쓰기 | 오늘의 문장을 3번씩 따라서 쓰세요.

☐ _____

☐ _____

☐ _____

스스로 영작하기 | 아래의 문장 2개를 영작해 각각 2번씩 쓰세요.

① 전 파트타임직에 관심이 있어요. (= 전 파트타임직으로 일하고 싶어요.)

☐ _____

☐ _____

힌트 | **part-time position** = 파트타임직

② 전 그 아파트를 빌리는 것에 관심이 있어요. (= 전 그 아파트에 세 들고 싶어요.)

☐ _____

☐ _____

힌트 | **rent+명사** = (사용료를 내고) ~을 빌리다 / **apartment** = 아파트

영작 모범답안

① I'm interested in a part-time position.

② I'm interested in renting the apartment.

매일 쓰기 학습
Day 18

____월 ____일

I'm not interested in him at all.

난 걔한테 전혀 관심 없어.

패턴	**I'm not interested in (동)명사.** = 난 ~에 관심 없다.
풀이	'관심 없다'고 말하고 싶을 땐 'interested' 앞에 'not'을 붙여 'be not interested in ~'이라고 하면 됨.
어휘	him = 그 → be not interested in him = 그에게 관심 없다 / at all = 전혀
문장	**I'm not interested in him (at all).** 난 (전혀) 그에게 관심 없어. (= 난 걔한테 전혀 관심 없어.)

문장 따라 쓰기 | 오늘의 문장을 3번씩 따라서 쓰세요.

☐ _____

☐ _____

☐ _____

스스로 영작하기 | 아래의 문장 2개를 영작해 각각 2번씩 쓰세요.

① 걔(여자) 결혼에 관심 없어.

☐ _____

☐ _____

힌트 | **marriage** = 결혼

② 걔(남자) 너한테 관심 없어.

☐ _____

☐ _____

힌트 | **you** = 너, 당신

영작 모범답안

① She is not interested in marriage.

② He is not interested in you.

Day 19

I'm a big fan of your work.

전 당신 작품을 굉장히 좋아해요.

패턴	I'm a big fan of 명사. = 난 ~을 굉장히 좋아한다.
풀이	'be a big fan of 명사 = ~의 큰 팬이다'는 결국 '~을 굉장히 좋아한다'는 뜻으로 풀이 가능.
어휘	work = 일, 업무; 작품, 저작물 → a big fan of your work = 당신 작품의 큰 팬
문장	I'm a big fan of your work. 전 당신 작품의 큰 팬입니다. (= 전 당신 작품을 굉장히 좋아해요.)

문장 따라 쓰기 | 오늘의 문장을 3번씩 따라서 쓰세요.

☐
☐
☐

스스로 영작하기 | 아래의 문장 2개를 영작해 각각 2번씩 쓰세요.

① 걔(여자) 공포 영화를 굉장히 좋아해.

☐
☐

힌트 | horror = 공포(감) → horror movie = 공포 영화

② 걔(남자) 농구를 엄청 좋아해.

☐
☐

힌트 | basketball = 농구

영작 모범답안

① She is a big fan of horror movies.

② He is a big fan of basketball.

매일 쓰기 학습
Day 20

___월 ___일

I'm not a big fan of Chinese food.

난 중식을 별로 안 좋아해.

패턴	I'm not a big fan of 명사. = 난 ~을 별로 안 좋아한다.
풀이	'be not a big fan of 명사 = ~의 큰 팬이 아니다'는 결국 '~을 별로 안 좋아한다'는 뜻으로 풀이 가능.
어휘	Chinses = 중국의; 중국인 → Chinses food = 중국 음식, 중식
문장	I'm not a big fan of Chinses food. 난 중식의 큰 팬이 아니야. (= 난 중식을 별로 안 좋아해.)

문장 따라 쓰기 | 오늘의 문장을 3번씩 따라서 쓰세요.

☐ _____

☐ _____

☐ _____

스스로 영작하기 | 아래의 문장 2개를 영작해 각각 2번씩 쓰세요.

① 걘(여자) 매운 음식을 별로 안 좋아해.

☐ _____

☐ _____

힌트 | spicy = 매운 → spicy food = 매운 음식

② 걘(남자) 멜로 영화는 별로 안 좋아해.

☐ _____

☐ _____

힌트 | romantic = 로맨틱한, 연애의 → romantic movie = 멜로 영화, 로맨스 영화

영작 모범답안

① She is not a big fan of spicy food.

② He is not a big fan of romantic movies.

매일 쓰기 학습

Day 21

____월 ____일

I'm in the mood for a drink tonight.

나 오늘 밤 술 한잔하고 싶어.

패턴	I'm in the mood for (동)명사. = 난 ~을 할 기분이다.
풀이	'be in the mood (for ~) = (~을 위한) 기분 안에 있다'는 결국 '~을 할 기분이다'라는 뜻으로 풀이 가능.
어휘	drink = 음료; 술 (한잔); 마시다 / tonight = 오늘 밤
문장	I'm in the mood for a drink (tonight). 난 (오늘 밤) 술 한잔을 할 기분이야. (= 나 오늘 밤 술 한잔하고 싶어.)

문장 따라 쓰기 | 오늘의 문장을 3번씩 따라서 쓰세요.

☐ _____

☐ _____

☐ _____

스스로 영작하기 | 아래의 문장 2개를 영작해 각각 2번씩 쓰세요.

① 나 뭔가 매운 게 (먹고 싶은) 기분이야.

☐ _____

☐ _____

힌트 | something+형용사 = ~한 무엇, 뭔가 ~한 것 / spicy = 매운

② 나 춤추고 싶은 기분이야.

☐ _____

☐ _____

힌트 | dance = 춤추다

영작 모범답안

① I'm in the mood for something spicy.

② I'm in the mood for dancing.

Day 22

I'm not in the mood for talking.

나 얘기할 기분 아냐.

패턴	I'm not in the mood for (동)명사. = 난 ~을 할 기분이 아니다.
풀이	'~을 할 기분이 아니다'는 앞서 배운 'be in the mood for ~'에서 be동사 뒤에 'not'을 넣어 말하면 됨.
어휘	talk = 말하다 → be not in the mood for talking = 말하는 것을 할 기분이 아니다
문장	I'm not in the mood for talking. 난 말하는 것을 할 기분이 아니야. (= 나 얘기할 기분 아냐.)

문장 따라 쓰기 | 오늘의 문장을 3번씩 따라서 쓰세요.

☐
☐
☐

스스로 영작하기 | 아래의 문장 2개를 영작해 각각 2번씩 쓰세요.

① 나 농담할 기분 아니야.

☐
☐

힌트 | joke = 농담, 우스갯소리; 농담하다

② 나 파티(에 갈) 기분이 아니야.

☐
☐

힌트 | party = 파티

영작 모범답안

① I'm not in the mood for jokes.

② I'm not in the mood for a party.

매일 쓰기 학습
Day 23

_____월 _____일

I'm bored with my daily routine.

난 틀에 박힌 일상에 질렸어.

패턴	**I'm bored with (동)명사.** = 난 ~이 지루하다/질렸다.
풀이	'be bored(지루하다, 질렸다)' 뒤에 'with 명사'를 붙이면 '~이 지루하다[질렸다]'라는 뜻이 됨.
어휘	daily = 매일 일어나는, 나날의 / routine = 틀, 일상 → my daily routine = 나의 일상
문장	**I'm bored with my daily routine.** 난 내 일상에 질렸어. (= 난 틀에 박힌 일상에 질렸어.)

문장 따라 쓰기 | 오늘의 문장을 3번씩 따라서 쓰세요.

☐ _____

☐ _____

☐ _____

스스로 영작하기 | 아래의 문장 2개를 영작해 각각 2번씩 쓰세요.

① 나 내 일이 지겨워.

☐ _____

☐ _____

힌트 | **my job** = 나의 일

② 난 모든 게 다 너무 지겨워.

☐ _____

☐ _____

힌트 | **so**+형용사 = 너무 ~한 / **everything** = 모든 것

영작 모범답안

① I'm bored with my job.

② I'm so bored with everything.

___월 ___일

I'm sick and tired of his excuses.

나 걔 변명 듣는 거 지긋지긋해.

패턴	I'm sick and tired of (동)명사. = 난 ~가 지긋지긋하다.
풀이	'be sick and tired(지긋지긋하다)' 뒤에 'of (동)명사'를 붙이면 '~가 지긋지긋하다'라는 뜻이 됨.
어휘	excuse = 변명, 구실, 핑계; 변명하다 → his excuses = 그의 변명, 그가 늘어놓는 핑계
문장	I'm sick and tired of his excuses. 난 그의 변명이 지긋지긋해. (= 나 걔 변명 듣는 거 지긋지긋해.)

문장 따라 쓰기 | 오늘의 문장을 3번씩 따라서 쓰세요.

☐ _____

☐ _____

☐ _____

스스로 영작하기 | 아래의 문장 2개를 영작해 각각 2번씩 쓰세요.

① 나 네 잔소리 듣는 거 지긋지긋해.

☐ _____

☐ _____

힌트 | nagging = 잔소리하는 것 → your nagging = 너의[네가 하는] 잔소리

② 나 똑같은 음식 먹는 거 지긋지긋해.

☐ _____

☐ _____

힌트 | eat+명사 = ~을 먹다 / the same food = 똑같은 음식

영작 모범답안

① I'm sick and tired of your nagging.

② I'm sick and tired of eating the same food.

매일 쓰기 학습

Day 25

____월 ____일

I'm busy working on my project.

나 프로젝트 진행하느라 바빠.

패턴	**I'm busy 동사원형-ing. = 난 ~하느라 바쁘다.**
풀이	'be busy(바쁘다)' 뒤에 '동사원형-ing'를 붙이면 '~하면서[하느라] 바쁘다'라는 뜻이 됨.
어휘	work = 일하다 → work on 명사 = ~에 관한 일을 하다 / project = 프로젝트
문장	I'm busy working (on my project). 난 (내 프로젝트에 관한) 일을 하느라 바빠. (= 나 프로젝트 진행하느라 바빠.)

문장 따라 쓰기 | 오늘의 문장을 3번씩 따라서 쓰세요.

☐ _____

☐ _____

☐ _____

스스로 영작하기 | 아래의 문장 2개를 영작해 각각 2번씩 쓰세요.

① 나 시험 준비하느라 바빠.

☐ _____

☐ _____

힌트 | **prepare for** 명사 = ~에 (대비해) 준비하다 / **exam** = 시험

② 우리 엄마 저녁 준비하느라 바쁘셔.

☐ _____

☐ _____

힌트 | **my mom** = 나의(우리) 엄마 / **prepare dinner** = 저녁 식사를 준비하다

영작 모범답안

① I'm busy preparing for the exam.

② My mom is busy preparing dinner.

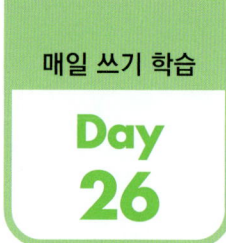

매일 쓰기 학습
Day 26

____월 ____일

I'm scared of losing my job.

나 일자리를 잃을까 봐 겁나.

패턴	I'm scare of (동)명사. = 난 ~이 두렵다[겁이 난다].
풀이	'be scared(두렵다, 겁이 나다)' 뒤에 'of (동)명사'를 붙이면 '~이 두렵다[겁이 난다]는 뜻이 됨.
어휘	lose+명사 = ~을 잃다 / my job = 나의 직장 → lose my job = 나의 직장을 잃다, 실직하다
문장	I'm scared of losing (my job). 난 (내 직장을) 잃는 것이 겁이 나. (= 나 일자리를 잃을까 봐 겁나.)

문장 따라 쓰기 | 오늘의 문장을 3번씩 따라서 쓰세요.

☐ _____

☐ _____

☐ _____

스스로 영작하기 | 아래의 문장 2개를 영작해 각각 2번씩 쓰세요.

① 난 점점 더 나이 들어 가는 게 겁나.

☐ _____

☐ _____

힌트 | get+형용사 = ~해지다 / old = 늙은, 나이 든 → older = 더 늙은[나이 든]

② 난 천둥과 번개가 무서워.

☐ _____

☐ _____

힌트 | thunder = 천둥 / lightning = 번개 / A and B = A와 B

영작 모범답안

① I'm scared of getting older.

② I'm scared of thunder and lightning.

매일 쓰기 학습 Day 27

____월 ____일

I'm satisfied with my current job.

난 지금의 내 직업에 만족해.

패턴	I'm satisfied with 명사. = 난 ~에 만족한다.
풀이	'be satisfied(만족하다)' 뒤에 'with 명사'를 붙이면 '~에 만족하다'라는 뜻이 됨.
어휘	current = 현재의, 지금의 → my current job = 나의 현재 직업
문장	I'm satisfied with my current job. 난 나의 현재 직업에 만족해. (= 난 지금의 내 직업에 만족해.)

문장 따라 쓰기 | 오늘의 문장을 3번씩 따라서 쓰세요.

☐ _____

☐ _____

☐ _____

스스로 영작하기 | 아래의 문장 2개를 영작해 각각 2번씩 쓰세요.

① 난 내 학교 생활에 만족해.

☐ _____

☐ _____

힌트 | **my school life** = 나의 학교 생활

② 난 시험 결과에 만족해.

☐ _____

☐ _____

힌트 | **test** = 시험 / **result** = 결과 → **test result** = 시험 결과

영작 모범답안

① I'm satisfied with my school life.

② I'm satisfied with the test result.

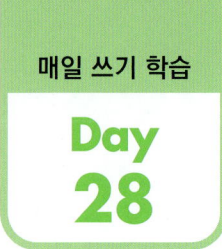

I'm impressed with your resume.

이력서가 굉장히 인상적이네요.

패턴	I'm impressed with 명사. = 난 ~에 깊은 인상을 받았다.
풀이	'be impressed(깊은 인상을 받다)' 뒤에 'with 명사'를 붙이면 '~에 깊은 인상을 받다'라는 뜻이 됨.
어휘	resume = 이력서 → your resume = 당신의 이력서
문장	I'm impressed with your resume. 전 당신의 이력서에 깊은 인상을 받았습니다. (= 이력서가 굉장히 인상적이네요.)

문장 따라 쓰기 | 오늘의 문장을 3번씩 따라서 쓰세요.

☐
☐
☐

스스로 영작하기 | 아래의 문장 2개를 영작해 각각 2번씩 쓰세요.

① 당신의 작품에 굉장히 깊은 인상을 받았어요.

☐
☐

힌트 | so+형용사 = 굉장히 ~한 / work = 일, 업무; 작품, 저작물 → your work = 당신의 작품

② 난 그 사람(남자)의 태도가 인상적이야.

☐
☐

힌트 | attitude = 태도 → his attitude = 그의(그 사람의) 태도

영작 모범답안

① I'm so impressed with your work.

② I'm impressed with his attitude.

매일 쓰기 학습

Day 29

____월 ____일

I'm looking for a new job these days.

나 요새 새 직장을 구하고 있어.

패턴	**I'm looking for 명사.** = 난 ~을 찾고 있는 중이다.
풀이	'look(찾다, 찾아보다)' 뒤에 'for 명사'를 붙이면 '~을 찾다[찾으러 다니다]'라는 뜻이 됨.
어휘	**new job** = 새로운 일[직장] / **these days** = 요즘, 근래에
문장	I'm looking for a new job (these days). 난 (요즘) 새로운 직장을 찾고 있는 중이야. (= 나 요새 새 직장을 구하고 있어.)

문장 따라 쓰기 | 오늘의 문장을 3번씩 따라서 쓰세요.

☐ _____

☐ _____

☐ _____

스스로 영작하기 | 아래의 문장 2개를 영작해 각각 2번씩 쓰세요.

① 나 원룸을 구하고 있어.

☐ _____

☐ _____

힌트 | **studio apartment** = 원룸, 오피스텔

② 저 화장실을 찾고 있는데요.

☐ _____

☐ _____

힌트 | **bathroom** = 화장실, 욕실

영작 모범답안

① I'm looking for a studio apartment.

② I'm looking for a bathroom.

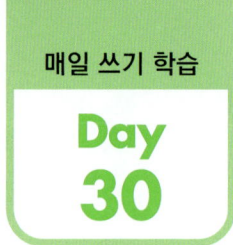

I'm looking forward to seeing you again.

다시 만나 뵙게 되길 기대합니다.

패턴	I'm looking forward to (동)명사. = 난 ~을 고대[기대]하고 있다.
풀이	'look forward to ~ = ~을 고대[기대]하다'에서 to 뒤에 동사원형이 아닌 '(동)명사'가 와야 함에 주의.
어휘	see+사람 = ~을 보다[만나다] / again = 다시 → see 사람 again = ~을 다시 보다[만나다]
문장	I'm looking forward to seeing you (again). 전 (다시) 당신을 보게 되길 기대하고 있습니다. (= 다시 만나 뵙길 기대합니다.)

문장 따라 쓰기 | 오늘의 문장을 3번씩 따라서 쓰세요.

☐

☐

☐

스스로 영작하기 | 아래의 문장 2개를 영작해 각각 2번씩 쓰세요.

① 당신과 함께 일하길 기대하고 있습니다.

☐

☐

힌트 | work with 사람 = ~와 함께 일하다

② 나 내 휴가가 기대되고 있어.

☐

☐

힌트 | my holiday = 나의 휴가

영작 모범답안

① I'm looking forward to working with you.

② I'm looking forward to my holiday.

매일 쓰기 학습
Day 31

___월 ___일

I'm waiting for my PCR test results.

나 PCR 검사 결과를 기다리고 있어.

패턴	**I'm waiting for 명사.** = 난 ~을 기다리는 중이다.
풀이	'wait = 기다리다' 뒤에 'for 명사'를 붙여서 'wait for 명사'라고 하면 '~을 기다리다'라는 뜻이 됨.
어휘	test = 시험; 검사 / result = 결과 → test results = 시험 결과, 검사 결과
문장	**I'm waiting for my PCR test results.** 나 내 PCR 검사 결과를 기다리는 중이야. (= 나 PCR 검사 결과를 기다리고 있어.)

문장 따라 쓰기 | 오늘의 문장을 3번씩 따라서 쓰세요.

☐ _____

☐ _____

☐ _____

스스로 영작하기 | 아래의 문장 2개를 영작해 각각 2번씩 쓰세요.

① 전 당신의 답변을 아직도 기다리는 중입니다.

☐ _____

☐ _____

힌트 | **still** = 아직도, 여전히 / **your reply** = 당신의 답변

② 난 알맞은 때를 기다리고 있는 중이야.

☐ _____

☐ _____

힌트 | **right** = 올바른; 정확한, 맞는 / **moment** = 순간 → **right moment** = 알맞은 때, 제때

영작 모범답안

① I'm still waiting for your reply.

② I'm waiting for the right moment.

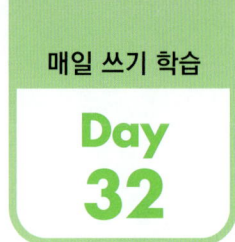

매일 쓰기 학습
Day 32

___월 ___일

I'm craving for something sweet.

나 뭔가 달달한 게 먹고 싶어.

패턴	I'm craving for 명사. = 난 ~이 당긴다[먹고 싶다].
풀이	'crave = 갈망하다, (특정 음식이) 당기다' 뒤에 'for 명사'를 붙이면 '~이 당긴다[먹고 싶다]'는 뜻이 됨.
어휘	something+형용사 = 뭔가 ~한 것 / sweet = 달콤한 → something sweet = 뭔가 달콤한 것
문장	I'm craving for something sweet. 나 뭔가 달콤한 것이 당겨. (= 나 뭔가 달달한 게 먹고 싶어.)

문장 따라 쓰기 | 오늘의 문장을 3번씩 따라서 쓰세요.

☐

☐

☐

스스로 영작하기 | 아래의 문장 2개를 영작해 각각 2번씩 쓰세요.

① 나 매운 음식이 너무 먹고 싶어.

☐

☐

힌트 | **really** = 정말, 굉장히, 너무 / **spicy** = 매운 → **spicy food** = 매운 음식

② 나 프라이드 치킨이랑 맥주가 먹고 싶어.

☐

☐

힌트 | **fried chicken** = 프라이드 치킨, 닭 튀김 / **beer** = 맥주

영작 모범답안

① I'm really craving for spicy food.

② I'm craving for fried chicken and beer.

매일 쓰기 학습
Day 33

_____월 _____일

I'm thinking about joining the team.

나 팀에 합류할까 생각 중이야.

패턴	I'm thinking about (동)명사. = 난 ~에 대해 (깊이) 생각 중이다.
풀이	'think = 생각하다' 뒤에 'about (동)명사'를 붙이면 '~에 대해 (깊이, 곰곰이) 생각하다'라는 뜻이 됨.
어휘	join+명사 = ~에 합류하다[가입하다] / team = 팀 → join the team = 팀에 합류하다
문장	I'm thinking about joining (the team). 난 (팀에) 합류하는 것에 대해 생각 중이야. (= 나 팀에 합류할까 생각 중이야.)

문장 따라 쓰기 | 오늘의 문장을 3번씩 따라서 쓰세요.

☐ _____

☐ _____

☐ _____

스스로 영작하기 | 아래의 문장 2개를 영작해 각각 2번씩 쓰세요.

① 나 복학할까 생각 중이야.

☐ _____

☐ _____

힌트 | **go back to** 장소 = ~에 돌아가다 / **school** = 학교 → **go back to school** = 복학하다

② 난 줄곧 네 생각을 하고 있어.

☐ _____

☐ _____

힌트 | **all the time** = 내내, 줄곧, 시종일관

영작 모범답안

① I'm thinking about going back to school.

② I'm thinking about you all the time.

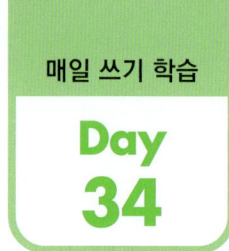

I dream of traveling all around the world.

난 세계 곳곳을 여행하는 게 꿈이야.

패턴	I dream of (동)명사. = 난 ~을 꿈꾼다[소망한다].
풀이	'dream = 꿈꾸다' 뒤에 'of (동)명사'가 붙으면 '~(이루고 싶은 것)에 대해 꿈꾸다[소망하다]'라는 뜻이 됨.
어휘	travel = 여행하다 / all around the world = 세계 각지[곳곳], 전 세계
문장	I dream of traveling (all around the world). 난 (세계 곳곳을) 여행하는 것을 꿈꿔. (= 난 세계 곳곳을 여행하는 게 꿈이야.)

문장 따라 쓰기 | 오늘의 문장을 3번씩 따라서 쓰세요.

☐
☐
☐

스스로 영작하기 | 아래의 문장 2개를 영작해 각각 2번씩 쓰세요.

① 난 의사가 되는 게 꿈이야.

☐
☐

힌트 | become+명사 = ~이 되다 / doctor = 의사

② 난 시골에 사는 게 꿈이야.

☐
☐

힌트 | live in 장소 = ~에 살다 / countryside = 시골

영작 모범답안

① I dream of becoming a doctor.

② I dream of living in the countryside.

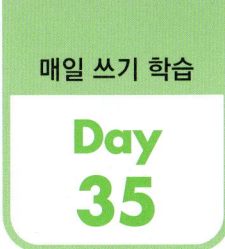

I want to know more about you.

난 너에 대해 더 많이 알고 싶어.

패턴	**I want to-동사원형.** = 난 ~하고 싶다.
풀이	'want = 원하다' 뒤에 'to-동사원형'이 오면 '~하는 것을 원하다 → ~하고 싶다'라는 뜻이 됨.
어휘	know+명사 = ~을 알다 / more about 명사 = ~에 대해 더 많은 것
문장	I want to know (more about you). 난 (너에 대해 더 많은 것을) 알고 싶어. (= 난 너에 대해 더 많이 알고 싶어.)

문장 따라 쓰기 | 오늘의 문장을 3번씩 따라서 쓰세요.

☐
☐
☐

스스로 영작하기 | 아래의 문장 2개를 영작해 각각 2번씩 쓰세요.

① 난 너랑 친구가 되고 싶어.

☐
☐

힌트 | be friends with 사람 = ~와 친구 사이이다

② 나 너에게 사과하고 싶어.

☐
☐

힌트 | apologize to 사람 = ~에게 사과하다

영작 모범답안

① I want to be friends with you.

② I want to apologize to you.

매일 쓰기 학습

Day 36

___월 ___일

I don't want to argue with you.

나 너랑 싸우기 싫어.

패턴	**I don't want to-동사원형. = 난 ~하고 싶지 않다.**
풀이	'~하고 싶지 않다'는 앞서 배운 'want to-동사원형(~하고 싶다)' 앞에 'don't'를 붙이면 됨.
어휘	argue = 다투다, 언쟁을 하다 → argue with 사람 = ~와 다투다[언쟁을 하다]
문장	I don't want to argue (with you). 난 (너와) 다투고 싶지 않아. (= 나 너랑 싸우기 싫어.)

문장 따라 쓰기 | 오늘의 문장을 3번씩 따라서 쓰세요.

☐ _____

☐ _____

☐ _____

스스로 영작하기 | 아래의 문장 2개를 영작해 각각 2번씩 쓰세요.

① 나 너를 귀찮게 하고 싶지 않아.

☐ _____

☐ _____

힌트 | bother+사람 = ~을 신경 쓰이게 하다[괴롭히다/귀찮게 하다]

② 나 시간 낭비하고 싶지 않아.

☐ _____

☐ _____

힌트 | waste+명사 = ~을 낭비하다 / my time = 나의 시간 → waste my time = 시간 낭비를 하다

영작 모범답안

① I don't want to bother you.

② I don't want to waste my time.

매일 쓰기 학습
Day 37

___월 ___일

I want you to finish it by tomorrow.

난 네가 내일까지 그걸 끝냈으면 해.

패턴	**I want you to-동사원형. = 나는 네가 ~하기를 원한다.**
풀이	상대방이 무언가 하길 원한다고 말할 경우 'want A(사람) to-동사원형 = A가 ~하길 원하다'를 사용.
어휘	finish+명사 = ~을 끝내다 / by+시점 = ~라는 시점까지 → by tomorrow = 내일까지
문장	I want you to finish it (by tomorrow). 난 네가 (내일까지) 그걸 끝마치길 원해. (= 난 네가 내일까지 그걸 끝냈으면 해.)

문장 따라 쓰기 | 오늘의 문장을 3번씩 따라서 쓰세요.

☐ _____

☐ _____

☐ _____

스스로 영작하기 | 아래의 문장 2개를 영작해 각각 2번씩 쓰세요.

① 난 네가 나한테 그만 거짓말했으면 해.

☐ _____

☐ _____

힌트 | **stop 동사원형-ing** = ~하는 것을 멈추다 / **lie to 사람** = ~에게 거짓말하다

② 난 그저 네가 행복했으면 좋겠어.

☐ _____

☐ _____

힌트 | **just+동사** = 그냥[그저] ~하다 / **be happy** = 행복하다

영작 모범답안

① I want you to stop lying to me.

② I just want you to be happy.

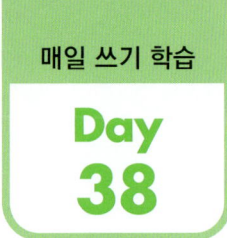

매일 쓰기 학습

You don't want to do that.

너 그렇게 하지 않는 게 좋을 거야.

패턴	You don't want to-동사원형. = 넌 ~하지 않는 게 좋을 거야.
풀이	'넌 ~하고 싶지 않다 → (하고 싶어 하지 않을 정도로 안 좋기 때문에) ~하지 말아라'라는 의미로 해석 가능.
어휘	do+명사 = ~을 하다 / that = 그것 → do that = 그것을 하다, 그렇게 하다
문장	You don't want to do (that). 넌 (그렇게) 하는 걸 원치 않아. (= 너 그렇게 하지 않는 게 좋을 거야.)

문장 따라 쓰기 | 오늘의 문장을 3번씩 따라서 쓰세요.

☐

☐

☐

스스로 영작하기 | 아래의 문장 2개를 영작해 각각 2번씩 쓰세요.

① 너 학교에 늦지 않는 게 좋을 거야.

☐

☐

힌트 | be late for 명사 = ~에 늦다[지각하다] / school = 학교

② 너 진실을 알지 않는 게 좋을 거야.

☐

☐

힌트 | know+명사 = ~을 알다 / truth = 사실, 진실

영작 모범답안

① You don't want to be late for school.

② You don't want to know the truth.

매일 쓰기 학습
Day 39

_____월 _____일

I'm trying to quit smoking.

나 담배 끊으려고 노력 중이야.

패턴	**I'm trying to-동사원형.** = **난 ~하기 위해 노력 중이다.**
풀이	'try(노력하다)' 뒤에 'to-동사원형'을 붙여 말하면 '~하기 위해 노력하다'라는 뜻이 됨.
어휘	quit+명사 = ~을 그만두다 / smoking = 담배 피는 것, 흡연
문장	**I'm trying to quit** (smoking). 난 (흡연을) 그만두기 위해 노력 중이야. (= 나 담배 끊으려고 노력 중이야.)

문장 따라 쓰기 | 오늘의 문장을 3번씩 따라서 쓰세요.

☐ _____

☐ _____

☐ _____

스스로 영작하기 | 아래의 문장 2개를 영작해 각각 2번씩 쓰세요.

① 나 살 빼려고 노력 중이야.

☐ _____

☐ _____

힌트 | lose+명사 = ~을 잃다[상실하다] / weight = 무게, 체중 → lose weight = 살을 빼다

② 나 네 관점을 이해하려고 노력 중이야.

☐ _____

☐ _____

힌트 | understand = 이해하다 / your perspective = 너의 관점[시각]

영작 모범답안

① I'm trying to lose weight.

② I'm trying to understand your perspective.

I'm planning to go to Japan next month.

난 다음 달에 일본에 갈 계획을 세우고 있어.

패턴	**I'm planning to-동사원형.** = 난 ~할 계획 중이다.
풀이	'plan = 계획하다' 뒤에 'to-동사원형'이 붙게 되면 '~하는 것을 계획하다'라는 뜻이 됨.
어휘	go to 장소 = ~에 가다 / Japan = 일본 / next month = 다음 달(에)
문장	**I'm planning to go** to Japan (next month). 난 (다음 달에) 일본에 가는 것을 계획 중이야. (= 난 다음 달에 일본에 갈 계획을 세우고 있어.)

문장 따라 쓰기 | 오늘의 문장을 3번씩 따라서 쓰세요.

☐

☐

☐

스스로 영작하기 | 아래의 문장 2개를 영작해 각각 2번씩 쓰세요.

① 난 다음 주에 우리 부모님을 방문할[보러 갈] 계획이야.

☐

☐

힌트 | visit+명사 = ~을 방문하다 / my parents = 나의(우리) 부모님 / next week = 다음 주(에)

② 난 해외 유학을 갈 계획을 세우고 있어.

☐

☐

힌트 | go abroad to study = 공부하기 위해 해외로 나가다 → 해외 유학을 가다

영작 모범답안

① I'm planning to visit my parents next week.

② I'm planning to go abroad to study.

매일 쓰기 학습
Day 41

____월 ____일

I need to change my password.

나 비밀번호 변경해야 돼.

패턴	**I need to-동사원형. = 난 ~할 필요가 있다.**
풀이	'need = 필요하다' 뒤에 'to-동사원형'이 오면 '~하는 것을 필요로 하다, ~할 필요가 있다'라는 뜻이 됨.
어휘	change+명사 = ~을 바꾸다[변경하다] / password = 암호, 비밀번호
문장	**I need to change (my password).** 난 (내 비밀번호를) 바꿀 필요가 있어. (= 나 비밀번호 변경해야 돼.)

문장 따라 쓰기 | 오늘의 문장을 3번씩 따라서 쓰세요.

☐ _____

☐ _____

☐ _____

스스로 영작하기 | 아래의 문장 2개를 영작해 각각 2번씩 쓰세요.

① 난 내 영어 실력을 향상시킬 필요가 있어.

☐ _____

☐ _____

힌트 | improve+명사 = ~을 개선하다[향상시키다] / my English = 나의 영어 (실력)

② 넌 네 태도를 좀 바꿀 필요가 있어.

☐ _____

☐ _____

힌트 | attitude = 태도 → your attitude = 너의 태도

영작 모범답안

① I need to improve my English.

② You need to change your attitude.

매일 쓰기 학습
Day 42

_____월 _____일

I forgot to bring my phone with me.

나 깜빡 잊고 전화기를 안 갖고 왔어.

패턴	I forget to-동사원형. = 난 ~하는 것을 까먹었다.
풀이	'forget = 잊다, 까먹다' 뒤에 'to-동사원형'이 오면 '~하는 것을 잊다[까먹다]'라는 뜻이 됨.
어휘	bring 물건 with me = 나와 함께 ~을 가져오다 / my phone = 나의 전화기
문장	I forgot to bring (my phone) with me. 난 나와 함께 (내 전화기를) 가져오는 걸 까먹었어. (= 나 깜빡 잊고 전화기를 안 갖고 왔어.)

문장 따라 쓰기 | 오늘의 문장을 3번씩 따라서 쓰세요.

☐ _____

☐ _____

☐ _____

스스로 영작하기 | 아래의 문장 2개를 영작해 각각 2번씩 쓰세요.

① 나 깜빡 잊고 우산을 안 가져왔어.

☐ _____

☐ _____

힌트 | **my umbrella** = 나의 우산

② 나 어젯밤에 너한테 전화한다는 걸 까먹었어.

☐ _____

☐ _____

힌트 | **call**+사람 = ~에게 전화하다 / **last night** = 어젯밤(에)

영작 모범답안

① I forgot to bring my umbrella with me.

② I forgot to call you last night.

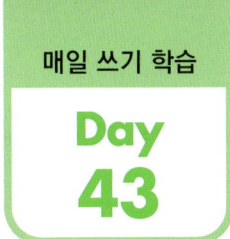

I'm supposed to meet him in 30 minutes.

나 30분 뒤에 걜 만나기로 했어.

패턴	I'm supposed to-동사원형. = 난 ~하기로 (예정)되어 있다.
풀이	위 표현은 어떠한 일을 '~하기로 예정되어 있다' 혹은 '~할 의무가 있다'는 뉘앙스로 말할 때 사용.
어휘	meet+사람 = ~을 만나다 / in 숫자 minute(s) = ~분 뒤에
문장	I'm supposed to meet him (in 30 minutes). 난 (30분 후에) 그를 만나기로 되어 있어. (= 나 30분 뒤에 걜 만나기로 했어.)

문장 따라 쓰기 | 오늘의 문장을 3번씩 따라서 쓰세요.

☐

☐

☐

스스로 영작하기 | 아래의 문장 2개를 영작해 각각 2번씩 쓰세요.

① 난 오전 9시까지 출근하기로 되어 있어(출근해야 돼).

☐

☐

힌트 | be at work = 직장에 있다 / by+시각 = ~시까지 / 9 a.m. = 오전 9시

② 나 오늘 발표하기로 되어 있어.

☐

☐

힌트 | presentation = 발표 → give a presentation = 발표를 하다 / today = 오늘

영작 모범답안

① I'm supposed to be at work by 9 a.m.

② I'm supposed to give a presentation today.

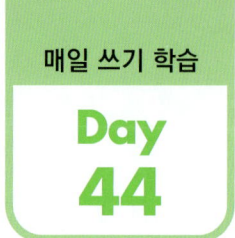

I'm not supposed to tell you this.

나 너한테 이거 말하면 안 되거든.

패턴	I'm not supposed to-동사원형. = 난 ~해선 안 되는 걸로 되어 있다.
풀이	'be supposed to-동사원형'에 not을 넣어 말하면 '~해선 안 되는 걸로 [예정]되어 있다'라는 뜻이 됨.
어휘	tell 사람 A(명사) = ~에게 A(라는 사실)을 말하다
문장	I'm not supposed to tell you (this). 난 너에게 (이걸) 말해선 안 되는 걸로 되어 있어. (= 나 너한테 이거 말하면 안 되거든.)

문장 따라 쓰기 | 오늘의 문장을 3번씩 따라서 쓰세요.

스스로 영작하기 | 아래의 문장 2개를 영작해 각각 2번씩 쓰세요.

① 나 지금 여기 있으면 안 되거든.

힌트 | be here = 여기에 있다[오다] / now = 지금

② 낯선 사람들한테서 뭐 받으면 안 되거든.

힌트 | take+물건 = ~을 받다 / stuff = 물건, 것(들) / from strangers = 낯선 사람들로부터

영작 모범답안

① I'm not supposed to be here now.

② I'm not supposed to take stuff from strangers.

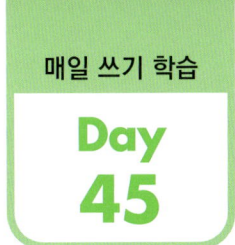

You were supposed to be here by 1 p.m.

너 오후 1시까지 여기 오기로 했었잖아.

패턴	**You were supposed to-동사원형.** = 넌 ~하기로 (예정)되어 있었다.
풀이	'was/were supposed to-동사원형'은 '(과거 시점에) ~하기로 (예정)되어 있었다'라는 의미로 쓰임.
어휘	**be here** = 여기에 있다[오다] / **by+시각** = ~시까지 / **1 p.m.** = 오후 1시
문장	**You were supposed to be here (by 1 p.m.)** 넌 (오후 1시까지) 여기 오기로 돼 있었어. (= 너 오후 1시까지 여기 오기로 했었잖아.)

문장 따라 쓰기 | 오늘의 문장을 3번씩 따라서 쓰세요.

☐ _____

☐ _____

☐ _____

스스로 영작하기 | 아래의 문장 2개를 영작해 각각 2번씩 쓰세요.

① 너 어젯밤에 나한테 전화하기로 했었잖아.

☐ _____

☐ _____

힌트 | **call+사람** = ~에게 전화하다 / **last night** = 어젯밤(에)

② 너 걔(남자)를 계속 지켜보고 있기로 했었잖아.

☐ _____

☐ _____

힌트 | **keep an eye on 명사** = ~을 감시하다[계속 지켜보다]

영작 모범답안

① You were supposed to call me last night.

② You were supposed to keep an eye on him.

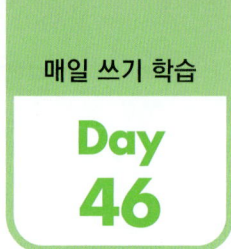

You are not allowed to take pictures here.

여기서 사진 찍으시면 안 됩니다.

패턴	You are not allowed to-동사원형. = 넌 ~하는 것이 허용되지 않는다.
풀이	'be not allowed = 허용되지 않다' 뒤에 'to-동사원형'이 오면 '~하는 것이 허용되지 않는다'라는 뜻이 됨.
어휘	picture = 사진 → take pictures = 사진을 찍다 / here = 여기(서)
문장	You are not allowed to take pictures (here). 여러분은 (여기서) 사진 찍는 것이 허용되지 않습니다. (= 여기서 사진 찍으시면 안 됩니다.)

문장 따라 쓰기 | 오늘의 문장을 3번씩 따라서 쓰세요.

☐ _____

☐ _____

☐ _____

스스로 영작하기 | 아래의 문장 2개를 영작해 각각 2번씩 쓰세요.

① 이 건물 내에선 담배를 피우시면 안 됩니다.

☐ _____

☐ _____

힌트 | smoke = 담배를 피우다, 흡연하다 / in this building = 이 건물 내에서

② 이 페이지에 접속하실 수 없습니다.

☐ _____

☐ _____

힌트 | access+장소 = ~에 접근[접속/접촉]하다 / page = (종이로 된; 컴퓨터 화면의) 페이지

영작 모범답안

① You are not allowed to smoke in this building.

② You are not allowed to access this page.

I can show you how to do it.

내가 너에게 이걸 어떻게 하는지 보여 줄 수 있어.

패턴	**I can 동사원형. = 난 ~할 수 있다.**
풀이	'can'은 동사 앞에 붙어서 '~할 수 있다'라는 '능력'의 뉘앙스를 더해 주는 조동사.
어휘	show 사람 A(명사) = ~에게 A를 보여 주다 / how to-동사원형 = ~하는 (방)법, 어떻게 ~하는지
문장	I can show you (how to do it). 내가 너에게 (이걸 어떻게 하는지) 보여 줄 수 있어.

문장 따라 쓰기 | 오늘의 문장을 3번씩 따라서 쓰세요.

☐

☐

☐

스스로 영작하기 | 아래의 문장 2개를 영작해 각각 2번씩 쓰세요.

① 내가 너한테 다 설명할 수 있어.

☐

☐

힌트 | explain A(명사) to 사람 = ~에게 A를 설명하다 / the whole thing = 모든 것[일], 전부

② 나 혼자 해낼 수 있어.

☐

☐

힌트 | manage = 해내다, 다루다 / on my own = 혼자서, 스스로

영작 모범답안

① I can explain the whole thing to you.

② I can manage on my own.

매일 쓰기 학습

Day 48

___월 ___일

I can't find my bag anywhere.

나 내 가방을 어디에서도 못 찾겠어.

패턴	I can't 동사원형. = 난 ~할 수 없다.
풀이	'can't(cannot) 동사원형'이라고 하면 '~할 수 없다'는 뜻의 '무능력'의 뉘앙스로 말하는 표현이 됨.
어휘	find+명사 = ~을 찾다 / my bag = 나의 가방 / anywhere = 어디에(서도)
문장	I can't find my bag (anywhere). 나 (어디에서도) 내 가방을 찾을 수가 없어. (= 나 내 가방을 어디에서도 못 찾겠어.)

문장 따라 쓰기 | 오늘의 문장을 3번씩 따라서 쓰세요.

☐ _____

☐ _____

☐ _____

스스로 영작하기 | 아래의 문장 2개를 영작해 각각 2번씩 쓰세요.

① 미안한데 네 목소리가 제대로 안 들려.

☐ _____

☐ _____

힌트 | I'm sorry I can't 동사원형 = 내가 ~할 수 없어 미안하다 / hear 사람 well = ~의 말을 제대로 듣다

② 나 더 이상은 걔(남자) 감당 못하겠어.

☐ _____

☐ _____

힌트 | stand+명사 = ~을 참다[견디다] / anymore = 더 이상

영작 모범답안

① I'm sorry I can't hear you well.

② I can't stand him anymore.

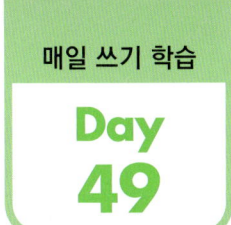

You can stay here as long as you want.

네가 있고 싶은 만큼 여기 있어도 돼.

패턴	**You can 동사원형.** = 넌 ~해도 된다.
풀이	'can+동사원형'은 '능력' 외에도 '~해도 된다'는 '허락'의 뉘앙스로 말할 때에도 사용 가능.
어휘	stay = 머물다[있다] / here = 여기(에) / as long as (you want) = (네가 원하는) 만큼 오래
문장	You can stay here (as long as you want). 넌 (네가 원하는 만큼 오래) 여기 있어도 돼. (= 네가 있고 싶은 만큼 여기 있어도 돼.)

문장 따라 쓰기 | 오늘의 문장을 3번씩 따라서 쓰세요.

☐ _____

☐ _____

☐ _____

스스로 영작하기 | 아래의 문장 2개를 영작해 각각 2번씩 쓰세요.

① 네가 원할 때 언제든 내게 전화해도 돼.

☐ _____

☐ _____

힌트 | call+사람 = ~에게 전화하다 / **anytime** you want = 네가 원하는 어느 때든[언제든]

② 원하신다면 가셔도 됩니다.

☐ _____

☐ _____

힌트 | **go** = 가다 / **if** 주어+동사 = 주어가 ~한다면 → **if you want** = 네가 원한다면

영작 모범답안

① You can call me anytime you want.

② You can go if you want to.

매일 쓰기 학습

Day 50

____월 ____일

You can't smoke in the hotel room.

호텔 객실 내에서 흡연하실 수 없습니다.

패턴	You can't 동사원형. = 넌 ~하면 안 된다.
풀이	'can't+동사원형'은 '~하면 안 된다'라는 뜻의 '금지'의 뉘앙스로 말할 때에 사용.
어휘	smoke = 담배를 피우다, 흡연하다 / in the hotel room = 호텔 객실 내에서
문장	You can't smoke (in the hotel room). 당신은 (호텔 객실 내에서) 흡연하면 안 됩니다. (= 호텔 객실 내에서 흡연하실 수 없습니다.)

문장 따라 쓰기 | 오늘의 문장을 3번씩 따라서 쓰세요.

☐ _____
☐ _____
☐ _____

스스로 영작하기 | 아래의 문장 2개를 영작해 각각 2번씩 쓰세요.

① 여기에 차를 주차하시면 안 됩니다.

☐ _____
☐ _____

힌트 | park your car = 당신의 차를 주차하다 / here = 여기(에)

② 여기 들어오시면 안 됩니다.

☐ _____
☐ _____

힌트 | come in+장소 = ~에 들어오다

영작 모범답안

① You can't park your car here.

② You can't come in here.

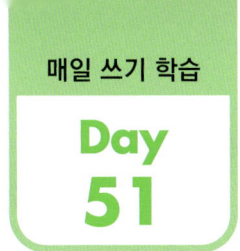

I have to work overtime today.

나 오늘 야근해야 돼.

패턴	**I have to 동사원형. = 난 ~해야 한다.**
풀이	'have to-동사원형'은 '~해야 한다'는 뜻의 '의무'의 뉘앙스로 말할 때에 사용.
어휘	work = 일하다 / overtime = 초과 근무, 야근 → work overtime = 야근하다 / today = 오늘
문장	I have to work overtime (today). 나 (오늘) 야근해야 돼.

문장 따라 쓰기 | 오늘의 문장을 3번씩 따라서 쓰세요.

☐
☐
☐

스스로 영작하기 | 아래의 문장 2개를 영작해 각각 2번씩 쓰세요.

① 나 오늘 밤엔 일찍 자야 돼.

☐
☐

힌트 | go to bed = 침대로 가다 → 자러 가다, 자다 / early = 일찍 / tonight = 오늘 밤(에)

② 그 책 금요일까지 반납하셔야 됩니다.

☐
☐

힌트 | return+물건 = ~을 돌려주다[반납하다] / book = 책 / by+때 = ~까지 / Friday = 금요일

영작 모범답안

① I have to go to bed early tonight.

② You have to return the book by Friday.

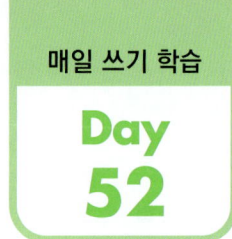

매일 쓰기 학습

Day 52

___월 ___일

I don't have to explain myself to you.

난 너에게 내 입장을 설명할 필요가 없어.

패턴	I don't have to 동사원형. = 난 ~하지 않아도 된다.
풀이	'don't have to-동사원형'은 '~하면 안 된다'가 아니라 '~하지 않아도 된다'라는 뉘앙스로 사용.
어휘	explain+명사 = ~을 설명하다 / myself = 나 자신 → explain myself to 사람 = ~에게 내 입장을 설명하다
문장	I don't have to explain myself (to you). 난 (너에게) 내 입장을 설명하지 않아도 돼. (= 난 너에게 내 입장을 설명할 필요가 없어.)

문장 따라 쓰기 | 오늘의 문장을 3번씩 따라서 쓰세요.

☐ _____

☐ _____

☐ _____

스스로 영작하기 | 아래의 문장 2개를 영작해 각각 2번씩 쓰세요.

① 나 오늘 출근 안 해도 돼.

☐ _____

☐ _____

힌트 | go to work = 일하러 가다, 출근하다 / today = 오늘

② 넌 살 뺄 필요 없어.

☐ _____

☐ _____

힌트 | lose+명사 = ~을 잃다[상실하다] / weight = 무게, 체중 → lose weight = 살을 빼다

영작 모범답안

① I don't have to go to work today.

② You don't have to lose weight.

You must keep your promise.

너 약속 꼭 지켜야 돼.

패턴	**You must 동사원형.** = **넌 반드시 ~해야 한다.**
풀이	'must+동사원형'은 '반드시 ~해야 한다'는 강한 어조의 '의무'를 나타내는 뉘앙스로 사용.
어휘	keep+명사 = ~을 유지하다[지키다] / promise = 약속 → keep your promise = 너의 약속을 지키다
문장	You must keep (your promise). 넌 (네 약속을) 반드시 지켜야 해. (= 너 약속 꼭 지켜야 돼.)

문장 따라 쓰기 | 오늘의 문장을 3번씩 따라서 쓰세요.

☐

☐

☐

스스로 영작하기 | 아래의 문장 2개를 영작해 각각 2번씩 쓰세요.

① 너 의사가 해 준 조언을 꼭 따라야 해.

☐

☐

힌트 | **follow+명사** = ~을 따르다 / **doctor's advice** = 의사의 조언[권고]

② 당신은 당신 아이를 반드시 계속 지켜봐야 합니다.

☐

☐

힌트 | **keep an eye on 명사** = ~을 감시하다[계속 지켜보다] / **child** = 아이; 자녀

영작 모범답안

① You must follow the doctor's advice.

② You must keep an eye on your child.

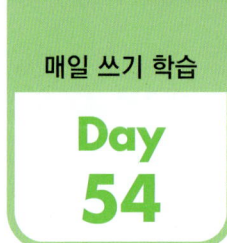

You must not forget to call me.

너 나한테 전화하는 거 절대 까먹으면 안 돼.

패턴	You must not 동사원형. = 넌 ~해선 절대 안 된다.
풀이	'must not+동사원형'은 '~해선 절대 안 된다'는 강한 어조의 '금지'를 나타내는 뉘앙스로 사용.
어휘	forget to-동사원형 = ~하는 것을 잊다[까먹다] / call+사람 = ~에게 전화하다
문장	You must not forget (to call me). 넌 (내게 전화하는 걸) 잊어서는 절대 안 돼. (= 너 나한테 전화하는 거 절대 까먹으면 안 돼.)

문장 따라 쓰기 | 오늘의 문장을 3번씩 따라서 쓰세요.

☐
☐
☐

스스로 영작하기 | 아래의 문장 2개를 영작해 각각 2번씩 쓰세요.

① 면허증 없이는 절대 운전해선 안 됩니다.

☐
☐

힌트 | drive = 운전하다 / without+명사 = ~없이 / license = 면허[자격]증

② 공공장소에선 절대 담배를 피워선 안 됩니다.

☐
☐

힌트 | smoke = 담배를 피우다, 흡연하다 / in public places = 공공장소들 내에서

영작 모범답안

① You must not drive without a license.

② You must not smoke in public places.

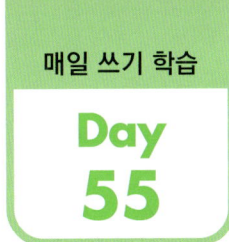

매일 쓰기 학습
Day 55

___월 ___일

You must be tired after your long journey.

너 긴 여행에서 돌아와 피곤하겠다.

패턴	**You must be 형용사. = 넌 ~인 것이 틀림없다.**
풀이	'must be 형용사'는 '~인 것이 틀림없다'는 뜻의 '확신'의 뉘앙스로 말할 때에 사용.
어휘	tired = 피곤한 / after+명사 = ~후에 / your long journey = 너의 긴 여행[여정]
문장	You must be tired (after your long journey). 너는 (네 긴 여정 후) 피곤할 것이 틀림없어. (= 너 긴 여행에서 돌아와 피곤하겠다.)

문장 따라 쓰기 | 오늘의 문장을 3번씩 따라서 쓰세요.

☐ _____

☐ _____

☐ _____

스스로 영작하기 | 아래의 문장 2개를 영작해 각각 2번씩 쓰세요.

① 너 요즘 엄청 바쁘겠다.

☐ _____

☐ _____

힌트 | **(very) busy** = (매우) 바쁜 / **these days** = 요즘, 근래에

② 아드님이 무척 자랑스러우시겠어요.

☐ _____

☐ _____

힌트 | **(very) proud of 명사** = ~이 (매우) 자랑스러운 / **your son** = 당신의 아들

영작 모범답안

① You must be very busy these days.

② You must be very proud of your son.

매일 쓰기 학습
Day 56

_____월 _____일

I'm sure he must be around here somewhere.

걔 분명 이 근처 어딘가에 있을 거라 장담해.

패턴	I'm sure A must 동사원형. = 난 A가 ~한 게 틀림없다고 확신한다.
풀이	'I'm sure 문장 = ~인 걸 확신하다'라는 표현을 쓰면 좀 더 강한 확신의 뉘앙스로 말할 수 있음.
어휘	be around here (somewhere) = (어딘가) 이 근처에 있다
문장	I'm sure he must be around here somewhere. 난 그가 어딘가 이 근처에 있는 게 틀림없다고 확신해. (= 걔 분명 이 근처 어딘가에 있을 거라 장담해.)

문장 따라 쓰기 | 오늘의 문장을 3번씩 따라서 쓰세요.

☐ _____

☐ _____

☐ _____

스스로 영작하기 | 아래의 문장 2개를 영작해 각각 2번씩 쓰세요.

① 내 보기에 너 엄청 배고플 게 분명해.

☐ _____

☐ _____

힌트 | really+형용사 = 매우(엄청) ~한 / hungry = 배고픈

② 그분들이 분명 널 자랑스럽게 여길 거라 장담해.

☐ _____

☐ _____

힌트 | be (very) proud of 명사 = ~을 (매우) 자랑스럽게 여기다

영작 모범답안

① I'm sure you must be really hungry.

② I'm sure they must be very proud of you.

I might be able to help you.

내가 널 도와줄 수 있을 것 같아.

패턴	I might be able to 동사원형. = 난 ~할 수 있을지도 모른다.
풀이	위 표현은 'might+동사원형(~할지 모른다)'에 'be able to-동사원형(~할 수 있다)'가 합해진 표현.
어휘	help+사람 = ~을 돕다 → help you = 너를 돕다, 너에게 도움을 주다
문장	I might be able to help (you). 내가 (너를) 도울 수 있을지도 몰라. (= 내가 널 도와줄 수 있을 것 같아.)

문장 따라 쓰기 | 오늘의 문장을 3번씩 따라서 쓰세요.

☐

☐

☐

스스로 영작하기 | 아래의 문장 2개를 영작해 각각 2번씩 쓰세요.

① 내가 인맥을 좀 동원할 수 있을 것 같아.

☐

☐

힌트 | pull a few strings = 인맥을 동원하다, 백을 쓰다

② 네 질문에 답을 줄 수 있을 것 같아.

☐

☐

힌트 | answer+명사 = ~에 (대)답하다 / question = 질문 → answer your questions = 네 질문에 답하다

영작 모범답안

① I might be able to pull a few strings.

② I might be able to answer your questions.

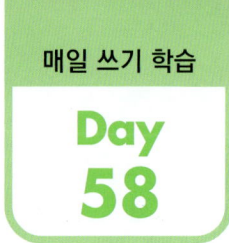

매일 쓰기 학습
Day 58

___월 ___일

I might not be able to join the meeting.

저 회의에 참석 못할지도 몰라요.

패턴	I might not be able to 동사원형. = 난 ~할 수 없을지도 모른다.
풀이	위 표현은 'might not+동사원형(~하지 않을지 모른다)'에 'be able to-동사원형'이 합해진 표현.
어휘	join+명사 = ~에 합류하다[함께하다] / meeting = 회의
문장	I might not be able to join (the meeting). 전 (회의에) 합류할 수 없을지도 몰라요. (= 저 회의에 참석 못할지도 몰라요.)

문장 따라 쓰기 | 오늘의 문장을 3번씩 따라서 쓰세요.

☐ _____

☐ _____

☐ _____

스스로 영작하기 | 아래의 문장 2개를 영작해 각각 2번씩 쓰세요.

① 나 내일 못 올 수도 있어.

☐ _____

☐ _____

힌트 | come = 오다 / tomorrow = 내일

② 나 그거 시간 안에 끝내지 못할 수도 있어.

☐ _____

☐ _____

힌트 | finish+명사 = ~을 끝내다[마무리하다] / in time = (정해진) 시간 내에

영작 모범답안

① I might not be able to come tomorrow.

② I might not be able to finish it in time.

You should tell him the truth.

너 걔한테 사실대로 말해야 돼.

패턴	**You should 동사원형. = 넌 ~해야 한다.**
풀이	'should+동사원형'은 '~하는 것이 좋다, ~해야 한다'는 '권고/권유'의 뉘앙스로 말할 때 사용.
어휘	tell 사람 A(명사) = ~에게 A를 말하다 / truth = 진실, 사실
문장	You should tell him (the truth). 넌 그에게 (진실을) 말해야 해. = (너 걔한테 사실대로 말해야 돼.)

문장 따라 쓰기 | 오늘의 문장을 3번씩 따라서 쓰세요.

☐ _____

☐ _____

☐ _____

스스로 영작하기 | 아래의 문장 2개를 영작해 각각 2번씩 쓰세요.

① 넌 잠 좀 충분히 자야 돼.

☐ _____

☐ _____

힌트 | get enough sleep = 충분한 수면을 취하다 → 잠을 충분히 자다

② 너 다음 번에 좀 더 조심해야 돼.

☐ _____

☐ _____

힌트 | be careful = 조심하다 → be more careful = 좀 더 조심하다 / next time = 다음 번(에)

영작 모범답안

① You should get enough sleep.

② You should be more careful next time.

매일 쓰기 학습
Day 60

___월 ___일

You shouldn't say things like that.

너 그런 말 하면 안 돼.

패턴	You shouldn't 동사원형. = 넌 ~하지 말아야 한다.
풀이	'shouldn't(should not) 동사원형'은 '~하지 않는 것이 좋다, ~하지 말아야 한다'는 뉘앙스로 말할 때 사용.
어휘	say+명사 = ~을 말하다 / things like 명사 = ~와 같은 것들
문장	You shouldn't say things (like that). 넌 (그와 같은) 것들을 말하지 말아야 한다. (= 너 그런 말 하면 안 돼.)

문장 따라 쓰기 | 오늘의 문장을 3번씩 따라서 쓰세요.

☐ _____

☐ _____

☐ _____

스스로 영작하기 | 아래의 문장 2개를 영작해 각각 2번씩 쓰세요.

① 너 과식하지 않는 게 좋아.

☐ _____

☐ _____

힌트 | eat = 먹다 / too much = 너무 많은[많이] → eat too much = 과식하다

② 너 이 기회를 놓쳐선 안 돼.

☐ _____

☐ _____

힌트 | miss = 놓치다 / opportunity = 기회

영작 모범답안

① You shouldn't eat too much.

② You shouldn't miss this opportunity.

매일 쓰기 학습
Day 61

___월 ___일

I think I should get going now.

나 지금 가야 될 것 같아.

패턴	I think I should 동사원형. = 내 생각에 난 ~해야 한다.
풀이	'내 자신이 어떤 것을 하는 게 좋겠다'고 스스로에 대한 의견을 나타낼 때 위와 같은 표현을 사용.
어휘	get going = 떠나다, 출발하다 / now = 지금
문장	I think I should get going (now). 내 생각에 난 (지금) 떠나야 돼. (= 나 지금 가야 될 것 같아.)

문장 따라 쓰기 | 오늘의 문장을 3번씩 따라서 쓰세요.

☐ _____

☐ _____

☐ _____

스스로 영작하기 | 아래의 문장 2개를 영작해 각각 2번씩 쓰세요.

① 나 오늘 밤엔 일찍 자야 될 것 같아.

☐ _____

☐ _____

힌트 | go to bed = 침대로 가다 → 자러 가다, 자다 / early = 일찍 / tonight = 오늘 밤(에)

② 나 술을 끊어야 될 것 같아.

☐ _____

☐ _____

힌트 | quit+명사 = ~을 그만두다 / drinking = 술 마시는 것, 음주

영작 모범답안

① I think I should go to bed early tonight.

② I think I should quit drinking.

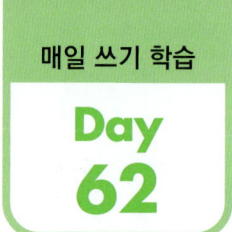

___월 ___일

I think you should go see a doctor.

너 의사한테 가 보는 게 좋을 것 같아.

패턴	I think you should 동사원형. = 내 생각에 넌 ~해야 한다.
풀이	상대방에게 '네가 어떤 것을 하는 게 좋겠다'는 권유의 의견을 내비칠 때 위와 같은 표현을 사용.
어휘	go see a doctor = 의사를 보러 가다 → 의사에게 진찰을 받으러 가다
문장	I think you should go see (a doctor). 내 생각에 넌 (의사를) 보러 가야 돼. (= 너 의사한테 가 보는 게 좋을 것 같아.)

문장 따라 쓰기 | 오늘의 문장을 3번씩 따라서 쓰세요.

☐ _____

☐ _____

☐ _____

스스로 영작하기 | 아래의 문장 2개를 영작해 각각 2번씩 쓰세요.

① 너 걔(남자)한테 사과해야 될 것 같아.

☐ _____

☐ _____

힌트 | apologize to 사람 = ~에게 사과하다

② 내 생각에 넌 네 스스로를 자랑스럽게 여겨야 돼.

☐ _____

☐ _____

힌트 | be proud of 명사 = ~을 자랑스럽게 여기다 / yourself = 너 자신

영작 모범답안

① I think you should apologize to him.

② I think you should be proud of yourself.

매일 쓰기 학습

Day 63

_____월 _____일

It is a pleasure to meet you.

만나 뵙게 되어 기쁩니다.

패턴	**It is a pleasure to-동사원형.** = ~하게 되어 **기쁘다**.
풀이	영어에선 주어가 길어지면 주어를 'to-동사원형'로 만들어 문장 뒤로 보내고 가짜 주어 'It'으로 문장을 시작.
어휘	pleasure = 기쁨, 즐거움 / meet+사람 = ~을 만나다
문장	It is a pleasure to meet you. 당신을 만난 것은 기쁨입니다. (= 만나 뵙게 되어 기쁩니다.)

문장 따라 쓰기 | 오늘의 문장을 3번씩 따라서 쓰세요.

☐
☐
☐

스스로 영작하기 | 아래의 문장 2개를 영작해 각각 2번씩 쓰세요.

① 당신과 함께 일하게 되어 기쁩니다.

☐
☐

힌트 | work with 사람 = ~와 함께 일하다

② 이 자리에 있게 되어 매우 기쁩니다.

☐
☐

힌트 | great pleasure = 대단한 기쁨[즐거움] / be here = 이곳에 있다[오다]

영작 모범답안

① It is a pleasure to work with you.

② It is a great pleasure to be here.

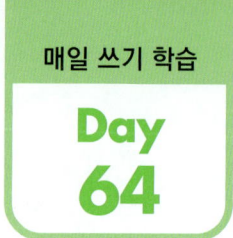

It is a pity
that you can't stay longer.

더 오래 못 계신다니 아쉽네요.

패턴	It is a pity that 문장. = ~이라서 아쉽다[애석하다].
풀이	긴 주어를 'that+문장'의 형태로 만들어 문장 뒤로 보내고 가짜 주어 'It'으로 문장을 시작하는 것도 가능.
어휘	pity = 유감, 애석함 / stay = 머물다[있다] / longer = 더 길게[오래]
문장	It is a pity that you can't stay longer. 당신이 더 오래 머물 수 없다는 것이 애석합니다. (= 더 오래 못 계신다니 아쉽네요.)

문장 따라 쓰기 | 오늘의 문장을 3번씩 따라서 쓰세요.

스스로 영작하기 | 아래의 문장 2개를 영작해 각각 2번씩 쓰세요.

① 네가 파티에 못 온다니 아쉽다.

힌트 | come to 장소 = ~에 오다 / party = 파티

② 네가 지금 우리랑 여기 같이 있지 않아서 아쉬워.

힌트 | be here with 사람 = ~와 함께 이곳에 있다 / now = 지금

영작 모범답안

① It is a pity that you can't come to the party.

② It is a pity that you are not here with us now.

매일 쓰기 학습
Day 65

_____월 _____일

It would be nice to live in the countryside.

시골에 살면 좋을 것 같아.

패턴	**It would be nice to-동사원형. = ~하면 좋을 것이다.**
풀이	'would+동사원형(~일/할 것이다)'을 써서 말하면 앞으로 어떻게 될 것인지 '추측/상상'하는 표현이 됨.
어휘	nice = 좋은; 멋진 / live in 장소 = ~에 살다 / countryside = 시골
문장	It would be nice to live in the countryside. 시골에 사는 것은 좋을 것이다. (= 시골에 살면 좋을 것 같아.)

문장 따라 쓰기 | 오늘의 문장을 3번씩 따라서 쓰세요.

☐ _____

☐ _____

☐ _____

스스로 영작하기 | 아래의 문장 2개를 영작해 각각 2번씩 쓰세요.

① 남자 친구가 있으면 좋을 것 같아.

☐ _____

☐ _____

힌트 | **boyfriend** = 남자 친구 → **have a boyfriend** = 남자 친구가 있다

② 널 다시 만나게 된다면 좋을 거야.

☐ _____

☐ _____

힌트 | **see** 사람 **again** = ~을 다시 보다[만나다]

영작 모범답안

① It would be nice to have a boyfriend.

② It would be nice to see you again.

매일 쓰기 학습
Day 66

_____월 _____일

It would be better to book the hotel in advance.

호텔을 미리 예약해 두는 게 더 좋을 것 같아요.

패턴	**It would be better to-동사원형.** = ~하는 게 더 좋을[나을] 것이다.
풀이	여러 가지 옵션 중 '~하는 게 더 좋을[나을] 것이다'라는 의견을 나타낼 때 위와 같은 표현을 사용.
어휘	book+명사 = ~을 예약하다 → book the hotel = 호텔을 예약하다 / in advance = 미리, 사전에
문장	It would be better to book the hotel in advance. 호텔을 미리 예약하는 게 더 좋을 거예요. (= 호텔을 미리 예약해 두는 게 더 좋을 것 같아요.)

문장 따라 쓰기 | 오늘의 문장을 3번씩 따라서 쓰세요.

☐ _____
☐ _____
☐ _____

스스로 영작하기 | 아래의 문장 2개를 영작해 각각 2번씩 쓰세요.

① 내일까지 기다려 보는 게 더 좋을 것 같아요.

☐ _____
☐ _____

힌트 | **wait until** 시점 = ~일 때까지 기다리다 / **tomorrow** = 내일

② 다른 메뉴를 선택하는 게 더 나을 것 같아.

☐ _____
☐ _____

힌트 | **choose**+명사 = ~을 선택하다 / **another dish** = 다른 요리[메뉴]

영작 모범답안

① It would be better to wait until tomorrow.

② It would be better to choose another dish.

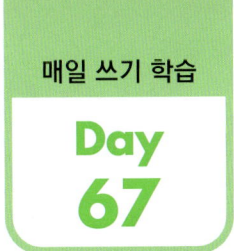

It is very kind of you to help me.

날 도와줘서 너무 고마워.

패턴	It is very kind (of you) to-동사원형. = ~해 주다니 (넌) 정말 친절하다.
풀이	위 표현은 '~해 주다니 넌 정말 친절하다 → ~해 줘서 너무 고마워'라는 뉘앙스로 사용 가능.
어휘	(very) kind = (매우/정말) 친절한 / help+사람 = ~을 도와주다
문장	It is very kind (of you) to help me. 나를 도와주다니 (넌) 정말 친철하구나. (= 날 도와줘서 너무 고마워.)

문장 따라 쓰기 | 오늘의 문장을 3번씩 따라서 쓰세요.

☐

☐

☐

스스로 영작하기 | 아래의 문장 2개를 영작해 각각 2번씩 쓰세요.

① 그렇게 말해 줘서 너무 고마워.

☐

☐

힌트 | say = 말하다 → say so = 그렇게 말하다

② 네 파티에 날 초대해 줘서 너무 고마워.

☐

☐

힌트 | invite 사람 to 행사 = ~에 ~을 초대하다 / your party = 너의 파티

영작 모범답안

① It is very kind of you to say so.

② It is very kind of you to invite me to your party.

매일 쓰기 학습
Day 68

____월 ____일

It is difficult for me to wake up early.

난 일찍 일어나기가 힘들어.

패턴	**It is difficult (for me) to-동사원형.** = ~하는 건 (내게) 어렵다/힘들다.
풀이	'~하는 것(to-동사원형)이 내게 ~하다(It is 형용사)'고 말할 땐 'It is 형용사 for me to-동사원형'이라고 표현.
어휘	difficult = 어려운, 힘든 / wake up = 일어나다 / early = 일찍
문장	**It is difficult (for me) to wake up early.** 일찍 일어나는 건 (내게) 어려워. (= 난 일찍 일어나기가 힘들어.)

문장 따라 쓰기 | 오늘의 문장을 3번씩 따라서 쓰세요.

☐ _____

☐ _____

☐ _____

스스로 영작하기 | 아래의 문장 2개를 영작해 각각 2번씩 쓰세요.

① 난 친구를 사귀기가 힘들어.

☐ _____

☐ _____

힌트 | **make friends** = 친구를 만들다[사귀다]

② 난 영어를 배우는 게 어려워.

☐ _____

☐ _____

힌트 | **learn+명사** = ~을 배우다 / **English** = 영어

영작 모범답안

① It is difficult for me to make friends.

② It is difficult for me to learn English.

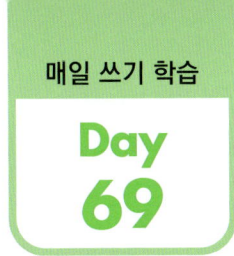

It takes about two hours to get there.

거기 가는 데 두 시간 정도 걸려.

패턴	**It takes to-동사원형.** = ~하는 데엔 ~만큼의 시간이 걸린다.
풀이	'~만큼의 시간이 걸린다'라고 말할 땐 take 동사를 써서 'take 시간 = ~만큼의 시간이 걸린다'라고 표현.
어휘	about+시간 = 약 ~시간 / two hours = 두 시간 / get there = 그곳에 도착하다[당도하다]
문장	It takes about two hours to get there. 그곳에 가는 데엔 약 두 시간이 걸려. (= 거기 가는 데 두 시간 정도 걸려.)

문장 따라 쓰기 | 오늘의 문장을 3번씩 따라서 쓰세요.

☐ _____

☐ _____

☐ _____

스스로 영작하기 | 아래의 문장 2개를 영작해 각각 2번씩 쓰세요.

① 출근하는 데 한 시간 정도 걸려.

☐ _____

☐ _____

힌트 | **an hour** = 한 시간 / **get to work** = 직장에 가다 → 출근하다

② 오래된 습관을 바꾸는 데엔 시간이 필요해요(걸려요).

☐ _____

☐ _____

힌트 | **take time** = 시간이 걸리다 / **change** = 바꾸다, 변경하다 / **your old habits** = 너의 오래된 습관들

영작 모범답안

① It takes about an hour to get to work.

② It takes time to change your old habits.

매일 쓰기 학습
Day 70

___월 ___일

It took me an hour to read ten pages.

난 10페이지 읽는 데 한 시간이 걸렸어.

패턴	**It took me to-동사원형. = ~하는 것이 내겐 ~만큼의 시간이 걸렸다.**
풀이	'take+사람+시간'이라고 하면 '~(라는 사람)에게 ~만큼의 시간이 걸린다'라는 뜻의 표현이 됨.
어휘	took = take 동사의 과거형 / read+명사 = ~을 읽다 / 숫자+page(s) = ~쪽[페이지]
문장	It took me an hour to read ten pages. 10 페이지를 읽는 것이 내겐 한 시간이 걸렸어. (= 난 10페이지 읽는 데 한 시간이 걸렸어.)

문장 따라 쓰기 | 오늘의 문장을 3번씩 따라서 쓰세요.

☐ _____

☐ _____

☐ _____

스스로 영작하기 | 아래의 문장 2개를 영작해 각각 2번씩 쓰세요.

① 나 거기 찾는 데 두 시간이 걸렸어.

☐ _____

☐ _____

힌트 | two hours = 두 시간 / find+명사 = ~을 찾다 / the place = 그 장소, 그곳, 거기

② 나 내 빚 청산하는 데 10년이 걸렸어.

☐ _____

☐ _____

힌트 | ten years = 10년 / pay off+명사 = ~을 청산하다[갚다] / debt = 빚, 부채

영작 모범답안

① It took me two hours to find the place.

② It took me ten years to pay off my debts.

매일 쓰기 학습

Day 71

____월 ____일

There is
a gas station on the way.

가는 길에 주유소가 하나 있어.

패턴	**There is/are 명사.** = ~이 있다.
풀이	1개의 단수 명사가 있다고 할 땐 'There is ~', 2개 이상의 복수 명사가 있다고 할 땐 'There are ~' 사용.
어휘	gas station = 주유소 / on the way = 가는 길에
문장	**There is** a gas station (on the way). (가는 길에) 한 개의 주유소가 있어. (= 가는 길에 주유소가 하나 있어.)

문장 따라 쓰기 | 오늘의 문장을 3번씩 따라서 쓰세요.

☐ _____

☐ _____

☐ _____

스스로 영작하기 | 아래의 문장 2개를 영작해 각각 2번씩 쓰세요.

① 우리 사이엔 큰 차이점이 하나 있어.

☐ _____

☐ _____

힌트 | **(big) difference** = (큰) 차이점 / **between us** = 우리 사이에

② 서울엔 방문할 만한 좋은 곳들이 많아.

☐ _____

☐ _____

힌트 | **many**+복수 명사 = 많은 ~ / **(good) places to**-동사원형 = ~하기에 (좋은) 곳들 / **visit** = 방문하다

영작 모범답안

① There is a big difference between us.

② There are many good places to visit in Seoul.

매일 쓰기 학습
Day 72

___월 ___일

There is not enough space in your device storage.

당신의 저장 기기 공간이 충분치 않습니다.

패턴	There is/are not enough 명사. = ~이 충분히 없다.
풀이	'There is/are not ~(~이 없다)'라는 문형과 'enough+명사(충분한 양의 ~)'라는 표현이 합해진 문장.
어휘	space = 공간 → enough space = 충분한 공간 / device storage = 저장 기기[장치]
문장	There is not enough space (in your device storage). (당신의 저장 기기에) 공간이 충분히 없습니다. (= 당신의 저장 기기 공간이 충분치 않습니다.)

문장 따라 쓰기 | 오늘의 문장을 3번씩 따라서 쓰세요.

☐

☐

☐

스스로 영작하기 | 아래의 문장 2개를 영작해 각각 2번씩 쓰세요.

① 모두를 위한(모두가 앉을 수 있는) 좌석이 충분치 않습니다.

☐

☐

힌트 | seat for 명사 = ~을 위한 좌석[자리] / everyone = 모두

② 이 모든 걸 다 할 수 있는 시간이 충분치 않아.

☐

☐

힌트 | time to-동사원형 = ~할 시간 / do = 하다 / all these things = 이 모든 것들

영작 모범답안

① There are not enough seats for everyone.

② There is not enough time to do all these things.

매일 쓰기 학습

Day 73

_____ 월 _____ 일

There is no way to turn back the clock.

시간을 되돌릴 수 있는 방법은 없어.

패턴	**There is no way to-동사원형.** = ~할 수 있는 **방법이 없다**.
풀이	'There is/are no 명사'는 'There is/are not 명사'와 동일한 뜻을 가진 문형.
어휘	way to-동사원형 = ~할 수 있는 방법 / turn back+명사 = ~을 되돌리다 / clock = 시계
문장	There is no way to turn back (the clock). (시계를) 되돌릴 수 있는 방법이 없다. (= 시간을 되돌릴 수 있는 방법은 없어.)

문장 따라 쓰기 | 오늘의 문장을 3번씩 따라서 쓰세요.

☐
☐
☐

스스로 영작하기 | 아래의 문장 2개를 영작해 각각 2번씩 쓰세요.

① 걔(남자)한테 연락할 수 있는 방법이 없어.

☐
☐

힌트 | **contact**+사람 = ~와[에게] 연락하다

② 이 문제를 해결할 방법이 없어요.

☐
☐

힌트 | **solve**+명사 = ~을 해결하다[풀다] / **problem** = 문제

영작 모범답안

① There is no way to contact him.

② There is no way to solve this problem.

매일 쓰기 학습

Day 74

____ 월 ____ 일

There will be a written test before the interview.

면접을 보기 전 필기 시험이 있겠습니다.

패턴	**There will be 명사. = ~이 있을 것[예정]이다.**
풀이	'There will be 명사'는 '(미래 시점에) ~가 있을 것[예정]이다'라고 말할 때에 사용.
어휘	written test = 필기 시험 / before+명사 = ~전에 / interview = 면접
문장	There will be a written test (before the interview). (면접 전에) 필기 시험이 있을 것입니다. (= 면접을 보기 전 필기 시험이 있겠습니다.)

문장 따라 쓰기 | 오늘의 문장을 3번씩 따라서 쓰세요.

☐

☐

☐

스스로 영작하기 | 아래의 문장 2개를 영작해 각각 2번씩 쓰세요.

① 회의(가 끝난) 후에 질의응답 시간이 있겠습니다.

☐

☐

힌트 | **Q&A session** = 질의응답 시간 / **after+**명사 = ~후에 / **meeting** = 회의

② 내일 비가 올 확률이 30%가 되겠습니다.

☐

☐

힌트 | 숫자% **chance** (**of** 명사) = (~에 대한) ~%의 가능성[확률] / **rain** = 비 / **tomorrow** = 내일

영작 모범답안

① There will be a Q&A session after the meeting.

② There will be a 30% chance of rain tomorrow.

매일 쓰기 학습

Day 75

_____월 _____일

There must be something wrong with him.

걔한테 뭔가 문제가 생긴 게 분명해.

패턴	There must be 명사. = ~이 있는 게 분명하다.
풀이	'There must be 명사'는 '(강한 확신을 갖고) ~이 있는 게 분명하다'라고 말할 때에 사용.
어휘	something+형용사 = ~한 어떤 것, 뭔가 ~한 것 / wrong = 잘못된
문장	There must be something wrong (with him). (그와 함께) 뭔가 잘못된 것이 있는 게 분명해. (= 걔한테 뭔가 문제가 생긴 게 분명해.)

문장 따라 쓰기 | 오늘의 문장을 3번씩 따라서 쓰세요.

☐ _____

☐ _____

☐ _____

스스로 영작하기 | 아래의 문장 2개를 영작해 각각 2번씩 쓰세요.

① 거기엔 분명 어떤 이유가 있을 거야.

☐ _____

☐ _____

힌트 | some reason = 어떤 이유 → some reason for 명사 = ~에 대한 어떤 이유

② 여기서 나갈 어떤 방법이 분명 있을 거야.

☐ _____

☐ _____

힌트 | some way = 어떤 방법 → some way out of here = 여기서 나갈 어떤 방법

영작 모범답안

① There must be some reason for that.

② There must be some way out of here.

매일 쓰기 학습 Day 76

___월 ___일

Is there any chance of rain tomorrow?

내일 비 올 가능성이 있을까요?

패턴	**Is there (any) 명사?** = (그 어떤/무슨) ~가 있나요?
풀이	'There is/are 명사'를 'Is/Are there 명사?'와 같이 '주어+동사'의 어순을 바꿔 말하면 의문문이 됨.
어휘	**chance of** 명사 = ~의 가능성[확률] / **rain** = 비 / **tomorrow** = 내일
문장	**Is there any chance (of rain) tomorrow?** 내일 (비가 올) 그 어떤 가능성이 있나요? (= 내일 비 올 가능성이 있을까요?)

문장 따라 쓰기 | 오늘의 문장을 3번씩 따라서 쓰세요.

☐
☐
☐

스스로 영작하기 | 아래의 문장 2개를 영작해 각각 2번씩 쓰세요.

① 오늘 밤 눈이 올 가능성이 있을까요?

☐
☐

힌트 | **snow** = 눈 / **tonight** = 오늘 밤(에)

② 저희 서비스에 무슨 문제라도 있나요?

☐
☐

힌트 | **problem with** 명사 = ~와 관련된 문제 / **our service** = 우리의(우리가 제공하는) 서비스

영작 모범답안

① Is there any chance of snow tonight?
② Is there any problem with our service?

매일 쓰기 학습
Day 77

____월 ____일

Would you mind if I opened the window?

창문 좀 열어도 될까요?

패턴	Would you mind if I 과거동사? = 제가 ~해도 괜찮을까요?
풀이	위 표현은 '~해도 돼죠?'라는 직설적 표현을 '~해도 괜찮을까요?'라고 정중히 에둘러 묻는 표현.
어휘	open+명사 = ~을 열다 (과거형은 opened) / window = 창문
문장	Would you mind if I opened the window? 제가 창문을 열어도 괜찮을까요? (= 창문 좀 열어도 될까요?)

문장 따라 쓰기 | 오늘의 문장을 3번씩 따라서 쓰세요.

☐ _____
☐ _____
☐ _____

스스로 영작하기 | 아래의 문장 2개를 영작해 각각 2번씩 쓰세요.

① 여기서 담배 피워도 되나요?

☐ _____
☐ _____

힌트 | smoke = 담배를 피우다 (과거형은 smoked) / here = 여기(서)

② 제가 몇 가지 질문을 드려도 괜찮을까요?

☐ _____
☐ _____

힌트 | ask 사람 A(명사) = ~에게 A를 물어보다 (과거형은 asked) / a few questions = 몇 가지 질문들

영작 모범답안

① Would you mind if I smoked here?

② Would you mind if I asked you a few questions?

매일 쓰기 학습
Day 78

___월 ___일

Could you tell me where the bathroom is?

화장실이 어디에 있는지 아시나요?

패턴	**Could you tell me where A is?** = **A가 어디인지 말씀해 주실 수 있나요?**
풀이	'~가 어디야?'라는 직설적 표현을 '~가 어디인지 말씀해 주실 수 있나요?'라고 정중히 묻는 표현.
어휘	bathroom = 화장실, 욕실
문장	Could you tell me where (the bathroom) is? (화장실)이 어디인지 말씀해 주실 수 있나요? (= 화장실이 어디에 있는지 아시나요?)

문장 따라 쓰기 | 오늘의 문장을 3번씩 따라서 쓰세요.

☐

☐

☐

스스로 영작하기 | 아래의 문장 2개를 영작해 각각 2번씩 쓰세요.

① 버스 정류장이 어디에 있는지 아시나요?

☐

☐

힌트 | **bus stop** = 버스 정류장

② 가장 가까운 역이 어디에 있는지 아시나요?

☐

☐

힌트 | **the nearest**+장소 = 가장 가까운 ~ / **station** = 역

영작 모범답안

① Could you tell me where the bus stop is?

② Could you tell me where the nearest station is?

매일 쓰기 학습

Day 79

____월 ____일

May I see your passport?

여권을 좀 볼 수 있을까요?

패턴	**May I 동사원형?** = 제가 ~해도 될까요[~할 수 있을까요]?
풀이	'저 ~할래요'라는 직설적 표현을 '제가 ~해도 될까요?'라고 예의 바르게 에둘러 말하는 표현.
어휘	see+명사 = ~을 보다 / your passport = 당신의 여권
문장	May I see (your passport)? 제가 (당신의 여권을) 봐도 될까요? (= 여권을 좀 볼 수 있을까요?)

문장 따라 쓰기 | 오늘의 문장을 3번씩 따라서 쓰세요.

☐ _____
☐ _____
☐ _____

스스로 영작하기 | 아래의 문장 2개를 영작해 각각 2번씩 쓰세요.

① 성함을 여쭤봐도 될까요?

☐ _____
☐ _____

힌트 | ask 사람 A(명사) = ~에게 A를 묻다 / your name = 너의 이름

② 물 좀 마실 수 있을까요? (물 좀 갖다 주실래요?)

☐ _____
☐ _____

힌트 | have (some) water = 물을 (좀) 마시다

영작 모범답안

① May I ask your name?

② May I have some water?

매일 쓰기 학습
Day 80

____월 ____일

I'd like to take you out for dinner.

제가 저녁 식사에 모시고 싶습니다.

패턴	**I'd like to 동사원형.** = 제가 ~했으면 합니다.
풀이	'나 ~하고 싶어'라는 직설적 표현을 '제가 ~했으면 합니다'라고 예의 바르게 에둘러 말하는 표현.
어휘	<u>take</u> 사람 <u>out</u> (for 음식/음료) = (~을 대접하기 위해) ~을 데리고[모시고] 나가다
문장	**I'd like to <u>take</u> (you) <u>out</u> for dinner.** 제가 저녁을 대접하기 위해 (당신을) 모시고 나갔으면 합니다. (= 제가 저녁 식사에 모시고 싶습니다.)

문장 따라 쓰기 | 오늘의 문장을 3번씩 따라서 쓰세요.

☐

☐

☐

스스로 영작하기 | 아래의 문장 2개를 영작해 각각 2번씩 쓰세요.

① 제가 몇 가지 질문을 좀 드렸으면 합니다.

☐

☐

힌트 | **ask** 사람 **A**(명사) = ~에게 A를 묻다 / **some questions** = 몇 가지 질문들

② 두 사람 분을 예약했으면 합니다.

☐

☐

힌트 | **reservation** = 예약 → **make a reservation for** 숫자 = ~명 분을 예약하다

영작 모범답안

① I'd like to ask you some questions.

② I'd like to make a reservation for two.